教育新探索

主编　胡德方
副主编　胡耀珍

杭州出版社

图书在版编目（CIP）数据

教育新探索 / 胡德方主编. — 杭州：杭州出版社，2018.2

ISBN 978－7－5565－0793－1

Ⅰ.①教…　Ⅱ.①胡…　Ⅲ.①中学教育－文集 Ⅳ.①G63-53

中国版本图书馆CIP数据核字（2018）第019204号

Jiaoyu　Xin Tansuo

教育新探索

胡德方 / 主　编

胡耀珍 / 副主编

责任编辑	齐桃丽
文字编辑	胡　清
出版发行	杭州出版社（杭州西湖文化广场32号） 电话：0571-87997719　邮编：310014
排　　版	杭州万方图书有限公司
印　　刷	浙江省邮电印刷股份有限公司
经　　销	新华书店
开　　本	710 mm × 1000 mm　1/16
印　　张	28.75
字　　数	504千
版 印 次	2018年2月第1版　2018年2月第1次印刷
书　　号	ISBN 978－7－5565－0793－1
定　　价	80.00元

序

永康中学是一所百年老校，有着深厚的历史文化底蕴，曾在不同的历史时期引领风气之先，英才辈出。2012年浙江师范大学与永康市人民政府签署协议，永康中学成为我校首个附属学校，定名为浙江师范大学附属永康中学，永康中学站到了新的历史起点，浙江师范大学由此拉开了与基础教育深度合作的序幕，更为本书的问世提供了丰厚的土壤。

近年来，浙江师范大学附属永康中学在教育教学改革、学生发展以及教师发展等方面都取得了令人瞩目的成绩，已经成为永康教育的一张名片。走进永康中学，人们必定会惊叹在这个稍显破旧和局促的校园里面竟然蕴藏了这么大的能量。永康民营经济十分发达，商业氛围极为浓厚，老师们依然能甘坐冷板凳，静下心来做研究，让我深刻地体会到了永康中学老师们类似永康先人陈亮那样的执着；而尽管带着浓烈草根色彩却又充满智慧的文字，更让我感受到了老师们对教育的热爱，这也正是近几年来永康中学能够百尺竿头更进一步的深层次原因和动力。永康中学老师们的努力值得钦佩！

教师成为研究者是教师专业发展的必然要求和有效途径，也是当前世界各国普遍推崇的教师专业发展手段。永康中学在成为浙江师范大学附属学校之后，积极探索教师专业发展的途径和方法，从2013年开始与浙江师范大学相关专家开展了基于“非指示性”理念的教学改革合作教研，突出体现了以学为中心、以学生为中心的教育理念；合作教研深入广泛的开展，也使教师养成了研究的习惯和兴趣，大面积的提高了教师特别是青年教师的理论水平和教学能力，这对其他学校和老师也一定会有很大的启发。

中小学出书已然不足为奇，可以用汗牛充栋来形容。但是这类书往往会出现非常宏大的结构和理论堆砌，却看不出中小学教育中的鲜活色彩。

而呈现在面前的77篇文章，没有高深的理论建构，却都是老师们根据自身教育实践中的问题和需要所进行的探索总结，是老师们思考实践的结晶，不乏真知灼见。本书选编的文章可以说都是老师们有感而发的文字，充满感情；全书看似缺少精心的规划和组织，却没有那种散乱感，反而给人一种亲切和真实感。从大处来看本书涉及学校的课程与教学、学生学习、教学评价、心理健康等多个方面，而从小处着眼则可以看到老师们关注的都是学校最为敏感的教育教学细节，表达的都是老师们朴素和真实的感悟和体会，这也正是本书的生命力所在。

值得指出的是，本书也很好体现了高校与中小学之间形成的“伙伴关系”对推动教师专业发展所起到的突出作用，这种研究过程建立的伙伴关系比一纸合作协议要有效得多，也希望大家进一步挖掘合作伙伴关系的潜力，进一步完善高校与中小学合作模式，以更加有效地推动基础教育发展。当然，有效合作关系的建立不是某一方面努力就可以实现的，需要多方投入。在此我要特别感谢永康市人民政府及教育管理部门的关心和爱护、感谢附属永康中学的领导和老师的执着和努力，也要感谢一直参与合作教研工作的以郑逸农教授为代表的我院教师们的坚守和付出。

浙江师范大学教师教育学院院长　周跃良

2017.12.12

目录

育人星空

课程建设

聚焦课堂

乐学探微

合 作 教 研

提 效 广 角

资 学 通 鉴

测评探究

心灵驿站

育人星空

让我们的教育多些温情

■胡可爱

读过一个小故事，印象颇深。

高丽王朝的相国大人黄喜微服私访，路过一片农田时，看见一位农夫正架着两头牛耕地，便在田埂上大声问农夫："你这两头牛，哪一头更棒？"农夫看了看他，一言不发。等耕到田边，牛到一旁吃草歇气，农夫才走过来，附在黄相国耳边，轻轻地说："告诉你吧，左边的那头更好一些。"

黄喜很奇怪，问他："你干吗用这么低的声音说话？"

农夫答道："牛虽然是牲畜，但心和人是一样的。我要是大声地说这头牛好，那头牛不好，它们就能从我的眼神、手势、声音中，分辨出我的评论和偏好，那头虽然尽了力但还不够优秀的牛，心里会难过的。"

每次想起这故事，在感动之余，我更多的是佩服。佩服一个那样粗糙的农夫，却能有如此细腻的温情，智慧的见识。他所面对的，只是两头牛而已。而作为教师的我们，又该怎样去对待那些拥有纯洁、纤细、聪明又易感心灵的孩子们？

忆起初为班主任之时，每每遇有调皮的学生违反纪律，总是气急败坏，来一顿暴风骤雨般的批评、指责甚至惩罚。结果弄得我自己身心俱疲，累不堪言；而学生呢，暂时地收敛，过几天又故技重施，恢复如初。如此再三，不禁怀疑起自己的工作能力。感慨，哀叹，又束手无策，直到读到这个故事，才开始惊醒，继而彻底反思。

我们都知，有爱的教育才是有效的教育。当我们在办公室、在教室里，在众目睽睽之下对着犯错误的孩子疾言厉色、大声责骂的时候，他们感受到的不是爱，而是不被尊重。在这样的心理状态下，无论我们说多少句"老师是为你好"，他们都不会从内心体会到我们真切的爱。这样的教育，注定是收效甚微的。

记得印度诗人泰戈尔说过："不是铁器的敲打，而是水的载歌载舞，使粗糙的石块变成了美丽的鹅卵石。”是的，铁器敲打，弄不好会使石头裂开，而温柔流淌的水，却能使石头变得光洁圆润，具有价值。真正的教育，哪怕是批评，都应该充满如水的温情。当我们用满腔的温情对待我们的孩子，对待他们所犯的错误时，我们的教育就成了那看似柔弱却能温婉细腻地慢慢地把一块石头变成鹅卵石的水。

痛定思痛，我的班主任工作方式从此也掉了个头。

每当学生犯了错误，或是出了问题，我更多的是以平和的态度和他单独对话，包括温和耐心地询问，站在他们的立场去看事情，我不再轻易地去大声斥责犯错的孩子。我的脸上，原先常见的焦躁、生气、严苛，逐渐变成了温情、宽和、从容、优雅。奇迹般地，孩子们脸上的顽劣、不屑、迷惘和对抗慢慢少了，代之的是明朗、积极向上、快乐的神色。渐渐地，班级管理竟也顺手多了。

还记得上届班里那个叫海明的孩子。第一次看见他的时候，心里不觉一震。瘦得风一吹就要倒的样子，两只眼睛都是向外翻着的，白多黑少。据他妈妈讲，他生下来就这样了，体弱多病，更严重的是，他的记忆力几乎为零。所以每次考试，毫无悬念的总是最后一名。这样一个孩子，生活得很是自卑、孤僻，每天独来独往，默默地上学放学，上课时总是低着头，下课后总是孤零零地呆坐在位置上，和喧哗打闹的同学们好像隔了一个世界。每当看见他那稚气却充满落寞的脸，我的心总是疼的。于是，我开始特别关注他，时常抽空找他聊天。我想让他快乐起来。

有一天，从不迟到的他居然迟到了。我看着他低着头从教室后面疾步走到自己的位置上。彼时，同学们正在大声早读。我走过去，轻轻在他耳边问道：“怎么回事？”他的脸涨得通红，却没回答。我没再追问。或许，他有不得已的难处？也或许，他只是睡过头不好意思说？鉴于他以往一直遵守纪律的良好表现，我没再追问。

但是令我想不到的是，第二天，他居然又迟到了！而且比第一天还要更迟！这下，我有些按捺不住了。按照班规，每个学生一个学期有三次迟到的机会，超过了，就必须接受惩罚。如果明天海明再迟到的话，他就必须受到惩罚，而这，是我不愿意看到的。大课间趁着其他同学早操时，我把他单独留在了教室。

“跟老师说说，为什么迟到？”我和颜悦色地问道。他脸红红的，憋了很久没出声。“明天再迟到的话可要受罚咯！”我提醒他。“老师，我不想读书了！”他蹦出一句，像是下了很大决心。“为什么？”我吓了一大跳。“反正我也读不好，我觉得我活得很失败。”我呆住了，因为后面这句话——听起来让人觉得简直不像是一个孩子能说出来的。

我想，我得做点什么了，为这个孤独的孩子。

第二天早上，我比平常早起了20分钟。按照学生信息表上提供的家庭住址，我特意开车绕道海明家。那是城郊结合部的一条偏僻小街。距离他家100米远处，我就看到了一个背着书包的小小身影，站在街边，那是海明。他看到我，非常惊奇。“老师顺路带你去学校。”我说。他上了车，头低着，一声不吭。“原来你每天在这里打车，是吗？”我问。他的眼圈开始红了起来。“不是的，”他开始说道，“这里没公交车，以前都是我爸爸起来送我上学，三天前，爸爸生病住院了，我就自己打车，可是这里太偏僻，很少有出租车。前两天我都是等了很久很久才等到一辆”。“为什么不把这些告诉老师呢？”我问。沉默了许久，他才回答：“我想，反正我也不想上学了。”我似乎明白了一些，笑了起来：“哦，我知道了。原来你是想多违反几次纪律，然后让老师把你赶回家。”我看看他，继续说：“可是老师舍不得呀。你看，上次我们坐车去校外搞实践活动，在车上，座位不够，老师站着，你是第一个也是唯一一个给老师让座的，这样的好孩子，老师哪里舍得把你赶回家呢！”他有点难为情起来：“老师，像我这样的学生，老是给班里扯后腿，我还以为你巴不得我走呢！”我一字一顿地告诉他：“在老师眼里，你和其他同学都是一样的，学习成绩只是体现人的小小的一个方面而已，不能说明什么。更重要的是我们的为人、品质，还有对待生活乐观、积极的态度。”

就这样，我每天“顺带”海明上学，直到他爸爸病愈出院。而海明，竟也渐渐地活跃了起来，课间也和其他同学玩到了一起。特别是我把班级安全信息员的担子放在他肩上后，脸上自信的笑容明显多了，以前常见的那份忧郁和孤僻慢慢褪去，一个活泼、朝气蓬勃的少年出现在了我的面前。

现在，每当收到寄自市技校的明信片，看见上面画着的大大的笑脸，我就会情不自禁地微笑。有时我会想：假如当初海明迟到一次我不分青红皂白批评一次，再迟到，再严厉批评直至惩罚，那么，他现在还会待在校园里，快乐地做着这个年龄的孩子应该做的事吗？

能走进孩子的心灵，真好。而正是“温情”这把钥匙，帮助我开启了孩子的心门。我想，作为教育者，我们应该时时刻刻把这把钥匙攥在手中，随时准备走进孩子们纯净的心灵，走进他们丰富的内心世界，少些空洞的说教，少些严厉的训斥，才能使我们的教育如春雨润物，如春风拂人，更愉悦，更温润，更有效。

让我们的教育多些温情吧。

重大负面生活事件后未成年人的心理辅导

潘曲平

世界上的每一个角落，每一天都在上演着生老病死的剧目，演绎着悲欢离合一幕幕。自然规律使得成年人的心理比心灵弱小的孩子们要坚强许多，但是当父母离异、亲人离世等负面生活事件活生生地出现在不谙世事的孩子们面前时，我们的家长和孩子们就会伴随着伤心、痛苦，甚至还有可能让焦虑变成心理的常态。特别是当这种不幸的事件叠加在孩子身上时，他们的身心所承受的压力超过了极限，这时他们面对着很大的心理危机，情绪暴躁，“一触即发”。我在学校的心理咨询服务过程中，在一个学期内就连续接待过两个此类情况的学生。尽管他们在学校的生活当中，表现出来的行为有差异，但是在追溯严重心理问题的根源时发现，他们都有亲密长辈离世，父母离异的情况存在，他们的父母亲在离婚后，都各自重新组建了家庭，这两个孩子的祖辈就承担起了养育的责任。年老的爷爷奶奶在辛苦的操劳中，与孩子相依为命，建立了胜似于父母子女情的亲情。当风烛残年的老人过世时，孩子们一时无法接受这个残酷的现实，心灵上有一种再次被离弃的感觉，这特殊的爱、被爱的感觉消失了；他们同时也有负罪感，认为是他们的拖累才使老人生病的，全都是他们的错。老人的离开，让他们感觉到无力。这种感觉过后，他们更是体验到了无穷无尽的空虚在牵扯着他们的灵魂。他们找不到存在感和方向。个案当中的一个，他是这样向我描述的：“当我在想念非常疼爱我的爷爷时，有一次走在路上，刚好看到了一个似曾相识的背影，一个老爷爷在马路上走着，尽管我也知道，这个背影一定不是爷爷的，可是我还是静静地跟随着老人，走了很长很长的一段路程……”他偶尔也会独自走在这条马路上，期待着一个清瘦的、稍稍有点驼背的老人，慢慢地走在他的视线中。在这个孩子的眼中，相似的身影可以中和死亡所带来的伤痛。另外一个孩子则是曾经跟着一个被母亲牵手的孩子、一路上讲着故事的妈妈，感受着母亲呵护着儿子的温馨画面……他说："那天放学，我就像走进了时光隧道。那是我以前所拥有的，当年妈妈还没有离去，她来接我放学的场景……"孩子幼小的心灵，无法承受生命之痛，对于这样的学生群体，我们这些学校中的心理咨询师，是否能够及时给予他们心理疏导和调适就显得重要。面对各式各样"长辈离开"的孩子们，我所采取的心理健康教育方式是，建议孩子的父母亲们，及时地关爱自己的孩子，与孩子们一起做一场"心灵的瑜伽"！把握住孩子的情绪点，走好如下的几步：

合理调节情绪

无论是哪种情绪，如果积于内心的时间太久，而且不断地被放大的话，都是不利于心理健康的。疼爱他的亲人长辈走了，孩子会过度悲哀、失望是正常的，但是持续的时间一般不要超过一周，否则，很容易加剧心理疲劳。而面对绝大部分情绪失常的孩子来说，一味沉浸在消极情绪里，不仅无助于平复心境，而且会强化不良情绪，危及心理和身体健康。这时需要采取一定的情绪调节策略。

适当行为疏泄情绪

情绪管理当学大禹治水——宜疏不宜堵，因此要学会适时适度地释放和利用自己的情绪能量。常用的方法有：倾诉疏泄、运动疏泄、音乐疏泄等。

积极心理暗示

每天给自己一些积极的暗示，如：我今天精力异常充沛，我的能力从来不会辜负我等。实验证明，积极的自我暗示可以有效帮助人开发自身潜能，增强记忆力，树立战胜困难的自信心和勇气。

学会心理放松技术

心理学研究证实，肌肉放松可以有效抵抗人的焦虑、厌烦、紧张等不良情绪。舒适地坐着或躺着，想像自己处于令人轻松愉快的场景中，如海边、田野、草地等，然后一边缓缓做深呼吸，一边自我引导从头到脚逐渐依次放松……经常做做这样的练习，人的精气神会很快得以休整和恢复。例如，采用回避转移法，把自己的注意力转移到其他事情上去，如打球、听音乐、旅行等；或是采用宣泄放松法，或大声喊叫或向他人倾诉或痛痛快快哭一场，也可以安安稳稳睡一觉，把积压在内心的消极情绪释放出来，让情绪慢慢平复。

勇于承认　面对现实

对亲人离去有一个认识，改变现有的认知偏差，是心理调节一个很重要的环节。成功了，我们可以充满自信，但不应自满自负；而失败了，要把这个经历作为对自己心理承受力的考验和锻炼机会，找出问题和差距，树立信心，从头再来。也可根据个人实际能力和家庭情况作个未来计划，如升学、复读、工作、出国留学等。再往深一点看，人生总会有很多的不如意，问题在于我们如何应对，学会坦然接纳和应对各种不如意，那这种成长要比其他的东西更有意义。

正确认识理解生命

学生可以从以下几个方面来达到全面、正确认识生命的目的：首先，他们需做的就是扪心自问：我的生命是什么，我为此自豪吗？别人的生命又是什么？生命的过程是怎样的，我们应该如何面对自己来到这个世界的使命？我现在应该做些什么？如何让自己的生命更有价值并有益于家庭学校社会？我会因此改变吗？如果我正努力着，现在的我会是以后的我吗？其次，从自我对比中认识自我，可以对自己的生活进行纵向比较，看看自己有没有进步。再次，进行反思总结。一次的痛苦不能决定未来，同样，不能以一次的无奈来给自己定位。思考总结自己理解生命时的错误观点。我以前的错误认知导致失败的地方在哪里，应作出怎样的调整，从而达到完善自我对于生命的正确认知这个目的。

善用社会支持系统

平凡的日常生活当中，适时适地教会孩子们接受别离：好朋友聚会的告别方式；亲戚朋友会面时的告别仪式；孩子们幼儿园毕业、小学毕业典礼……各种各样的告别式对于青春年少的孩子来说，都是一种锻炼。有机会时，就应该陪同他们一起度过，并且给予他们一定的技巧方法上的指导，最主要的是，在此类的活动过程中，孩子知道了离别的意义及现实性。当他们有过相关的经历与应对的技能以后，直接面对着亲人离世、家长离婚等等其他相类似的重大负面生活事件时，他们就能学会思考和面对。家长、老师及朋友应该给予精神上的强大支持，这样，当事人才会感觉到爱并没有离散，他没有被遗弃，其他的亲朋好友依然在关心支持着他，他的世界依然充满着爱的氛围。

我们作为专业的心理教师，要让他们从自己的悲哀情绪体验中突围：我没有被忽略，我感受到痛苦，我全身心地接受这种感觉，我现在会放下，也应该放下对这种痛切心扉的情绪的需要！如果孩子们能有意识地去控制自己的情绪，那么这些生活事件带给学生的不仅仅是心灵成长的机会，还有自身心理正向能量的积淀。

每一个自我效能感的提升，能够让孩子们更加自信，还能使他们从中总结成功经验，为下一阶段的工作学习生活作准备。及时积淀正向能量，需要我们的孩子从思想出发，对事件进行正向思考。对于生命，我们需要从正向思考出发，感悟因它们而使我们产生的自信、奋进以及永不放弃的信念，以此来充实自身，为今后的学习生活做好充足的准备，使我们有足够的正向能量来面对一切未知。

以我自己从事心理健康教育多年的经验来看：对于青少年一代的心理发展，我们不仅仅要有清楚的认识，同时一定要对他们充满了认同和进一步了解的欲望！要让我们的孩子们懂得，无论是谁，都只是他人生路上的一个随行者，都只能陪同着他们走一段路，不可能一辈子！能够一直陪伴自己走过一生的，只有自己！所以，在情感上，他们得学会接受离别，接受生命的客观规律。因为孩子们有时不愿跟别人说出自己的真实感受，所以我们要允许孩子去经历世事，在他们有苦却不能说也不知如何说的时候，我们用足够的陪伴、足够的耐心和信心去关心他们理解他们；而不是用爱的名义让他们少走弯路，少去接受痛苦为理由，用层层的保护去约束他们，因为所有的经历对于青少年来说都是重要的，是他们的心灵成长的必经之路。也只有这样，我们的孩子才会真正地懂得：我们大家都要珍爱自己的生命，只有觉得自己重要的人才会爱惜身边每个人。过好生命中的每一天，让自己的生命彻底绽放在这个美好的世界里。

把人的工作做到心灵深处

■ 李加荣

近期我学习了《忠告中层》这本书。学校管理中，中层管理人员是特殊的一群，他们身处夹缝中，如何为学生、为学校提供有力的支持和服务？作者郑杰先生具有独特的见解，为中层指明了方向，这本书从学校管理、教师培训、教师积极性调动、人际交往等方面进行了详细阐述，教人做事，教人做人……

《忠告中层》的关键点："当了干部后，你的视野会更开阔，对世界和对人的认识也会更深刻，你会结识更多的人……你会不由自主地去钻研，你会不断地从错误或过失中获得启发。"说得很到位，我负责年级工作后，的确经历过不少事、结识过不少人，深化了我对人性、对社会的认识。在实践过程中，我还学到许多有益的东西，锻炼了自己，看问题更全面，解决问题更合理。

《忠告中层》的精华点："人心向着自信，只要信任自己，心中就会有能量产生。人心还向着责任感，一个干部最吸引人的特质是'责任感'。在遇到困难时毫不畏缩，绝不逃避，更不会推卸责任。人心向着坦诚，不必隐藏起自己的性格，大家都是最恨那种'笑面虎'式的伪君子，戴着一副假面具不以真面目示人的人是招人厌恶的。"我认为这句话确实值得我们慢慢去回味，去解剖自己。

"中层班干部要有尊严，但绝不可以傲慢，指导他人不会伤及你作为一个干部的尊严，反而能为你赢得尊重。你得将指导看作一个机会，是一个为了他人的发展而奉献自己知识和智慧的机会。"这"金玉良言"向我们阐明了处理人际关系的准则，具有健康的心理，才能快乐去工作与奉献。这与永康中学所倡导的"大气大行"相吻合！

"管理者要有心理准备：你精心准备好了一大堆工作并一一布置下去，可是，老师们并不如你想象的那样自觉执行。于是，你得靠你个人的力量、学校制度的力量和学校文化的力量，三管齐下，共同作用。"关于这一点本人深有体会，要做好一件工作，光靠个人的努力是远远不够的，需要各方面形成合力，特别是老师们的配合，不要高估个人的作用。

通过学习《忠告中层》，我深深体会到，中层干部要摆正位置，正确认识自己，“有位才有为”，对上对下负责，不辜负群众的信任和领导的重视，不抱怨，无条件地把工作做好。中层干部要“正确地做事”，执行时需要更多地在正确的基础上开创性地开展工作，把复杂的事做简单，把简单的事做认真，把认真的事做彻底，把人的工作做到心灵深处。只有时时反思，事事反思，不断调整自己的工作方法，才能真正发挥出一个中层在学校的管理和发展的作用。“充电才能放电”，不断地学习，向书本学习，向同事学习，向社会学习，只有这样才能不断超越自己，更有效地工作。当务之急，积极投身课改活动，减负增效，构建和谐校园，为把“百年老校”打造成“家门口的好学校”作出应有的贡献。

课程建设

以社团为载体开发校本课程

■徐卫东

永康中学是一所百年名校，在国家推进新课程改革的背景下，学校致力于校本课程开发。特别是通过近十年的摸索，校本课程开发从无到有，再到创精品，努力做好校本课程的开发，推进教育课程的改革。

一、从无到有开发校本课程

从2006年开始，我校就积极开展校本课程的开发。最初的形式是以兴趣小组活动开展的。如：编织兴趣小组、栽培兴趣小组等。校本课程也只是一些流程说明书。而兴趣小组能够容纳的学生数也比较少，并且在时间和空间上都受到限制。后来兴趣小组扩大规模，就形成了社团，先是建立了13个社团，经过几年的发展，社团数一直在增加，最多达23个。但在组织形式上还是以学生自发为主，由校团委提供指导教师、提供教室和器具。由于各个社团的成员来自各个年级，活动的时间一般只有利用中午与下午放学后的课余时间，因此比较难以正常有序地开展。随着社团类别不断增多，社团活动的经验积累，学校提出规范并改进社团活动。我校就把学生的社团活动与校本课程开发实践相结合，统一安排，将每周三下午的第三、第四节文化课全部腾空，组织安排社团活动。参加社团活动的同学以年级为单位，避免了学生能力经验差异带来的不平衡。在该年级内部由学生自主选择社团参加，根据学生数定教室、定辅导员。让每一个学生都能在规定时间得到课本外的素质拓展，这样既解决了时间、场地、经费的问题，使活动正常化，又充分发挥了学生参与的热情。

为了保证社团活动更有效进行，我们要求社团指导教师针对各社团的特点，积极开发校本课程。做到先备课后上课、做好课后小结、学生个案分析等，每一位教师必须在学期期中、期末两次上交教案、个案阶段性小结，每个学期开一节社团活动展示课、每半学期开一节汇报课，每个学生每学期必须有一次成果汇报展示。并且把教师的校本课程开发和教育教学评价结合一起。

如何开发校本课程？我们对编写的教师提出了具体的要求。从格式到内容，从设计到使用，不断总结，不断完善。下面是部分社团开发的校本课程的目录：

社团校本课程目录集

发明创造协会课程目录

前 言

一、科学小制作

小制作水管跷跷板

小制作蛋壳不倒翁

小制作向上滚动的纺锤体

小制作电动指南针

二、思维训练

实例经典智力题竞赛

三、趣味科学实验展示

显示大气压存在及方向的趣味实验

色光的合成实验

蜡烛吹不灭实验

四、资料的收集

五、科学课程拓展

教室平面地图的绘制

广播社团活动课程目录

课程设置表

初识广播社团

普通话声母(一)

作品朗诵
怎样写新闻
综合练习与实战
活动照片展示

诗社课程目录

一、诗社简介
二、课程计划
三、课程提纲

第一讲　认识诗歌
第二讲　诗歌的语言
第三讲　诗歌的创作技巧
第四讲　中国古代诗歌选读
第五讲　中国现当代诗歌选
第六讲　外国诗歌选读

四、部分教案选辑

（一）《认识诗歌》讲座稿
（二）《诗歌的语言》讲座稿
（三）陶渊明田园诗——《归园田居》等
（四）海子的诗《面朝大海　春暖花开》
（五）《诗歌里的物象与意象》讲座稿

五、部分学生作品选
六、社员留言

书法协会课程目录

一、学习硬笔书法的意义
二、选帖
三、硬笔书法教学的核心

1.用笔

2.结构

3.章法

四、教学方法

1.写字姿势

①头正

②身直

③臂开

④足安

2.执笔方法

3.读帖

4.笔画教学

①横的写法

②竖的写法

③撇的写法

④捺的写法

⑤折的写法

⑥点的写法

⑦钩的写法

⑧提的写法

5.结构教学

①独体字

②合体字

6.章法教学

①行款

②格式

③题款与用印

五、创作

1.临创(集字创作)

2.创新创作

六、名家名作欣赏

1.张秀

2.卢中南

七、师生作品

英语俱乐部课程目录

一、英语ABC

二、听歌学英语

三、疯狂说英语

四、故事沙龙

五、Enjoy Your English

摄影协会课程目录

课程设置表

第一部分　摄影基础技术的教学与实践

第一课　照相机相关基本知识的介绍及演示

第二课　摄影发展史上著名照片的欣赏与学习

第三课　人物摄影常识学习与实践

第四课　学生人物摄影作品的评析

第五课　景物摄影常识学习与实践

第六课　学生景物摄影作品的评析

第七课　拍照光线的利用常识教学与实践

第二部分　综合实践拍摄的主题

主题一　社团活动的跟踪拍摄

主题二　家庭成员的生活记录

主题三　校园生活的动静瞬间

主题四　环保你我他

主题五　永康风情之我拍

主题六　永康企业风采展示

第三部分

附录

心理健康辅导课程目录

第一节　进入永康中学的第一步
第二节　学会学习
第三节　人际关系
第四节　步入美丽的青春
第五节　我是谁？问题系列教学
第六节　做自己情绪的主人
【趣味心理短剧素材一】我想有一台属于自己的电脑
【趣味心理短剧素材二】一个流浪儿的抉择
【趣味心理短剧素材三】榜样
【趣味心理短剧素材四】为人父母的榜样
【趣味心理短剧素材五】会捉鱼的猫
【趣味心理短剧素材六】考试呀考试
【趣味心理短剧素材七】孩子你告诉我，究竟谁是最可爱的人？

云天剧社课程目录

第一部分　选择戏剧题材
第二部分　塑造戏剧人物
第三部分　精心安排戏剧结构
第四部分　戏剧的语言
第五部分　我们的获奖情况
附：学生活动剪影

青橄榄协会课程目录

第一部分　插花艺术
第二部分　造花艺术（丝袜花）
第三部分　纸艺
第四部分　十字绣

第五部分　布艺

第六部分　串珠

第七部分　编织

学生活动剪影

学生作品集锦

文学社课程目录

1.观察与积累

2.沙里淘金

3.特性分析

4.概念分析

5.因果分析

6.比较分析

7.反弹琵琶

8.联想

9.想象

10.辩证思维

11.创新思维

健美操协会课程目录

第一章　健美操与形体健美

第一节　认知健身操

第二节　形体健美及训练

第二章　健美操基本步伐

第三节　健美操基本步伐介绍及学习(一)

第四节　健美操基本步伐介绍及学习(二)

第五节　健美操基本步伐介绍及学习(三)

第六节　健美操徒手动作(一)

第七节　健美操徒手动作(一)

美术协会课程目录

第九课　静物练习

优秀作业

教学活动

数学建模课程目录

一、数学课题综述

二、剪一剪，拼一拼

三、生日相同的概率

四、探索规律

五、游戏公平吗

六、有趣的七巧板

环保协会课程目录

第一章　环保知识传播

第一节　世界环境日的由来

第二节　环保基础知识

第三节　生物与环境

第四节　水资源

第五节　白色污染

第二章　废品再利用

第一节　易拉罐变俏笔筒

第二节　鞋盒子再利用

第三节　制作小羽毛球

第三章　植物篇

第一节　叶脉书签

第二节　干制花卉标本

第三节　花卉水培

计算机社团活动教案目录

厨艺课程目录

揉面团
馒头的制作
饺子馅
怎么样包饺子
肉包子的制作
家乡特色——肉麦饼

二、开发永康特色的校本课程："非物质文化遗产"校本课程

近两年，在永康市非物质文化遗产保护中心的大力支持下，学校开设了"非物质文化遗产"传承的校本课程，并纳入到学校的课程计划。先后开设了永康鼓词、方岩纸花、陶艺、风筝社团、竹编工艺、香囊、十字绣等多个社团，经过实践，保留下了除竹编工艺外的其他7个"非遗"社团。每个社团都邀请了该项目的传承人为校外指导员，每周一次前来学校指导师生开展活动。具体如下：

永康中学非物质文化遗产项目社团活动安排表

序号	社团	上课地址	校外指导员	指导老师
1	永康鼓词	团委办公室	李世林	陆颖
2	方岩纸花	综合楼四楼方岩纸花教室	白珑珑	施宁静
3	陶艺（陶工坊）	综合楼四楼陶艺教室	冯寿台	应启昂
4	风筝社团	综合楼三楼生物实验室	王同宰	胡湘
5	香囊制作	综合楼五楼香囊教室	胡妙基	胡祝芳
6	品味永康话	综合楼七楼永康话教室	徐天送	王春燕
7	十字绣	综合楼七楼十字绣教室		黄美儿

"非物质文化遗产"传承活动进入校园以来，"非物质文化遗产"传承课程，在七八年级广泛推开，受到了师生们的热烈欢迎，获得了师生们以及家长和社会各界的一致好评，已经形成了特色校园中的"精品特色"社团。推动了我校的素质教育，已经成为我校一道亮丽的风景线。

我校积极组织"非遗"类社团参加上级教育、文化行政部门组织的活动，反

响好。在我校每年举办的校文化艺术节、社团文化节、元旦活动以及六一活动中，“非遗”类社团的相关活动屡屡被搬上舞台，开展成果汇报、成果展示等活动。在过去两届校社团文化节的跳蚤市场上，方岩纸花、陶艺、风筝、香囊、十字绣这些社团的作品拥有很好的“市场”，它们成了跳蚤市场上的抢手货，被前来淘宝的师生们一抢而空。下面附一些“非物质文化遗产”课程的教学设计和教案：

案例 1

方岩纸花社团课程活动设计

负责人：白珑珑　施宁静

活动目标：

方岩纸花是永康具有代表意义的传统手工艺品，然而曾经家喻户晓的方岩纸花却面临失传的境地，本次社团活动课的目标就是让学生了解方岩纸花的历史以及方岩纸花的制作过程并学会制作方岩纸花，在制作过程中锻炼学生的动手能力和耐心，体验手工艺带来的成就感。

材料准备：细铁丝、浆糊、花瓣纸。

活动时间：2课时。

活动过程：

一、导入

教师：同学们都去过方岩吗？那么在方岩有没有见到方岩纸花呢？

（大部分学生都没见过方岩纸花）

教师：同学们知道吗？就在20年前，方岩纸花还是家喻户晓，曾一度被游客当成吉祥花（我省的风景区当中这种现象是唯一的），每位到方岩的游客都喜欢带一些色彩艳丽的方岩纸花回家，并作为礼品分发给长辈或晚辈，算是一种祝福。今天就让我们来走进方岩纸花的世界，了解制作方岩纸花。

二、方岩纸花的历史介绍

关于方岩纸花的来源，留下好几个版本。

版本一　出身官宦之家的白珑珑1949年前从广东乐昌市随父来到永康谋生，落户方岩山脚的岩上村。1967年三十多岁的白珑珑发现岩下村的妇女们的举动跟以往有所不同。她们手拿一把刀口近似初月的小凿子在一片白纸上划来划去，很快地，一朵栩栩如生的白色牡丹花就展现在她们的手心当中。白珑珑问了几个人，她们的答案很一致；制作纸花的工艺都是从自称来自丽水缙云县的一个流浪汉手上学到的。这个流浪汉在方岩山的罗汉洞内住了一段时间后，不知去向。白珑珑见过那个流浪汉几面，她说他对学做纸花的妇女要求不高，只要前来的妇女拿些蔬菜米饭让他充饥就行。但他什么时候来到这里，什么时候离开方岩，纸花制作工艺又是从谁手上学来的等问题，现在谁都不知道。最为重要的是流浪汉走了，却给方岩山留下了盛极一时的纸花。白珑珑回忆说，流浪汉人称“老杨”，一条腿有点瘸，当时约40岁。

版本二　来自1990年出版的《永康县志》：方岩纸花，清代乾隆年间制作已盛。品种有菊花、牡丹、蔷薇、杜鹃、芙蓉、紫罗兰等，色泽鲜艳，光彩夺目，在方岩山脚街上聚成花市，成为花的走廊。游客到此都要买几束，妇女插在头上，男子握在手中，畲族同胞特别喜爱。从方岩山下来的畲族妇女，个个满头是花。骑自行车的旅游者，都将纸花插在把手上，以示到过方岩。近年来，纸花制作姑娘还三五结伴赴黑龙江、内蒙古、新疆、宁夏、四川、云南、广东、广西等地，制花开店或传授制作工艺，颇受欢迎。

版本三　对永康民俗风情颇有研究的一位老干部把方岩纸花的年代推得更远：宋代胡公去世后（胡公指胡则，南宋清官，永康人），朝廷对他进行七次敕封。方岩也随之成为江南一带的旅游重地，方岩纸花作为一种工艺品也就在当时盛行起来。

总结：关于方岩纸花来源的版本再多，有一种事实都是可以肯定的，即方岩纸花是一种传统工艺品，它的产生因千山上供奉着造福一方的宋名臣胡则而被赋予别样的含义或色彩。方岩纸花一度成为方岩的一种标志，有些善男信女干脆把它叫作“胡公花”。跟其他地方的纸花相比，只有方岩纸花才被赋予了吉祥的含义。

三、方岩纸花的制作过程介绍

方岩纸花的制作需经过“凿”“染”和“制”三道工序。每一道工序之间环环相扣，讲究技巧，其中“染”最难。“染”直接关系到纸花色彩的艳丽。如果颜色调配不当，纸花的制作就可能半途而废。

四、亲手制作方岩纸花

1.介绍校外辅导员白珑珑，展示制作过程

铺展开花瓣后，她的食指轻蘸浆糊，粘起一片花瓣。然后，她拿起做枝杆用的细铁丝将花瓣串进铁丝当中，随着不断旋转铁丝，花瓣在铁丝上的重叠增加，不到两分钟，一朵色彩鲜艳的菊花就呈现在同学们面前。

2.分解步骤

准备材料：细铁丝、浆糊、花瓣纸。

第一步：铁丝弯一个小勾。

第二步：用食指轻蘸浆糊，粘起一片花瓣。

第三步：将花瓣串进铁丝当中，旋转铁丝。

重复第二第三步骤，花瓣越来越大。一般4张花瓣纸可以制作成一朵花。

3.学生制作，教师有针对性的辅导

五、活动小结

教师：同学们，看着自己制作的方岩纸花有什么感受呢？

学生："很漂亮"，"很有成就感"，"看看简单，做起来可真不容易"。

教师：今天的活动，同学们用自己的智慧和耐心制作出了美丽的方岩纸花，请同学们把自己最美丽的作品作为礼物送给长辈，把吉祥带回家。

案例2

制作八角形风筝活动设计

负责人：王同宰　胡湘

目标：初步学会风筝的"四艺"——扎、糊、绘、放。

材料：竹篾条（4根）、细棉线团（1个）、拷贝纸（1张）、尾条（3条）、剪刀、尺子、透明胶、固体胶、针。

过程：

八角形风筝制作图

1.扎骨架：八角形风筝的骨架为"丰"字，篾条之间用棉线扎绕固定（篾青在上，篾黄在下），要求左右对称，使风筝左右两侧的受风面积当。

2.糊纸：正面用固体胶把纸粘上，保证整体平整，反面用透明胶粘贴，用剪刀剪出八角形轮廓。

3.绘画：用水彩颜料上色，要做到远眺清楚，近看真实的效果。

4.拴提线：上提线的长度，以够到下横杆为宜。两条上提线的长度要相等，将三条线合在一起打结。

5.挂尾条：尾条长度可调整。

6.放飞：放飞时注意安全，选空旷地为宜。注意风筝在迎风时的角度，是放飞成败之关键。风向和风速的强弱、稳定性对风筝放飞也是很重要的条件。在试飞的过程中要及时调好提线的长度与上下提线的比例。如果出现打转，或倾斜时要及时调整好尾部的长度与左右平衡。

总结：

让学生在动手动脑的基础上掌握风筝制作的一般规律，在学习过程中体会实践的乐趣，能体验自我和集体的劳动成果，这时学生放飞的不仅是风筝更是放飞学生青春的心情，使学生在紧张的学习环境中有机会真正体会欢乐和放松。

在老师们的不断努力下，永康中学的校本课程开发，从无到有，现在已初具雏形，学生们乐在其中，成长在其中。在今后的校本课程开发中，我们将继续努力，以社团活动为载体，不断开发新资源，以课题的形式让教师站在更高的高度去不断完善，构建富有永康中学特色的，社会、学校、家庭共同点赞的优质的校本课程。

初中学校拓展性课程建设的点线面体

■杨铁金

2015年9月以来，我省义务教育阶段学校拓展性课程建设工作全面启动。各校围绕立德树人的目标，自主开发开设了一些供学生自主选择的课程，对优化学校课程结构，转变育人模式，推进素质教育有着积极意义。

在实践中，有的学校在开发拓展性课程上流于形式，重在应景，把竞赛辅导课、兴趣小组活动，甚至将思品、体音美等进行贴标签式改造；有的学校搞课程“大跃进”，教师人手开发一个；有的学校想做，却不知从何下手。凡此种种，均不利于义务教育课程改革的不断深化。本文就拓展性课程建设中的一些问题，谈点粗浅看法。

一、着眼点：为了学生全面而有个性的发展

学校拓展性课程是为学生开发设计，让学生有所创造的课程。尽管内容和途径丰富多样，目标却集中到一点，就是为了学生全面而有个性的发展。因此，在课程的开发与实施上须体现学生的自主选择，须面对学生完整的生活。

1.体现学生的自主选择。李希贵曾形象地说：“当我们走过一片森林，只会感叹森林的壮观，却对每棵树的情况语焉不详，就如同我们过去只关注学校办得好，但对每名学生发展得好不好缺乏关注”。在应试教育的氛围中，学生没有太多的选择，每天埋头于题海，为分数而无暇他顾。拓展性课程可以让学生根据自己的需要与兴趣选择学习内容，可以关照自己的梦想与未来。

“课程”一词拉丁文的原意是“跑道”，学生的自主选择，就是让他们都跑在自己人生的跑道上。学生在不断地选择中，发现自己的兴趣、才能与特长，将学习与个人的人生方向联系起来。

学校在课程的开发与实施中，要充分考虑学生的意愿，不要剥夺他们的自主选择，课程不为开发课程而开设，而为拓展学生素养而建设。

2.面向学生完整的生活。单一的应试教育，教师与学生疲于加班加点，疲于题海战术，把生龙活虎的学生与丰富多彩的社会生活隔离开来，大批量地制造不谙世事的考试机器、“书呆子”。拓展性课程就是要给学生一个完整的生活，丰富他们的体验，让他们享受成长的快乐与生活的乐趣。

3.发展最好的自己。唯分数论残酷地将学生按成绩进行排队，许多学生成为考试的失败者，既发现不了自己的兴趣、特征，更发展不了自己的个性。

学生的个性发展，其实就是最好的学校个性体现。拓展性课程承认学生的差异，满足每个学生不同的发展需要，以促进学生的最大限度的发展。学生可以根据自己的需要，选择自己感兴趣的课程，在某种程度上还可以参与课程的决策。

学校在课程的开发与整合中，精简共同基础，发展差异基础。着力培养学生阅读交流与表达、数学思维、科学探索、解决问题、运用信息技术、组织管理和自我规划等诸多方面的良好品质与能力。

二、生长线：充分发挥师生的聪明才智

过去，许多学校的特色文化建设存在误区，如普遍地搞高大上的墙壁文化，展示一些应时、应景的理念，却不注重挖掘学校历史与地域资源，不重视发挥教师与学生的智慧。现在，在拓展性课程建设上也存在着这样的问题。一些学校所开发的课程既不符合本校实际，也不能满足学生的发展需求，而是一味地照搬照抄先行地区的典型经验，如村镇学校也模仿国际化大都市学校，搞“国际交流与文化理解”。互联网时代，确实地球成了村，但大都市与村镇学校可供选择的东西还是很不一样的。

1.引导教师积极参与。课程开发是教师专业发展的途径之一，教师是校本课程开发的基本力量，没有教师发展就没有课程开发。教师从学生的需要出发，或结合自己所教学科进行细化，形成专题；或利用自己的特长进行课程开发。认识有先后，专业有精疏。一些学校盲目追求数量，要求教师人人搞，这是不足取的。

2.尊重学生课程地位。学生不仅仅是选课者，也是课程开发者。在实践层面，拓展性课程实施过程中，学生基本是等菜做好之后才能选菜吃饭，这样可能会造成一些课程资源的浪费。在学校拓展性课程选题申报时，就要让学生参与审议，

让他们表达自己的选择意愿，也可以让学生及学生家长参与课程的开发、开设，追求资源利用的最大化。杭州六中在课程规划中提出“在尊重中选择，在选择中成长”的理念。

三、工作面：回归学校本位

课程改革需要课程资源，校本开发需要课程资源。在现实层面，不管课程理念是什么，也不管学校设定的办学目标，在课程建设时都必须从学校的办学条件、师资配备、学生实际，甚至学校经费等方面出发。

1.认识本校优势，开发课程资源。拓展性课程开发一定要立足于本校，服务于本校，充分发挥本校相关人员的创造性。课程是一个学校特色的基础和保障，没有一定的课程就难以支撑学校特色，所以一定要关注课程的差异性。一些学校拓展性课程的开设充分考虑了已有的较为成熟的课题研究，如整合心理健康课题资源，开设心理健康教育课程等。

2.整合现有学科。在课程设置上，学校没有权力更改学制，但能够改变学生学习的进程。学校不能突破国家的课时总量，不能增加学生的负担，但是可以调整单个课时。拓展性课程不是做加法，不简单增设课程类别，做整合首先是课程之间的整合，然后是不同学科教师的整合。

四、有机体：构建完整的学校课程体系

学校课程不是设置越多越好，而是要形成一个完整的体系。围绕一个或几个主题进行课程开发

1.整体性。学校拓展性课程要与基础性课程形成一个有机整体，将学生素养发展贯穿其中，形成整体性的主题教学，为学生提供了一个完整全面的学校生活。

2.发展性。教育在发展，学生在发展，学校在发展，社会在进步，学校拓展性课程既要追求稳定，更需要不断发展与提高。拓展性课程的开发者需要建立“系统思维”，要有长远规划，能长效利用一切可用资源。课程开发活动自身就是一个连续的动态的过程，评价的重要功能就是要促进“反思”，不断“改进”课程，维持课程持续生成。

如果教师参与课程开发的目的性模糊，花大量时间开发课程，却对教师自身

专业成长没有多少帮助，甚至因开发对学生发展价值不大的课程而花费很多时间，反而减少了自己备课、研究与反思的时间。如果学生接受了学校开发的脱离实际需要的课程，又相应地减少了学生学习基础性课程的时间。这样的结果都是有碍师生发展的。

3.特色化。课程特色的形成，需要有开明的校长，智慧的教师，以及长期不断的实践。所开发的课程必须有明确的目标，较长的实施周期。现在许多地方实施的校长、教师的交流制度不可避免地影响到课程的特色化建设。某位校长曾向我感叹，他们学校某省级精品课程开不下去了，因为担纲的两位教师都流动走了。使课程开发成为短期行为。

聚焦课堂

教师搭台，学生主演

■施振生

时代呼唤课改，新课改将“自主学习、合作学习、探究学习”列为三种主要学习方式，强调要充分调动学生学习积极性，让学生参与教学，把课堂还给学生，改变过去单纯接受式的学习方式，师生互换角色，实现由“教”向“学”的过渡。这样在教学过程中做到人人参与，平等对话，教师由居高临下的权威转变为真正的学习共同体，成为学生学习的合作者，引导者和参与者，教学过程不仅成为师生交流共同发展的互动过程，也是一个共同开发课程和丰富课程的过程。

我所在的学校为一所九年义务制的初级中学，学生的素质参差不齐，而且一部分学生的基础较弱，学习习惯较差，对学习有厌烦心理，提不起学习兴趣，更缺乏学习科学的信心。为实现新的课改目标，提高学生的素质，我进行摸底后发现，多数学生非常想学好科学，又苦于不知怎样学。结合这一实际情况，在课堂教学过程中，变换角色，重在为学生搭建舞台，让学生走上讲台当小老师，当主角，以此提高他们良好的心理素质，增强他们学习的自信心，发挥其在学习中的主体作用。笔者在科学教学实践中作了一些有益的尝试，供大家参考。

一、做法

（一）让学生充分进行预习，上台讲解前先试讲

台上一分钟，台下十年功。这句话道出了准备的重要性。为了让学生能充分作好上台表演前的准备，预习好下一堂课的内容，我在每堂课的结束时，总要提出下节课预习的主要内容。主要以问题的形式给出，鼓励每个学生都发挥主动探索和互相合作的精神，把问题尽可能地搞懂。因为若不提出预习的内容，大多学

生往往走马观花，抓不住重点和难点。这样一来，既可以做好预习这一环节，又可以大大地调动学生自我表现的欲望，使学生在紧张、兴奋、愉快中自主地学习科学。

比如在学习“摩擦力的利和弊”之前，我布置了以下几个问题：

1.摩擦力无处不在，请你结合生活经验，举例说说与摩擦力有关的例子，越多越好。

2.摩擦力产生的条件是什么？彼此不接触的物体间存在摩擦力吗？彼此接触的物体就存在摩擦力吗？

3.摩擦力的方向是怎样确定的？是否与物体运动方向相反？

4.影响摩擦力大小的因素有哪些？为什么书上说，摩擦力的大小与作用在物体表面上的压力有关，而不说与作用在物体表面的重力有关？

这些题目源于课本，又略高于课本，更能使学生展开空间想象，学生经过认真预习与研究，大多数能顺利解决。讲课的同学必须从内容、讲解思路、语言和精神状态上都进行充分的准备。事先要给教师说一遍，避免出现明显的科学性错误，产生误导。在试讲过程中教师会给出一些建议，然后进行修改，有时会反复几次，最终成熟了才上台给大家讲。当然有时也会故意让表演学生出一点洋相，通过大家的共同努力，完善该学生的表演，以达到增强对该知识的理解。准备的过程，是学生对知识内容加深理解的过程，也是将知识进行梳理和归纳过程，更是培养总结方法的过程，久而久之，学生就养成了良好的学习习惯。上课时，在学生上台表演过程中，对精彩的发言和思想，进行适时的鼓励；对一些钻牛角尖的答案果断地否定，同时又及时地疏导，不断纠正，完善学生表演中的不足。我慢慢地发现班上的学生可塑性大，创造力也很强，他们的有些想法和见解，很让我惊喜。在教师的“导演”之下，他们的头脑迸发出创造性的火花，同时也对科学产生极大的兴趣。

（二）让学生上台讲解新颖解法，全方位锻炼能力

在教学中，我尽可能多地创造一些让学生表演的机会，在上课和布置作业的题目选取时，尽量地从学生实际出发，让大多数学生都有能力求解，平时在上课、辅导、批改作业，阅卷过程中，一发现学生有新颖解法，就布置该学生做好上台表演的准备，要求讲清解题思路，方法和过程，这样既给讲者以鼓励，增强学习科学的信心，又让听者得益。

在讲完“水的密度”一节后，作业本中有这样一道题目：一个铜球的质量为178g，体积为40cm^3，问这个铜球是空心不是实心？我班上学生得出下面3种解法，解法如下：

解法1：设铜球为实心，则，$\rho_{球}=m/v=178g/40cm^3=4.45g/cm^3$

因为 $\rho_{球}<\rho_{铜}$ 所以，此球为空心。

解法2：设铜球为实心，则 $m_{铜}=\rho_{铜}v_{球}=8.9g/cm^3\times40cm^3=356g$

因为 $m_{铜}>m_{球}$ 所以，此球为空心.

解法3：设铜球为实心，则 $v_{铜}=m/\rho_{铜}=178g/8.9g/cm^3=20cm^3$

因为 $v_{球}>v_{铜}$ 所以，此球为空心.

全班有57名学生，其中22个学生用解法1，19个同学采用解法2，15个同学采用解法3，在解法3 的15位同学中，其中一位男引起了我的注意，这名学生性格比较内向，个性腼腆，不大善于表现自己。我利用课余时间与他进行交流，对他的解法充分肯定后说：“就本题而言，三种解法没有高低之分，但是如果本题再问，若是空心球，空心部分的体积是多少，你的这种解法无疑是最简的，你能和同学们分享一下你的聪明才智吗？没关系的，你大胆地说出来，老师相信你肯定能行。”他思考一下以后，同意说先试试看。为了缓解他的紧张心情，上课时，先让平常上台过几次比较老练的同学讲解解法1，解法2，再让他上去讲解解法3。经过了充分准备，他讲得非常成功。

对于一些新颖的解法，教师应鼓励学生走上讲台道出自己的见解，撞击学生思维的火花，使学生获得终生难忘的体验。这种体验，使他们获得信心，使他们感受到学习的快乐，当然，学生在练习过程中暴露出的一些错误解法，也可以让学生上台来讲述思考过程，教师因势利导，找出错误的原因或不足之处。在平时教学中，教师要尽量发现学生的闪光点，多肯定，少批评，多给他们成功的表现机会。使其实实在在地喜欢上科学课。

进行充分准备的同学，讲课大都非常成功。他们会获得同学热烈的掌声，同时也获得巨大的成功体验。这种体验，使他们获得信心，使他们感受到学习的快乐。有一同学，原先的科学成绩属倒数十名，通过引导和交流，还特意安排他上台讲解，现在完全像变了个人似的，学习的兴趣浓得很，不仅课堂上专心致志，连课余时间也在钻研科学习题，还经常来办公室跟我“探讨探讨”，他的科学成绩常稳居在上游，他的巨变让班上很多后进的同学触动极大，大大增强了学科学的信心。

二、收获

（一）帮助学生自主学习

传统的“教材浓缩知识——教师讲解知识——学生接受知识”的教学模式，以教师为中心，学生跟着教师转，学生的学习方式表现为简单地复制教师的内容。而由学生自己上课，教学双方都是学生，平时就很熟悉，也感到自然，甚至亲近，有助于密切配合，极大调动学生的参与性和创造性，成为真正学习的主体。一个学生在他的周记中写道：“在没接触科学前，我常听父母说，科学是很难的，现在我自己在学科学了，并不觉得难，反而觉得学科有趣有味，也喜欢上科学课了。”

（二）极大地培养了学生敢于竞争、团结协作的精神

如今的中学生，有强烈的自尊心和自信心，独立自主意识也强，他们敢于竞争，勇于展示自我。教师应充分认识到这一点，并加强正确引导，鼓励学生大胆走上讲台。同时营造一种宽松、民主、和谐的氛围，激发学生的学习积极性，创造出一种心理安全感，使他们敢想敢说，主动参与，让学生做到不怕出错，无所顾忌地充分表达自己的观点。同时通过全班同学的评议，肯定优点，指出不足，便于互相学习，取长补短。

（三）大大活跃了课堂气氛、培养学生批判精神

传统教学中，教师和学生很难做到真正的平等，学受制于教，学无条件地服从于教，课堂气氛很难活跃起来。而让学生自己上课，这一全新的形式完全激活了这一潭“死水”，引起学生浓厚的兴趣，给听者带来许多新鲜感，也容易使听者保持长时间的注意力。他们随时会对教学内容进行判断，不受约束，一旦发现问题便立即做出反应，直截了当地提出自己的见解，大胆质疑问难。甚至发生“教师”和学生唇枪舌剑、难分高下的热烈场面。这时，教师就可以“引导者”的角色，加以启发和引导，进行解惑释疑，起到事半功倍的出奇效果。这样既活跃课堂气氛，又培养了学生的批判精神 。

（四）不仅培养学生掌握了知识，更是全方位提升了能力

学生通过实验、分析、总结等一系列过程，增加科学知识，培养创新能力，使科学教学不是一个纯粹的v、m、ρ 、I、U的符号运算，而是充满着探索性、创造性的学习过程。学生在这过程中学会了倾听、交流、反思，发展了科学思维，也影响着学生的非智力因素的发展，影响着学生的品格形成和人格塑造。用独到的见解培养学生求异思维的能力，用对问题执着追求的精神培养学生坚忍不拔的毅力，用海纳百川的胸怀培养学生豁达的品格。

教师搭台，学生主演，能使学生获得终生难忘的学习体验，真正激起学生热爱科学，学习科学的兴趣，它有利于学生自学能力、语言表达能力、自我表现能力、临场应变能力的提高和良好心理素质的形成，促进学生思维能力和创造能力的提高。

强调学生自主学习，注重获取新知识的方式和方法，学生通过体验、感悟和总结，获得的不仅仅是知识，更重要的是掌握了今后用这种手段获取更多知识的方法，锻炼的是一种主动获取知识的能力。正如一位教育家所言："学习知识，更应该提高能力，要掌握学习知识的方法。就像一个人要穿过原始森林，重要的不仅仅是给他一袋干粮，更应该给他一支猎枪。因为干粮吃完了不会再有，而猎枪可以源源不断地获取新的食物。"这就是我国著名的教育家清华大学的老校长蒋南翔的"干粮猎枪论"。"教师搭台，学生主演"和其精髓有着异曲同工之妙。

浅谈核心素养视角下的小组合作学习

■王月珍

一、研究背景

培养学生核心素养是当下教育领域的热点，亦是未来基础教育课程改革的方向和灵魂。英语学科的核心素养包括语言能力、文化品格、思维品质、学习能力等几个方面，“语言能力指在社会情境中借助语言来理解和表达意义的能力；文化品格指对中外文化的理解和对优秀文化的认知；思维品质指人的思维个性特征，反映其在思维的逻辑性、批判性、创造性等方面所表达的水平和特点；学习能力则指学生主动拓宽学习渠道，积极调适学习策略，努力提升学习效率的意识、品质和潜能。”依此分类，初中英语课堂可以从情境、问题、交际、知情融合四个方面培养学生的学习能力和情感态度，进而促进英语学科核心素养的养成。在《中国学生发展核心素养（征求意见稿）》中明确提出了学会学习，要求学生能自主学习，注重合作。在《英语课程标准》中也明确指出：“自主、合作、探究是学生学习语文的重要方式，学生学习活动应当是一个生动活泼的、主动的和富有个性的过程。”开展小组合作学习可以通过组际、师生间的合作讨论等方式，让学生各抒己见，互相交流信息，集思广益，取长补短，以达到共同解决问题、掌握新知识的效果，进而培养学生的团队合作精神和学习能力，有效地提高教学质量。小组合作作为学校英语教学的重要组成部分，发挥着培养学生素质全面发展的重大作用。

“学生的核心素养是整个学校课程的灵魂，统整学校课程规划和建设的各个要素。”转变学生的学习方式，强化学生的主体地位，倡导“主动参与、乐于探究、交流与合作”的学习方式，是基于英语学科核心素养下，培养学生语言能力、学习能力的一项重要内容，也是一种以学生为中心的重要的学习组织形式。小组合作学习是以小组为单位进行讨论、探究、交流的一种学习方式，这种学习方式是我们老师努力奋斗的方向，也成为人们关注的热点问题。

核心素养培养下的课堂，小组合作学习是必不可少的，它是很常见也很重要的一种学习方式。学生个体进行前置性小研究后，在小组里面畅所欲言，交流各自的思想，分享自己的发现，思维的火花在这里碰撞，学生的语言能力、学习能力得到发展，这是我们所追求的小组学习的理想状态！

二、基于核心素养下的小组合作学习方式的探讨

（一）有目的地编排小组，培养每个学生的语言能力

在编排小组时考虑学生的性格、学习能力、是不是好朋友等多种因素后形成小组。在这个小组里可以安排一个善于组织领导小组活动的起到“领头羊”作用的学生，一个会积极参与思考的并能善于表达不同的意见的“宰相”，带着一个或者两个在学习上弱势一些的同学，同时，选好小组长，负责组织本组的一切活动，这样的安排可以让小组成为一个独立运作的小团队，能力好的学生有提高，能力相对较差的学生有所进步。

（二）激发学生学习动机，提高每个学生的语言能力和学习能力

每个人都会有一种自我表现的欲望，每个人都需要获得成就感。特别是学习成绩较差的学生，在小组合作自主学习中，其他同学的帮助和他自己的努力会产生明显的成就感，表达愿望会更强烈，这时只要你给他一个平台，附以适当的鼓励可能会使其对下一步的学习产生更强烈的渴望，从而走向学习中的良性循环，这也是英语学科核心素养的内容之一，学习能力的培养。因此，我们的老师也要善于鼓励我们的学生。对于一个英语学习的班级来说，就形成了良好的学习氛围，而对于一个人来说可能是一生学习的动力。

（三）突出“以学生为中心”的教学思想，培养学生的文化品质

在小组合作学习中，从根本上确立“以学生为中心”的主体地位。例如，在口语课型教学中，可以通过讨论、辩论、角色扮演等活动，培养学生的核心素养。通过讨论，学生可以学会表达自己的观点，并倾听他人的观点，合作共享，分析综合。通过角色扮演，学生可以感受不同的文化，体会不同的角色，体验不同的生

活。通过辩论，学生可以发展自己的思辨能力，尝试表达自己的观点并尝试说服别人，锻炼自己综合分析问题的能力。同时，在口语教学中，还可以培养学生的创造性思维，为学生设计解决问题型的任务，让学生找出解决办法。还可以设计一些带有竞争性质的活动，如编对话、作调查、猜谜语、记者采访等等，然后通过小组比赛、奖励分数、奖小星星等千方百计地让学生动起来，让课堂活起来，通过学生动脑、动口、动手，使课堂气氛充满激情和自由。激发学生求真、向善、爱美的潜能，使他们积极主动，合理有效地参与到教学过程中来，以此来提高学生的语言能力、学习能力，也能培养学生的思维品质。

（四）以促进学生思维品质为目的，培养学生良好的合作学习习惯

学生自我管理能力相对差，还没有很好的形成合作学习的意识和能力，在实施的过程中学生没有良好的合作学习的习惯，课堂虽然活跃，但显现的是无序，低效。良好的课堂秩序和养成良好的合作学习习惯都会直接影响到课堂教学和学生的学习效果。小组合作学习的目的是让人人参与学习全过程，使学生学得生动活泼，人人尝试成功的喜悦，首先要培养学生积极动脑，认真思考，踊跃发言的习惯，让学生真正参与课堂教学，主动探究新知的形成过程，并把自己探究过程用语言表达出来，在组内进行交流。这既能发现与自己不同观点的解决问题方式，也为学有困难的学生提供帮助，真正发挥团体的合作精神。由于长期受教知识习惯的影响，学生只能处于被动接受状态，他们不习惯也不会主动思考，不知从何想，更不知从何说，难以用语言表达，教师要耐心扶助，除教给他们一步一步的思考的方法，还可努力创设便于学生思考的情景，激发学生的动脑欲望，逐步形成动脑、动口的习惯，使学生在小组合作中感想，敢做，敢说。例如，在写作课型教学中，为了能让学生的综合能力可以得到锻炼，使用思维导图。利用思维导图既可以培养学生的思维品质，也可以培养学生的写作构架能力。即使在初学阶段，思维导图依然可以运用，帮助学生建立简单的思考框架，并运用已掌握的语言进行英文写作。在交流时，教师要培养学生认真听取别人意见的习惯。在具体的学习情境中引导学生体味别人的闪光点，为什么我没有想到，这样学生就会明白倾听别人的发言是一种好的学习方法，既可以学习别人优点，又可以找到与别人的差距，同时开展教育，使学生明确不听取别人的意见是一种不文明，不道德的行为，逐步培养学生虚心听取别人意见的习惯。

（五）小组合作自主学习要与其他多种方式科学结合

小组合作自主学习是一种学生学习的方式，是针对某个问题而采取的解决问题的途径，也是课堂上的一个教学手段，它不能脱离一些基本的教学方法、手段、模式，否则将毫无价值。像目标教学模式那样开头展示目标，学生的学习讨论都会有的放矢；对于一些学生很少接触的知识，设置案例引导探究，甚至阅读讲解都是不可缺少的。但是有一点，我们要保证小组合作学习中学生的热情，否则其优势又会泯灭在学生的惰性中。

（六）小组的评价与激励

为增强学生的合作动力和兴趣，评价是必不可少的。当小组在台上进行班级、交流时，与台下进行互动，可以请台下的学生来点评，“你说得很正确”“你们组的方法很好”等等，侧重肯定、欣赏别人的优点，进行激励性评价，增强学生的自信。小组间也进行评比，每节课评出最棒的小组，两周总评，并进行奖励。

（七）发挥教师在小组合作学习中的“指导者”作用

在初中英语学科教学对学生核心素养的培养中，一个重要内容还表现在要注重对学生道德品质的培养，教师可以通过开展专题讨论活动等形式，挖掘人物的优秀品质，从而塑造学生健全的人格和高尚的道德情操 。“教书人”首先是对学生意志品质和道德素质的培养，具有较高的道德水平是社会对人才的最基本要求。同时教师也要加强学习，严格要求自己，切实起到“言传身教”的模范指导作用。要指导学生确立好共同的小组学习目标，培养学生在学习活动中的情感和态度，帮助他们认识自我，让他们充分认识到自己是学习的主人。

三、结语

英语学科核心素养包括语言能力、思维品质、文化品格和学习能力。总之，在不同的课型中，通过不同的教学活动，可以发展学生的思维品质、文化品格、学习能力和语言能力，教师应该在自己的教学中，与同校的教师进行合作，将上述的活动系统化，逐渐建立适合自己学校核心素养培养的教学活动，形成本校的学科核心素养培养体系。小组合作学习应顺应改革，成为英语学科核心素养下的一种新的学习方式，是培养学生语言能力和学习能力，提高学生思维品质和文化品格的一条有效途径，有利于激发学生的求知欲望，有助于因材施教，真正实现使每一个学生都得到发展的目的。

科学课堂的问题生成艺术

■叶芳艳

古人云:“善教者，必善问。”“学起于思，思起于疑。”一个好问题能激起学生的深度思考，能挖掘出学生内在的知识理解，能让教师站在学生角度思考问题，及时激励教师设计新问题，解决学生存在的原有错误概念和思维难点。

科学课堂教学要以问题为中心，用问题挖掘教材，用问题激发学生的兴趣，促动学生的思维，用问题打开学生的智慧，围绕问题在教学中的运用，课前有意识的预设有价值的问题，课内激发学生思考问题，回答问题，生成问题，再次解决问题。

让科学知识在发问中层层递进，让学生的技能伴着问题步步为营，让课堂因为问题而变得有深度。科学课堂少不了探究，要让问题在探究活动中起到带动作用，教师就必须对问题进行推敲。

一、问题的质量

问题的质量由问题指向性的强弱来确定，同时关注问题思维度的强弱。而问题思维度主要体现在问题的深度、问题的广度、问题的有效性上。

所谓问题的深度是指能否挖掘出事物本质。问题的广度则更多的体现在问题的开放性、发散性思维上。问题的有效性通常是指问题本身的价值。只有指向性明确，同时又有一定思维度的问题，才能激起学生的兴趣。

如“探究树阴下的光斑”。

提出问题:

甲:地面上的光斑是从哪里来的?

乙:地球上的光斑为什么会有不同的形状?

丙：地面上光斑的形状和亮度与什么因素有关？

甲问题浅显，思维度不够，唤不起回答者深度的思考。乙比甲好一点点，至少会让回答者去观察光斑的形状。不过回答者会直接找原因，不会过多的思考。丙提问则有一定的难度，能激起回答者深度思考，给回答者很大的思考空间，首先会对光斑进行观察，会对光斑产生的原因，光斑的特征作细致的分析。在观察分析思考中，回答者还可能会提出更进一步的问题，为什么会在树叶特别密处的光斑基本上呈现圆形呢？又引发回答者对小孔成像的本质探究。一个问题若能激起回答者产生新的问题，则更进一步说明了原问题的有效性，因为它真正激起了回答者的思考。

一个问题只停留于浅表，不能深入事物内在本质，挖掘不出学生的内在思考，深度思维，或指向性不明确，都不能算是一个好问题。而同一个问题却可以有不同的问法，问法改变了，问题的质量立马改变了。如“你的科学书能被磁铁吸引吗？”这问题太浅显，简直就是一无效问题。如果这样问，“用你的磁铁吸引一下身边物体，看看哪些物体能被吸引？”，指向性不明确，教室里肯定马上乱成一团，也不好。如果这样问“拿起你的五角硬币（看起来是铜制的，但能被吸引），用磁铁吸引一下，看看能否被吸引，并说明理由。”问题指向性明确，有一定的深度，能激起学生思考。大家前后一比对，问题质量好坏自然就分出来了。又如“导体电阻与温度是否有关？”，这一问题也基本无效，学生可以有关无关的瞎喊，激不起他们对问题的思考。不过如果加上后半句，问题的质量立马发生改变，即“导体电阻与温度是否有关？并说出你是凭什么做出这样的判断的？”问题指向性明确，思维度马上得以提升。一个废问题摇身一变就变成一个好问题了。

二、问题的呈现形式

（一）老师设计，学生思考回答

老师课前针对教科书上的内容，设计问题，旨在理解知识。学生根据老师提出的问题回答。应该说这一层次的提问是最基本的，也是教师在课堂中用得最多的。如对理解饱和溶液不饱和溶液概念的授课的教学片段：

提出问题：饱和溶液和不饱和溶液的相互转换的具体措施有哪些？

学生A回答：饱和溶液变成不饱和溶液可以采用继续加溶剂和升高溶液温度

实现，不饱和溶液变成饱和溶液可以采用降低溶液温度，继续加溶质和蒸发溶剂来实现。其中升温和降温是针对大多数随温度升高溶解度增大的物质适用，对少数随温度升高溶解度减小的物质不适用。

提出问题：大家对该同学作出的回答有自己不同的想法吗？他提出的措施全都可行吗？请仔细思考并回答。

学生B回答：我对其中蒸发溶剂有意见，比如酒精水溶液，水蒸发了，酒精也会蒸发的，还有比如食盐水，水蒸发了，盐也会蒸发的。都已经是均一稳定了的溶液怎么还能把它们分开呢？所以我认为这一方法不可行。(学生哗然，有的认为食盐是不会蒸发的，有的用敬佩的眼光看着B学生，认为他说得很有道理。)

※教师对学生讲解酒精和水是互溶，对酒精水溶液来说饱和不饱和是没有意义的。不过酒精和水倒真的会一起蒸发，只是有快慢之分。

提出问题：食盐水倒是有饱和现象的，有没有同学能设计一个小实验来确定食盐会不会随水的蒸发而一起蒸发？

学生C回答：可以用碗里盛盐水，碗中间放一空小杯子，碗口覆盖保鲜膜，保鲜膜中间放一硬币的方法，在小杯子中接到水，尝一尝咸不咸的方法，若不咸说明食盐不会随水一起蒸发。

提出问题：可行，能设计出更精确的小实验吗？

学生D回答：可以称量2克食盐，溶解在10毫升水中，等食盐在烧杯中全部溶解后，再把烧杯放在酒精灯上加热，等水全蒸发干后，取出杯中的食盐进行称量，看是否还是2克，如果还是，就说明食盐是不会随水一起蒸发的。

该片段中的问题层层递进，不断激起学生思考，非常有力地说明了问题的关键性与重要性。

（二）教师预设情境，激发学生提问

教师预设情境，吸引学生的眼球，让学生的求知欲高涨，激起学生的兴趣，激发出学生的思维。这种提问形式比起教师设问要高明一些，它能更深层次地挖掘学生的思维，打开学生的智慧。如在七年级新生科学起始课上，给学生做一个实验：请同学们观看我手中的管子，往瓶中浸一下，拿出，已变红，用力在管子一端吹，并用双手护住管子，管子红色退去。

当教师在做实验的时候，学生已经看得很奇怪、很激动，做完实验后，教师尽管等在那里，学生必定会提问：红管子颜色怎么会褪去的？这时候教师大可

"卖关子"提出问题：是什么因素使红管子颜色褪去的？并讲出你猜想的理由。

这一问题一定要带上后半句，否则学生会毫无理由地瞎猜，这样的话问题的质量也就大打折扣了。加了后半句，学生思考程度就会加深，他们会分析老师吹时所造成的条件，并根据这些因素来猜想。如①可能是空气流动使管子红色褪去的。(空气流动速度加快了)②可能是二氧化碳使管子红色褪去的。(口中吹出的气体中二氧化碳含量高)③可能是温度使管子红色褪去的。(口中吹出的气体温度比周围空气高)④可能是水蒸气使管子红色褪去的。(口中吹出的气体水蒸气含量比周围空气高)⑤可能是光线暗了使管子红色褪去的(吹气时用手护住管子，管子是在偏暗处的。)

在这样的猜想活动中，不管学生猜得对不对，教师的目的都达到了。因为学生在这样一个思考问题的过程当中，学生的思维得到了充分的锻炼，学生的创新思维得到了及时的开发。教师真正做到了打开学生的智慧之门。真正实现了授之以渔，而并非授之以"鱼"。

(三)学生提问，其他学生回答，老师补充完善

通过学生自己的主动学习，提出问题，并让其他学生来回答，并不是老师来包办代替，让学生觉得学习是自己在学，并不是老师在教，这应该是教师教学活动中的最高境界。以参照物的教学为例。

参照物教学片段：

师：接下来，请同学们提出对本小节的疑惑或想知道的问题。

(问)夏亚宁：在88页，我看电梯里的人根本没动过，为什么要说那些人运动了呢？

(答)徐武梁：看电梯里的人没动，是以电梯为参照物，人与电梯没有空间位置的变化，所以人没动，如果以地上的人为参照物，电梯里的人相对于地上的人，就有空间位置变化了，所以电梯里人的运动了。

(问)俞商豪：89页图3-3中加油机与受油机相对静止，既然静止，说明一动不动，飞机一动不动在空中，不会掉下来吗？

(答)朱伟桌：相对静止是指两架飞机没有空间位置变化，不等于两飞机相对于地面一动不动，其实，两飞机是以相同的速度向前飞行的。

(问)杨帆：89页阅读材料中，有一句"他发现身旁有一个小东西在游动"，这里用到游动，我认为游动用得不好，子弹又不会游。

（答）师：这个我来回答，我认为，这里的游动一词，带有作者的主观意念，当时他不知道是子弹，以为是小虫子，所以他用了游动一词。等他知道是子弹后，我想他就不会用游动了，可能会用“飞”了。

（问）徐轶涛：同样是阅读材料，按材料中说是子弹拥有和飞机相同的速度飞行。那么子弹飞行的动力来自于哪里呢？我认为子弹应该是做减速运动的，所以我认为阅读材料的真实性值得怀疑。还有在飞机上怎么可以把手伸出去呢？飞机上不是全封闭的吗？

（答）师：十几年了，我第一次听到这样的质疑，我以前也从来没想过子弹怎么飞，也从来没去怀疑这一材料的真实性，只觉得挺好玩。似乎用科学知识也可以解释。但被轶涛这么一提，我真该重新认识这一事件了。我认为飞行员发现子弹到抓到子弹是瞬间的事情，也许一犹豫就错过去了，本来遇到子弹就是非常偶然的事件，所以我们不要以为飞行员盯着子弹看了很久才抓的。关于飞机上把手伸出去的问题，应该是完全有可能的，因为当时的战斗机座舱是敞开式的，飞行员可以拉开手榴弹，把手榴弹直接扔下去的，材料中也说到，飞机在2000米高空，2000米对于飞机来说是不高的，高一点的山都可以有一两千米高。现在我们熟知的客机是全封闭的，要飞到10000多米高空中。能理解了吗？

让学生自己提问，学生的注意力更集中，大脑思考量更快更大，独立思考能力更强更高。课堂有效性更突出，学生各方面的能力能得到更好的锻炼。

三、问题的提问艺术

问题的提问艺术包括：常规式、探究式、反问式、递进式、追问式。

常规式提问是我们教学中用得最普遍的一种提问方式，更多的体现成一问一答了结式。如长度的主单位是什么？（米）

探究式提问主要形式，既如上文提到的“探究树阴下的光斑”所提出的问题：“地面上光斑的形状和亮度与什么因素有关？”这类问题会指引学生对问题内涵进行科学猜想。又如上文中提到的问题“是什么因素使红管子颜色褪去的？并讲出你猜想的理由。”此类问题都能激起学生对问题的探究，也适合探究，也可以探究，在科学探究教学中应用得尤其多。

反问式是根据学生的回答反问学生，激发学生的逆向思维。

递进式和追问式则都是些问题串。递进式最显著的特征是一串问题中问题内容呈递进关系，可以预先设计好。如对吊着的灯进行提问：①吊在天花板上静止的灯受到力的作用吗？②受到几个力的作用？③分别是什么力？④这几个力之间存在着什么关系？

追问式最显著的特征是随回答者的答案变而变，针对学生的回答，进行连续追问，目的是为了引导学生自我认识、纠正错误或巩固和强化学生对科学知识的理解。

如对“从河里驶向海里的轮船受到浮力一样大吗？”问题的追问：

学生A回答：不一样大。

追问：河里大还是海里大？

学生A回答：海里大。

追问：请讲讲你认为海里大的理由。

学生A回答：海水密度比河水密度大。

追问：根据阿基米德原理，$F_{浮}=\rho_{液}gV_{排}$，除了与液体密度有关外，和排开液体的体积多少也有关，你认为两种情况下，排开的液体体积相同吗？

学生A回答：不同。

追问：有什么不同？

学生A回答：海里轮船会更浮上来一些。

追问：液体密度变大，排开液体体积减小，你能确定乘积一定变大吗？

学生A回答：不能。

追问：既然不能，你觉得根据你的理解应该有几种可能答案？

学生A回答：①海里比河里大②河里比海里大③两者相等

追问：你认为河里、海里轮船的沉浮情况相同吗？

学生A回答：相同。

追问：是什么状态？

学生A回答：都漂浮。

追问：漂浮时物体受到的浮力、重力什么关系？

学生A回答：平衡力。

学生A笑着回答：轮船从河里驶向海里受到的浮力保持不变。

以上实例是如何引导学生自我认识、纠正错误。有时追问不是纠错而是巩固、强化。此类追问常用语有：“请讲讲你的理由”；“你是怎么思考的”；“你是凭什么做出这样的判断的”；“你是从哪里看出来的”；“如果不是这样，那又会怎么样”等等，迫使学生讲出他对问题的本质思考。是引导学生思维行之有效的方法。

要提出高质量的问题，教师除了要注意一些提问技巧外，更应认真思考，设计教案，平时多收集一些可以用于科学教学的生活小技巧（如罐头瓶口在封装时是如何在没有高科技的前提下排尽空气的？），或老师和学生都易忽略去思考，却又是事实存在的一些易错问题（如飞机是利用空气浮力升空的吗？）。这些都是我们教师设计精彩的课堂问题的好素材。课堂上教师还要善于倾听，学生提出的每一个想法都有它的合理性，只要我们重视学生的每一个提问，我们会发现，课堂生成的问题，有时更具有挑战性，更让人欣喜。就像上文提到的一个学生提出的问题：“我认为盐会随水的蒸发而蒸发。”想来这是多么荒谬，但老师倾听了，尊重了学生的想法，它就变成了一个很好的提问素材。其实，一节好课，既不看教师有没有教完或教得认真不认真，也不看学生学得多么勤奋和辛苦；既不单纯看教师讲得如何旁征博引，也不单纯看学生参与的多么异常活跃；主要还是看一节课里学生究竟学到了什么，真正学懂了什么，能力提高了多少，真正感受到学习、成长的快乐和幸福了没有。提问艺术成为我们进行课堂教学改革的一大课题，成为课堂教学的一大亮点。

浅谈历史与社会课中的有效教学

■叶顺德

有效教学就是在教学活动中教师采用各种方式手段，用最少的时间，最小的精力投入，取得尽可能多的教学效果，学生获得最大限度的进步和发展。

由于教师受传统观念的影响或步入课改的误区，历史与社会课的课堂效率不高，教学中总存在着一些这样那样的问题：一是有的课堂教学如“雨过地皮湿”，没有明确的教学重点，也缺少明晰的教学难点，有的列举了大量教材以外的实例，补充了大量课本以外的内容，教师讲得口干舌燥、眉飞色舞，可这些实例和内容与教材的联系不够紧密，甚至完全游离于教材之外，完全脱离了教材。而更深层的缘由，在于教师没有真正领会教学大纲的教学要求，没有充分了解学生的学习需要，没有理解教材编写者的真实意图，没有准确把握知识点的要义本质，学生听得云里雾里、不知所云，实际的教学效果无从保证。二是有的课堂虽有精巧的教学设计，但讲课时却背离初衷，甚至背离了应有的教学目标和教学方向，时有跑题、偏题、离题的现象；有的对学生学习包办代替，甚至把自己的思维当成学生的思维，把自己的思想当成学生的思想；有的违背循序渐进的教学原则，知识点过于零散、不系统，知识讲授不连贯、跳跃性大，学生学习缺少必要的台阶，也缺乏应有的基础；有的教学缺乏条理性、顺畅性，有时少了环节、忘了细节，有时漏了知识点、丢了教学点，不能做到环环相扣、层层递进，时有杂乱无章、支离破碎之感。三是随着现代信息技术的日益普及，计算机辅助教学已被中小学教师普遍采用，但有时却未能达到提高课堂教学效益的目的，存在高耗费低效力、高投入低产出的问题。有的对多媒体的使用过频过滥，例如，不仅重要知识点和信息用课件展示，而且就连课题也用课件播放；不仅作业、训练题用课件呈现，甚至就连训练、推演结果等教学过程也用课件演示。教师用得手忙脚乱，学生看得眼花缭乱。教师就如放映员，学生如同看电影。在这样的课堂上，教师的板书没有了，解题的过程没有了，学生的板演没有了……那么如何提高历史与社会课堂教学的效率呢？笔者认为可以从以下几方面着手。

一、把握课标、吃透教材——有效教学的前提

《历史与社会课程标准》精辟而又系统地阐述了课程的性质、基本理念、设计思路、课程目标、内容标准以及实施建议，它是《历史与社会》教科书编写的依据，也是指导《历史与社会》学科学教活动的最根本的依据。教材是师生进行教学活动的主要依据，也是学生进行学习活动的主要基础。研读教材可以提高课堂教学的有效性，因此在教学前教师要认真地把握教材，领悟教材。从而达到“立足教材，超越教材”的效果。在运用教材前教师应从联系的角度去思考教材，研读教材。首先要从整体上把握初中阶段教材的编写特点、基本精神和编写意图，领会教材中所蕴含的教学思想。其次，要根据“新课标”制定的单元学段详细目标的达成情况联系具体年级教学目标，从而做到准确把握分解年级教学目标，达到教学目标设置的合理、科学。再次要明确所教内容在整体教材体系中的位置，从而更好地确定教材在教学中知识的起点、落脚点，以达到每块知识领域有效衔接与相互联系。教材是教师教学的依据，“吃”透教材是有效教学的前提。历史与社会教学要求教师课前深入钻研教材，做到既能对课教材整体感悟，又能对三维目标准确把握，力求有自己独特的理解和思考，这样才能有效指导学生学习。作为教学组织者和指导者的教师，如果没有对教材深入浅出地把握，那实施有效教学就是一句空话。如《历史与社会》九上第三单元第三课第一课时的课题是“以法律为准绳”，对应的课标是“3—3 比较历史与现实中反映人治与法治的具体现象，说明法治是现代社会的基本标志之一。”取其“法治”这一核心内容，其他内容为它服务，我舍弃教材第三段的分述性文字，即“甲损坏了乙的东西……属于民法管辖的范围”这一部分内容，采用了学生已经历过的事或将来可能经历的事为素材，让学生回答可能涉及的法律。从课堂教学的效果来看，学生绝大多数能说得很好，因为有关内容在八年级思想品德中系统学过。这里，我充分结合学情，避免了知识传授的无意义重复，而主要从学生原有知识上去拔高一步，提升一层。依据课标，说明法治是现代社会的基本标志之一，我又在教材之外搜集了“当今香港、新加坡、美国”等国家和地区建设“法治”社会的事例，以此呼应课标，整合教材，提高了课堂的效率。

二、研究学生，把握学情——有效教学的关键

“为了每一位学生的发展”是新课程的核心理念。学生是学习的主体，学生的个人知识、直接经验、生活世界是重要的课程资源。教学是教师与学生的双边活动，只有作为主导者的教师充分了解学生，运用好学生这一课程资源，才能让课堂充满活力，同时让学生学有所获。学生的差异性是客观存在的，不同年级的学生不一样，城乡学生有区别。为什么教师采用同样的教学方式在不同类型的学生中产生的教学效果不一样，关键是学生依据个人知识、直接经验、生活世界所形成的适应性不一样。因此，不仅学生要适应教师，教师更要主动适应学生，这种主动适应的有效性全赖于教师对学生经常性的分析，体现教师对学生个性差异上的充分了解和共性特征的准确把握上。如学习“辽阔的疆域”时，我这样设计：用东西的经度和南北的纬度来说明疆域的辽阔。从东经75度到东经135度，东西跨度60度，相隔4个时区；从北纬4度到北纬53度，南北跨度49度，纬度每隔一度，实际距离相隔110公里，南北共相距5390公里，因此得出结论：我国幅员辽阔。这样的设计，好像没问题，但在实际教学过程中，很多学生不理解“跨度”，也不理解幅员究竟有多辽阔。后来在另外的班讲课时，我作了如下调整：将跨度改为“相隔”，并补充说明：当我国最东端乌苏里江的船民迎着朝阳撒网捕鱼时，我国最西端帕米尔高原的山民还在凌晨的睡梦中。假设飞机的油箱足够大，不需要中途加油，乘坐时速达1000公里的超音速飞机从最南端曾母暗沙飞到最北端北极村，需要5个多小时，可见我国面积大，幅员辽阔，这样学生就容易理解了。

三、构建和谐、活力课堂——有效教学的核心

课堂是师生互动的舞台，是有效教学的核心。

（一）话语平等，鼓励争鸣

苏联教育家苏霍姆林斯基指出：“教师的语言修养在极大程度上决定学生课堂上的脑力劳动效率。”可以说，教师的语言直接关系到教学的成败。它不仅是一种教学手段，还是一种直观教具。鲜活的教学语言，不仅能吸引学生感知、理解教材，而且可以调节学习情绪，增强教学效果。通过诙谐、幽默的语言，使得课堂

充满了欢声笑语，给学生一个轻松、愉快的气氛，也拉近了教师和学生的距离，情感教育也得到了落实。所以，教师必须放弃自己在课堂上很容易获得的“话语霸权”，以学生学习的伙伴、促进者的姿态出现在课堂上，扮演一个“平等者中的首席”的角色，建立课堂平等对话的机制，在师生、生生之间的对话中分享彼此的思考、交流彼此的情感，实现智慧的撞击、经验的共享。

（二）大胆质疑，敢于创新

人的思维总是从问题开始的，要鼓励质疑问难。著名的教育家陶行知先生说：“小孩子得到言论自由，特别是问的自由，才能充分发挥他们的创造力。”要鼓励学生由敢问到会问，而且能尝试着去解答自己提出的疑问。让学生带着问题走进课堂以激发兴趣，带着问题走出教室以拓宽思路。教师要允许学生：“答错了，允许重答；答得不完整，允许补充；不明白的问题，允许发问；没想好的，允许再想；老师错了，允许提意见；不同意见，允许争论”。只有这样学生才能大胆质疑，才会有学生争论，学生在争辩中往往会表露出一些与众不同的创新。如在学习市场经济时，笔者举了这样的一例子：某地发现一个金矿，许多人蜂拥而去。途中遇到一条大河，怎么办？有的学生说游过去，有的学生说绕过去，总之，千方百计想过去。一哄而上，这正体现了市场经济的盲目性和自发性。当笔者正要切入宏观调控时，有学生发表自己的意见：为什么大家都要去淘金呢？为什么不造条大船来来回摆渡呢？这不照样挣钱吗？该学生的意见和其他学生的思路相反，体现了逆向思维的睿智，获得同学们的喝彩！

（三）学思结合，自主探究

新课程要求教师转变观念、转变角色，做学生的促进者、引路人。要善于启发学生思考，着力于培养探究能力。鼓励学生思考，教师的提问必须有启发性、整体性和导向性，给学生留有思考的余地。有些内容仅靠书本提供的资料还不足以说明问题，要让学生去广泛收集资料，自己去探索。这样有利于提高学生创新性学习的能力，能让学生感受成功的喜悦，调动学生的学习主动性，增强趣味性，促进学生自主性发展。如在学习“人类面临着严重的环境问题”一节时，首先让学生自由组合，然后自由选题：我国目前水资源的现状如何？你知道产生这种善的原因吗？它对我国经济社会的发展产生了怎样的影响？你能为我国创建资源节约型、环境友好型社会做些什么？我们丽水对解决水资源的状况如何？产生的原因是什么？丽水对解决水资源问题有什么对策？同学们对解决我们丽水水资源问题有什么金点子？确立研究主题后再收集信息。最后通过观察、访问、调查、上网等手段进行整理研究。这种自主学习的形式实现了课内知识和课外活动的有机结合。

（四）激发思维，抓住生成

生成的课堂是师生交往，积极互动，共同发展的过程，即便老师做了充分预设，实际操作过程中必然还有许多非预期的因素，还会有“无法预知”的情况。这就要求教师充分发挥主观能动性，在教学过程中不仅要成为学习的指导者、学业的评价者、纪律的管理者，更要成为信息的重组者、动态生成的推进者。教师要做到：心中有案，行中无案，寓有形的预设于无形的、动态的教学中，在互动的课堂中，不断捕捉、判断、重组涌现出来的各种信息，把握促进课堂教学动态生成的切入点，灵活驾驭教学过程。在学习“议会对王权的胜利”时，刚分析完革命的背景后，我听到底下有几位同学在悄悄讨论：与法国大革命背景有相似之处。一部分同学也把眼光转向这几位同学。我灵机一动，何不借这一机会，拨动一下学生求知的欲望。于是，布置了一个思考题：同时期同在欧洲的法国，当时的社会状况又是如何呢？同学们把课本翻到第三目“忘我献身的法国公民”，迅速查找相关内容。五六分钟后，同学们纷纷举手抢答，然后我作了归纳，并索性打破原先的教学预设，让同学们自己去比较探究英、法两个国家两场革命的背景经过、结果及影响。探究过程一直延续到下课。下一节课，一开始就让学生回答上节课最后提出的问题，他们非常顺畅地回答上来了。这一节课的教学真可谓是水到渠成。

四、课后反思，抓住遗憾——有效教学的延伸

有效课堂教学需要教师将教学实践和反思紧密结合。课堂教学是一门缺憾的艺术，无论是行家里手，还是年轻教师，在各自的认识层面上都会发现不足，都会留有遗憾。如果不及时反思，很多感觉稍纵即逝，在今后的课堂教学中还会出现类似的问题，直接影响到课堂教学的有效性。教学之余，要留有足够的空间与时间，让自己像过电影似的再现课堂教学的情景，及时捕捉问题，记下得失。

有效的历史与社会课堂是老师与学生共舞的生命舞台，闪烁着智慧的火花、充满色彩和活力，是跳动着的思想音符，是老师引领学生共享美好意境的知识天堂；是学生能够自由飞翔的蔚蓝天空。教师要把把握课标、吃透教材，析透学生，

创设和谐、魅力课堂，把方法教会学生，为学生创造自主学习的平台，使学生有展示自己的机会，那么历史与社会课一定能焕发无限的活力，会更加的有效。

历史与社会课堂中学生“问题意识”的培养

■吕响钟

深入推进素质教育，培养学生的创新精神和实践能力，培养创新型人才是目前中小学教育教学改革的主题。而问题意识是创造人才成长的关键因素之一，因而学生的问题意识在他们的今后发展和社会适应过程中尤为重要。

一、问题意识培养的价值分析

问题意识是指思维的问题性心理，主要指学生具有自由探讨、积极思考、敢于发现问题、提出问题、阐述问题等自觉的心理活动，它是学生创造力的一个重要组成部分。苏格拉底说过:“问题是接生婆，它能帮助新思想的诞生”。英国哲学家波普尔认为，科学的第一特征就是:“始于问题，实践及理论问题”。爱因斯坦也强调，发现问题和系统阐述问题可能要比得到解答更为重要。我国实施的以提高全体学生全面素质为宗旨的素质教育，其重点是培养学生的创新精神和实践能力，目前我国的素质教育重视知识的掌握和获取知识的方法及知识的运用；重视学生主体性的发挥和学生个体人格的养成；重视学生创造性的培育。在这种教育方式下，培养学生的创造性，有意识地培养学生的问题意识就显得非常重要。

二、问题意识的培养方式

笔者认为学生的“问题意识”，可以从创设问题情境、创设平等、民主、和谐的教学氛围等方面来培养。

（一）为学生创设形成问题意识的适宜条件——创设问题情境

著名创造学者韦斯伯格说：实质上是环境真正创造了创造力。美国心理学家罗杰斯说：人的先天潜能是无比优秀的，后天的教育就是创造一种适宜的环境和条件，使之得以实现。环境可以启发人、养育人、造就人。为此培养学生的问题意识，关键就是创设全新的、宽松的有利于开发创造潜能的适宜条件。适宜条件是指人能够最自然、最放松地做自己喜欢做的，并且能最大限度地发挥出水平的环境和氛围，它是激发学生问题意识的重要外部条件。在这样的环境中，学生的大脑直觉是高涨的、开放的，思维处于十分活跃的状态，对于学生个体来说，强烈的"问题意识"对他们创造性思维的发展有着很重要的意义。

1.利用现代教学手段创设问题情境。教师可充分利用一些CAI、录像、投影等现代教学形式引发学生积极的情感，创造良好的学习环境、氛围。如在讲"人口、资源、环境"三者关系时，先给学生看美国作品《天幕坠落》的片段，影片中展现了并不遥远且可能发生的残酷事实：臭氧层枯竭、资源缺乏、环境破坏，人类生存遭受严重威胁。一个个情节，感染了学生的思想，震撼了学生的心灵，学生踊跃发言，献计献策，得出了要爱护地球、控制人口、节约资源、保护环境的结论。又如在教"社会主义市场经济的基本特征"一课时，教师利用CAI，上课一开始播放了《春天的故事》这首歌，同学们一听到歌声唱了起来，歌声把同学带到了特有的意境中。这时音乐突然停止，教师问：这首歌歌颂了哪位伟人？什么时间？这样一唱一问激发了学生的兴趣。接着教师又播放了1992年邓小平同志南方讲话和党的"十四大"会议上的有关计划与市场关系的讲话情景等图像，使学生投入到当时的情景中，丰富了感性认识，为理性认识提供了基础。通过现代教学手段，创设情境，有利于丰富学生感性认识，激发学习的兴趣，减轻精神负担，发挥主体作用，培养创新精神。

2.巧用插图创设问题情境。社会、思品教材中有许多插图、阅读材料，是教材体系中不可缺少的组成，值得重视。要求学生通过观察、想象和力所能及的论证，相对自主地探索其背后的实质，这需要学生通过对其表征及其他有关的知识的联系，来提示其内在的真实。如在讲"秦始皇兵马俑"文物图，创设问题情境："你能联系所学多少与此图有关知识？"学生根据其严整宏伟阵容的形象特征，联系到商鞅变法中的"奖励军功"、"专制主义中央集权制度"、秦朝的"苛政暴政"及秦朝的"雕塑艺术"等等知识点；又如在让学生观看"南京大屠杀"有关图片，学生可以联想起“南京大屠杀发生的时间及惨况”,“日本发动的四次侵华事变”,“抗日战争的起止时间及结果”,“看了此图有何感想”等等。学生见仁见智，在活跃、和谐、轻松的氛围中掌握了知识，增强了兴趣，培养了能力。

3.新旧知识比较中创设问题情境。部分学生由于受旧知识的影响，产生负迁移，使新旧知识混淆，或由于缺乏思维的变通性，使新旧知识互相割裂，难以融会贯通。为帮助学生将新知识尽快纳入原知识结构，形成完整的知识网络，教师可把新旧知识放在一起，创设问题情境，引导学生进行比较辨析，探究其异同与联系。这样可以有效地防止负迁移的产生，促进新旧知识的整体化，系统化，使教学收到较好的效果。笔者认为比较可以分两种情况：一是通过相同点或不同点对新旧知识进行整合。如对戊戌变法和明治维新的成败进行比较；新民主主义革命与旧民主主义革命不同点进行比较等。二是通过比较提示问题的本质和规律。如通过林则徐等启蒙思想、洋务派、资产阶级维新派、革命派在向“西方学习”方面的比较，揭示面对西方列强的侵略和封建势力的压迫，一代代“先进的中国人”提出过许多救国方案并大胆尝试，促进了中国社会的进步。

4.利用社会热点与社会现实创设问题情境。社会热点问题往往是学生极感兴趣的问题，引入社会热点问题并创设问题情境，既可活跃课堂气氛，引导学生关注国内外大事，又可理论联系实际，引导学生运用所学知识进行分析，加深知识的理解。例如2015年是世界反法西斯战争暨中国抗日战争胜利70周年这一事件，我要求学生分别从地理知识、历史知识和政治知识等多角度去分析说明。中国人民抗日战争是世界反法西斯战争的重要组成部分，是世界反法西斯战争的东方主战场，半个多世纪以前，在国家和民族多灾多难之际，面对凶恶的日本侵略者，中华人民同仇敌忾，众志成城，前赴后继，英勇斗争，展开了一场波澜壮阔的全民族的伟大抗战，用鲜血和生命谱写了正义战胜邪恶、光明战胜黑暗的进步的英雄史诗。绝大多数学生能从历史角度说明，这一事件对党对国家的历史具有深远意义；从民族精神角度看，则要继承中华民族的传统美德，发扬民族精神；从理想的角度看，再次懂得理想的实现必须经过艰苦奋斗，要增强立志报效祖国的使命感。发散思维是一种创新的能力，它需要我们在实践中不断探索，加强训练，才能熟练地掌握并运用。

在教学中，教师不能把书本内容和现实社会割裂开来。教材与现实社会是相融相通的，有许多切合点，教师可以创设问题情境，使学生能够理论联系实际。如在讲唐都长安城布局图时，问从今天城市规划和建设的角度看，你认为可以借鉴什么？在讲环境、资源、人口问题时，教师可设计一幅错误的城市规划图，让学生应用所学知识设计一幅布局比较合理的城市规划图；或带学生去参观或组织学生写社会调查报告等，让学生在现实中去发现问题、解决问题，把书本知识与现实相结合，调动了学生学习的积极性，培养了学生的实践能力。

（二）创设平等、民主、和谐的教学氛围

问题意识的产生需要适宜的气候和土壤。长期以来受“教师权威”“书本至上”影响，问题意识在学生的头脑中逐渐淡化。因此，要培养学生的问题意识，这就要求教师尊重、爱护学生，帮助学生克服害怕、紧张心理，鼓励学生大胆质疑、敢于标新立异，培养学生的勇气。笔者认为，可以从以下几个方面来培养：

1.以平等态度对待学生。民主型的关系有助于学生在情感上与教师形成沟通合作关系。建立一种民主、平等、和谐的师生关系，营造“合作”的教学气氛，这是思想品德课实行合作教学的前提和基础。老师必须勇于抛弃陈旧、迂腐的传统观念，放下唯我独尊的臭架子，不要害怕学生挑战你的权威，让学生知道三人行必有我师，老师也有不如学生的地方，师生之间是平等、民主、和谐的，学生通过相互合作讨论解决实际问题。首先，要精心组织，让学生愿意合作。在教师的主导下，充分发挥教育民主，发挥学生的主动性。课堂教学中教师的精心组织，让学生愿意合作。其次，教师要身先垂范，让学生乐于合作。适当时候教师如能身先垂范，课堂中学生的情绪会顿时高涨，合作氛围顿时加浓。如在讲到七年级历史与社会下册《学习改变命运》一课时，笔者和学生一起讨论，在这一过程中，学生把老师看着他们中的一员，充分调动了学习的主动性、积极性。各抒己见，气氛十分热烈，最后在“知识就是力量”的讨论中，教师直接设问：“书本知识和实践知识哪个更重要？”

2.鼓励学生树立自信心。陶行知先生说：发明千千万，起点是一问。李四光也曾希望人们“取得一种怀疑态度，不要为已成的学说所压倒”。教师应鼓励学生大胆发表自己的见解，不要只安于接受课本上的观点；鼓励学生“不唯书，不唯上”，敢于挑战权威，培养独立思考的精神。如在讲公有制的主体地位时，有几个学生课后找到笔者，他们认为课本上的知识有误，因为他们所看到的、所听到的都是私有制，应该是私有制占主体地位。笔者鼓励他们去查资料，去调查访问有关部门。经过一番调查研究，得出了公有制的主体地位是对全国而言，有的地方、有的部门可以有所区别。从中他们增进了对知识的理解，锻炼了自身能力，培养

了独立思考的习惯。

3.认真、耐心倾听学生的提问与回答。教师对学生提出或回答的问题要仔细倾听，表情关注、态度诚恳，这样有利于学生增强信心，打开思路，尽己所能作答，从而使体验成功的喜悦成为可能。任何轻易否定或心不在焉，都会伤及学生的自尊，挫伤他们的积极性。如在一次练习时，一学生认为“人民代表大会制度是由人民民主专政的国家政权组织形式决定的”这句话是错误的，全班同学哄堂大笑，此学生也羞得满脸通红，笔者制止了其他学生后，脸带微笑地看着他，鼓励他继续说下去，学生自信心增强了说出一番十分中肯的理由，全班同学不由地鼓掌。

4.教师要欢迎学生提问，鼓励学生提问。教师应创设一种良好的教学气氛，多方设法鼓励学生去发问，让他们在问中学习知识，在问中不断取得进步，在问中逐步地走向成功。对此，爱迪生是极好的佐证，正因为他的好问才造就了他与众不同，成为拥有一千多项发明的科学家。

三、“问题意识”培养应注意的问题

1.科学性。不论采用什么方法培养学生的问题意识，提高学生的创新能力，都应遵循教学规律，结合本学科自身的特征，实事求是，才能卓有成效。

2.隐蔽性和启迪性。问题设置不能过于简单明了，要具有适当的隐蔽性和启迪性，要能激发学生的问题意识，激起学生去发现问题和解决问题的欲望，使学生的思维空间得到扩展，思维能力得以发挥。

3.维护强化学生的“好奇心”。强烈的好奇心会增强人们对外界信息的敏感性，对新出现的情况和新发生的变化及时做出反应，发现问题并追根寻源，激发思考，引起探索欲望，开展创造活动，它是创造力成长的动力，也是激活学生问题意识的原动力，因此教师必须善待好奇心，保护好奇心，培养好奇心。

初中英语课堂的导入技巧初探

■ 朱红芳

课堂导入是课堂教学的主要环节之一，一节成功的英语课，巧妙而有效的导入是最基本也是最为重要的一步。常言道："良好的开端是成功的一半"，"施教之功，贵在引导"。"牵一发而动全身"，课堂导入的成功与否直接影响到整堂课的效果。

有效的课堂导入就像是乐师弹琴，如果第一音符一奏响，瞬间就能吸引住听众的耳朵，那就能收到先声夺人的效果，就会激发学生学习的兴趣，促使学生主动探究而获得体验，让学生最终形成积极的学习情感。

长期以来，学生在英语学习方面，由于学习单调，课堂气氛沉闷，学生容易产生疲劳，有些学生甚至有厌学情绪。因此，初中阶段的英语课堂尤其需要能攫取学生心灵并能激发学生极大学习热情的课堂导入，像一块具有魔力的磁石一样，将学生的注意力牢牢吸引住，让教师语言的魅力在师生的交流互动中迸发出来。这样，老师教得轻松，学生学得惬意，课堂的教学效率就会大大提高。所以说，有效的导入是教学成功的重要催化剂。

因此，教师在教授新课时，必须开动脑筋，想方设法采取积极有效的课堂导入方法。有效的导入，能活跃课堂气氛，使学生保持积极的学习态度，从而提高课堂教学效率。有效的导入，能吸引学生的注意力，活跃其思维，发挥其主观能动性，增强其参与意识，真正发挥学习主体的作用，从而提高学习效率，优化课堂教学。

英语作为一门语言学科的一些特性，初中英语课堂的导课应具有以下特征：(1)生活性。英语的课堂导入只有贴近生活，联系生活，才能使学生易于接受，也更能激起学生的学习兴趣。(2)针对性。英语的课堂导入要针对教学内容、学生的特点、教师自身特点来设计，这样才能具有针对性。(3)新颖性。新颖的导入可以有效地强化学生的感知态度，吸引学生的注意指向。4.多样性。导课不能千篇一律，针对不同的教学内容、学生特点，有不同的导课方式。5.简洁性。课堂教学的导课也是如此，要少而精，突出重点，力争用最少的话语，最简短的时间、迅速而巧妙的缩短师生间以及学生与教材间的距离。

如何才能将一堂课进行很好的导入，这是一门艺术。遵循以上特征，针对不同的教学内容，可以采取不同的导入方式。常用主要有以下几种方式。

一、听歌曲，创情境，引人入胜

教育心理学的研究表明，音乐教育与智育是相辅相成的关系。音乐以其优美的旋律和动听的曲调，活跃和丰富学生的思维和想象力。在初中英语课堂教学导入中运用歌曲，能使学生减少对语言的陌生感，使之更加感性生动。

比如在教学七年级上册“His birthday present is a concert ticket”中就可引用一首“Happy Birthday”导入。

又如在教学七年级下module8 my past life这一模块时，教师不妨选择现在的学生很迷恋的歌手们演唱的歌曲，比如周杰伦或迈克尔杰克逊的歌曲，可能更加能激起学生的兴趣。教师可以这样引导：

T：It's your favourite song，isn't it?

S：Yes，it is .

T：But when I was a child ，what did I like singing ? can you guess?

学生会根据自己的经验猜测，这可以引起学生的好奇心。教师由此展开一系列关于自己儿时的学习、生活和兴趣爱好的话题，并引导学生谈论他们的past life。

音乐具有很强的感染力，在接下来进行课文教学中，学生自然会具有很高的积极性。用音乐导入不但能吸引学生的注意力，活跃课堂氛围，还可以激发学生学习英语的兴趣。

课堂导入中，我们根据课文需要选择恰当的歌曲让学生欣赏，营造一种特殊的氛围，来唤起学生情感的共鸣，从而自然导入课文。

二、讲故事，设悬念，扣人心弦

每个人从小到大听过无数故事，故事因其趣味性、启发性、灵活性，使人领悟到做人做事的道理。有些故事令人铭记一生，在合适的时机还想与他人分享，口口传诵。而听、讲故事对我们熟练掌握母语起到不可或缺的作用。在英语教学中，在英语课堂教学的导入中，采用讲故事导入，同样受到学生的青睐。

例如在Great Women一单元中讲述一位50岁的女性独自到北极的故事，学生肯定特别关心她生活和在北极的经历，加强了的好奇心，自然就去课文中寻求答案。

教师可以根据每个单元的不同，分别设置Story time，以巩固本单元的内容一样。我们也可以大胆创新，把它搬家移到一个教学单元的开头。例如对Animals的导入设计。在进行部分教学时，教师可以以一个农场主的身份介绍"Look! I have a rabbit."……同时还为后面的song"Old MacDonald"做了铺垫；而在进行课文部分的导入时，教师又可以改扮成一个动物园园长，边讲故事边在黑板上将动物园的成员罗列出来，导入教学。

故事导入的魅力在于既能集中学生注意，又能自然导入新课，还能启迪学生的思维，培养学生丰富的想象力和欣赏力。

三、玩游戏，乐开怀，令人捧腹

著名教育家叶圣陶先生说过："学习的过程是个游戏的过程，有益的游戏能丰富想象，丰富的想象有助于培养创造性思维。"

"玩"是孩子的天性。初中生刚刚告别儿童时代，心理上是一个过渡阶段，对游戏仍然喜爱。在玩中学，那是学生最乐于接受的一种方式。教师可根据学生们这一特点，采用游戏式导入。在导课过程中，可以增加一些游戏，来增强学生学习的趣味性，定会收到很好的效果。

比如"传话游戏 ""Say and do""顺口溜"等。在学习Can与Can't中，可以编一些有关于Can/Can't的Chant。再例如"Touch your nose"的游戏，学生参与面广，操作简单。

又如讲Book 1　Lesson 10　5 People and Work 时，可以设计几件小道具：teacher

教棍；doctor 带有红十字的帽子；soldier 玩具枪；farmer 草帽等。学生在游戏中很快地学会了运用相关的句型“What does he/ she do? ”“Where does he/ she work? ”在轻松愉快的氛围里达到了教学目的。

游戏式导入，适用于打电话、看病等场景性很强的课文教学，使学生在玩的过程中学到新知识，达到寓教于乐的教学效果。

四、演剧本，扮角色，超味盎然

初中英语是英语教学的基础阶段。初一教材中，很多教学内容里都有很多对话。我们可以让学生进行表演，投入到角色中。这能让学生在学习英语过程中得到很大的愉悦感和成就感。其实，这种导入方式叫表演式导入。

表演式导入的优势在于直观生动，富有表现力，丰富学生的直接经验和感性认识，从而全面丰富地掌握知识。在课堂中，让学生上台做小演员，参与其中，学生会感到兴味盎然，注意力非常集中。

比如我们在教学“现在进行时”的时候，请四位同学上台，分别做一种动作，A：游泳状，B：跳跃状，C：唱歌状，D：跳舞状。教师旁白：A is swimming，B is jumping，C is singing，What about D? 学生很容易就猜测出D is dancing。教师再板书这几个句子，让学生观察动词的变化，总结其中规律，然后又一次表演及操练。这样从感知到认识，再由认识指导感知，使教学生动活泼有效。

新编初中英语教材中许多内容都可以编成课本剧。教师可事先让成绩好的同学将课文改写成简单易懂的剧本，再由学生进行排练。如：初三英语Unit 8 Lesson 30，在教师指导下，上课前先让四位学生编写短剧介绍过圣诞节的各项活动。该剧可分为三幕：Act I Christmas preparation/ Act II Christmas Eve/ Act III Christmas Day。教师从学生的表演中，逐渐地导入新课。

“导入有法，导无定法”。即使是同一教学内容，导入的方法也会因学习不同而呈现多样性。无论怎样，关键在于教师对教学内容、教学对象、自身特点的把握，灵活运用、精心设计，充分体现学习主体性的需要，教学内容的需要。为使师生能共享美味，必须做到用心、精心烹调这道开胃菜。

初中英语课堂教学的导入要不拘一格，要活泼生动，更要有效，起到激活课堂、调动学生的学习兴趣的实效。所以，我们要抓住学生的年龄特点和心理规律，密切联系学生实际，紧扣课文主题与特征，巧妙设计，大胆创新！

浅谈如何改善初中体育课的课堂纪律

■ 李江锐

一、前言

初中生处于青春发育期，积极参与运动对其生理和心理发育都有良好的正面作用。但让人遗憾的是，现在的很多学生不喜欢上体育课，在体育课中的积极性不高。经常会有学生不遵守纪律，不服从老师安排等现象的产生。这些现象困扰着很多体育教师，这些问题不单单是学生单方面的原因，而且与教师以及其他外在因素都有重要关系。以下通过对初中生体育课堂的纪律问题的观察提出几个观点以及改进措施。

二、影响《体育与健康》课堂纪律问题的因素分析

通过分析，影响体育课堂纪律有三大原因，分别是学生个体存在差异、教师管理的方式和教学的水平以及外在因素是否利于开展体育课。我们分别从三个方面来分析。

（一）学生个体差异因素

学生个体存在差异，有些学生喜欢上体育课，有些学生不喜欢。有些学生能遵守纪律，而有些又常常“捣蛋”或偷懒。造成这些差异有以下的原因。

1. 运动能力的差异。显而易见，学生的个体的运动能力是存在差异的。体育课堂中掌握各种运动技能是体育课的主要内容。而学生的个体运动能力各不相同，从而造成掌握的情况也不相同。如果进行难度较大的教学内容，对于一部分学生就会难于掌握，从而导致这部分学生对学习内容缺乏兴趣，注意力无法放在

学习内容上，进而影响课堂纪律。而课堂上，教师也会出现关注运动能力突出的学生，忽视了这部分能力较弱的学生。学生得不到老师关注后，也会引发课堂纪律问题。

2. 性别的差异。初中生处于青春发育期，男女的性别差异在体育课上有明显显现。男同学的表现欲比较强，经常会出现随意打断老师讲话、玩弄器械以及不按老师的要求进行练习。以影响课堂纪律，挑战老师权威，来展现自我。而女生恰恰相反，她们不愿意主动表现，害怕在同学面前出丑。在课堂上经常萎靡不振，消极练习，找各种理由逃避练习。以上两种情况，若教师不考虑学生心理随意批评，用语不当，很容易挫伤学生的自尊心，可能会出现课堂纪律不受控制的情况。

3. 认识的差异。学生很容易把体育课停留在“玩”的阶段。而初中的体育课重点是掌握教学大纲中的各项运动技能，以及通过学习和练习，在体育中考的各项目拿到高分或者满分。所以这必须要求学生认真地学习和长期地练习，学生难免会感觉没有新鲜感。体育课堂的常规有集合整队以及队形队列练习，学生会感觉枯燥。想象中的“玩”和现实中的“学”与“练”有落差，会造成学生有不守纪律问题的出现。

（二）教师自身因素

通过观察发现，在同一学校不同班级，会出现体育课堂纪律明显不同的情况。这在很大的程度上，有教师自身的因素。

1. 课堂教学的欠缺。

有些体育教师不加强对新课程的学习，不能很好地掌握教学方向，不认真备课，对教学内容不熟悉，示范动作不规范甚至错误，这都会影响学生的学习积极性以及对教师人格魅力的认可。而有些教师不能把握教学内容的重难点，教学目标太难或太容易，设计的教学方法太死板老套，缺乏变化，教学语言繁杂啰唆。这些都会影响学生对上体育课的积极性以及兴趣，从而导致课堂纪律问题的产生。

2. 课堂管理的欠缺。体育教师对于课堂管理方式的不正确，也会影响课堂纪律：第一，管理过于宽松，体育教师放弃了管理的责任，放任学生，也就是所谓的“放羊式”教学；第二，体育教师对学生的问题反应过于敏感，处处设防，动辄对学生大加训斥，甚至滥用惩罚；第三，体育教师未能及时妥善地处理违纪行为，从而使学生对体育课的制度缺乏足够重视，导致更多问题的出现。

（三）其他方面因素

除了学生和教师的因素以外，还有来自其他方面的原因。首先，有些学校对体育课不够重视，将其划分为副课。上课时间安排不合理，场地拥挤，器材短缺，对体育教师缺乏关心。文化课教师常常拖课占课，或者留下部分学生个别教育，以及占用体育课时间出黑板报等等。以上这些现象，都容易让学生产生体育课不重要的印象，更容易让学生迟到早退，不遵守课堂纪律这些现象。而家庭教育过于溺爱或者过于严厉，容易让学生产生不良的人格特质，这些都是难以服从纪律的客观原因。

三、优化《体育与健康》课堂纪律的措施

（一）建立和执行体育课的教学常规

“没有规矩不成方圆”任何一种行为都必须受到一定行为规范的约束，课堂常规就是为了保证体育教学工作的顺利进行，对师生提出的一系列要求，是规范体育课的必要条件。在体育教学中，体育教师首先要认真执行教师自己的课堂常规制度，同时要求学生严格按规范标准执行课堂常规，过程中可以引用体育委员或者班干部等资源参与管理，利用好骨干作用。以此加强他们组织性、纪律性、规范性的培养，提高学生的自控能力。使他们养成遵纪守法的良好习惯，促进良好学风的形成，并能持之以恒的执行，从而使体育教学获得应有的预期效益。

（二）了解学生的心理特征，满足学生的需求

教师要充分了解处在青春期学生的心理特征，要懂得与学生沟通感情。师生之间的情感交流必须遵循“真实”“接受”“理解”三原则，教师要时常换位思考，更多地从学生的角度去理解、感受学生的思想、情感，并把这种感受恰当地传给学生，让学生感知老师是自己人、是朋友、是伙伴，这样有利于师生双方保持积极正面的影响，愉悦的心境是参与有效教学的前提和基础。

在课堂中，针对青春期学生的心理特点，做一些相应的调整。对表现欲强的学生，有意识地请他回答问题或者示范动作，并肯定优点和指出问题。而对于比较沉默的学生，应该多关注，多鼓励和多表扬。

总而言之，在公平对待每位学生的前提下，根据学生不同的特点差异对待。

（三）提高体育教师自身的教学能力

体育课中的纪律状况往往与体育教师给学生的形象、威信以及体育教师处理问题的方式等密切相关，为了维持纪律和进行课堂管理，体育教师首先要提高自身的素质。业务方面，不断研究课堂教学，学习教学内容，总结自身问题所在，及时改进提高。在课堂中展示自己的教学智慧，正确示范与讲解各种技术动作，以自身的能力、水平和个性来赢得学生的敬仰，去用情感感染学生，在学生中形成真正的威信。让学生喜欢体育老师的同时，也喜欢上体育课。

（四）合理的教学计划

俗话说，不打没准备的战。我们有充分的课前准备，才会在上课时成竹在胸，张弛有度。合理的准备让体育教师动作示范更潇洒，讲解语言更简洁明了，重难点制定更准确。学生参与的兴趣度也更高。因此，要减少体育课堂纪律问题，必须提高我们的教学内容安排，内容适合学生的理解水平和掌握能力，深浅适宜。这样可以提高学生对练习动作的积极性，激发学生的学习兴趣，有利于课堂纪律，提高教学的效果。

四、结论

总之，体育课课堂纪律问题的优化要靠教师和学生的共同努力。一方面，学生要不断提高思想认识，端正学习态度，增强集体观念、纪律观念；另一方面，教师需要改变观念，提高自身能力，采取有效策略对学生进行正确地引导和纠正，帮助学生排除各种干扰，调动学生的学习积极性，使课堂成为学生发挥学习潜能，培养学生具有良好的体魄，高素质和良好社会适应能力的绝佳场所。

浅谈如何提高中学英语教学课堂有效性

■李 响

一、中学英语课堂有效性的特征

就教学有效性的含义及相关问题的研究来说，主要的特征是区别于无效、低效的教学而言的，其含义包括以下内容：对于目标的正确掌握，将学生的进步和发展作为研究的主要目的，着力培养全方位的优秀人才；充分做好准备工作，在准备过程中，将学生的切实需要以及对于课程改革研究的目标进行准确把握，来实行科学有效的教学计划；对于组织的相关环节来说，要注重教学内容的科学合理；对于教学内容的掌握要详尽，在教学过程中要注意学生的接受程度和理解情况，根据实际情况来采取相关的对策；要提升自身的积极性，在教学过程中，教师的积极性和态度对于学生来说，可以起到很好的带动作用，为学生的学习来营造一个良好的氛围，对于学生而言，可以更好地接纳新事物的存在，也就有利于教学工作的开展；贯彻落实师生平等，提升学生的主体地位，在教学活动中，充分尊重学生的实际需要，师生间平等融洽；提高时间的利用率，将有限的时间充分的利用和调动起来，来达到最理想的教学效果；适当地对学生进行鼓励，提高学生的学习兴趣，同时，更加积极地参与到学习中去。

就影响中学英语的课堂教学这一问题来说，主要可以从以下几个影响因素来进行分析：目标达成的有效性、主体参与的有效性，知识建构的有效性、师生互动的有效性、学生发展的有效性。

（一）目标达成的有效性

1.就课程标准的制定和学生实际情况来说，有效性的达成离不开教师多方面的能力，不仅仅对于教师知识的掌握、情感的态度以及多个方面有要求，同时，也要充分了解学生的实际情况，考虑到各个水平的学生。

2.就可行性来说：要充分对教学目标进行掌握和把控。

3.就目标的实现来说：要实现教育的最终目标，就必须让学生对于教学内容充分理解和接受。

（二）主体参与的有效性

1.学生的态度方面：要求学生对此高度重视，同时主动参与相关教学环节。

2.学生的参与角度：参与的人数较多，活动多种多样，参与活动的时间也较为充足。

3.学生参与的目的：通过学习能够对相关的问题提供个人的学术意见，同时充分掌握画图的技巧，对于所学知识能够进行很好的分享和交流。

（三）知识建构的有效性

1.对于学习环境的建设来说，应该注重教学目标的更好地实现，以及对于学生身心健康有一个很好的保障。

2.就学习资料这一问题来说，在进行内容选择的过程中，要充分地考虑到内容的科学性与可行性，同时掌握的学习资料要全面，同时，要注意教学手段的选择等问题。

3.就教师的授课范围来说，要具有针对性，有效程度在教学过程中要充分利用实际的教学情况来实现。

4.就教学的掌控这一问题来说，要能及时地对于学生的信息进行整理，准确地把握教学的程度和难度，能够及时地对于各种突发状况进行把握。

（四）师生互动的有效性

1.就活跃课堂气氛这一方面来说，要充分尊重学生，保证师生在教学过程中的地位是平等的，解答学生问题的同时，对于敢于提问这一行为也要进行鼓励，对于教学的进程进行很好的把控。

2.就教学过程的融洽来说，保证课堂秩序的稳定，提升教学的趣味性以及学生的参与热情，就教师学生以及学生和学生之间的关系进行很好地协调。

3.对于师生的参与情绪等方面来说，教师要提升教学的积极性并拥有饱满热情的工作态度，充分考虑学生的情绪。

（五）学生发展的有效性

1.就中学学生对于英语学科的学习来说，积极性以及热情这两点非常重要，因此，教师在教学的过程中，要对教学设计进行很好地把握，同时增加学生感兴趣的环节，将学习的主动权交还给学生，真正做到学生是课堂的“主人”。

2.就学生的思维发展这一问题来说，要求教师制定科学合理的教学方案，同时注重学生能力的培养，对于教学中可能存在的问题提前进行一定的思考，采取积极的态度面对教学中出现的一切问题。

3.就学生的习惯和学习方法的培养方面，应该注重对于学生自主学习能力的培养，对于有关资料可以自行分析和整理，对知识能够更好地进行掌握。

二、中学英语课堂无效和低效的表现

（一）教学目标的分离

对于目前的中学英语教学来说，存在一定的问题，这种问题在教学中体现为：教师的职业技能和学生的接受以及双方的三观等方面发生了分离。这在课堂活动中的体现就是活动过程存在应付心理，对于活动来说，目的不是掌握知识、学习能力，而是单纯的对于课程标准的实施，这种情况下的活动是非常没有意义的，对于学生的健康发展来说也是不合适的。还有就是主观的观念和客观的实际没有进行很好的结合，没有“因地制宜”的来制定教学计划，这就导致了整个教学过程非常地生硬，不能很好地进行灵活变通。最后就是对于结果过分的重视导致了对于教学过程的弱化，可以说是为达目的“不择手段”，强制学习导致学生的积极性不高，参与度也随之降低。

（二）英语学科价值没有充分体现

国家对于中学英语教育的重视日益提升，在教育领域的探索也不断地加深，这样在有利的条件下教学的内涵得到了很好的扩充。但是，在英语学科的课程资源的开发以及利用方面，仍然存在很大的问题，主要体现在教师对于教学课程资源开发的经验不足，在实际操作的过程中也就不能将其与教材进行很好地结合，结合的差就比较容易导致学科特色不能很好地展现，教学的内容不充实等问题的出现。在这样的情况下，中学英语课堂的教学就非常僵硬，对相关的课程来说，教师没有将生活中的学生可以接触到的现象来加以很好的利用，学生的生存、生活能力较差，因此对于教学内容的理解也就比较吃力。

（三）英语教学活动流于形式

随着新一轮课程改革的不断深入，学生对于新事物表现出来的积极浓厚的学习兴趣，使教学的氛围得到了很好的保证，但是，“喧闹”之余，我们也应该关注对于教学成果的实现问题。一味地追求教学的趣味性，增加了许多环节，但是，是否真正符合学生的需求呢？是否能够长久地被学生接受呢？具体可行的年限是多少呢？这些问题应该得到我们的重视。就这一问题而言，学生应该掌握教学的主动性，来提高自身的学习效率。教师在教学的过程中采取的教学方法应该是有针对性的，同时，以引导学生为主。课堂的小组讨论也存在问题，这一形式的初衷是为了学生之间进行有关学习问题的交流和探讨，分享自己的想法，趋于最终的答案，但是实际实践过程中的小组讨论仅仅完成了前两个字，对于讨论的实现是存在很大问题的，探讨的过程只是为了应付老师，老师进行这一环节只是为了完成教学环节，长此以往，教学沉闷且目标很难实现。

（四）教学层次的低水平

结合最新的相关理论研究来说，教学新近发展的水平层次是非常高的，对于现实的大多数来说，水平是比较低的。从中学教学的现况来说，和学生的发展水平以及能力的发掘是不相适宜的。就课堂教学的实际情况来说，应该熟知什么是学生可以自己掌握的内容，存在的问题是什么，对于相关的学习小组的掌握要有一定的了解。但是，就现在的实际落实情况来说，却是差强人意的，在教学过程中存在许多的问题，层次不清晰、教师自身的知识有限、教学内容安排不科学等等问题仍然存在，这就不利于教师的水平的发挥以及学生对于知识的很好的掌握。就授课方法这一问题来说，我们现在的教学“教”的成分远远大于“学”的成分，就课堂的所占比例来说，教师大部分时间都是在进行知识的讲解，对于学生而言，缓冲、接纳的时间特别少，这也就导致了在现在的教学过程中，学生的理解能力差、自主学习能力低等问题的出现，这就是教学水平不高的体现。

（五）预设和生成相矛盾

对于教学的环节制定来说，预设环节是必不可少的，在课程的实施教学环节中，生成也是非常必要的。但是，就现在的教学实践来说，二者存在很多的冲突，这也就导致了教学环节很难开展。预设和生成比重的合理把控对于教学的开展来说是十分必要的，现在的教学普遍忽视了对于学生的独立思考能力的培养，单纯地进行知识的传授，学生不能很好地理解，这也就是现在普遍存在的教学效率较低这一问题的原因。同时，大班额授课也是原因之一，学生的数量过多，就不能兼顾每一个学生的实际情况，这也就导致了教学进度相对缓慢。

三、提高中学英语课堂有效性的对策

（一）确保中学英语备课的有效性

在中学英语教学的过程中，中心环节是课堂教学，教师的教学任务的完成情况、教学效果的反映情况等，和备课的充分与否联系是非常大的。就备课环节来说，过程相对冗长、繁琐，需要考虑的方面特别的多，但是，想要课堂能够顺利进行，这一点是必不可少的，因此，即使过程艰难，我们也必须高度重视，来实现备课环节的有效性，从而推动课堂教学的有效性。

1.整体备课的有效性。对于备课环节来说，应该遵循“英语课程标准”对于教师的相关规定，首先需要对教材进行通读，明确教材的编写目的以及侧重点，对于相关的知识进行分析和整合，然后在对于教学的方法以及授课的相关环节进行设计，对重点、难点加重教学投入的比例，真正做到各个击破，来充分实现备课环节的有效性。

2.具体备课的有效性。对于具体备课环节来说，想要保证备课的质量，就必须对于课本有一个很好地把握，对于知识点的难易程度进行分类，对于相似的内容进行很好的归类，对于可以引申的知识点来进行着重标注，之后再对教学的相关环节进行制定，包括具体的教学内容，如何进行讲授，围绕教学环节来进行相关的设计。就以上几点来说，要充分对教学目标进行分析和掌握，对于重点难点来进行合理的教学设计，这一过程中，充分将学生考虑在内，采取能够调动学生积极性的环节，进行有针对性的讲解，让同学乐于接受，主动学习。以“作轴对称图形”这节课作为例子，在这节课的授课过程中，主要应该关注学生的实际动手能力以及操作能力，教师应该增加对于实际操作的比例。在设计教学环节的过程中，对教学内容进行规划，对教学时长进行掌控，甚至在授课时可能发生的小的问题，以及学生可能提出的疑惑都要考虑在内，对于课程总体的实现过程中来说，要松弛有度，注意时间的分配问题，并且注重扩展环节。拓展环节是来源于教材又高于教材的，因此，在选择上以及难度的把握上要十分注意，难度要适中，过于简单就失去了扩展的意义，过于难不利于学生接受，反而容易降低学生的学习的积极性，因此在拓展环节的制定时，可以“双管齐下”，充分考虑到不同程度的学生的需求，制定不同的拓展内容，来达到对于教材进行很好的补充的作用。

在充分的对于备课环节进行掌握之后，在整理的过程中还应该对于整体的系统化以及科学化进行考量，这样才能更有利于课程的实现以及学生的接受。

虽然备课的环节是非常辛苦的，但是这也是教学的必不可少的环节之一，因此，在教学过程中，教师对于自己的教学环节以及教学内容都是充分的权衡和考量的，这样才能确保教学的顺利开展以及学生更好的接受。

3.变式演练——英语课堂有效教学的重要途径。就中学英语的相关问题的研究来说，应该注重的是对于学生的逻辑能力以及运算等方面的能力的培养，应该培养自主解决问题的能力，让学生对于自己的知识体系的建构有一个初步的认识，这也就减缓了在今后的学习过程中的阻碍，有利于学生的全方位的培养，对于学生的多方面的能力也是具有很强的意义的。因此，就备课环节来说，要充分地将这些问题考虑在内，不能仅仅的停留在表面，要更多的对于学生进行深层次的挖掘，这一过程对于教师而言，也是对于自我的一个挖掘的过程，这个过程中要注意由表及里、循序渐进，任何事情都不是一蹴而就的，要坚信“慢工出细活”，充分的对于实行过程中存在的方方面面进行一个很好的考量，制定清晰明了的计划，同时，加强自身的知识体系的构建，更好的实现备课环节的有效性。

以上的分析我们不难看出，在中学教学环节来说，对于学生的实际动手能力的重视是必不可少的，学生在这一过程中，经历了模仿、学习、记忆这样一个环节，对于技能知识的掌握而言是非常必要的，因此，就教师而言，如何制定相关的环节，来对于学生的潜力进行挖掘，来达到更好的教学效果是十分必要的。

（二）提高课堂教学导入的有效性

就教学的导入这一问题来说，学生对于学习的愿望是非常重要的，教师们对于授课内容、方法的制定，如果离开了学生的实际需要来说，都是空谈，我们都知道兴趣对于学生来说的重要性，因此，对于教学的导入环节的重视就必须得到提升。学生对于知识是充满渴望的，但是知识的传授的过程不能死板、生硬，就英语教学来说，在相关公式概念的讲解过程中，引入学生感兴趣的点，来对此进行一个很好的引导，先提起学生对于这一知识的兴趣以及积极性，而后在进行相关的讲解，这是很利于学生接受的。同时，对于课堂的气氛以及教学成果的展现来说，都是十分必要的。

（三）增强课堂教学提问的有效性

在教学环节来说，增设提问环节是非常有必要的，问题对于学习而言，意义重大。学生提出了问题，也就表示对于问题存在疑惑，在对于疑惑的提出的过程，其实就是对于教学的接受的过程，教师解答学生的疑惑，不仅仅让学生明白了这一问题，同时对于这一学科也就产生了兴趣，因此，不能忽视提问环节，这是知识输出的一座重要的桥梁，这对于教学成果的顺利实现，以及学生的学习积极性的提升都是非常重要的。

（四）追求生成与预设的和谐统一

追求和生成对于课堂教学来说都具有非常重要的意义，因此，在课程的制定环节应该充分考虑预设这一环节，在课堂上才能更好的对于生成进行输出。这一环节的顺利开展对于教师来说，可以更好的实现教学目标，对于学生而言，可以更好的对于知识进行掌握，这对于师生而言都是具有重大的意义的。

有效构建科学课堂合作小组的策略

■ 李俊岭

国际21世纪教育委员会向联合国教科文组织提交的报告《教育——财富蕴藏其中》指出，学会合作是面向21世纪的四大教育支柱之一。小组合作学习，作为新课改倡导的三大学习方式之一，有力地挑战了教师“一言堂”的专制，为我们的课堂带来了新的活力与希望，形成了师生平等、协作的课堂气氛，有效地改善了师生关系，扩大了学生的参与面，使学生有了自主、合作的发展机会，有力地促进学生良好非智力品质的发展。在合作学习过程中，学生不仅可以相互间实现信息与资源的整合，不断地扩展和完善自我认知，而且可以学会交往，学会参与，学会倾听，学会尊重他人。但作为一个新的教学形式，在实施过程中，也会遇到一些困难与问题，如：小组合作成为个别学生炫耀自我的舞台，另一些弱势的学生逐渐被忽视和边缘化，失去了思考、发言、表现的机会；在合作学习时，小组成员间缺乏合作学习的基础，不能切合主题进行有效地学习互动。从课堂形式和气氛上说，是非常活跃和热烈，学生参与度非常高，然而从课堂效果来看，学生并没有学到多少知识，甚至可以说是比较差的。

这些现象普遍存在，值得我们关注与思考。那么如何才能提高科学课堂学生小组合作学习的有效性呢？结合课堂教学实践，谈谈自己一些粗浅的看法。

一、合理分组，明晰分工

1.合理分组。小组合作学习首先要对全班学生进行分组，建立合作小组。分组时不能太过随意，一般采用异质分组。教师在充分了解学生的基础上，根据学生的智力水平，认知基础，学习能力，心理素质，家庭背景，个性特征，性别等方面差异组成若干合作学习小组，做到每个学习小组都有A、B、C三个层次的学生，且各组学生的成绩，能力平衡。这样既保证了优势互补，又便于开展各组间的公平竞争，使班级的学习气氛更浓。

2.明确分工。建立合作学习小组后，要明确小组中每一个成员的责任，突出每个个体的作用。小组中学习任务的确立要根据学习内容的不同，学生的特长，个性差异合理分工，要充分考虑学生的兴趣和需要。也可以由合作小组的成员民主协商，自行分工。充分发挥小组成员的作用与优势，保证合作小组学习活动顺利进行。一个小组，必须要有一个好的小组带头人，才能始终如一地围绕某一个中心议题开展讨论、探究，开展有效的学习。同时，组长又是教师的得力助手，是联系教师与全班学生的纽带。因此选好组长，直接关系小组学习活动的效率和成败。小组长要选择有一定的号召力、责任心强、协调能力也强的学生。4人小组内，除了组长外，还设置了一名副组长，一名发言人，一名纪律委员。小组长主要负责讨论过程中的组织和裁判，检查本组同学对所讨论问题的掌握情况；副组长主要帮助组长整理讨论过程中小组成员发言，特殊情况下能准确而快速地记录本组讨论成果；发言人主要负责汇报小组中的讨论结果，要求语言表达能力强的同学担任；纪律委员主要负责小组中的正常交流环节，避免出现偏离话题的现象，同时代表本组举手争取展示机会。这样每位学生都有自己的任务，在组里是不可缺少的一员，树立了一种主人公的意识，原来不愿学习的学生，也能认真参与小组讨论，并积极为本组集体展示而表现自己。组内分工落实后，教师引导学生懂得“分工不分家”的道理，对每一个同学所担任的角色可根据教学情况定期作适当的调整或轮换，以增强学生的责任感和学习的积极性。

二、营造氛围，明确内容

1.营造氛围。没有民主和谐就不可能有自主学习与合作学习，融洽的师生关系永远是教学的第一原则。营造民主、和谐、愉悦的学习氛围，有利于减轻学生的精神负担，使学生在教师的热爱、尊重和期待中产生强烈的求知欲望。如在学习“功”这一节时，教师叫同学们根据对功的认识自编一道题目，然后共同讨论。在这个学习过程中，教师不是旁观者，也不是局外人，而是深入到各组巡逻，认真倾听大家的发言，适时与小组成员交流。在学生遇到困难时，及时点拨，保证合作有序、有效地展开，使全体学员都“动”起来，“活”起来。如有的组编了这样的题目：用50牛的力踢一只重为5牛的足球，球滚动了5米后停下来，则在这个过程中，脚对足球做了多少功？这个题目虽然不符合功的计算，但老师并没有简单地说学生，而是耐心地问学生："这个力一直作用在足球上吗？如果是应该如何求解，如果不是又应该如何求解？"学生在教师的循循善诱中理解了这个题目的不合理性。

2.明晰任务。新课程提倡合作学习，但并非所有的内容都需要进行合作学习。一个没有合作价值的问题让学生合作是一种重复劳动，会使学生厌倦。因此，精选合作学习的内容是非常重要的，必须选择那些具有挑战性、探索性，学生感兴趣、爱参与的问题才能开展合作学习。如学习"使用动滑轮能省一半力"时，请同学们结合实验思考，然后合作讨论，需要满足什么条件，动滑轮才能省一半力？这样的学习内容由于是学生感兴趣的，难度也不高，只要跳一跳就能摘到桃子，中下生也不至于产生畏难情绪，能说出一两点，因此大家合作的积极性很高。

三、独立思考，学会合作

1.独立思考。合作学习是建立在个体需求的基础上的。在合作学习之前，要留给学生足够的独立思考时间，因为只有学生在解决某个问题百思不得其解，有了交流的需要，合作学习才有效。如果问题一出现，就立马让学生讨论，这个时候往往是学优生处于主宰地位，学困生则处于从属或被忽略的地位。一些学困生因为基础薄弱，参与性、主动性欠缺，思维的敏捷性往往也落后优等生半步，无形中失去了思考、发言、表现的机会，成了观众和听众，在一定程度上被变相剥夺了学习的权利。如在学了"密度"的知识后，教师让同学们根据对密度的认识各自设计出测量小铁块密度的实验方案，等同学们都有了自己的想法后再开展合作讨论，最后把小组中最好的、最符合实际的方案写到投影片上，叫每个小组的中心发言人代表本组向全班交流。这样经过独立思考后的讨论使小组合作学习更具实效性，充分发挥了学生之间的互补优势。

2.学会合作。叶圣陶先生指出："什么是教育，简单一句话，就是培养学生良好的习惯。"要想发挥小组合作学习的优势，就必须培养学生良好的合作学习习惯。

(1)让学生学会表达和倾诉。合作学习的实质是交流，学生的友好交流和自我表达离不开语言的表述。为了达到这个目标，首先教师要提供讨论的时间和空间，使学生敢说、会说，培养学生善于倾听、思考、判断、选择和补充别人意见的好习惯，吸取别人思考中有益的东西。其次要求小组成员人人都说，而且能大胆、有序、完整地表达自己的理解。也就是学生一边要不断修正和完善自己准备怎样讲更好，一边又要倾听别人的讲解是否有道理，还有没有更好的等等。这样才真正达到了合作的目的。

（2）鼓励学生质疑。在合作学习中发生矛盾和冲突是一种必然现象。不同的感受、理解、认识必然会产生矛盾与冲突，这也正是成员之间交流意见，讨论辨别的机会。教师将有争议的问题在全班提出，讨论。有些时候，并不给出答案或结论，而只是将各种观点和理由摆出来供大家思考选择，让大家充分发表意见，逐渐的让学生由追求一个答案到追求讲明道理，吸取各种声音，扩大思想的包容性。让学生有思想比会答题更重要！如在学习“压力、压强”这一节时，教师让同学们用手指压一端削尖的铅笔两端，体会自己的感受，并相互交流。同学们个个跃跃欲试，争先恐后地上台发表各自小组的意见。有的说：“手指有受压式疼痛感觉。”有的说：“压笔尖一端的手指较疼。”有的说：“同一手指重一些压比轻一些压感觉较疼。”由于问题的答案不是唯一的，学生在解答过程中，必须将认知结构进行组合、重建。这种矛盾冲突的过程正是每个人不断超越自我，否定自我，提升自我的过程。冲突可以使学生学会从不同角度看问题，克服自己思维的狭隘与不足，促使学生不断地反思自己的观点，更有助于凝聚小组的合力，使成员认识到要尊重他人，理解他人，学习他人，从而提高合作共事的能力。

四、互助支持，客观评价

1.互助支持。合作学习不同于独立学习之处就在于互助与支持，变个人之间竞争为小组之间的竞争。各组内成员都必须“同荣辱，共患难”，视小组的成功为个人的成功，每个成员不仅要争取个人目标的实现，更要帮助小组同学实现目标。如导学案做得较快的同学可以帮助学有困难的同学渡过难关；交流中，合作者之间的互助可以解决语言障碍；学生实验中的互助可使实验更趋于完善。实践证明：来自同伴的互助与支持比来自教师的更有效。教师要充分发挥小组成员之间的互助与支持的作用，对学优生进行适当教育，鼓励他们对学困生提供帮助，能尊重他人，具有分享精神，并在分享中体验自身的价值，以促进小组整体水平的不断提高。

2.客观评价。小组合作学习中学生们讨论的成果、发表的意见，往往不了了之，使整个小组合作学习有始无终，失去了它本有的功效，空有“合作学习”的形式，而无实质性的成效。及时反馈、激励评价对小组合作学习起着导向与促进作用。及时的反馈，有利于让各个合作小组充分展示成果；恰当的评价，能大大提高小组成员的整体意识、增强合作，提高学生合作的积极性和实效性。所以，在班级里，我制定了详细的小组学习加、扣分标准。并在教室黑板的左侧画上表格，将各小组的积分及时添加。这样一来，每个孩子都能随时直观地看到自己小组的学习成绩，从而更好地激励每个孩子自主学习。当然，仅有制度还远远不够，我们还要将这些积分定时总结。每周一评，得分高的小组，我会给小组的每一个成员下发喜报，并带领这几个孩子去图书馆借书。而得分较低的孩子就需要在下一周的时候给全班同学表演一个节目。每月结束，组长根据每个组员的操行得分，评出优、良、中、差四个等级。表现突出者分别评为“操行明星”“优秀学生”，表现欠佳者分别接受口头批评、全班检讨、家长配合教育等处罚。小组内，如果每个组员都评优，即评为“优秀小组”；依此类推，评出“优秀大组”，都获得集体奖励。每学期末，对“操行明星”“优秀学生”和“优秀组”学校会举行隆重的表彰仪式，由校长亲自给每一个学生颁奖。整个管理过程中，注重对小组集体的激励，推动小组成员互相帮助，共同进步。详细的制度就是给孩子们一个学习、交流时的行为准则，每个孩子在这个准则下自觉约束自己的行为，并努力为自己小组的荣誉奋斗、拼搏，班级也具有了非常高的凝聚力。

科学小组合作学习这一教学模式不是一朝一夕就能形成的，需要老师们和学生们不断探讨和实践来改进。德国一位学者有过一个精辟的比喻：将15克盐放在你的面前，你无论如何也难以下咽。但将15克盐放入一碗美味可口的汤中，你早就在享用佳肴时，将15克盐全部吸收了。情境之于知识，犹如汤之于盐。盐需溶入汤中，才能被吸收；知识需要溶入情境之中，才能显示出活力和美感。一语道破科学学习的天机，我们的学生需要实践，需要经历，而我们教师则肩负着为他们创设情境和实践机会的责任，那么，关注小组合作学习模式吧，也许在我们的努力下，能够不断地去优化它，并通过它实现高效的科学课堂教学。

构建师生平等对话的语文课堂

■ 杨铁金

《义务教育语文课程标准》(2011年版)指出“学生是语文学习的主体”。语文课堂上的师生关系是一种平等的对话关系，这种平等既指教师与学生的地位对等，也指教师与学生之间处在一种互动、和谐的对话关系之中。师生平等对话的语文课堂符合“学生身心发展和语文学习的特点，爱护学生的好奇心、求知欲，鼓励自主阅读、自由表达，充分激发他们的问题意识和进取精神，关注个体差异和不同的学习需求，积极倡导自主、合作、探究的学习方式”。

一、师生平等对话的语文课堂关系

“天地君亲师”，我国自古以来有着尊师重道的传统。教师扮演着“严父”与“慈母”的双重角色，在学生面前以“传道、授业、解惑”者的权威面目出现。虽然有段时间，这种权威受到被发动起来造反的学生的挑战，教师一度斯文扫地，至今地位百般尴尬。

学校工作都是以教为中心的，有学科教研组、年级备课组，所研究的是怎样“教”、怎样“备课”。传统的课堂教学是以教师为中心，教师拿着事先写好的“教案”，视学生为接受“知识”的容器，不断灌输。

即使在教改示范课、公开课上，听课的老师也总会被口若悬河、神采飞扬的施教者所倾倒。“这老师课上得多好！”“学生多么配合！”很少有教师说“这堂课，学生的活动很充分。学得好，效率高”。以教师的教为中心的评课常常把教学的另一极——学忽视了。

现在盛行的“导学”“导学案”，仍是在教师主导下的以应对考试为根本目的的练习，并不能体现学生作为学习主人的地位。

语文课堂上，师生是平等对话的关系，这主要基于以下两点：

1.教师是教的主体，学生是学的主体。语文能力是习得的。没有教师的教，学生的学可能要多走一些弯路。没有学生的学，教师的教就没有任何意义。从根本上看，“教是为了不教”。课堂上要“少教多学”，学生有充足的时间，可以主动想、主动看、主动讲、主动练。课堂上要“先学后教”，学生有充分的尝试，自主学习，自主质疑，自主探究，自主创新。课堂上要“以教导学”，教师根据教学经验设计教学内容，给学生必要的方法指导，最终使学生获得语文知识的积累与语文素养的提升。

2.课堂师生共同成长的场所。课堂是师生交流对话的场所，师生的语文能力在互动中得到提升。课堂既是教师的舞台，更是学生的舞台。教师的教为学生的学服务，学生的学是为了将来的生存与发展。教师的光彩在于照亮他的所有学生，学生的光彩在于获得个人的人生幸福。“师傅领进门，修行在个人”。语文教师的个性魅力与语文素养给学生以示范引领。学生在开放、民主的课堂空间，自由吐纳，思想的潮水就会奔涌。师生之间的言语交锋与思维碰撞，必将使课堂关系更为融洽，学生状态也会达到最佳。

“语文教学应在师生平等对话的过程中进行”的提出，根本目的在于解决过去教学中长期存在教师单向式灌输式所造成的缺失。

二、平等对话关系中的教师角色定位

在师生平等对话的课堂中，“教师应确立适应社会发展和学生需求的语文教育观念，注重吸收新知识，不断提高自身的综合素养”，切实转变自己的课堂角色定位。

1.课堂的管理员。在课堂教学中，教师要协调、控制课堂中各种教学因素及其关系，使之形成一个有序的整体，以保证教学活动的顺利进行。课堂管理包括课堂人际关系管理、课堂环境管理、课堂纪律管理等方面。课堂要建立良好的师生关系、确立群体规范、营造和谐的同伴关系，要营造良好的环境氛围，建立相应的课堂行为规范、准则等。

教师在课堂上要进行学习目标与任务管理，帮助学生制定合适的学习目标，使学生明白为什么学、学什么、获得什么、怎样学习等问题。

2.学生的赏识者。在传统的课堂上，教师充当传道者、授业者以及裁判的角色，是高高的“权威”。即使在某些所谓新课改理念下的公开课，一些老师也只是“你真棒”的虚情假意的学生的赞美者。教师在课堂上应该积极引导学生自主学习，当学生在主动阅读、表达、讨论时，教师不能以自己的主观意愿、想法限制学生的言行，要用赞赏的眼神、言语加以鼓励。如表扬要有针对性，不可以说“很好”“你真棒”“你很聪明”之类的概括性的话语，而可以将表扬具体化，并将学生引导到可以努力的方面，比如“你进步了”“这样的思路很特别，我怎么没想到呢”等。

3.学习的参与者。课堂是一个完整的空间，教师不仅仅只拥有黑板到讲台之间的窄小的领地。走到学生的中间去，与学生一道探究、质疑、学习，努力地与学生达成一片。比如学习一篇新课文，可以用商量的语气与学生一起讨论：“咱们如何学习这课”。这样就会给学生以心理上的随和感、安全感和精神上的鼓舞，使学生的积极性得到调动，思维更加活跃，探索热情更加高涨，从而改善了以往的课堂结构。

三、平等对话落实在课堂教学各环节

1.引课不给予明确的指示。在传统课堂上，老师一开口，就将自己的观点亮出来，比如《风筝》一课，有老师是这样引入的：“亲情是人世间真挚而美好的感情。温馨和美的亲情动人心弦，感人至深，在误解和冲突中的亲情也是真挚而令人难忘的。今天学习的《风筝》，就是鲁迅（周树人）回忆自己和弟弟周建人小时候围绕风筝发生的一件事。无论是当年管错了，还是醒悟后的自责及无法补救的沉重，都洋溢着浓浓的手足之情。让我们一起来感受一下这篇文章的强烈的艺术感染力。”教师将文章的内容、主题等归纳无余，学生的主体地位也就没有了。

引课导入时，教师“用一段原创的、感情真挚的开场白激发学生的学习兴趣，引导学生进入新课学习。这段开场白不带指示性，不对课文的思想主题、写作特点和学习内容、学习目标等作出明示或者暗示”。这段话起到静场、激趣的作用，应该是面对全体学生的，让所有的学生都能听懂。

2.多媒体的使用不破坏美的意境与学生的想象。现代技术与学科教学的结合越来越紧密，现在的语文课堂几乎都在使用多媒体技术。但如果处理不当，多媒体所带来的不是高效率，而是低下的效果。比如，有位语文老师教学柳永的《雨霖铃》时，制作了一个男女主人公江边分别的场景动画，寒蝉、长亭、兰舟、执手相看一应俱全。一播放出来，学生全乐了，原来分别是如此的搞笑。此词美的语言、美的意境、美的感情全被动画糟蹋了。也许多少年之后，当年的学生想起这首词的时候，眼前浮现的还是这幅画面。

3.提问不宜有偏爱。问答法是课堂教学常用的方法，如何选择回答问题的学生。如果以举手为标准的话，学生举手的数量往往与所在的年级成反比，到了初中阶段，许多学生早已将举手视为“幼稚”的举动了。教师习惯的做法往往是喜欢叫举手的“优生”来回答问题，这样乐享其成，相互配合将课堂的戏给唱下去。如果叫不举手的学生的话，往往是因为教师对当时他的举动不顺眼，故意让他出出丑，这样课堂的师生“平等对话”的关系与氛围就给打破了。

在提问时，有人用摇号软件，有人用扑克牌，目的都是一样的，在于提问的随机性，这样给每一个学生都有均等的机会。美国芬顿特许公立学校的戴维·瑞迪克介绍过一种“抽签法”，情形颇像中国人到寺庙里去求签诗。只是他给这种签起名为“幸运签”，因为在这个小概率的游戏中，抽中的学生能有机会向其他同学展现自我，和大家分享自己的思想成果，是幸运的。

4.小组合作分工不该有等级差异。有一所学校在学生小组合作中推行了一种“师傅+学员”的形式。即教师按照学生的学习程度进行搭配式分组，采用“师傅”带“学员”的形式来提高学习效率。这种学习方式根本不叫“合作”，而是将原来“师尊生卑”的做法来一次下移，在学生中形成“等级”观念，与课改的理念完全背道而驰。照理，分组应该是随机的，但我们所实行的是班级授课制，学生在班级的位置是固定的。因此，我们一般只能按照这种座位进行分组，但在组内要进行合理分工，如记录员、发言人、组织者等角色，这个角色是按照任务需要，以一种事先约定的规则进行分配与轮流的。

5.课堂教学效果反馈不要吃“大锅饭”。教师在课堂上为了了解教学效果，通常会随口问学生：“听懂了没有”“会不会”等。其实这样做大多是没有意义的，因为会了的会喊“懂了”，不会的也是“识相”地默不作声。也有较真的老师发明了“课堂检测单”，课堂上留几分钟进行小测验，但课堂的问题通常还是不能当堂解决，要拖到下一节课才来解决，而下一节另有其它教学任务，这种滞后的解决问题的方法常常是事倍功半的。也有许多教师为了赶教学进度，课堂教学反馈环节都给省略了，却经常用周考、月考的形式来检测学生的学习。由于错失了查漏补缺的最佳时间，考试分数制造出了许多学习“差生”。

其实课堂教学反馈的难题可以通过这样两种方式来解决。一是举牌。让学生每人准备一张塑料片做的白板，用水笔将答案写在白板上，学生一举起来，教师就一目了然。二是语文学习本。学生随时可以将学习心得、感悟写在上面，既可以用于学生间的交流，也可以供教师检查，还可以作为资料与素材保存下来。

在语文学习上，"堂堂清"是做不到的，有许多东西需要有足够的时间进行阅读的积累与生活的体验，我们可以"清"的只是某种可视的、能够量化的指标，而教师在语文课堂上所能给予学生的远远不只是这些。

6.课后小结教师不要代办。上完新课后通常有一个小结，一般的做法是教师进行简明扼要的归纳，这样的做法大有教师咀嚼后喂给学生吃的味道。没有完美的故事结尾，也没有可以划上圆满句号的语文课堂。小结只是帮助学生梳理本堂课上收获的一个环节，心中有学生意识的教师，就要让学生自己做总结，久而久之就会形成良好的语文学习习惯。教师可以作为平等对话中的"首席"参与其中，提供学生以重要的参考。

总之，语文教师在课堂教学各环节一定要有"先生后师"的理念，这样，才能助推学生自主成长。

“非指示性问题解决”数学课堂教学模式

■应庆生

我们学校——浙江省永康中学，是一所百年名校。然而，我校也和其他的公办学校一样，受到了很多体制上的限制，比如在招生政策上，我们不能像民办学校一样采取比较灵活的招生政策，相反，由于近几年教育局招生区域的重新划分，我校除招收城区一部分生源之外，有很大一批学生来自于郊区和农村，学生的学业基础差距较大，课堂教学中容易顾此失彼，使学校教育进入了前所未有的困惑期。自从2010年我校成为浙师大附属中学后，我们有更多的机会接触专家、学者，师大里很多教授、专家经常来我校进行教育理论指导，使得我们有幸可以零距离地得到他们的指点和帮助。他们给我校带来了先进的教学理念，特别是郑逸农教授的“非指示性教学”理念，给我们学校的课堂教学带来了新的活力。经过一年多的理论学习，从2012学年开始，在郑逸农教授的指导下，从新的七年级开始进行“非指示性问题解决”课堂教学模式探究。经过一年多的摸索和探究，取得了一些成效，初步形成了具有我校特色的课堂教学模式。现将“非指示性问题解决”数学课堂教学具体做法简单介绍如下：

一、郑逸农教授的“非指示性教学”理念介绍

所谓“非指示性教学”（以下简称“非指”）是指课堂上既不完全以教师为中心，也不完全以学生为中心，而是让教师和学生都发挥各自应有的作用。教师的作用是引导，而不是指示，学生的作用是自主学习，而不是被指示。教师的引导和学生的自主学习在交互中起着作用：首先，学生自主学习前，教师要引导，这时的引导体现为教师主动说明学习的任务，时间和要求。其次，学生自主学习时，教师要引导，这时的引导体现为教师的有效组织，组织学生参与到当前的学习活动中

去，不做旁观者和无关者。第三，自主学习后，教师要引导，这时的引导体现为及时点评、及时归纳、及时促进，促进学生深入学习，这就是非指示性教学的“三自主三引导”。

其内涵可以概括为一个理念、两个意识、三个原则。

（一）一个理念

自主成长的理念。

把学生当作能自主学习、自主判断、自主反思、自主成长的积极的生命。

（二）两个意识

指学生意识和学科意识。

学生意识是指教师对学生生命的自觉关注，关注他们的认知和情感，关注他们的学习特点、学习差异、学习权利（尤其是弱势学生的）及学习效果（每人都应该有）。

学科意识是指教师对学科学习的自觉关注，关注学科的性质，关注学科的特点，引领学生始终走在本学科的路上，培养学生的学科素养。

（三）三个原则

1.教学程序上，要“先生后师”。先生是指让学生先行，任何教学环节都先让学生主动地、独立地学起来，教师不在学生自主学习前就做现成的讲解和单向灌输，后师是指教师随后跟进，不管什么教学环节，在学生有了学习心得体会后，教师要主动介绍自己的心得体会，与学生分享交流，帮助学生完善归纳，促进和深化学生的学习。

2.在教学对象上，要“面向全体”。尊重每个学生的学习权利，让每人都参与到学习中来，不让少数明星学生独占课堂，不使大部分学生成为旁观者和陪读生，努力做到课堂上人人参与。

3.在教学构设上，要“三多三少”。归纳法教学多，演绎法教学少；学习方法引导得多，知识点机械堆砌得少；学生学的时间多，教师教的时间少。

总之，学生学得充分透彻，教师教得准确到位。

二、“非指示性问题解决”数学课堂教学模式内涵

“非指示性问题解决”数学课堂教学模式，是以“非指”为理念，数学“问题”为载体，引导学生经历问题的解决达到掌握数学知识、培养数学解题能力和运用能力、提高自主学习能力的一种数学课堂教学模式。它能充分体现学生的主体地位，能有效激发学生的学习主动性和积极性。需要注意的是，并不是在课堂教学中有提问了，有问题了，就属于“非指示性问题解决”数学课堂教学模式了，它与一般的问题式教学法的区别在于教师在教学中是否真正贯彻了“自主成长”的理念，是否遵循了“先生后师”“面向全体”“三多三少”的原则。

数学“问题”的创设四原则：

数学“问题”是教师备课的核心，创设数学“问题”应遵循以下原则。

有思维——不能完全以题目代替问题，要有一定的思维量。

有适度——符合学生当前水平，不走或难或易的极端；

有梯度——不同层次的学生都能从中受到有益的启发；

有效度——三分之二及以上的特定对象思考以后能回答正确。

三、课堂教学的基本特征

“非指示性问题解决”数学课堂教学法，是学生通过对一系列数学问题的阅读、思考、探究、归纳、提升的一种教学方法。它以数学问题为纽带来组织教学过程的各个环节，把问题贯穿于教学过程的始终，这样就使学生的学习过程成为“感受、理解知识的产生和发展的过程”，把学习知识的过程，变成了学生自主探究的“再发现”“再创造”的过程，进而培养学生的问题意识和学科精神，构建创新素质。其特点是抓住与教材密切相关的关键问题，引导学生深入阅读与思考。要有针对性地选择与教材的重点、难点有关的问题提交学生讨论，由于学生对问题的理解与回答往往面广量大，教师应予以归纳整理。

四、课堂教学的具体实施

（一）教学环节前的三要素

任务要明确（一看就懂）、可行（或动口学或动手学）；

要求要合理，要分出层级（比如概括某个文本内容，可以用三个词作为要求：简洁、准确、全面，这三个要求逐级提升，要求下限人人达到，上限努力追求）；

时间要适当（即符合实际操作）、要稍紧（比实际需要时间稍提前一些）。

（二）课堂教学中的五步骤及预期目标

1.独立学习——要有基本收获。

2.交流完善——要朝最高一级的要求去完善，体现小组的集体智慧，要形成共识，不能形成共识时应及时举手询问老师。

3.抽查了解——要了解各个小组的学习情况。一般不超过四人，前两人随机点名，后两人自主发言。

4.教师点拨——要努力做到精确到位，力求每句话都是必需的。

5.举手反馈——了解全班的过关情况。先让过关的举手，再让不过关的举手，并让不过关的学生代表主动说说问题在哪里。

（三）课堂教学的组织形式

学习形式：四人学习互助小组，生生帮教

教室的座位安排和大部分的学校一样，四大组，八小组。不同的是，我们并不像多数学校一样，单纯按照身高，男女比例等各方面因素排在一起。而是对每个小组做了划分，把八个小组分为两类：四个学员组，四个师傅组。一，三，六，八小组为学员组，二，四，五，七为师傅组，一个四人学习互助小组就有两名师傅，两名学员。顾名思义，师傅是指各方面表现比较好的同学，而学员则是各方面表现相对薄弱的同学（名称上有待改善）。值得注意的是，我们的安排不是简单的双数为师傅，单数为学员，而是错开的，主要考虑到两点：

1.这种安排有利于教师掌控课堂上不同层次学生的学习状况。我们都知道，当学生们做练习，我们在一边巡视时，由于便利的关系，我们会比较关注过道两边的同学，我们的这种位置两条过道刚好是两组学员，两组师傅，这就代表了不同层次学生对知识点的掌握情况，哪些地方容易出问题，师傅会出现哪些错误，学员会犯哪类错误，老师一圈转下来，就可以一目了然。

2.有利于培养尖子生之间的竞争意识。人总是习惯于和自己附近的人作比较，如果按照双数为师傅，单数为学员，优秀学生就会比较分散，很难形成相互竞争。师傅尤其是尖子生就会觉得自己是周围同学中最好的，容易使尖子生陷入一种自我满足的情绪之中，固步自封，这对于尖子生的发展来说是不利的。而按照我们现在的排法，在第四，第五两组，大量的尖子生集中到一起，每次测验，考试无形中都会和身边的同学作比较，形成强烈的竞争意识。

五、课堂教学的基本原则

1.适时原则。教师准确地把握好教学时机，有利于在思维的最佳突破口点拨学生，启迪学生智慧的火花。

2.因人原则。教师启发思维应注意每个学生的个别差异性，启发思维的重点难点、方式方法等必须因人而异。

3.反馈原则。在课堂教学中，教师应注意“听其言，观其行”，接收从学生身上发出的反馈信息，并及时做出相应的控制调节。通过教师恰如其分的批评或否定，能让学生及时改正错误的结论。

六、课堂教学中应注意的几个问题

1.教师在教学中的设问与情境的创设要精心设计，既不能过于暴露、直接，又不能过于隐蔽，使学生难于发现问题，要做到“暗示”。在“问题意识”培养中，对问题产生的相关因素要加以注意，如知识的积累、心智的发展、动机与情绪状态以及个性思维习惯等。为使学生把发现的问题大胆提出来，教师要注意学生的心理倾向，克服胆怯和从众等表现，营造一个民主、和谐、宽松的学习氛围。

2.应始终贯彻“非指”教学理念，不要为了问题而创设问题，要从创造性教学、培养问题意识、科学精神和构建创新素质的宗旨出发，注意问题的层次性；不能只限于“呈现型”问题，要注重“发现型”问题与“创造性”问题。要提倡学生在学习中的“智力探险”。教学要把主要精力放在问题的发现、分析和解决的过程上。对于问题答案只要有合理性，就要肯定，不搞唯一的标准答案。

3.要大力进行发散性思维，多角度思考问题，但同时也要注意归纳、综合，进行集中性思维，使二者结合。只有这样，才能在培养学生的科学精神和创造性思维习惯的同时，做好知识的建构与积累。学生思维的培养是离不开问题的。因此，问题解决教学从根本上讲是“问题源”的开发与解决，即左右脑的潜能的开发与发展。

4.注重教学过程中师生之间的关系与作用。要以学生主动参与学习为前提，但是学生主动性能否在参与中极大地发挥出来，还有赖于教师正确的指导作用。也就是要把教师教学的主导落在学生的主动性与能动性的发挥上。为此，问题解决教学对教师的主导作用要求不是削弱而是更高了。为使学生成为“理解”和“发现”客观世界的促进者和引导者，教师要努力在教学中“唤醒”学生在参与学习中的“问题意识”，具有探究心；“创设”丰富的问题情境，使学生能更好的发现问题；“启发”认知冲突，大力发掘创造潜能；“点拨”问题的关键处，使学生提出深层次的问题；“鼓励”学生积极发现新问题，大胆提出问题；“引导”问题定向，在自主探究中分析、解决问题和拓展问题，更深刻地理解问题。总之，要使问题充满教学的整个过程之中。

浅谈音乐课堂里的歌唱教学

■ 宋欢欢

准确地歌唱，在音乐能力培养中非常重要。一个唱歌总是跑调的人不可能有完美的表现，在合唱中也不能与别人有好的配合。准确歌唱是最基本，最重要的一种音乐能力，在实际教学中，学生掌握起来也并非是一件易事。对音乐的感悟、表现和创造，是人类的一种基本素质和能力。歌唱课是中学音乐教育最重要的课程内容之一，对培养学生感受音乐愉悦身心有着重要的作用。

音乐还是一种表现艺术。音乐课上，学生的唱、跳、奏、演，在音乐的表现基础上，充分地展示自我，获得美的享受和成功的愉悦。在音乐课堂教育上要充分挖掘学生的潜能，塑造健康活泼的个性，促进其全面和谐的发展，全面提高学生的审美素质。那么，如何上好音乐课中的歌唱课，使每一节歌唱课都能充分发挥音乐培养情操，塑造心灵，启迪智慧的作用呢？

一、充分的课前准备

传统的歌唱教学大致是：听一遍——再听一遍——老师一句句地教唱——学生跟钢琴一遍 ——音乐伴奏一遍——结束课程。这样的教学模式只会让学生感到枯噪乏味。一堂好的歌唱课音乐课必须摆脱传统的教学思路，做到科学合理全面。

首先要认真研究教材，吃透教材，细致到一个音符一个标点，这个职业要求教师在传授知识给学生时必须是严谨的，自己都没有弄清楚怎么去教学生？

其次重视导入环节的设计。导入是引发学生对音乐产生兴趣及热情的导火线，也是学生体验音乐和参与音乐活动的第一个重要步骤。给每次课一个小惊喜会使学生从上课之初就被深深吸引。

第三就是开阔思路丰富教材内容。我把音乐课的侧重点放在歌曲的学习上，通过重组教材内容，把书中的歌曲按主题分成几类学生感兴趣的部分，把主题上有联系的歌曲组合在一起，同时适当地增加一些有益的课本以外的内容。我发现现在的学生喜欢唱歌可是却不喜欢唱音乐课本上的歌曲，喜欢唱像周杰伦等一些现代的流行音乐，正对这样的流行趋势我在每次课上留三五分钟给学生自己，向我们大家推荐你认为最好的流行歌曲与同学们一起分享。这样做对学生的音乐课学习很有帮助。

二、培养学生对音乐对歌曲的兴趣

热爱歌唱时孩子们的天性，歌唱是他们的身体和心灵的共同活动。发出歌声的不是喉咙嗓子，而是歌唱的孩子本人，是他们的整个心。“根据构建主义的理论分析，学生们的学习过程是一个在外界环境影响下，自我内化知识的过程，强调学生们在学习过程中的主观能动性。”（卢家相、魏安庆、李其维《心理学》，上海人民出版社2002年版。）在中小学学习阶段，兴趣是学习的动力，所以怎样调动学生学习的兴趣是教师需要思考的头等问题。

“情景的设置不仅能够帮助学生们学习音乐知识，启发学生们的音乐思维，同时还能够引发学生们的想象力和创造力。”（冯卫东《情境教学操作全手册》，江苏教育出版社2010年版。）所以教师可以通过情境教学激发学生的创作力和想象能力。如在学唱《军民大生产》一课时，教师可为学生设计游戏环节创设大生产的劳动情境，老师领唱学生做相应动作同时合唱，在这些形象的情境中学生的表演创造力被激发出来，有了歌唱的兴趣乐于参与其中并享受其中。具有兴趣和动力的学生会主动、积极并直接关系到能力的发展，学生会为自己的歌唱表现找到更好的办法。在需要的时候也有毅力承担刻苦的、必须的训练。

三、树立良好的歌唱自信心

我们的学生由于音乐素养基础薄弱，基本的视唱练耳和读谱能力都不具备，但是我们老师不能看不起学生。大家都知道自信心对人的重要性，一个人如果没有自信，那他无论做什么事情都会一事无成。而自信心对一个歌唱者来说尤为重要，那要怎样才能树立学生的自信心呢？这是需要师生双方共同合作才能达到的。比如我们在上课的时候都会找出学生的毛病进行纠正，这是每个声乐教师的职责，但是要切忌挖苦嘲讽，这会严重打击学生的自信心，应该多给学生一些表扬和肯定，及时留意每一个学生的心理变化，保持和培养学生的自信心。

四、让我们的学生认识到音乐课的重要性

加强歌唱教学的基础地位，可以实现提高学生的审美、鉴赏能力的培养目的，从而有利于促进人的全面发展。要想给我们的学生上好歌唱课，就要让我们的学生认识到什么是歌唱？歌唱对我们的生活有什么帮助？

歌唱可以直接、自由地表达情感。是最易被学生接受、喜爱、理解的一种艺术形式，通过歌唱的方式以及其他辅助手段来体验和领悟音乐，从而得到精神愉悦的一种审美活动。它有一种强烈的艺术感染力，是一种典型的审美教育，它对于开阔学生的视野、提高学生的乐理知识、丰富学生的想象力、增强学生对音乐的爱好都有不可估量的作用。

五、利用丰富的想象力，激起学生的共鸣

音乐的魅力不仅在于音乐本身韵律和谐完美，而且在于它能给人们一个驰骋想象的空间。学生时代正是富于想象的时期，用音乐打开学生想象的闸门，培养他们的发散思维能力。在音乐课教学过程中，我让学生认识到，由于每个人的经历不同、文化素质不同，所处生活环境不同，对音乐的理解也会不尽相同。而一首优秀的乐曲带给人们的想象也不应该是单一的，而是多姿多彩的。

六、教师良好的示范对学生影响深远

老师的歌唱示范非常重要，它向学生表明了“有表情的歌唱”意味着什么，并感染和调动学生的情感。老师要站在一个普通中学生的角度，面对学生示范应该如何唱好这首歌，展示普通中学生可以触摸到的歌唱技巧。这样学生可以通过观摩老师的良好示范，了解正确的歌唱姿势和积极振奋的精神情绪，理解如何联系声音的气息控制、发音的吐字，获得良好的发声。所以，适合学生表现能力的教师示范对学生至关重要。

歌唱教学中要适当采用无伴奏的演唱形式，这样教师可以直接面对学生，指挥、控制音准和声部的协调，这有益于学生掌握音准，塑造良好的发声，尤其是多声部的训练时采用无伴奏形式，可以培养学生用听觉带动声音，引导学生专注倾听能力，调整声音的准确与和谐。

在学生初学时直接跟录音带歌唱往往显得速度快，音调高，而且学生很难听到自己的真实声音，容易形成喊唱，不利于他们依赖靠听觉调整音准，也不利于老师对学生真实歌唱状态的全面了解。所以准确歌唱要在适当情况下摆脱对乐器的依赖，在慢的速度中练习聆听调整，让学生在仔细聆听中感受声音的准确以及和谐统一。

七、培养有表现力的歌唱

教学中应该始终关注培养有表现力的歌唱。正如诗朗诵是通过对诗的内容的理解，运用轻重缓急的声调达到扣人心弦的效果一样，歌唱的表达是通过声音的细致的“语气”和微妙的变化，表达一系列在音乐上富有含义的句子，达到感人的目的，有音乐感的歌唱不是用嗓子耍花招的技巧，而是用声音表现音乐的能力，这就需要把理解力融入声音的表达中去。

培养有理解力的歌唱就要重视歌词在歌曲中的作用，因为歌词规定了音乐的情境和基调，歌曲是旋律和富有诗意的歌词的完美结合后形成的具有感染力的整体。在教学过程中要引导学生共同探索歌词的题材与意境，旋律的魅力和歌曲的高潮，力度变化节奏等等，启发和帮助学生通过理解找到可以表现的方面。音乐教学的目的不是要把一个新作品当作一堆要掌握的音，而是把他建立在丰富想象的基础上，引导学生富有创造性地了解他，把他的意义和美感表达出来。

歌唱是体现学生表现力的最好形式，引导学生准确歌唱，积极表现让学生的真情实感在歌声中尽情流淌！

在科学课堂教育中渗透科学本质观

■邵　正

理解科学本质(nature of science，NOS)是科学素养的重要组成部分，是实现科学教育目标的关键因素。科学本质强调科学是一种思考的方式(a way of thinking)和致知的方式(a way of knowing)。我国科学课程标准中也明确提出："科学课程是建立在对科学本质认识的基础上，它应引导学生初步认识科学的本质。"因此，学生对科学本质的理解也是科学教育的核心内容之一。

1996年美国国家科学院颁布的《美国国家科学教育标准》明确地指出，理解科学的本质是科学素养的重要组成部分。科学教育要真正起到"教育"的作用，而不仅仅是训练的作用，即从根本上提高科学教育的质量，就不能不让学生深入理解科学的本质。只有理解了科学的本质，才能使学生懂得科学究竟是什么，科学知识是怎样产生的，科学在社会发展和进步中的作用，科学和科学方法的优点与局限性，等等。国外科学教育课程标准中的科学本质观 McCo-mas、Clough 及 Almazroa(1998)针对八个国际科学教育标准中，关于科学本质部分所分析、整合而成几项具高度重迭性的科学本质观点是：①科学知识尽管具有经久性，但仍然具有暂时性的特征；②科学知识的形成非常地(但不是全然地)依赖观察、实验证据、合理证以及怀疑的态度；③从事科学研究时，并不存在放诸四海皆准而必须步步遵循的科学方法；④科学企图解释自然现象；⑤定律和理论在科学活动中扮演不同的角色，因此，即使不断有新增加的证据支持，理论仍然是不会变成定律的；⑥来自各文化的人们共同为科学贡献心力；⑦新的知识必须作清楚与公开的发表；⑧科学家必须作正确的纪录，以及接受同行的评论和重新实验的考验；⑨观察的进行是由观察者心中的理论所指引的；⑩科学家常在研究过程中融入想象力与创造力，以发展出解释自然现象如何运作的新理论。

只有理解了科学本质，按照科学本质指导科学教学，这样的科学教学才能避免陷入非科学甚至伪科学的泥淖。科学教师对当代科学本质的理解更是甚为重要,“科学教师对于科学本质的理解直接关系到学生对于科学本质的理解，因为他们的科学本质观直接在科学课堂上转化为实践”。[3]在新课改浪潮中，科学教师依据科学本质的现代观，建立以下几方面的科学本质观下的科学教学理念迫不及待。

一、科学史教育促进对科学本质的理解

科学史哲教育的基本目标就是不但要学习科学内容，还要了解“科学的本质”。研究表明，科学史哲对科学教学的渗透可促进学生对科学本质的理解、科学内容的学习，特别是真正做到“理解科学”。正如马修斯(M. Matthews)所指出的:“通过科学哲学与科学史对于科学教学的渗透我们不仅可以帮助学生树立正确的科学观，而且也可有效地促进学生对于具体科学知识内容的掌握，包括必要的概念转变。”罗杰斯(P. J. Rogers)亦指出，借由科学史中体会得到的各种经验，是无法从其他各类科学活动学到的；科学史可以帮助学生了解科学知识发生了什么改变？什么时候改变的？以及为什么改变？因此，可以借由融入科学史的教学，让学生从科学史的角度了解目前我们所知道的科学知识是如何形成的。在融入科学史哲的—86—情境中，教师们可以藉由见习科学家在面对问题时，探究问题的历程、思考的历程、以及解决问题的历程，进而认识其中所蕴含的科学本质。

科学史是科学的产生、形成和发展及其演变规律的反映，是人类认识自然和改造自然的历史。著名科学史学家萨顿把科学史定义为:“客观真理发现的历史，人的心智逐步征服自然的历史；它描述漫长而无止境的为思想自由，为思想免于暴力、专横、错误和迷信而斗争的历史。”近年来，国际科学教育界已达成共识，即大力提倡把科学史纳入科学课程中，这实际上是国际科学教育界已经认识到历史的科学在科学教育过程中对提高学生科学素养的重要性。初中科学的很多概念教学都可以融合科学史，八年级的原子结构模型的建立，从道尔顿的实心球模型，到汤姆森的蛋糕枣模型，到卢瑟福的太阳行星模型，到波尔的分层模型，再到现代的电子云模型，教学不囿于原子的结构，而突出模型的发展脉搏，学生方能对科学的本质有所领悟和发展。地球的形状和内部结构这块内容，甚至加入了神话传说这与科学教学绝不是画蛇添足，更不是自相矛盾，从不科学的想象，到天圆地方的朴素猜想，到球状的推理，再到椭球体梨球体的证明，是人类艰难的认识

之旅，也是学生构建科学本质观的曲折历程。七年级的牛顿第一定律、九年级的酸和碱概念的提出都很唐突，学生接受也有困难，概念的产生过程，就是人类的认识过程，个体和人类对事物的认识过程是符的，教学中展示概念的产生和各阶段的发展，对促进概念教学亦很有益处。

二、突破错误前概念构建科学本质观

前概念是指个体在正式学习某个科学知识之前，头脑中基于习得的经验和知识，对于该知识已有的认识。学生的大脑不是一张白纸，任凭教师在上面画画。学生在学习某一科学概念前，对该概念会有自己的一些想法，即前概念。这些前概念对科学概念的建构会产生种种影响。概念建构的本质是概念转化。教师应当充分了解和尊重学生的前概念，促成学生将前概念转化为科学概念。

在《遗传与变异》一节的教学中，有些学生会把DNA分子结构模式图当作真实的DNA分子结构图，这需要教师在进行纠正：DNA分子是由沃森（美）和克里克（英）根据DNA分子的X光衍射图谱、DNA分子不同碱基之间数量关系的分析，在事实的基础上提出的一种假设模型，这种双螺旋结构模型能很好地解释DNA是遗传信息的携带者，以及基因的复制突变等遗传现象，但它不是DNA分子结构，真正的结构需要在以后的探索中去发现和揭示。这样去讲解和描述，学生就不会在思想意识中对DNA结构形成一种错误的定性，而是能从科学的角度来看待这种物质。同样，在《DNA分子结构》中，碱基之间的氢键关系上，学生们往往认为：腺嘌呤A与胸腺嘧陡T之间、鸟嘌呤G与胞嗜咤C之间，有一种看得见的氢键联接，其实是一种误认，这时就需要教师来进行解释：在DNA分子结构中，A与T之间、C与G之间，不是像课本上的连线或由其它的物质相连，而是由一种力联结在一起，这种力就叫做氢键，它看不见、摸不着，但却是真实存在的，就像人与地球之间的引力一样，分子之间就靠这种力联接在一起.在生物学中，知道的并不都是看到的、眼见并不为实的现象很多，如果教师不加强调和解释，学生往往会把示意图当成事物的真实结构来看，这不仅不符合科学本质观的理念，同时也不利于学生学习科学知识。

三、实验中渗透科学本质观的教学

实验教学，不仅能培养学生观察动手实践的能力，而且也是向学生渗透当代科学本质观的良好途径。传统的实验教学，在观察和推论之间不加区别，常常把观察到的现象与所得的推论混为一谈，认为现象就是结论，结论即为现象。对教师而言，他们关注最多的是结论是什么，而对结论是如何产生却关注很少，因而，在生物实验教学中，教师虽然允许学生有所探究，但最终会把学生引导到课本所得出的结论上，很难有批判和创新精神，容易导致学生产生唯书唯上、信仰教条的观念意识。为了培养学生适当的科学本质观，在实验课教学中，我有意让学生区别观察和推论之间的不同，以免学生将二者混淆。例如将电压表串联在电路中观察到的现象是电流表的示数为零，是否意味着电流就是零呢？如果电流真的是零，那电压表为什么有示数会偏转呢？测小灯泡的电功率实验时，滑动变阻器的滑片先在阻值最大一端，闭合开关后现象是灯泡不亮，能否得出结论没有电流灯泡的电功率是零呢？如果此刻断路那么移动滑片后为什么灯泡会发光呢？做植物向光性实验时，观察到的现象是植物弯向光源生长，做出的解释是，单侧光使生长素在植物体内分布不均，背光一侧多，向光一侧少，而生长素能促进植物的生长，这样的推论就是结论了吗？与植物生长的顶芽优势这个现象为什么矛盾呢？观察月食时看到的地球弧状的阴影，就能证明地球是球体了吗？有哪些不是球状的物体它的投影也是圆弧呢？将铁屑洒在磁体周围，观察到铁屑的形状真是磁场的形状了吗？后者是前者相对合理的解释，包含有人的主观性和创造性，所以说，科学具有发展性和暂定性的特点，随着人们认识的发展，有些知识还可能是错误的，这就要求学生对科学知识应该抱有批判和怀疑的态度。

另外，在实验课的教学中，我还着重要求学生关注结论产生的过程，而结论本身则放在其次，因为关注过程就是对问题的思考和探究，从中可以发现符合科学本质的东西。不要为实验而实验，不要为结论而实验，要对实验过程做深入细致的研究，至于结果和推论不必要过于看重，这种重过程、轻结果的指导，对于学生形成正确的科学本质观和认识观很有益处。同时，经过思考和探究，学生学到的知识也更加清楚和牢固。如果过分关注结论态内容，最终会导致学生思维迟滞，缺乏探究精神，盲目相信教条，忽视科学知识的发展性，逐渐形成僵化依赖的学生习惯，这与当代科学本质观思想是格格不入、大相径庭的。

让学生在开放课堂里成长

——《汽化与液化(一)》听课反思

■林　优

课例背景

2012年9月份，有幸参加了一次课堂教学评比活动，课堂教学评比的教学内容在汽化与液化(一)、物质在水中的分散状况和显微镜观察动植物细胞的实验这三个选题中自选一个，对于选择哪个选题，自己思考了许久，也和其他老师商量了许久，才定上课内容为汽化与液化(一)。

选择汽化和液化为上课内容有优势也有需要突破的地方：汽化和液化内容学生在生活中接触得较为普遍，想在课堂上开展以学生为主体的教学活动比较容易，学生也比较好接受新的知识；然而汽化和液化的内容在公开课上已经以较多不同的形式展示过，所以想有新意和创新也是选择这个内容需要有所突破的地方。

面对同样课题的7位参赛老师，通过抽签，我是上这个内容的第二人，上完自己的课，再用心听听其余老师的课，我有我自己的一些感触，特别是在课堂上老师如何将学生导入到问题的本质，而非答案；如何让学生的自主探究意识最大限度地体现等等。

课例一

（一）导入新课

在课堂上创设一个晾衣服的场景，通过采访的形式激发学生的思维，将学生引入思考：晾衣服的学问。

（二）走进蒸发的世界

幻灯片1：（通过对晾衣服学问的思考进入影响晾衣服快慢的探究）

我们一起探究：
1.提出问题：液体蒸发快慢与哪些因素有关？
2.建立猜想和假设：
1）可能与液体表面积大小有关；
2）可能与液体表面空气流动快慢有关；
3）可能与液体温度高低有关；
4）……

幻灯片2：（分组对猜想进行实验设计，而后进行交流）

活动一：
3.设计实验：
实验目的：1）研究蒸发快慢与液体的表面积大小的关系；
2）研究蒸发快慢与液体的表面空气流动快慢的关系；
实验器材：铁片、酒精、滴管、酒精灯、试管夹、火柴、练习本（自备）。

幻灯片3：

4.获取事实与证据：

1）在两块铁片上各滴一滴酒精，将其中一块铁片上的酒精摊开的面积较大，发现表面积较大的那滴酒精蒸发得快些。

2）在两块铁片上各滴一滴酒精，并使酒精的表面积大致相同，用本子对其中一块铁片上的酒精扇风，发现表面空气流动较快的那滴酒精蒸发得快些。

表格形式总结：

液体温度	液体表面积	液体表面流动速度	蒸发快慢
相同	表面积大	相同	蒸发快
相同	相同	空气流动快	蒸发快
	相同	相同	

幻灯片4：

活动2：
3.设计实验：
实验目的：3)研究蒸发快慢与液体的温度高低的关系；
实验器材：铁片、酒精、滴管、酒精灯、试管夹、火柴、练习本(自备)。
附：
注意：滴加酒精量控制为一滴；
先加热后滴加酒精。

幻灯片5：

表格形式总结：

液体温度	液体表面积	液体表面流动速度	蒸发快慢
相同	表面积大	相同	蒸发快
相同	相同	空气流动快	蒸发快
温度高	相同	相同	蒸发快

幻灯片6：(通过打针前场景的回忆，思考涂上酒精皮肤变凉的原因，并用实验证明变凉原因的猜想)

活动3：我们一起实验
实验目的：探究酒精蒸发是否吸热？
实验器材：温度计、酒精。
实验步骤：
1.温度计置于空气中，读数是__________；
2.温度计插入酒精中，读数是__________；
3.温度计刚从酒精中取出，读数是__________(升高、降低)，最后温度__________(升高、降低)。
实验结论：蒸发吸热。

幻灯片7：

畅所欲言： 病人发高烧时，医生有时会在病人的身体上擦酒精，能解释其中的原因吗？

（三）课堂小结、练习

针对本节课内的学习内容进行罗列、整合，并强化学生对知识构成网络；布置课后探究内容：为何用肥皂水吹出的泡泡会破？

课例二

（一）导入新课

小组合作活动的：将酒精涂在皮肤上，并总结所见和所感。

（二）探究新知

1.交流小组合作活动后的所见和所感，同时，师生共同总结。

结论：（1）酒精没了；

（2）擦上酒精变凉；

（3）吹气后更凉。

2.提问1：对于所见和所感，有什么问题要问？

在提问的基础上，师生再进一步总结所得的问题：

（1）为什么酒精没了？

（2）为什么擦上酒精变凉？

（3）为什么吹气后更凉？

随着师生的总结，其实已经将这节课所要解决的问题跃然纸上，非常的明确了。

3.提问3：对于以上问题1，谁能帮帮老师？

由此引入蒸发的概念，并组织小组合作进行蒸发例子的列举。

4.小组合作活动2：交流解决为什么擦上酒精后变凉？

总结出变凉的可能原因：（1）酒精温度比较低；

（2）酒精蒸发吸热。

5.小组合作活动3：用实验的形式证明上面的两个原因。

结论：擦上酒精变凉的原因是：蒸发吸热。

顺延蒸发吸热的结论，师生共同得出吹气后更凉的原因是蒸发加快的结果。

6.小组合作活动4：举例生活中加快蒸发的例子，并用记号笔写在纸上。

随后将学生中加快蒸发的例子粘贴在黑板上，师生共同总结相同因素引起的加快蒸发的例子（办法）。

（1）蒸发快慢与空气流动速度有关；

（2）蒸发快慢与液体表面积大小有关；

（3）蒸发快慢与液体温度有关。

7.小组合作活动5：根据三个影响因素分三个组，设计实验方案。

设计后，各个小组之间进行交流。

8.小组合作活动6：各个展开各自所设计的实验。

活动后，交流总结得出相应的结论。

（三）课堂小结

通过一封书信的方式，对所学的内容进行一个整体的构建，并将所学融入到应用中，这样有助于学生知识联系实际。

课例反思

自己用心去听和感受其他老师的课，加上和其他同事老师的交流，让我觉得收获很多。

纵观自己的和课例二黄老师的教学设计，整体的设想都是想让学生在所感、所想和所做的实验中得到新知，但在有些教学环节的处理上却能体现出一些不同，特别是在学生思维、课堂的开放性上。

环节一

我和黄老师都有设计将酒精涂在皮肤上，让学生总结所见和所感，目的是一致的，就是通过这样直观的实验，获得教学新知。

但在处理学生所见和所感时，我显得着急些。

我直接提问学生的所见和所感，且非常想在学生的回答中找到符合我接下来教学环节中，能用到的答案，而对于与我教学设计不符合的答案，我只是做了简单的回应，着急地继续向其他同学寻找我自己所需要的答案。

这样的教学处理，显然会慢慢地限制了学生往后在科学课堂上思维的开放性，可能学生会跟着老师的提示，直接进入老师设计好的答案回答，长此以往，思维就较为单一化了，就像是一颗本来可以自由生长的树木，却被整齐规划，统一剪裁成了相同模样，全然失去了学生个体思维的发展。

环节二

教学方式往往能体现教师课堂教学方法是否多样化。以往的科学教学的实验处理方式，一般以教师演示，学生观看，后思考为主，但随着学生自主探究意识的不断提升，课堂上也以学生活动代替演示活动，让学生也参与到课堂活动中来，更直观的得到新知。

在探究影响蒸发快慢的影响因素上，黄老师和我的教学设计上都通过学生活动得出结论，但我自觉在某些方面，黄老师处理高于我。

如：在设计液体表面积对蒸发快慢影响的实验上。

我的教学处理是：让学生小组共同合作设计实验并交流，目的是发挥团队的力量，并在之后的交流环节中完善设计方案，且渗透控制变量法；对于实验中所涉及的一些操作注意点，因担心学生操作上的不规范，我做出的处理是直接告知，如：为控制表面积的不同，使用旋转铁片的方式即可达到。

听完黄老师的课后，感觉对于这个环节的处理更好，更能激发和提升学生的科学思维，课堂上更为开放些。

教学形式的选择上，也选用了小组合作的方式，但在设计实验后的交流处理上，并不是简单的个别学生的回答，加上其他学生的补充来完善整个实验设计，而是在一个小组发言结束后，用“反驳”的形式，让不同观点的小组之间进行想法上的交流和撞击，老师作为旁观者和引导者控制课堂，在小组与小组的反驳交流过程中，实验的设计一步步得到完善，而这些设计的完善完全从学生自己的角度得出，且七年级的学生对于“反驳”这种课堂交流模式会特别感兴趣，随着兴趣的提升，参与度、思维的积极程度也随之得到提升。

在开放性课堂中，完全改变了以往课堂中教师唱主角，学生唱配角的情景，教师教学思想开放，学生行为放开，以学生活动为主，学生能在教师创设的学习情境和活动中，积极学习，自主学习，开放性课堂能激发字生学习兴趣，增强学生信心，学生乐于接受，在开放性课堂中教师尊重学生，师生是平等的，课堂是民主的，和谐的，师生在课堂上平等对话，教师善于设疑，学生敢于质疑，这种课堂能最大限度地挖掘学生的潜能，培养学生的创造意识和创造能力。

开放性的课堂不仅仅提升学生的思维能力、创造意识和能力，更考验老师的聪明才智和对课堂的驾驭能力，如果一个老师对课堂控制越强，其实体现的反而是越弱的课堂驾驭能力，通过与黄老师课堂教学的对比，收获很大，也让自己在课堂上如何最大程度地实现学生科学思维、科学方法的提升上有了更进一步的认识。

初中《历史与社会》有效课堂教学策略

■ 胡克创

新课程实施以来，历史与社会学科的课堂教学不断改进，课堂教学形式丰富多样，但也出现了教学中过于注重形式而忽视教学内容的不良倾向。当前教学中还可以看到，许多学生既不愿意回答老师的提问，也不愿意去思考问题、发现问题和提出问题。当老师的问题提出后，举手者寥寥无几。其中一个主要原因就是学生缺乏学习的动力和旺盛的求知欲，缺乏思考的兴趣。当前新一轮课程改革注重培养学生的创新精神和创新能力，以学生的发展为本，注重全面素质的提高，这就要求我们必须改变学生的学习方式。

由于初中《历史与社会》这门课程涉及历史、地理、文化、政治、经济等多个社会科学的内容，就本课程自身而言，其内容差异就非常大，在教学过程中比较难把握。如果把握不好，容易造成主观上的两种弊端：一种是讲得过深，逻辑性较强，教师侃侃而谈，学生如坠雾中，久而久之，对这门课产生畏惧感；另一种是就书论书，让学生勾划出重点，然后记忆，典型的照本宣科，时间久了，学生就觉得这门课无非就是多背而已，是“贝多芬”，这两种情况都将导致学生厌学这门课。那么，如何才能提高初中历史与社会教学的有效性，使社会学科焕发出生命的活力呢?

一、激发学生学习兴趣

“兴趣是最好的老师”，兴趣是教师引导学生步入科学殿堂大门的钥匙，是学生接受教育的感情基础，是学生探求知识促进思维发展的源泉。从教育心理学角度讲，兴趣是一种内在动力，它能促使学生产生强烈的求知欲，自觉努力地去探求，去发现。社会课程综合性强，知识体系庞杂，教师若是照本宣科，或者只是对那些条条框框“读一读，划一划”，那么课堂将索然无味。反之，假如我们能精心钻研教材，深入挖掘内容的兴趣点，那么就能提高学生思维的积极性。学生对每节课的学习，不是一开始就感兴趣的，为此，教者应当深入钻研教材，抓住突破口，有意地给学生设置问题的“障碍”，形成他们心理上的一种“冲突”。当学生急于解开这些“冲突”(问题)时，也就意味着进行了思维训练，对教材内容的重点、难点的理解自然也水到渠成。只有学得有趣，学生才会产生对学习学科知识的欲望，主动去学，也才能学得好。

那么如何激发学生的学习兴趣呢？根据历史与社会的特点，笔者认为以下几点可以激发学生学习兴趣。

（一）挖掘教材激趣

新教材中，突出了文字阐述中穿插展示丰富多彩的图文资料，这些图文资料极大地充实深化了教材内容。我们完全可以采用这些图文资料，如教材选用了大量的人物画像，包括帝王，将相，思想家，文学家。大量的人物画像，不仅可以加深学生对历史人物的印象，还可以加深对历史事件的理解，激发学生兴趣。比如在《秦朝一统》的教学伊始，教师引导学生看了《秦始皇像》(右图)，学生既能从中感受到其人的非凡气度和雄才大略，又能窥见其刚愎自用，骄奢暴虐的一面，也可以对秦时的服饰有所了解。老师问:“这个头戴冕旒，身穿龙袍的人是谁？”学生齐答:“秦始皇。”随即教师引导:“是的，他就是中国古代第一位皇帝。瞧，画像上的他目光炯炯，虎视眈眈，流露出当年威震六国、一统天下的勃勃雄心；这一身打扮，显示了他‘唯我独尊、君临天下’的帝王身份。唐朝诗人李白写过一首颂扬他的诗，其中两句‘秦王扫六合，虎视何雄哉’，正好是对这幅画像的生动写照。自古就有‘打江山易，保江山难’的说法，秦始皇是如何保住他的江山，并巩固他的政权的？请同学们带着这些问题阅读课本。”通过这一看一讲一问，学生们兴致盎然，注意力自然就很快集中到本课的学习上来了。

（二）利用漫画激趣

在教材中，漫画是最具有形象性趣味性和教育性的。那种讽刺幽默的寓意往往给人无尽的韵味，令人过目不忘。正是这种特有的魅力，使它具有了特殊的教育价值。在教学过程中，利用漫画的确可以吸引学生的注意力，激发兴趣。比如看了《古巴导弹危机漫画》（右图），学生既能从中理解美苏争霸是世界长期不得安宁的主要根源，又能发现东西方两大军事集团实力相当，谁都不敢轻易动武，彼此相互威慑，还可以让我们深入理解和平与发展两大主题。

（三）巧用教法激趣

首先，运用历史故事是最传统最常用的方法。事实上，初中生活泼好动，求知欲强，对教材中历史故事这一部分是最感兴趣的，对于这一点，我们应该充分利用，转化为学生内在的学习动力。而课堂气氛活跃，更能抓住学生注意力，激发其学习兴趣，而讲解生动的历史故事恰好能做到这一点。

当然，故事并不是完全老师来讲，可以让学生主动去搜寻，然后让学生在课堂上讲，我们对学生进行素质教育，不仅仅是让学生掌握书本上的知识，而且应该掌握大量书本外的知识，拓展知识面，开阔学生眼界，让学生讲解故事，能够适应这一需要。并且学生在搜集故事中，通过上网、查阅书籍等，本身的能力也得到培养，可以说是一举多得。

其二，可以借助角色转换情境模拟，师生互动、共同参与。在妙趣横生、乐意融融的环境气氛中，学到知识和技能，因而大大调动了学生参与学习的积极性，进一步激发了学习兴趣，使学生能深刻理解故事中包含的历史知识内容，并且培养了学生的语言文字表达能力，真正发挥了学生的主观能动性。如让学生积极表演19世纪初，嘉庆皇帝与一个大臣的对话。对话如下，皇帝问：英国是否富？ 大臣答：彼国富，是由于中国富，彼国才富。富不如中国。皇帝问：何以见得？ 大臣答：英国从中国买进茶叶，再转手卖给其他小国，这不是说明彼国是借了中国的光吗？假如我们禁止茶叶出口，那英国就会穷得无法过日子。皇帝说：说的是。通过学生创编生动活泼的课堂情境话剧，借助角色转换、情境模拟，配以生动的语言、仿真的情境，可以活跃课堂气氛，使学生有耳目一新之感。从而让学生深刻理解面对变化中的世界局势，清王朝君臣却茫茫然，昏昏然，仍妄自尊大，闭关锁国，哪有不败之理。

其三，利用多媒体再现历史情境，引起兴趣，主动学习。历史与社会学科是一门内容涵盖广，时空跨度大的人文学科，面对这样的学科，如何让教学能跨越时空，使学生通过历史“再现”和体验实现对历史事实和历史事件的更全面、更准确的理解，是我们历史教学工作者永远的追求。而计算机网络环境和多媒体教学手段声像并存的显著特点，恰恰为我们的追求提供了便捷有效的平台。如播放《南京大屠杀》等影视片段，让学生认识了中国军民的抗争和日本军国主义的残暴；插放一段电影《地道战》让学生看到当时冀中人民创造的、奇迹般的多功能地道网的实境，更通过片中精彩的旁白使学生身临其境般地感受到痛击敌人时的畅快淋漓以及感受到人民力量的伟大。《祖国统一的历史大潮》中播放港澳回归视频，体会那激动人心的时刻等，这样学生的积极性和主动性被调动起来，不知不觉融入课堂。

其四，设置悬念以引发兴趣。初中学生所处的年龄阶段，决定了他们一般都好动、喜新，对未知事物充满好奇心。抓住这个特点，在课堂教学中适时地设下悬念，能迅速引发学生的好奇心，并化好奇心为兴趣，进而化兴趣为对学习的追求。

“好的开头是成功的一半”。授课一开始就马上引发学生的兴趣，能使教学的其它环节顺利展开。用“设置悬念”的方法导入新课最能一下子抓住学生的心。如《巩固人民政权的斗争》一课，有一位老师开始就以神秘的语气讲述一则新闻报导：“在朝鲜半岛上，沿北纬38度线有一横贯整个半岛的森林带，那里奇禽异兽多不胜数，但却无人敢跨入一步。”学生的好奇心一下子被调动起来了：“为什么会这样呢？”接着老师回答，答中有悬念：“是抗美援朝战争造成的。”学生的好奇心被引到抗美援朝战争上，从而顺利转入新课。在讲到“大跃进”的时候，首先展示稻田上坐着一个小女孩的图片，问学生根据常识你认为稻杆能承受一个小女孩吗，教师再指出实际下面还放着一只凳子，学生在笑声中也意识到了当时浮夸风盛行。

二、优化课堂教学

（一）精心引课

从心理学的角度看，开始的二三分钟是人的思想最易集中的时候，课堂的起始语对稳定学生的情绪，激发学生的兴趣，增强教学吸引力有着不可低估的作用。所以历史与社会教师应不断地改革教法，提高课堂教学艺术，把死课本变成“活”课堂，利用各方面有利因素，精心设计新课导入，激发兴趣。历史与社会教学的导入，犹如乐曲中的“引子”，戏曲中的“序幕”，起着酝酿情绪、集中注意力、渗透主题和带入情境的作用。

（二）精妙提问

善教者，必善问。高质量的提问能够激发学习兴趣，启发深入思考，激活思维内力，引导学生积极主动地学习。这样的课堂才是有效的课堂，精彩的课堂。在原有知识的基础上，通过“问”，让学生想得“深”，想得“广”，并把“问”与阅读、理解、爱国联系起来，能有效地促进学生思维能力纵向、横向的发展，有些还对学生加强了人文精神和爱国主义的教育。富有趣味性的提问确实能有效激发学生的思维积极性。但是，那些以问代罚，以问刁难、惩罚学生的提问，就只能挫伤学生答问的积极性，禁锢学生思维，打击其兴趣爱好。久而久之，造成学生的逆反心理和呆板、死气的课堂气氛。

亚里士多德有句名言：“思维是从疑问和惊奇开始的。常有疑点，常有问题。才能常有思考，常有创新。”讲《新中国的外交》一课时，我们可以这样引入：“同学们，我们做一个实验，假如我们在百度、google输入‘中国最帅的外交家’，你猜出现在最前的会是谁呢？”学生对这个问题很感兴趣，很快七嘴八舌地议论开来，但没有固定答案，老师接着在课堂当场实验，结果出现的是周恩来（左图），周恩来

1954年步入日内瓦会场的图片被网友称为最帅的图片，看他那眼神，自信刚毅，是任何一个好莱乌演员无法模仿的。

课堂中的提问，目的是使学生在掌握知识的同时，训练和提高思维能力，因而教者应注意提问的角度和问题的深度。善于从不同的角度启发学生，可以使学生掌握解决同一问题的多种解答方法，既拓宽思维的空间，又能培养发散思维能力。

（三）精致取舍

教师在设计课程时，对教材进行了适当取舍、补充、延伸、拓宽、重组，与教材外的其他资源有机整合，使之贴近学生的生活世界，适合学生的认知需求和认知水平，使课程内容鲜活起来，更加生活化、情趣化。多开展活动课，培养学生多方面的探究能力，多给学生感受成功的机会。有老师设计和开展了下列活动课：抗美援朝辩论课：①抗美援朝战争前，就是否出兵，中央领导层内部出现争论。现在对这个问题进行辩论。正方：必须出兵；反方：不能出兵。（要求：必须站在50年代初的立场上进行论证，不能从结果来推断，也就是说，你是经历开国大典的中学生，当时志愿兵还没有出兵朝鲜）。②抗美援朝尽管结束，但对于抗美援朝的利弊争论，并没有随着硝烟的散尽而结束，现在对这个问题进行辩论。正方：抗美援朝利大于弊；反方：抗美援朝弊大于利（要求：本辩题不能仅限于战争本身的死伤，应该侧重考虑其带来的影响）。我们可以发现这样的辩论课能让学生充分发挥团队合作、自主探究精神，在力所能及的范围内，将所学的知识运用到实践中，在实践中锤炼能力。

（四）精彩应对

对于这些突然发生的事，教师如果视而不见，继续讲课，会让学生感到失望。相反，如果能够抓住这一个个稍纵即逝的机会，即兴发挥，加一两句简短幽默的评语，则可带给学生一些意料不到的惊喜，从而吸引学生注意力，增进教学效果。有一位教师进行爱国主义教育时讲到日本侵略者发动“卢沟桥事变”，开始全面侵华时，同学们被他激昂愤慨的声调所感染，课堂静寂无声。这时，窗外突然吹进一阵大风，将教室的大门重重地关上了，课堂气氛被打断了。此时此刻，他一边不慌不忙地走过去把门打开，一边自言自语地说：“看来大风也在反抗日本的侵略！”大家哄堂大笑起来。如此一句话，师生同乐，接下去的课就好上了（当然，这堂课的主导气氛应体现出反抗日本侵略的慷慨悲愤）。

三、巩固教学效果

（一）优化作业

目前初中历史与社会学科教师在作业布置上可能存在误区，作业布置内容、形式单一，缺乏趣味性、多样性和多元性。笔者认为作业的布置应体现人文精神。教师在作业的设计上要让作业真正成为学生自己的作业，即以人为本的作业，学生完成才会觉得轻松，作业才会觉得有趣味性。如果历史与社会的作业是对课堂知识的机械式地重复和记忆，题型单一，这样虽然对学生巩固知识有一定作用，但是也可能造成学生思维、实践能力减弱，学习缺乏兴趣。作业的有效性不能得到真正的体现。当前新课程理念下有效作业目标是培养学生的人文精神，提高学生的认知水平，发展学生主动构建知识和自主探究问题的能力。所以教师在作业的布置应力求使学生在完成作业过程中，积极回顾、重温课堂上知识，并能结合自己已有的知识进行观点的确立、材料的组织，既加深课文知识的巩固和理解，又培养问题意识，发挥了学生的创新精神。

《历史与社会》作业环节的优化设计，关系到能否落实课程理念，实现课程目标，减少作业过程中的多机械重复、少创新探究和思维训练，改变传统应试环境下学生厌烦作业的状况。如果能实现优化设计，那将取得较好的效果。如进行中国的自然和人文环境相关内容的教学时，有人精心设计了如下的综合训练题。

读图回答问题。

（1）对照图一图二可以看出，浙江省的省会杭州在历史上曾是_____（朝代）的都城。

（2）在图二的相应位置上填写与浙江省相邻的两个省级行政区划单位名称，并把你此刻所在的地级市画满斜线。

（3）就图一或图二提供的信息，请你提出一个问题（上两题涉及的问题除外）。

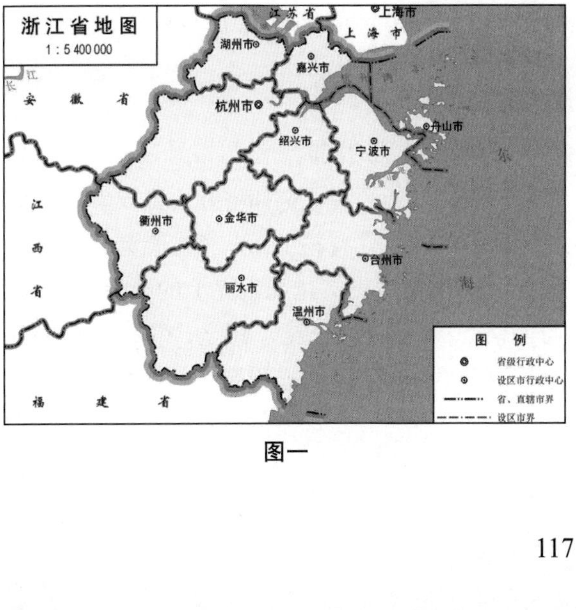

图一

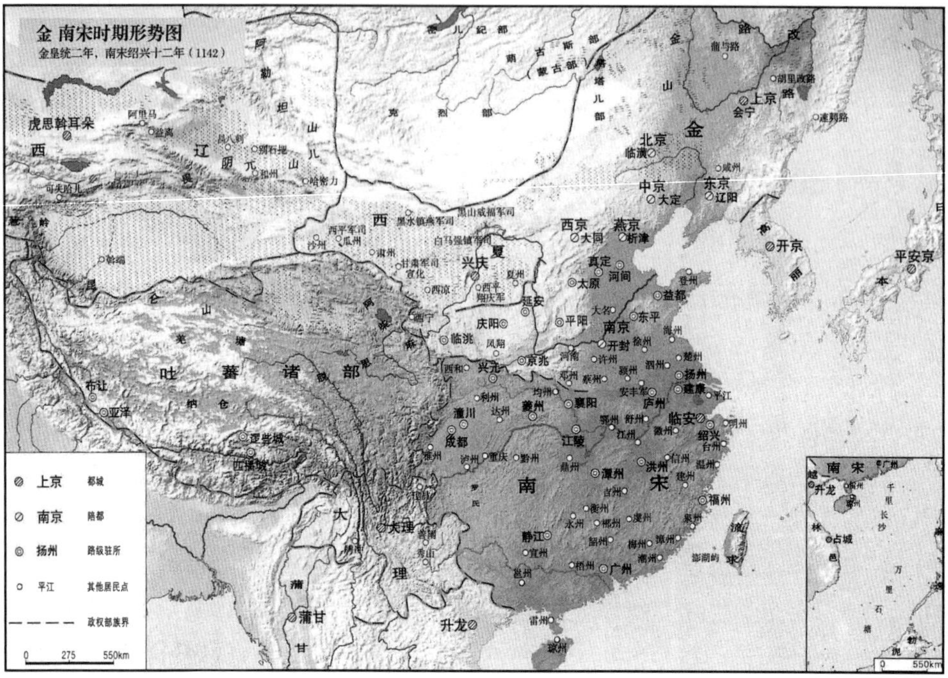

图二

该题联系家乡实际，以地图为载体，古今呼应、史地综合，考查学生在掌握一定历史知识的前提下，了解中国省级行政区划单位名称及其位置，并习得从地图中获取信息的能力。该题反映了《历史与社会》作业设计，应立足课程标准，体现该课程的综合性，实现人文社会学科内容的综合，为现代化建设培养看问题辩证全面、思维灵活的复合型综合人才。

（二）用活资源

在课堂教学的同时，还可以开展一些丰富多彩的课外活动，来开拓视野，强化知识，提高学习兴趣。例如举办历史故事会、编演历史剧、知识竞赛、编辑历史小报、动手制作教具、举办历史文物展览、参观历史遗址、旅游等活动。使他们对祖国光辉灿烂的历史文化和世界上的政治经济斗争有了更深层次的了解，增强了学习的信心，从而提高兴趣。总之，组织多种多样的课外活动，使学生在活动中实现学习兴趣的提高，同时能稳定学习动机，是提高历史课堂学习效果的辅助手段。

“非指示性”理念下科学有效教学的思考

■胡显辉

非指示性语文教学改革是新课程背景下出现的典型案例，一改原来“指令型课程的全预制、全垄断、全封闭为生成型、开放型和个性化”。非指示性教学突出强调师生之间的双向互动，让学生与教师都从指令型课程中走出来，使师生的心灵产生了前所未有的碰撞。非指示性课堂教学过程中，教师并不指示学习的方向，整堂课的学习重点由学生讨论自主决定，教师也不指示教学结论，而是让学生在讨论过程中自己取得合理的解释。如此建立在自我主动的基础上的学习，凸显学生的主体意识，提升学生的终身学习能力。当然，任何一项研究的迁移应用，都有一个内化的过程，非指示性语文教学改革应用在初中科学的教学中，结合学科特点，笔者就科学有效教学进行课堂实践研究考证，最终形成初具科学特色的走向自主的、有效的科学学习模式，学生自行定方案、合作地学习、评价后反思。以下详述：

一、自主预习，自定方案

古语有云，凡事预则立，预习对于学生的学习有着至关重要的作用，“非指示性”教学是在教师引导下让学生自主成长的教学，自主预习是学生自身发展的需要，它使学生由原来的“要我学”变为“我要学”。自主预习在学生的自主学习过程中有着方向性的指导作用，学生通过自主预习，确立学习目标、学习内容、学习方法，如此自定学习方案，是谓自主学习的第一步。

（一）学生自定学习目标

在学生自读的基础上，让学生汇报读懂的内容，提出不懂的问题或想了解的内容，让学生自己制定学习目标，培养学生发现问题的能力和习惯。

（二）学生自选学习内容

教师不宜以自己的思想和认知水平去束缚或代替学生的思想和认识水平。根据所提供的材料，学生自己选择学习内容，该内容可以是科学概念，可以是公式原理，可以是实验探究，充分体现学生的主体意识。

（三）学生自选学习方法

选择学习方法是学生自主的权利。从学生学习的需求出发，尊重学生的个性差异，对于科学概念是用识记的方法还是类比理解，对于公式原理是层层剥离理解还是在应用实践中理解，对于科学现象是用实验区验证还是设计方案逐层探究，都可以是学生自己说了算，确立明确、规范的学习方案。这样从学生学习的需求出发，尊重学生的个性差异，放手让学生用自己喜欢的方式学习，不仅可以扬长避短，充分发挥各自特长，而且有利于加快对学习内容理解的进程，提高科学素养。

（四）教师合理参与引导

当然，自主预习不是不管学生如何学习，不是不管不问，相反地要求教师有更敏锐的观察力，更深邃的决策力。

1.教师一定要结合学生学习情况把学生合理地分组，6~8人一组，做到优秀生与“学困生”合理的结合，能够做到互帮互学、互相提高。

2.教师在学生自主预习时一定确保不提示、不讲解，要相信学生的能力。教师可以在学生自主预习时在一旁巡视，个别指导，对学生的掌握情况做到心中有数。

3.教师在学生小组内自主学习时可以参与其中，给他们以适当的引导，所以要求教师彻底改变观念。新课程强调，教师是学生学习的合作者、引导者和参与者，教学过程是师生交往、共同发展的互动过程。

新课程要求把课堂还给学生。自主预习的过程就应该是学生自己完成学习任务的过程，也是进行自我教育的过程。在实践中获得的教育，远远胜过教师的说教。更重要的是交给了学生终身学习的本领。

二、合作学习，有效组织

教师的作用是引导学生自主走向成长，任何教学环节都先由学生主动地、独立地学起来（或动口学、或动笔学），有了学习心得和基本体验后教师才教，以教促学。教师不在学生自主学习前就做现成的讲解和单向的灌输，不以教师的教代替学生的学。

因而，学生在学习时，首先解决带标记的问题要达成一致意见，每个学生都要参与解决带有标志的问题；另一方面一定要做好明确的分工，记录员一定要记录好该小组形成的共同意见为下环节的小组与小组间的展示交流做好充分准备。在小组学习过程中，各小组长要关心学习暂时有困难的学生，要给他们以真诚的帮助，给他们以更多的提问机会，让他们体验到学习的快乐，从而产生学习的动力，促使他们自主学习。而促进学生实行自主学习的关键就是要提高学生学习的积极性和主动性，使学生能主动、积极、热情地投入到学习中去，从而形成良性循环。为了不让少数“明星学生”霸占课堂，不使大部分学生成为旁观者和陪读生，教师要对课堂进行有效组织。包括捕捉学生的亮点和误点，组织学生有效交流，让学生学会用自己的眼光去探究，用自己的知识去运用，用自己的智慧去归纳。

（一）捕捉学生亮点

教学中总会碰到一些直觉思维能力很强的学生，他们总爱提出一些教师始料不及的问题。然而正是这些稀奇古怪的想法、异样的声音反映了学生的探究心理和创造性思维，这是学生的亮点。教师要善于倾听，捕捉稍纵即逝的教学资源，让它成为课堂的亮点，让学生在获得知识的同时也获得心灵的启迪。激发学生的求知欲和创新精神，使学生不仅对所学知识有更深刻和全面的理解，更为灵活运用所学知识解决与此相关的问题奠定基础。

（二）捕捉学生的误点

在具体的教学过程中，很多时候教师轻视了学生细微的错误，没有用心去理会或纠正，导致学生一错再错或理解偏差。如果教师能及时发现学生的误点，敏锐地捕捉学生“误点”的价值，抓住教育时机，巧妙引导，差错就会演变为一次新的学习。学生是一个发展中的个体，学生的学习过程很多时候就是一种“识误”的过程，他们在不断尝试中发现自己原有认知的错误或不足，进而不断完善和建构起新的认知网络。因此，教师要善待和尊重学生发展中的“错误”，好好利用课堂上的突发性错误，化弊为利。如果既能保护学生的自尊心，让他们有机会不丢“面子”地进行自我纠正，又能引导学生自我剖析，明辨是非走出误区，甚至借题发挥，把问题引向深入，那何乐而不为呢？

（三）组织有效的交流

教学中，教师要真正把关注的焦点放在学生身上，想想学生在做什么，需要什么？特别关注全体学生，注意学生间的学习差异，通过不断调整教学进程，使尽可能多的学生投入到有意义的学习活动中来。面对学生有别于他人的学习方式，教师要多问问：“你是怎么想的？”“你为什么会这样想？”引发学生的思维碰撞，让学生深入思考，顺利地进入更高层次的学习。

例如“质量守恒定律”一节的教学中，在课堂活动与探究的演示实验里，我有意增加了碳酸钠与盐酸的反应跟教材中铁钉与硫酸铜溶液的反应来作对比：一个反应前后容器中物质质量不相等，一个反应前后容器中物质的质量相等。然后利用这两个表面上似乎相矛盾的实验结论，向学生提出问题：“是不是碳酸钠与盐酸的反应就不遵守质量守恒定律呢？如果遵守，那如何解释？”由于多数学生还不能熟练地运用前面所学的元素、原子等物质构成的奥秘的知识来思考问题，所以争论、讨论就很激烈，但谁也说服不了谁，当他们把评判的目光投向老师时，就可因势利导，引导学生从化学反应的本质以及微观的角度来思考，并及时把握，灵活处理，并组织各小组派代表发言，相互补充，让学生的思维进行有效碰撞。这样，在教师有效的组织教学和营造的教学情境中，学生的学习情绪高涨，注意力集中，就自然地投入到下面的教学内容中去。

（四）设计有效的作业训练

作业是教师对课堂教学效果、学生掌握知识程度的一种评估方法，同时也是课堂教学的延伸。有效的作业练习是巩固与强化所学知识的重要手段。学生通过自主探究，对常式题、简单题进行判断与计算之后，学生能够自主运用，并自主对原题进行改造，编出新题，使之形式变化、难度加大，并尝试解决。要解决这些问题就必须首先要正确理解练习在课堂教学中的作用，摆正练与讲的关系，还要用心设计习题，做到精练、巧练、及时练。只要重视“练”，在课堂中注意让学生充分“练”，就一定能收到实实在在的效果。因此，成功的作业设计既能巩固知识，拓展思维，又能调动学习积极性，激发学习兴趣，让每个学生发现自己的优点和不足，从而使有效教学落到实处。

三、全体反思，及时促进

教学永远是一门遗憾的艺术。任何一堂课，当课后反思的时候，总有些许不足和遗憾，而教学艺术水平正是在不断解决不足和遗憾的过程中得到提升。

（一）学生因反思得智慧

“非指示性教学”以自我感悟、自我判断、自我创新、自我表达为核心精神，而以上“四自”究其根本就是自我能力的提升。学生在学习活动过后及时反思，等于给自己配备了一位尽责的老师，可以随时随地对自己的成长进行有效地指导，从而学会自觉地支配自己的人生。建立一个“反思本”，随时把学习中的得失，得失原因，改进方法记录下来，每过一段时间，对“反思本”进行再反思，同学之间也可以交流反思情况，审视自己的成长，共同进步。

（二）教师因反思而睿智

教学反思是对教学领域深层次的思考，在思考中不仅能提高教学理论水平，还能形成独特的教学风格。看似平常的反思，却起到很多作用。反思成功的教学细节，给教师以启迪；反思失败的教学细节，给教师以借鉴，只有不断地反思，才能使教学经验更加丰富，教学艺术不断提高。

1.通过反思，审视教学目标是否体现三个维度，认识到情感、态度、价值观是否融入到课程教学中，是否贯穿于教学过程中，成为教学过程的灵魂。

2.反思评价教学活动是否由“教师的教”向“学生的学”转化。建构主义认为，知识不是通过教师传授得到的，而是学习者在一定情景下，借助他人的帮助，利用必要的学习资料，通过意义的建构方式自己获得的。通过反思，教师可以评价自己的教学过程是否摆正自己的位置，由传统知识的传播者、灌输者转变成教学过程的组织者、指导者、意义建构的帮助者，而学生却由外界刺激的被动接受者变成知识意义的主动建构者。

3.反思是否创造性地使用了教材。教师不仅是教材的使用者，更应是教材的建设者，在“课后反思”中作为专题内容加以记录，既积累经验又为教材的使用提供建设性意见，使教师、教材和学生成为课程中和谐的统一体。

4.反思教学过程是否关注化学课程资源的动态生成。教学在互动中生成，在沟通中推进。教师不仅应在课堂上及时将这些细微之处显露出来的信息捕捉、加以重组整合，并借机引发学生开展讨论，更应利用课后反思去捕捉、提炼，既为教研积累了第一手资料，又可拓宽教师的教学思路，提高教学水平，更可以在此基础上生成良好的教学资源，将其记录下来，可以作为教学的宝贵资料，以资研究和共享。

综上所述，非指示性教学于永康中学是一个改革的契机，教师在进行教学实践时一定要彻底改变观念。新课标要求教师把课堂还给学生，让学生成为课堂的主人，教师只是课堂的组织者，学生学习的引导者。教师给予学生的应该是知识，更应该是学习方法。在帮助学生形成合理知识结构的基础上，特别注意让学生成为掌握学习并能够创造性地运用学习方法的人，让学生真正成为教学活动的主体。教和学都会变得生动活泼，对学生的兴趣、意志等心理品质培养及自学能力、思维能力、实验能力等的提高是极为有利的。在教学中充分依靠学生、相信学生，给他们充分的时间、空间和机会，让他们大胆地去想、去做。如此，学生课前自主预习、自定方案；课中合作学习、有效组织；课后的全体反思、及时促进这些基于教学实践的有效课堂模式，体现了教师角色的转变，也正是把素质教育落到了实处。

“笔谈”：细化语文课堂学习的一种方式

■胡德方

如何进一步细化语文课堂学习，提高语文学习效率，避免出现学生发表见解或交换意见时的茫然无序甚至东拉西扯等现象，笔者以为“笔谈”是一种较好的方式。所谓“笔谈”，特指语文课堂中学生在纸上用文字发表见解或交换意见，即用笔表达与交流。其中，不同的教学环节和教学内容，有不同的“笔谈”方法和要求。

一、初读环节：概括式“笔谈”

每教一篇课文，首先必须强化初读，让学生自主、充分地感知课文语言文字材料。初读前，教师要明确任务与要求，让学生一边读一边用笔在学习纸上进行概括，写出自己对文本内容的初步感知或初步感受。每人独立完成后，小组内交换过来看，相互评判，并交流完善。然后按照先学生代表后教师本人的顺序，分别向全班同学亮出自己的概括式“笔谈”，在交流中相互启发，相互学习，共同进步。

感知类“笔谈”的要求是简洁、准确、全面，这三个要求逐级提升，其中简洁是底限，人人都要达到，不能写得啰唆拖沓；简洁的同时，还要写在点子上，即写得准确；每个角度都准确写到了，即为全面。三个要求，既兼顾到了不同层级学生的学习差异，也为每人提出了努力的方向。笔者在教学七年级上册《看云识天气》时，先让学生默读课文，并用一句话简洁、准确、全面地概括文章的主要说明内容，写在学习纸上。然后前后桌的四位同学将学习纸交换着看，对照三级要求，相互交流，相互评判，并共同完善。他们有的写“看云识天气”，有的写“看云的不同姿态识天气”，有的写“看云的光彩识天气”。在交流和评判中，他们进一步明确最佳答案应该是“看云的不同姿态和光彩识天气”。这就让学生明白概括文章内容不能凭自己的感觉，要在简洁的基础上力求准确与全面。

感受类“笔谈”的要求是真切、细腻、个性化，这三个要求逐级提升，其中真切是最基本要求，不能写与自己的心灵隔膜的空话、套话；细腻是第二级要求，不能粗糙空洞；如果写下的感受独特新颖，就达到了个性化的最高要求。笔者在教学七年级上册《散步》时，先请学生放开声音朗读全文，边读边在学习纸上写出自己的初读感受，然后小组内“笔谈”交流。他们有的写“我感受到了温暖，因为文章处处体现了美好的亲情”，有的写“我感受到了和谐，因为文中的人物个个都有一颗善良的心”，有的写“我感受到了轻松，因为课文的语言清爽明快不啰唆”……这些话，都达到了真切、细腻的要求，也基本达到了个性化的要求。如此“笔谈”，培养了学生纤细的感受力，让学生明白读一篇文章，要有自己的体验和感受，并在真切的基础上力求细腻、个性化，不说大话、空话和套话。

概括式“笔谈”，有明确的任务与要求，更有方法的指导，既动笔又动脑，多感官参与学习，能改变学生模糊学习以致缺乏对课文有一个准确的整体认识的现象，在有效培养整体感知与感受能力的同时，人人动笔人人参与，更好地体现了关注每一个学生的教育理念，增强了学生学习语文的自信心。

二、细读环节：探究式“笔谈”

初读文本后，再指导学生沉入文本细细地读，对文本蕴涵的丰富内涵进行充分的发掘。在这一环节，可重点指导学生进行探究式“笔谈”：或质疑问难，或走进作者与人物的内心世界，或探究文章题目与关键语句的意蕴内涵等，从而细化与深化学生的语文学习。

探究式“笔谈”的基本要求是“三真”：真问题，即提出的问题值得质疑，值得探究，且对自己、对他人有启发，能借此深化课文的学习；真探究，即结合文本展开探究，不离开文本想当然地猜测；真收获，即通过“笔谈”探究出的答案有一定的深度或新意，能加深对文本的理解，使学生在探究过程中感受到收获的乐趣。笔者在教学九年级下册《那树》时，引导学生用“笔谈”的方式对文中精妙的标题“那树”进行提问和探究，挖掘这两个字背后的丰富意蕴。每人用笔独立完成后将学习纸交换着看，在小组内相互评价和完善，然后由小组长向全班介绍。于是，有的小组写的是：“作者不是用‘这树’或‘这些树’，而是用‘那’，让人感觉时间久远了，说明这棵树已经让人遗忘了。”有的小组写的是：“那树，作者没有具体说是一棵怎样的树，也没有说它的名字，给我们留下了一些悬念。”有的小组写的是：“这个词给我们的感觉是树与我们远了，与作者远了，与人类远了。人与树之间有了距离，有了隔膜，有了陌生感。”这些颇有深度或新意的“笔谈”真正探究出了隐藏在语言文字背后的思想与情感，读到了作者的心里去，领略了“言有尽而意无穷”的美好境界，从而更深刻地理解了文章的主旨。

探究式“笔谈”能活跃学生的思维，训练学生提出值得质疑的真问题，以此进一步深化课文的学习。因为一篇课文的学习，总是随着问题的提出和探究的深入而层层深入、步步深化的。同时，让每一个学生都真正地“动”起来，让表象浮华热闹的课堂真正地“沉”下去、“实”起来，从而切实提高学生对语言文字的感受力、理解力与表达力，使学生真学语文，教师真教语文。

三、赏读环节：欣赏式“笔谈”

能发现表达的精彩，欣赏语言的精妙，是学习语文和学习其他学科的本质区别。语文课上，为了让学生多多领略文章的表达之美，可采用“笔谈”的方式，引导学生对文章极富表现力的字词句段和写作技巧等进行评点欣赏与交流。

欣赏式“笔谈”的要求是三个字：准、细、新：“准”指从文中准确找出相关语句，不泛泛而谈；“细”指用细腻的感性语言来表述，不使用粗糙的理性的套话；“新”指写出自己有新意的富有个性的理解，充分发挥自己的知识积累和生活经验，不停在表面蜻蜓点水。这三个要求逐级提升。欣赏式“笔谈”可以借助手头资料（甚至包括和教师共用的“教参”），但最好在有了自己的基本理解后再翻阅，“先入为主”会影响自己思维的独立性和独到性，并影响思维的深度和新颖度。

笔者在教学《散步》一文时，引导学生用笔从“对人物的表现作用”的角度来品味文章的第一句话：“我们在田野上散步：我，我的母亲，我的妻子和儿子。”学生“笔谈”后，经过小组内的交流完善，对这句话获得了多方面的认识：“散步”一词有点题作用，整个句子点明了故事发生的地点与人物；句中的“我”字很醒目，表现出“我”的一种很强烈的责任感；整句话句式简洁，不拖沓，也很庄重，流露出“散步”在“我”的心中是一件很重要很重要的事；这句话不用“三代人散步”而用现在的写法，意味深长，表现出了浓浓的亲情；短短一句话，开门见山，假如少了这段话，读者就不明白课文要写的是什么……这些基本符合准、细、新三字要求的欣赏式“笔谈”，说明学生一旦“沉入”字里行间进行揣摩，就能体会到语言的简洁与表达之美，从而提升自己学习语文的兴趣和信心。

虽然平时的教学大多重视对一些词句的品位与赏析，但往往习惯于让学生口头表达、随堂交流，而欣赏式“笔谈”要求学生把要说的先用笔写下来再互相补充，不但能改变“讲得出写不准”的尴尬，强化语言意识，也能培养敏锐的判断力，而且每一个学生都动起来，都开动脑筋，都有事情可做，避免出现只是几位“明星学生表演”的现象，其取得的学习收获，更是比教师磨破嘴皮喋喋不休地讲解效果好了许多。

四、联读环节：比较式“笔谈”

在对文本进行初读、细读与赏读后，再选取不同的文章联系起来读（简称“联读”），用比较式“笔谈”的方式深化课文的理解，并拓展知识、开阔视野。比较式“笔谈”的基本要求在于一个“比”字，即找出可比点、区别点，确立比较点。在“同”中求“异”，或在“异”中求“同”，或在“异”中辨“异”。文体相同内容不同、作者相同作品不同、选材相近主题不同等类型的选文，侧重于“同”中求“异”；选材不同主题相同（或相近）的选文，侧重于“异”中求“同”；而选材不同表达形式也不同的选文，则侧重于“异”中辨“异”。

笔者在教学余光中的《乡愁》时，将席慕蓉的《乡愁》联系起来读，让学生采用“笔谈”的方式对两首诗的异同进行比较。于是，他们有的侧重于从两者相同点的角度进行“笔谈”：诗人都是选择几个富有深意的形象或画面来表达同样的主题，都通过创造性的比喻来抒写心中的愁，都是抒情诗；有的侧重于从两者不同点的角度进行“笔谈”：余光中的《乡愁》主要通过形象来推进诗情，结构比较对称，思想深度更广更深，而席慕蓉的《乡愁》主要通过画面和比喻表达对故乡的怀念，在表达的情感上相对细腻和缠绵……这些“笔谈”找到了可比点与区别点，有助于学生逐层掌握文本内容，获得鲜明而深切的印象。

比较式“笔谈”，既能激发学生的学习兴趣和参与意识，又能在同中求异、异中求同的思维过程中深化认识、加深理解，进一步培养学生思维的广阔性与准确性。叶圣陶先生曾经说过：“阅读方法不仅是机械地解释字义，记诵文句，研究文法修辞的法则，最紧要的还在多比较，多归纳，多揣摩，多体会，一字一语都不轻轻放过，务必发现他的特性。惟有这样阅读，才能发掘文章的蕴蓄，没有一点含糊。”

语文课上，在不同的环节适当地留出一些时间让学生进行“笔谈”，或概括或探究或欣赏或比较，让每一个学生在思想碰撞与心灵交流的动态过程中获得语文能力的提升，并在良好的氛围中，同伴之间相互帮助，相互学习，共同成长。正如“非指示性”教学的提出者郑逸农先生倡导的“在学习过程中，让学生用自己的心灵去感悟，用自己的观点去判断，用自己的思维去创新，用自己的语言去表达”。这“四自”如果通过“笔谈”的方式进行，效果会更好，学生的感悟可能更细腻，判断可能更深入，创新可能更独到，表达可能更准确，在细化语文课堂学习的同时，更能促进学生的自主成长。如是，我们的语文课就会越来越像语文课了。

《历史与社会》课堂深度学习的生成策略

■施宁静

最近一位小学生的作文《园丁与导游》引发了大众的热议，该作文提到“我希望老师像导游，带领我们去游览各种美好的风景，而不像园丁，修剪掉我们不听话的枝丫，最终让我们长成了只会听话的植物”，此文一出各网友纷纷吐槽“若教师真如导游，哥一定成为学霸”，有关专家也认为导游型更符合孩子自由的天性。教师当如导游的前景看上去挺美。问题是，人人都爱旅游吗？

在我们身边就有诸多说起旅游就摇头皱眉一副苦大仇深状的朋友，问其原因，大体回答如下：“吃不好，睡不好，坐半天车到景点游半小时，购物时间倒是充裕得很。路线长得早出晚归披星戴月，旅游就是出来受罪！”网络也有一个段子虽不无夸张但也形象地说出了很多跟团游的现状：“上车就睡觉，下车就尿尿，一到景点赶紧拍照，回来想想什么都不知道！”。以至于很多人旅游的收获就是在各标志性景点前留下“到此一游”的照片。这就是典型的“到此一游”型导游的受害者。这样的导游带给游客的不仅是这一次旅游的糟糕体验，而且伤害了游客对旅游的热情。而一名“深度游”型导游带给游客的不仅是一次愉快的旅行，还有对旅游的期待，对待不同文化的开放心态。

如果把学习比作旅行，那么能否让孩子爱上学习，或者说爱上旅游？孩子最初遇到的导游境界的高低是个非常重要的因素。联系到教学实践，笔者作为从事教育十多年的教师，脑海里浮现了诸多教学案例。那么怎样的教学活动可以称之为“深度游”呢？

一、什么是深度学习

深度学习是相对于浅层次学习而言的。浅层学习（surface learning）是众多的、所谓教育过程的产物，它是把信息作为孤立的、不相关的事实来接受和记忆。这样的学习导致为了考试而对材料进行表面的、短时的记忆，不能促进对知识与信息的理解和长期保持，以至于学生在课后不久就忘记所学知识。浅层学习者需要外力来驱动学习，典型的是通过评分等级、考试过关、学位证书来促进学生的学习。学习的目的就是在测试或考试中避免失败，他们仅关心的是下一次考试的知识内容。

深度学习（deep learning）是指在基于理解地学习的基础上，学习者能够批判地学习新思想和事实，并将他们融入原有的认知结构中，能够在众多思想间进行联系，并能够将已有的知识迁移到新的情境中，做出决策和解决问题。深度学习是一种学习策略，与那种只是机械地、被动地接受知识，孤立地存储信息的浅层次学习相比，深度学习强调了学习者主动的学习、批判性的学习。要求学习者理解学习内容的完整含义，包括内容之间的联系和与其他主题和概念间的联系。根据深度学习的定义，可以看出深度学习它涉及批判性思考，避免被动地接受知识；涉及对信息的整合，是学习者自身发展的需要；它还是终身的，在学习跳出学校的时间和空间的约束后，人们对于深度学习的需求将会更加强烈。

二、深度学习以教师的学科素养为支持点

去过台湾的游客，大多对台湾的导游留下极好的印象，说服务周到有涵养。事实是台湾有相当一部分导游是当地其他职业的下岗或退休人员，对家乡的土地有着发自内心的爱，不仅了解当地著名景观，对路边的一草一木也是了如指掌，说起不起眼的小店铺的趣事更是如数家珍，他们传递给游客的不仅是台湾的自然之美更多的是台湾的人文之美。他们身在其中，并且亲身示范，从言谈举止中传递出来的涵养令游客宾至如归。

作为教师，那种拿着教科书照本宣科，对专业知识只知其然，不知其所以然，学生一发问只有回答“这个课后再讨论”或“这个知识不用了解那么深，记住书上这句话就行了”的教师以己之昏昏焉能使人之昭昭？要做一名优秀的教师，必须

要热爱自己所任教的学科，并且在自己所任教学科领域有着广泛而深刻的学识。只有这样在教学实践中才能讲解得深入浅出，各种相关典故趣事信手拈来，令学生豁然开朗，叹而服之。如笔者身边就有一位教师，在讲授《历史与社会》八年级春秋战国历史时，拿着一本《史记》进课堂，一堂课中如同讲故事般，不仅生动有趣地让学生了解了历史人物，而且传递了教师严谨的教学态度，展示了丰富的专业知识。

三、深度学习的生成策略

（一）深度学习要合理整合教学内容

人教版八年级上册《历史与社会》“我们传承的文明”（2009年3月第4版）第二单元，该单元介绍了古埃及、古西亚、古印度和中国的文明起源史；在这一单元中分为三课分别是《大河文明》《告别野蛮》《早期国家的形成》。《大河文明》一课中，讲述四大文明区域的空间分布，认识气候、地形、河流、土壤等自然环境特征。《告别野蛮》一课，讲述文明古国的文字、科技成就。《早期国家的形成》一课，概述四大文明古国的社会等级情况以及宗教信仰。

以《告别野蛮》一课为例，在该课中，学生需要用三节课的时间“游览”，古埃及的象形文字，古西亚楔形文字和中国甲骨文；古埃及的金字塔、古巴比伦的空中花园和中国青铜器；古埃及的历法、木乃伊的高超防腐技术、古印度的佛教产生和传播。光看这行程是不是就犹如“到此一游”的景点说明书。路线长得使学生们疲于奔波于各景点之间，忙于记住各历史名词，相互之间的联系被割裂得支离破碎，学生们只有死记硬背，以期在各景点门口留下照片以证明到此一游。

怎样才能变“到此一游”为“深度游”？笔者就曾经听过一位优秀教师的课，她把课程资源经过合理的整合，犹如导游精心设计旅游路线，成功地把枯燥的“到此一游”提升到“深度游”。该教师先以一些古埃及出土的文物图片导入，带领学生进入古埃及探秘之旅，然后从古代埃及诞生的自然环境过渡到因为农业的需要发明了太阳历，从出土的粮食美酒推测出当时随着生产力的发展国家的形成成为了必然，从人们的宗教信仰到特别的墓葬仪式，进而过渡到法老的陵墓金字塔的神奇以及高超的防腐技术制造出令人赞叹的木乃伊，从研究金字塔里木乃伊的身份过渡到古埃及的象形文字。最后让学生写下一段关于介绍埃及的导游词作为本课小结。一堂课下来学生意犹未尽，回味无穷，在心底对埃及增添了一份向往。

可喜的是人教版义务教育教科书《历史与社会》八年级上册2013年5月第1版，对此课程内容进行了整合，巧得很，第一单元第一课亚非大河文明的第一课时就以专题的形式介绍古代埃及。可见课程的“深度游”确是众望所归啊。

（二）深度学习要注重学生的活动体验

这让我想到最近的一次青海甘肃之旅，去之前有朋友就提醒我说：“月牙泉，鸣沙山景区最没意思了，坐了半天车，到景点下来一看月牙泉就一个小池塘，还没我们公园的人工湖大，鸣沙山就是一座沙子堆的山而已挺高的也没什么看头，半小时我们就结束游览了。”但笔者的感触却截然相反，这次游览月牙泉，鸣沙山景区，遇到了特别优秀的导游，他带领我们徒步爬到了鸣沙山的山顶，在爬的过程中我们感受到沙子的温度，以及因为沙子的下滑而上一步退半步的艰难，等到了山顶远望还是无尽的连绵的沙山，那种空旷那种大山大水带给人的震撼绝不是我们南方的小山小水能给予的。这无垠的沙漠更衬出了月牙泉存在的神奇。导游又鼓励我们选一个小的山坡玩滚沙，看上去幼稚的游戏，玩起来却很开心。玩累了躺在沙山上，听风鸣看蓝天，直看到天空由通透的蓝色变成烟紫色，看到了沙漠落日后一弯新月皎洁的与波水盈盈的月牙泉遥遥相望，大美无言。

联系教学实践，我校有一位教师，在上七年级《历史与社会》综合探究一：等高线地形图时，采用了三种方法。一是家庭作业让学生动手用橡皮泥制作山丘绘制等高线地形图；二是在课堂中用FLASH动画展示立体图与等高线图的对应变化；三是让学生以4人为小组单位讨论，通过阅读等高线地形图完成对四种地貌的判别，在小组讨论中提出要求4人必须统一意见，并由记录员记录讨论的结果或共同的问题，这样为了统一答案学生必须运用所知说服其他学生，在交流中完成了共同学习与成长。这三种方法调动了学生的触觉、视觉、听觉，让原本抽象枯燥的难点顿时变得形象易懂。

（三）深度学习要注重学生的自主学习

真正的深度游爱好者，都选择自助游——教是为了不教。当游客积累了一定的旅游经验后，团队游已经不能满足个性旅游的需求，于是真正的旅行者会自己查阅相关自然、人文信息，选择路线，制定行程，上路去领略属于自己独特的旅程。作为教师我们要做到的是当学生从你手中毕业后，他们应该学会了学习的方法，这样在需要的时候，他们可以运用各种方法通过各种途径去自主学习到相关知识。

俗话说三百六十行，行行出状元。要做一名优秀的导游需怀着一颗服务游客的心，努力提升自身境界由到此一游到深度游。要做一名优秀的教师也需怀着一颗服务学生的心，努力提升自身涵养，把教师的功能从“传授知识”提升到“开启智慧”“润泽生命”的高度。

构建具有浓郁“语文味”语文课堂的再设想

——核心素养视角下中学语文教学的思考

■徐　建

一、问题提出

新课程改革“一石激起千层浪”，其以改变课堂学生学习方式为目的的“自主、合作、探究”式核心理念，给曾经痴迷于应试教育的中小学课堂拂过一股清风，带来众多变化，一时间群雄并起、流派纷呈，大有“乱花渐欲迷人眼”之势。在此背景下，很多的语文同仁也在课堂教学探索中更新观念、开阔思路，最先寻到了一条通往“光明顶”的捷径。然而也有部分语文同仁似乎耐不住寂寞，不顾地区差异、不管校情学情、不讲语文学科特点，一味泛化、虚化、狭隘化、庸俗化新课程理念，出现了诸多为课改而课改、非探究不上课的怪现象。如：有将文言文上成故事会的，有让学生探究“假设你是李甲，你怎样带杜十娘回家”的，有让学生小组合作共同探讨“如果你要打镇关西，你怎样做到一拳致命的”，有让学生模拟斑羚头羊发一声悲怆绝望的“咩”叫的，有将意境优美的诗歌欣赏课变成动画演示课的……

完全以应试为目的的语文教学灭杀了学生的审美情趣，弱化了学生的情感世界，一味以小组合作探究为形式的语文教学同样有背离语文学科特色之嫌，长此以往，必使语文教学索然寡味，也会使学生在学习过程中因享受不到语文的美感而逐渐失掉兴趣，这不能不引起我们的再度思考：语文教学该怎样改？如何才能让语文课堂具有浓郁的语文味？

二、原因浅析

中学语文教学中“语文味”的缺失，跟中国具体的国情和教育体制本身的不完善有很大关系，长期以来，由于功利主义的泛滥，中学教育特别是高中教育存在很严重的浮躁心理，语文教学当然也不可能独善其身，为了急功近利，教学便忽视了语文教育自身的特性和功能，淡化了语文教育的本色和情趣。当语文课远离了感性和激情、远离了品味与感悟、远离了想象与联想时，远离了“说”话与写作，凝重的理性和空洞的说教便将语文课的“语文味”稀释得虚无缥缈。具体说来，各个阶段，原因又有所不同：

1.在建国初期乃至稍后的一段时期里，语文的政治功能曾经强化到无以复加的程度，从教学大纲到教学文本，无不体现出政治功利主义目的。语文的德育功能被空前强化，语文课堂上的思想政治教育几乎完全替代了语文教学的审美享受，文学功能被挤压得喘不过气来，于是语言表达缺少温馨的人情，文本阅读只剩下冷漠的批判，语文成为包裹政治信念的空壳，从而使语文失去了“语文味”。这样的语文教学必然造成学生审美感情的贫乏，也因此造成人文价值、文化底蕴的严重流失。

2.在改革开放的新时期里，我们曾欣慰地看到教育改革的灿烂春天，从文本到教学方法，都有所改进，语文教学一味政治化的导向有所改观，但是我们又不能不看到语文教育曾一度陷入另一种误区：无论是老师的教，还是学生的学，全都围绕着“考试”的指挥棒，全都为了获取试卷上的一个高分。在这样的情况下，语文课堂当然也鲜有“语文味”，因为教师的教大多采用“注入式”，老师满堂灌，学生拼命记，没有品读，没有顿悟，语文的教与学，完全被机械化、模式化，从而导致了语文教学的异化。

3.在近些年实施的新课程改革的大背景下，教育思想、课程理念、教学理论、学习方式等均有所改观，中学语文教学也呈现了不少新气象，但“语文味”的缺失依然很普遍。为了体现尊重学生体验的理念，课堂上出现了令人啼笑皆非的装羊叫；为了凸显学生自主学习的理念，大半节课学生都在沉闷中看书；课堂上有虚假的小组合作，有无用的所谓探究。语文课上成了科学课、历史课，语文课变成了人物考证、野史补充，没有情境的创设，没有朗朗的诵读，没有水到渠成的练笔，这必然导致“语文味”的缺失。

4.在新技术广泛应用于课堂教学的今天，多媒体以其信息的丰富性、内容的直观性、操作的便捷性、学习的高效性，颇受广大师生喜爱，但凡“公开课”，多媒体的运用更是不可或缺。作为一种教学辅助手段，多媒体在变革传统教学模式、提高教学效率中所发挥的作用勿庸置疑，甚至可以说多媒体为课堂教学插上腾飞的翅膀。但语文学科自有其独特意蕴，语文教学自有其内在规律，文本语言的含蓄性、情感性、隐喻性、模糊性和不确定性等特点，非精读、品悟不能获得审美享受，直观的视觉形象、听觉形象有时候反难生发出文学语言的特有的含蓄内蕴，所以要慎用多媒体，否则，语文课简单了、轻松了，“语文味”却丢失了。

语文课堂“语文味”的缺失或淡化，原因众多，但一个必然的结果却是学生语言感受与领悟能力的丧失，不会驰骋想象，不会尽情审美，不会深情地倾诉，不会优美地表达，所以，构建具有浓郁“语文味”的语文课堂刻不容缓！

如今，核心素养概念的提出，醍醐灌顶地告诉我们语文学科一定要守住语言学习、据于文本，这就是语文课程的核心，其他都是从这里长出来的。在高学段就增加一些，学习能力强的人都多涉猎一些。而且，很多时候，一个人的语文素养的发展，不能逾越生活基础、思想基础。陈钟梁先生说：“语文课的最高境界就是将语文课上成语文课。”

三、构建策略

（一）什么是“语文味”

广东特级教师程少堂先生认为：“‘语文味’就是指在语文教学中体现出语文学科作为一门既具有工具性又具有人文性的基础学科的性质，体现出语文学科的个性和执教者、学习者的个性来，从而使语文课洋溢着一种语文课独有的迷人的氛围和人性的漂亮，使学生对语文产生强烈的爱好，进而使师生双方都得到共同发展。”这样看来，落实了基础知识、培养了基本技能、进行了文本赏析、贯穿着师生“唱和”、飞扬着灵动的想象、拥有了抑扬顿挫的诵读、拥有了品味咂摸的感思、充满了“顿悟”后的欢声笑语，这样的语文课就会“味”道十足。

（二）“语文味”的语文课堂如何构建

教学中，对于目标的确定、要求的提出、活动的安排、对象的关注、评价语的使用等，都应该散发出育人的气息，都要有对“人”的关照。

1.重视导入。于漪老师说：“课的第一锤要敲在学生的心灵上，激发起他们的思维火花，好像磁石一样把学生牢牢地吸引住。”那么语文课怎样才能“把学生牢牢地吸引住”呢？这就需要精心设计导入语。比如，教学《天上的街市》，有位老师设计了这样一段导入语：“同学们，历史上没有一个智者不为神秘的星空所激动：苏格拉底仰望星空时想象自己进入了天堂；康德曾说繁星密布的苍穹使他感到神秘，震撼了他的心灵；诗人济慈看到夜色如此温柔仿佛嗅到了花儿的幽香；苏轼面对夜空长歌一声：‘我欲乘风归去’。同学们，在晚风习习的夏夜，当你仰视天幕，面对万古不语的星空和浩渺的银河的时候，你会产生怎样的想象？请展开你们的想象，进入星空的世界吧。”学生一下子就进入了诗歌特有的优美意境中。

导入有时可以是情致盎然的讲述，有时可以是妙趣横生的幽默，有时可以是哲理的启迪，有时可以是心灵的碰撞，有时可以是诗情画意，有时可以是名言警句，有时可以“温故知新”，有时可以欲扬先抑，目的就是为在上课之前创设某种情境，先让学生沉浸在语文的“美感”中。

导入，让语文课堂“未成曲调先有情”，轻洒一缕淡淡的情韵。

2.重视诵读。苏轼说：“故书不厌百回读，熟读精思子自知。”眼下的学生，喜欢诵读文本的本就不多，至于讲求抑扬顿挫、把握轻重缓急、能够字正腔圆地诵读文本的，就更是凤毛麟角了。学生不爱诵读、不会诵读，根源在于教师，在于教师的日常教学。很难想象，一个读课文连自己都感动不了的教师，如何能激起学生诵读的兴趣？一学期都不进行诵读训练的教学，怎么会在课堂上飘扬起朗朗书声？这样的课堂一定是没有“语文味”的，因为，诵读实在是语文教学大餐中不可或缺的一道美味，小学如此，中学亦如此。

诵读始终是一个不该被语文课堂遗忘的环节，因为在诵读中学生所能够领悟到的文本意义，丝毫不会逊色于通过单纯文字解析获得的信息。从文本特征看，文学作品的教学，不论年级高低，都必须重视诵读。诵读诗歌，可以透过意象品出李白的狂放、杜甫的沉郁、王维的超脱、陆游的忧伤；诵读散文，字里行间才能跳跃出朱自清先生对春天的喜爱、杨绛对“老王”的感喟自伤；诵读小说，才能走进人物的内心世界，才能了解人物的喜怒哀乐、爱恨情仇。即使是实用类文本，也同样可以通过诵读读出论证逻辑的严密、说明语言的准确。叶圣陶先生说的“激昂处还它个激昂，委婉处还它个委婉”大约就是此理。余映潮老师在深圳“罗外”执教《行路难》，一节课只设计了三个环节，但每个环节都以指导学生诵读为方式，让学生读出了节奏，读出了抑扬，读出了技巧，读出了李白理想不灭的豪情。

诵读，让语文课堂“大珠小珠落玉盘”，洋溢一股浓郁的书香。

3.重视品悟。所谓“品悟”，就是“品味”与“感悟”。“品味”是形象感知，“感悟”是理性认识；“品”是基础，是入情入境，“悟”是结果，是心领神会。事实上，品悟从操作层面上讲，是与诵读交互进行、相映成趣的，而非截然分开的两个环节。“品悟”是对文本中关键而又精彩的语句语段的仔细品味和深入感悟，是在教师的引导点拨下，学生与文本进行心灵对话，其中既有对诗情画意的陶醉，更有人性的体验、灵魂的洗礼、人格的提升、哲理的沉思，语言文字的魅力在“品悟”中得到了淋漓尽致的释放。

笔者曾在校内执教一节公开课《雷雨》（节选），引领学生对一语气词“哦”进行多角度“品”读，抽丝剥茧，逐层探究周朴园的内心世界，让学生“悟”出了男主人公“漫不经心——心中生疑——惊慌失措”的心理变化，从而把握住了人物的形象特征，让学生明白了看似平实的语言之下潜藏着的巨大能量。这也算是一次“语文味”的课堂实践吧。

品悟，让语文课堂“柳暗花明又一村”，潜藏诸多诱人的芬芳。

4.重视练笔。语文教学讲究“读写”结合，但在具体的教学实践中，又有几节课能安排一定的练笔时间呢？其实，当“诵读”“品悟”之时，学生心灵会被触动，触动的瞬间就会产生渴望交流、急于表达的诉求，教师应敏锐地抓住这一机会，将“‘写’挤进课堂”，哪怕只是三分钟，日积月累，学生的表达功底也会越积越厚，语文素养也会逐渐提高。这等于是将人文性与工具性艺术地融合，真正体现语文课程的基本特点，从最高层次上凸显出语文课堂的“语文味”来。

有教师讲授《我的叔叔于勒》，引领学生通过“诵读”，“品悟”出菲利普夫妇的性格特征，挖掘出“菲利普夫妇病”的深刻社会原因，让学生明白了于勒虽可恨却可怜的悲剧命运，此时，学生内心深处充满了一种“彻悟”后的冲动，教师适时抛出一个问题：“你想对于勒说点什么吗？请你给他写一段话。”结果三分钟不到，很多学生写出了将近一百字的满含人文关怀的祝福话语。在这一活动中，学生的生命意识被激活，善良的情感被激发，表达的欲望被牵出，写作训练也得以强化，可以说“语文味”非常浓烈。

练笔，让语文课堂“淡妆浓抹总相宜”，蕴含浓郁醉人的醇香。

四、结语

核心素养下的语文教学是一项系统工程，“语文味”课堂的构建，同样是个系统工程，与教师的个人魅力、学识才干有关，与学生的生活体验、文化背景有关，也与我们坚守的教育教学理念有关。核心素养的观照，为语文教学指明了方向，同时也让语文教学更加“艰难”，更加不可掉以轻心。为此，每一位语文教育工作者要凭着对语文课堂的热爱，对语文教学的执着，对语文学科本色的尊重，我相信，我们就一定能构建起具有浓郁“语文味”的语文课堂！

“先言后文、自主研习”文言文教学模式

■ 盛 晶

文言文，是和白话文相对而言的，它是以先秦典籍所反映的古代语言为基础，至秦汉以后逐渐形成的一种定型化的古代书面语言。它在语音、词汇、语法、修辞、文体等方面和白话文有很多不同的地方。主要体现在以下两个方面：一是文言词句意思的变化。文言文词句的意思在岁月的流逝中发生了很大的变化，如词义的扩大、缩小，转移、活用等等；如句子的省略，句式的倒装等。二是文言文所反映的社会生活的变化。文言文所反映的社会生活已经湮没在历史长河中，文言文中的思想因作者的历史阶段局限等也和当今社会有很大不同。这些不同相应地就成为文言文教学的难点，影响着目前文言文课堂教学。

一、误区和目标

目前教师在初中文言文教学上存在两大误区：一是有言无文，过于关注文言文字词句的意思。教师上课滔滔不绝地串讲，讲通假字、古今异义、省略句、倒装句……学生则马不停蹄地记词义、记翻译，毫无思考的时间。字字落实，句句过关成了这类课堂常态。这样的文言文课堂正如钱梦龙老师说的“其结果必然是肢解课文，而且其肢解的细碎程度，比之现代文教学中的肢解课文更甚更惨，说它‘碎尸万段’也不算夸张。”这种课堂，给与学生的永远只是字、词、句的繁琐知识，激不起任何的感情波澜，索然无味。二是有文无言，过于关注思想文化。教师打着“人文性”的旗号，滔滔不绝地进行文章内容的分析，谈思想、品意境、说感悟……学生则马不停蹄地记着文本的思想、写作的技巧，没有反思的时间。热热闹闹，浮光掠影成了这类课堂的特点。这种课堂，给与学生的只是心灵鸡汤式的花架子，文言文阅读能力基本没有得到培养。

文言文教学目标是什么?《义务教育语文课程标准》(2011年版)在7-9年级学段目标中是这样阐述的:“诵读古代诗词，阅读浅易文言文，能借助注释和工具书理解基本内容。注重积累、感悟和运用，提高自己的欣赏品味。”简单的说就是通过课堂这个例子积累文言文知识，接受文学熏陶和文化浸染。具体来说包括以下三点:首先是培养语感和积累文言词汇，为学生以后能独立进行文言文的阅读打下良好的基础。其次从文化和思想的层面解读文本，汲取精神的营养，这是文言文阅读的关键。其三是品味鉴赏为文之精妙，学习古人谋篇布局、遣词造句、叙述描写、人物刻画等方面的为文之道。同时,《义务教育语文课程标准》(2011年版)在实施建议指出“语文教学应激发学生的学习兴趣，培养学生自主学习的意识和习惯，引导学生掌握语文学习的方法，为学生创设有利于自主、合作、探究的学习的环境。应尊重学生的个体差异，鼓励学生选择适合自己的学习方式。”“教师应加强对学生阅读的指导、引领和点拨，但不应以教师的分析来代替学生的阅读实践，不应以模式化的解读来代替学生的体验和思考;要善于通过合作学习解决阅读中的问题。”课程标准倡导自主、合作、探究的学习方式，文言文教学也是如此,教师应注重学生对文言文文本的自主阅读、自主探究。

二、理论依据

“先言后文、自主研习”文言文教学模式主要理论基础有人本主义、建构主义、后现代课程理论、对话理论、团体动力学理论、多元阅读理论和尝试错误理论等。

(一)以人本主义为总的理论基础

人本主义理论认为,人都有成长与发展的天性,只要给他们创设良好的环境,激发他们的主动性和创造性，就可能发展成为个性健全、富于创造的人。教育的根本目的在与人，教育的作用就是要开发人的内在潜能和价值，创设一个宽松、自由、平等、民主的学习环境，让学生成长与发展的天性自然地流露出来，主动地发挥自己的潜能，愉快地、创造性地进行学习。“先言后文、自主研习”文言文教学模式根植于人本主义理论，把课堂还给学生，把创造还给学生，让学生自主焕发出生命的活力和智慧的潜力。

（二）以建构理论，对话理论等为主要理论基础

建构主义理论认为，学习具有主动性和能动性，学习具有主观性和个别性。教师不能单一地、划一地指示学习目标，而应让学生主动地、因人而异地选择确定。对话理论认为师生是完全平等的，介入双方是互为主体的关系，都承担着责任，教师须摒弃权威者的身份，不能以权威者的身份指示问题答案，而是应该将自己的观点带到教师和学生的对话中。团体动力学理论则认为，团体成员间通过对话和交流，会相互影响，相互启发，产生良好的心理暗示，形成基本共识，并修正或完善自己的认识。

（三）以乔伊斯的教学模式理论为概念基础

教学模式的鼻祖为美国著名的师范教育专家B·乔伊斯和韦尔。乔伊斯和韦尔为“教学模式”所下的定义是：“教学模式是一种可以用来设置课程（诸学科的长期教程）、设计教学材料、指导课堂或其他场合的教学的计划或类型。”也就是说教学模式是在一定教学思想或教学理论指导下形成的较为稳定的教学活动结构框架和活动程序。它是模仿学习教学的桥梁，具有可操作性和有序性。

因此，本论文以教师文言文课堂教学作为研究重点，以学生文言文学习现状和需求为基础，以“先言后文”为起点，以“自主研习”为关键，探寻“先言后文、自主研习”文言文教学模式，力争让学生成为课堂的主人，从而实现课堂教学效果最大化。

三、基本环节

“先言后文、自主研习”文言文教学模式有两个要点，一个是“先言后文”，一个是“自主研习”。“先言后文”，指的是先学习文言之言，再学习文言之文。就是说先从语言方面来学习，掌握字词句的确切意义，扫清理解障碍；然后从文章、文化方面来学习，品析该文表达的内容和思想（多从文化角度）、形式和技巧（多从文章角度）。“言”指语言，主要指字词的理解和句子的翻译，具体包括一词多义、古今异义和词类活用，虚词的意义和用法，通假字以及特殊句式等内容。“文”主要指文章和文化，具体包括文章的内容、结构、主题、思想、情感等方面。“言”的学习，可以掌握知识；“文”的欣赏，可以提高能力，二者相辅相成，相得益彰。

“自主研习”则是指在教师引导下，学生自主阅读文言文文本，自主研究学习其中的“言”和“文”，在此基础上相互交流，相互启发，相互帮助，在一步步地研习和交流中，自主掌握，共同提高。

“先言后文、自主研习”文言文教学模式在文言文课堂教学中具体分为以下几个环节：

（一）研习“言”的音和义

1.大声朗读，读准字音。学生自主朗读文本，要求读准生僻字、多音字、通假字等。如《爱莲说》中的“陶后鲜有闻”中的“鲜”解释为“少”，应读作“xiǎn”，读音不同，意义大不一样。

2.自由朗读，读出句读。入选课文的文言文都已经加了标点，教师可以把标点去掉，还原成文本最初的样子，让学生读出停顿。读错停顿，文本的意思理解就会发生错误，只有读准句子的节奏、停顿，才能切近文本的意义，文言文的表达方式和习惯等学生才可能逐步熟悉起来，达到“其义自见”的自我领悟境界。

3.自主研读，读通文句。教师首先要教给学生文言文词翻译的方法。文言文词大多是单音节词，可以用组词法、替换法、语境法等把单音节词翻译成双音节词，同时注意通假字、古今异义词、词类活用等。其次教给学生文言文句子翻译的方法。如：保留人名、地名等，删掉无须译出的文言虚词，增补省略了的语句，用现代词汇替换古代词汇，把古汉语倒装句调整为现代汉语句式等等。

此环节的重点是教师要引导学生不借助任何参考书，结合课文注释，了解文言文大意，不懂、不会的地方做好记号；然后结成学习小组，把自主译读时的疑难之处进行交流、解决。学生译对的，教师加以肯定，不重复；译得不完整或错误，加以纠正。一般说来，词与句，词是重点；实词与虚词，实词是重点，常用词与生僻词，常用词是重点，未知的和已知的，未知的是重点。教师要引导学生在解决典型例子的过程中，认识文言文翻译的规律，掌握文言文翻译方法，但绝不包办代替学生的自主研读过程。

（二）研习“文”的内容和形式

文章是作者的思想情感、道德评价、文化素养、审美趣味等等的“集成块”，是一个活的整体，而不是各种语言材料的“堆积物”。如果只着眼于词句本身，忽视甚至舍弃了它所承载的丰富的内容，那叫“买椟还珠”，结果必然连语言本身也不可能真正学好。正如钱梦龙说“文言文，首先是‘文’，而不是文言词句的任意堆砌。教文言文，当然要指导学生理解词句，但理解词句的着眼点在于更准确、深入地把握文意；反过来说，把握了文意也可以更好地理解词句。”因此，教师要引导学生倾听文本发出的细微声响，在读中找出疑问，提出问题；在读中品味语言、体会感情；在读中合作交流、探讨提升，习得阅读的方法，读懂文本。

1.默读文本，读出疑问。学生自主研习课文，说说本文写了什么内容，在此基础上提出一两个有价值的问题，并独立探究；然后相互交流，相互学习。最后教师说说自己的学习心得。

2.朗读文本，品味语言。古人大都善于锤炼语言，特别是入选教材的文言文，大都文质兼美。教师要引导学生从多个角度，多种方法品味语言，倾听文本发出的细微声响。如《记承天诗夜游》中“庭下如积水空明，水中藻荇交横，盖竹柏影也。”中的“盖”就给人以恍然大悟的感觉，月色的空明澄澈让作者忘却了是在赏月，而是在赏水和水中的水草。教师要持之以恒地促使学生养成锤炼语言的习惯，从而提高学生运用语言的能力，提高学生的语文素养。

3.探讨提升，体会情感。入选课文的文言文都是文质兼美的瑰宝，是中华民族文化遗产中的精华，是我们取之不尽的宝藏。教师要引导学生从多个角度探讨文本的思想、文化、情感。可以补充作者简介，借以更深刻地了解作者及此文的写作背景，以此深化对课文表达内容和形式的理解。可以引导学生品味作品的“言外之意”。如苏轼的《记承天诗夜游》，一个“闲”字写出了作为戴罪之身被贬到黄州的罪臣苏轼，他的生活是难得清闲的；受道家生活态度熏陶的诗人苏轼，他的心情是有闲情雅致的；而深受儒家建功立业精神浸染的父母官苏轼，他的心情是充满“闲愁”的。可以引导学生寻找和发掘作品的空白处，探究文本的“韵外之致”。如张岱的《湖心亭看雪》“湖上影子，惟长堤一痕、湖心亭一点与余舟一芥、舟中人两三粒而已”在混沌一片的冰雪世界中，引导学生想象作者那种人生天地间茫茫如“太仓稊米”的深沉感慨。还可以引导学生去发现文中的民族精神、文化内涵，构建学生自己对传统文化的审视能力、传承能力等等。

4.朗读文本，读出感情。入选课文的文言文不仅具有生动的语言，强烈的感情，更有抑扬顿挫、跌宕起伏的节奏，读起来朗朗上口，极富表现力。如《醉翁亭记》用21个“也”来表达感慨、哀叹、喜悦。如《陋室铭》中整齐的句式，对称的修辞，押韵手法的运用，使文章读起来金石掷地又自然流畅。《岳阳楼记》对偶、排比等修辞手法运用，不仅增强了文章的气势，而且读起来朗朗上口。正如朱光潜说:“把数量不多的好诗文熟读成诵，反复吟咏，仔细揣摩，不但要弄懂每字每句的确切意义，还要推敲出全篇的气势脉络和声音节奏，使它沉浸到自己的心胸和筋肉里，等到自己动笔时，于无意中支配自己的思路和气势。”研习“言”“文”后的诵读不仅有助于进一步理解文意，更有助于进一步感受文章的语言之美，体味文章的感情，使“言”“文”有机地结合在一起。

（三）自主总结学习启示

“教员不是拿所得的结果教人，最要紧的是拿得着结果的方法教人。”语文学习要“养成良好的语文学习习惯，初步掌握学习语文的基本方法。”可见教师不仅要让学生“知其然”，更重要的是要让学生“知其所以然”，也就是要让学生学会主动学习，掌握学习方法。因此，一节课结束前，教师应该让学生用一句话说说自己的学习收获或学习启示。可以说方法，可以品语言，可以悟思想等等。要求总结收获准确、全面，总结启示深刻、独到。

（四）推荐课外阅读篇目

《义务教育语文课程标准》指出要“重视培养学生广泛的阅读兴趣，扩大阅读面，增加阅读量，提高阅读品味。提倡少做题，多读书，好读书，读好书，读整本的书”，因此，一节课结束前，教师应该向学生推荐与课文、作者相关的作品，作为课堂教学的延伸。教师可以从节选的课文推荐整篇文章或整部作品，如《狼》和《聊斋志异》；可以推荐读与课文内容相类似或写法相近的文章，如《曹刿论战》和《子鱼论战》；可以推荐阅读课文作者的其他文章，如《醉翁亭记》和《丰乐亭记》；可以从课文所写的某个人物、事件、细节、学法等扩展到相关作品，如《陈涉世家》和《鸿门宴》等等。这样不仅能加深、巩固对课文的理解，训练学生课外阅读的能力，而且可以增加学生历史、文化知识，提高学生的语文素养。

四、实践反思

“先言后文、自主研习”文言文教学模式在教学实践中应该以“先生后师”作为核心，处理好学生自主研习和教师主导之间的关系，致力于在教师引导和学生自主学习的交互作用下，学生自主成长。

（一）“先生后师”是核心

“先言后文、自主研习”文言文教学模式的核心是“先生后师”。即教师不走在学生前面，把现成的解释和理解说给学生，而是让学生自主研习，主动获得。在此基础上，教师补充提问，现场探究，相互交流，相互启发，共同提高。具体包括以下几点：一是学习方法引导得多，知识点机械堆砌得少。坚持“得法于课内”的原则，让学生在学习过程中随时总结学习的方法和策略，每堂课都学得清晰、自信。二是尊重每个学生的学习时间，让每人都得到充分的学习，教师不侵占学生学的时间，不以自己的教代替学生的学，以学生自读为主，学生学的时间多，教师教的时间少。学生学得充分，教师教得精到。

（二）“自主和主导”是关键

“先言后文、自主研习”文言文教学模式注重生成与建构，淡化预设与讲授。教师的主要任务是组织课堂教学，把主要的时间让给学生自主学习。但学生的自主学习是有条件的。这就要求充分发挥教师的主动性和创造性，教师要在学生学习的过程中，当好组织者和引导者。学生自主学习前，教师的引导是主动说明；学生自主学习时，教师的引导是有效组织；学生自主学习后，教师的引导是及时促进。教师不能放任不管，而是从“指示者”转变为“引导者”，在把课堂还给学生、让学生自主学习的同时，给予恰到好处的引导，使学生不断习得学习语文的方法。要使课堂高效。学生的“自主”一定要与教师的“主导”有机结合。教师要具备在课堂上进行“二度备课”的能力。

当然教学模式只是基于某种教学理念的教学框架，而不是顺序如何的规定。它具有开放性，具体到某一篇课文，没有绝对合适的教学方法。“先言后文，自主研习”文言文教学模式并不是千篇一律、固定不变的。在具体的教学实践中，随着教学内容、教学对象、执教者风格的不同，侧重点应该是不同的，而力争将文言文的文字教学、文章分析、文学欣赏和文化传承融为一体才是文言文教学的最高境界。也唯有如此，文言文教学才能实现其真正的价值，学生学习文言文才有真正的收获。

我就想美美地教语文

■ 辜小英

语文是炎黄子孙的母语，语文学科是家长最放心的一门学科，因为家长也能教出一二；语文学科也是学生最安心的一门学科，满分考不了，考低分也难；语文学科更是教师踌躇的学科，主观性强，弹性大，学生成绩难以稳定，难以起到立竿见影的效果。于是，语文就如同鸡肋一般。我是一名语文教师，而我要美美地教，让学生美美地学。

一、美美地读

“朗读不仅仅是教学过程中的一个环节，更不是一种可有可无的点缀。如果把每一堂课比喻为一幢幢精心设计的建筑物，那么朗读就是这些建筑物赖以支撑起来的骨架。”我曾多次接手新班级，也曾在办公室听到有的班级读书时的声音，最深切的感受就是只发出了字的读音，没有根据词句、段落、篇章的情境抑扬顿挫地朗读，高低、快慢、轻重没有体现。这样的读别说是享受，起码的舒适都无，更谈不上对文章的情感的表达和理解了。我的语文课堂的读书不允许这样！曾记得古人读书时那摇头晃脑的样子，那闭上眼享受的样子。我想，那不只是外在的模样，更是对文章认真朗读、思考理解的过程。读就要读出画面感，情境感，读出作者的思想情感。作者的情感不只是从分析文章中挖掘，也可从朗读中体会。中国南宋著名理学家，思想家朱熹说“余尝谓，读书有三到，谓心到、眼到、口到。心不在此，则眼不看仔细；心眼既不专一，却只漫浪诵读，决不能记，记亦不能久也。三到之中，心到最急。心既到矣，眼口岂不到乎？”一个人，一段文，一段文，一片情。文章的长句、短句等不同句式；比喻、排比、拟人、对偶等修辞；设问、反问、疑问、感叹等语气；平舌音、翘舌音、前鼻音、后鼻音、阴平、阳平、上声、去声等不同音节，动词、形容词、叹词、拟声词等不同的词性；轻声，儿化音等等这些，那是一个怎样丰富多彩的世界啊！我们岂能枉费作者的一片美意，怎能不美美地去朗读呢！读出节奏美。读出音韵美。例如：

朱自清的《春》中的“桃树、杏树、梨树，你不让我，我不让你，都开满了花赶趟儿。红的像火，粉的像霞，白的像雪。花里带着甜味儿，闭了眼，树上仿佛已经满是桃儿、杏儿、梨儿。花下成千成百的蜜蜂嗡嗡地闹着，大小的蝴蝶飞来飞去。”这段“桃树、杏树、梨树”词组的排列要读得短促，“你不让我，我不让你”拟人的手法要读得活泼、调皮，“红的像火，粉的像霞，白的像雪”运用了排比、夸张，应读得有气势。总之，这篇散文就要读出春天般的生机与活力。

余光中的《乡愁》“小时候，乡愁是一枚小小的邮票，我在这头，母亲在那头。长大后，乡愁是一张窄窄的船票，我在这头，新娘在那头。后来啊，乡愁是一方矮矮的坟墓，我在外头，母亲在里头。而现在，乡愁是一湾浅浅的海峡，我在这头，大陆在那头。”诗中“小小”“窄窄”“矮矮”这些叠音词要读出一种韵律美，每个小节句式整齐，要读出一种节奏美，前三节表达的是个人的思乡思亲之情，而最后一节升华到了对国家的深深眷恋之情，那要读得缓慢、深沉、绵长，每个句子，每个小节之间停顿的长短都应有不同。反复地读，比较地读。读得有多深，课堂才有多高。让朗朗的读书声，美美的读书声萦绕在课堂内外……

二、美美地赏

语文教师常常慨叹：七年级的课堂学生和老师是能较好地沟通，课堂气氛活跃，学生积极举手发言。到了八年级、九年级课堂似乎越来越沉闷，举手的少了，说话声轻了，感觉就只有老师在唱独角戏，每当提问，学生的头低得更低，课堂气氛更紧张。有时候我会开玩笑说，这样会得颈椎病的，尽管这样提醒也无济于事。这样的课堂老师学生都不轻松，不愉悦，我想，以上的课堂现象除了发展中成长中的学生本有的年龄特征，个性特征和心理特征，更多的还是没有激起学生的学习兴趣，没调动学生的积极性，没触摸到学生那根心灵的琴弦。怎样让学生能轻松、快乐、有效地赏析文章，取得更好的进步。我尝试着首先让学生乐于思考，敢于思考。其次利用学生的好胜心，让学生在竞争辩论中不知不觉地走进课堂，走进文本，走进作者的灵魂深处，与自己对话，与同学交流，与老师配合，与文本接轨，与作者共鸣。例如上鲁迅的《雪》，这是一篇散文诗，且运用了借物抒情的写法。初读文章后，我问本文写了哪几个地方的雪，各有什么特征？由于问题没有多少难度，学生都积极地回答。紧接着问第二个问题：作者要赞美南方的雪还是北方的雪，为什么？学生再次去阅读思考来做这个看似简单的选择题。片刻后，学生甲发表意见了，他认为是赞美南方的雪，因为作者的故乡在南方，有表达对故乡的思念和赞美之情。紧接着学生乙说他认为是赞美北方的雪，因为文章结尾“是的，那是孤独的雪，是死掉的雨，是雨的精魂。”“精魂”应是一种褒奖、肯定。此时我既不肯定甲同学也不肯定乙同学。而是说同意甲同学的举手，同意乙同学的举手。这样甲方乙方就形成了竞争，开始思考，辩论。学生在积极地寻找理由，阅读分析，沟通配合。沉闷的课堂已经不复存在。看到的是他们的机敏、灵活及不服输的精神。

甲方的理由：南方的雪写了“那是还在隐约着的青春的消息，是极壮健的处子的皮肤”。的生机、活力。写了孩子们塑雪罗汉的快乐，美好。而且南方的雪篇幅长，是详写，详写就应是重点。而北方的冬天那么寒冷，作者难以适应甚至害怕厌恶那样凛冽的北方。

乙方理由：北方的冬天寒冷，不假，“但是”这个转折词语说明作者的写作意图和情感倾向。从“旋转而且升腾”，“蓬勃地奋飞”“在无边的旷野上，在凛冽的天宇下，闪闪地旋转升腾着的是雨的精魂”等句子认为是赞美北方的雪。此时同学们都在等老师的判决。其实，同学们在竭力维护自己观点的时候已经把文章熟悉理解了。而且是在自觉，积极的良好状态下。

最后我提醒同学作者写这篇文章的时间是一九二五年一月十八日，正值不平凡的年代，南方的革命形势蓬勃发展，可谓是春暖花开之日，然而，北方还处于一片寒冷之中，面对黑暗的现实和冷酷的季节，鲁迅以彻底的革命民主主义战士的态度去寻求“革新的破坏者”去争取理想的春天 。所以，作者倾向赞美在寒冷的冬天仍然“旋转而且升腾”，“蓬勃地奋飞”的具有坚强的战斗精神的北方的雪。滋润美艳的南方的雪寄托了鲁迅对美好理想的炽热追求。南方雪的美如同雪罗汉样，是经不起考验，保持不长久的。至于南方雪写得多，那是为下文坚强不屈的雪作铺垫的。这篇借物抒情的散文诗就在学生积极思考，争辩下，美美地赏析阅读了。学生乐了，我也笑了。

学会学习，人文底蕴，审美情趣，身心健康是学生核心素养培养的一部分。在其他的各种文体的教学中，秉着学生是学习的主体，提高课堂效率，增强语文能力，感受文章魅力的原则，由浅入深，寓教于乐。

三、美美地储

荀子在《劝学篇》中说："不积跬步，无以至千里；不积小流，无以成江海。"

积土成山，风雨兴焉；积水成渊，蛟龙生焉。自古以来，积累美句、美段、美文对学生的成长，对语文的学习尤为重要。厚积薄发，只有不断地阅读，不断地积累，才能水到渠成。阅读积累如同"淘宝"，如同在美丽的海边拾到精美的贝壳，那是多么享受，多么惬意的事。

例如我会充分利用教材中的文章，积累语言，积累写法。然后"消化"，"吸收"内化为自己的。

从朱自清的《春》中积累春花、春雨、春风、春草，春天的人们等方面的特点来写春；"桃树、杏树、梨树，你不让我，我不让你，都开满了花赶趟儿。红的像火，粉的像霞，白的像雪。花里带着甜味儿，闭了眼，树上仿佛已经满是桃儿、杏儿、梨儿。花下成千成百的蜜蜂嗡嗡地闹着，大小的蝴蝶飞来飞去。"优美地描写句段积累、背诵。灵活运用拟人、比喻、排比等修辞方法的魅力，以及实写与虚写相结合，正面描写与侧面描写相结合那珠联璧合般的美妙。余光中的《乡愁》中用"邮票""船票""坟墓""海峡"具体的意象来表达作者抽象复杂的情感。由写个人的乡愁到国家的思念，明白什么是深化主题，升华中心等写法的积累。

从冰心的《谈生命》中积累大量的有关"生命"的优美句子："我不敢说生命是什么，我只能说生命像什么。生命像向东流的一江春水，生命又像一棵小树。宇宙是个大生命，生命中不是永远快乐，也不是永远痛苦，快乐和痛苦是相生相成的。水道要经过不同的两岸，树木要经过常变的四时。在快乐中我们要感谢生命，在痛苦中我们也要感谢生命。快乐固然兴奋，苦痛又何尝不美丽？"文章运用拟人化手法，运用了反复、比喻、排比等修辞手法形象地揭示了生命的一般规律，表达了坚强的意志和豁达乐观的精神，提炼出了深刻的哲理，人的一生应该经历幸福和痛苦、快乐和悲哀等，只有单一的经历是不行的。这些段落既符合学生的生活现状，又吻合学生的思想状态。从积累背诵中更加懂得生命的价值与意义。可以直接引用，可以模仿，采用化抽象为具体，化大为小的写作手法。孟子的《鱼我所欲也》："鱼，我所欲也，熊掌，亦我所欲也；二者不可得兼，舍鱼而取熊掌者也。生，亦我所欲也，义，亦我所欲也；二者不可得兼，舍生而取义者也。"积累运用善于取舍的智慧名句。培根《谈读书》："读书使人充实，读史使人明智，读诗使人灵秀，数学使人周密，科学使人深刻，伦理学使人庄重，逻辑修辞之学使人善辩；凡有所学，皆成性格。”精辟而又有哲理的语言阐释了读书的重要性。普希金的《假如生活欺骗了你》：“假如生活欺骗了你，不要悲伤，不要心急！忧郁的日子里需要镇静；相信吧，快乐的日子将会来临。一切都是瞬息，一切都将会过去；而那过去了的，就会成为亲切的怀恋。”当人生遇到逆境时，这首诗歌会给人无限的力量。

多看多积累，多背诵，量变到质变，厚积薄发，在教材中积淀经典，当然同样在课外也能触类旁通地积累、背诵美文。让一段段、一篇篇的美段佳文建筑起学生语言的殿堂。

四、美美地写

用自己的笔来与自己的心灵对话，与老师交流，与生活起舞。“问渠那得清如许，为有源头活水来”，写随笔让学生留心生活，关注他人关注社会，关注身边的人和事。学会思考，学会感悟，学会表达，学会审美，用笔说话，说出真诚、细腻、个性化的故事。用笔描绘丰富多彩的人生，让灵魂得到栖息、升华！

曾记得学生徐佳杭《白漆》写了一个在学校粉刷墙壁的油漆工。歌颂油漆工这样平凡的、身边的小人物的尽心尽职，执着刚毅的闪光精神。文中写道：“世上，往往去粉饰太平的人，我们却从未仔细去看。这些平凡人的故事，没有一波三折，淡然无奇地慢慢改变着我们的生活。”多么丰富、纤细感情的小作者！应含贞《在招工与被招工之间》文章记叙了自己和父母去劳动市场招工的故事，学生感悟到：“在招工与被招工之间，不仅仅是一字之差，而在本质上有着天壤之别，有能力的人就能站在人生金字塔的顶端，有选择的权力。”多么深刻的哲理。施欣宇《别样的礼物》中写了作者阅读《论语》的颇多收获。

子贡问友。子曰：“忠告而善道之，不可则止，毋自辱焉。”

子曰：“君子不以言举人，不以人废言。”

子曰：“过而不改，是谓过矣。”

子曰：“吾尝终日不食，终夜不寝，以思，无益，不如学也。”

子曰：“道听而涂说，德之弃也。”

孔子曰：“不知命，无以为君子也；不知礼，无以立也；不知言，无以知人也。”施欣宇同学把生字查出拼音，注释，早读背诵，并在随笔中抒发了他的喜悦感、成就感、自豪感。我看在眼里，喜在心上。他沉浸在中国古典文化中，他畅游在经典书籍中。以我手写我心，书写心中的喜怒哀乐，分享生活的点点滴滴，品味人生的阴晴圆缺。原来写作可以这么美！

学生应具备适应终身发展和社会发展需要的必备品格和关键能力，突出强调个人修养、社会关爱、家国情怀，更加注重审美情趣、身心健康、人文底蕴、学会学习、创新实践。这是学生“核心素养”的培养，让我们在平时的教学中去发现美，表达美，感受美，让语文学科的教学美美地进行到底！

乐学探微

读出文章的“味道”

——欣赏式“笔谈”法在语文教学中的运用

■王春燕

《课程标准》对“阅读”中的语言赏析也提出了明确的要求:“体味和推敲重要词句在语言环境中的意义和作用”,“品味作品中富于表现力的语言”。那么,如何对所给语言材料进行有效而精辟地赏析呢?如何在赏析文章语言时进一步提高效率,避免泛泛而谈无从下手的情况呢?笔者认为,“笔谈”不失为一种较好的方法。所谓“笔谈”,特指语文课堂中学生在纸上用文字发表见解或交换意见,即用笔表达与交流。而运用于语文教学的文本赏析中,欣赏式“笔谈”再合适不过。

欣赏式“笔谈”的要求是三个字:准、细、深。“准”指从文中准确找出相关语句,不泛泛而谈;“细”指用细腻的感性语言来表述,不使用粗糙的理性的套话;“深”指写出自己的理解有深度有个性,充分发挥自己的知识积累和生活经验,不蜻蜓点水。这三个要求逐级提升。借助“笔谈”法,不同文体的文章,可以读出不同的味道。

一、读出说明文的“准”

说明文以传授知识为目的,这就要求它必须用准确的语言,如实地反映事物的特征、本质、规律。说明文语言的准确性是说明文语言的先决条件。表示时间、空间、数量、范围、程度、特征、性质、程序等,都要求准确无误。借助“笔谈”法,学生可快速找到相关的词语,体会说明文语言的准确性。

例如:笔者在教学《大自然的语言》时,在“品语言”的环节中给出要求:“请在文中找出能体现文章准确性的词句,进行赏析,写在书上。”于是有同学找到了

“在地球上温带和亚热带区域里”这样的限制性的短语，有同学则以“比1961年迟十天左右”中的数字和“左右”一词来分析。

又如,《中国石拱桥》教学中，有同学则从“近七百年”的“近”,“几乎和二十世纪工程界学者异口同声”的“几乎”等词中读出了说明文语言的准确性。

说明文的语言的准确性常常体现在一些数字、时间词、约数、限制性短语中，在指导学生进行“笔谈”法赏析文章时，应及时对此结论进行总结。而通过“笔谈”法，能让学生越来越敏感地找到这些词和短语，并准确地进行赏析。

二、读出文言文的“韵”

文言文有丰富的词汇，丰富的表现手法，使它的文章读来朗朗上口，韵味十足。但是传统教学中“朗读——疏通词句——课文内容及主题分析——练习”的模式一味强调灌输和记忆，会导致课堂沉闷枯燥。而用“笔谈”法赏读文言文中的语言，可读出人物形象、故事情节、思想启迪等，拓展了文言文阅读的宽度和深度，让学生充分读出了文言文的韵味。

例如：笔者在教学《孙权劝学》时，设置了一个“读懂人物”的环节：“任务：品一个人：孙权、吕蒙、鲁肃。(挑选一个人物进行品析评价，写在自主学习单上。可以品词、品句、品标点。)”且给出示例：“我从‘孤常读书’一句中的‘常’看到了孙权经常读书的好习惯，由此看出他是一个重视学习的人。”独立完成写下来后，小组内相互交流，相互补充完善。学生参照事例，从“卿今当涂掌事，不可不学”的“不可不”中读出了孙权对下属的高要求及殷切的期望，同时也读出了他是一个关心下属的人；从“但当涉猎，见往事耳”读出他是一个有读书方法的人；从“卿言多务，孰若孤”和“孤岂欲卿治经为博士邪”这两个反问语气中读出了孙权的能言善辩等等。

通过独立式“笔谈”和交流式“笔谈”，让学生静下心来，咬文嚼字，并在交流中互相完善，读出文言文简练语言中的韵味。

三、读出散文的“美”

郁达夫说：“一粒沙里见世界，半瓣花上说人情，就是现代散文的特征之一。”散文是文学性很强的文体，浸透着情感与词句艺术，更具有“美”的特质，因而在语文教学中，更应该让学生以笔欣赏，在字里行间细细品出语言的味道来。而在“笔谈”的方法及要求上，也更为重要了些。

例如：在朱自清的《背影》一文教学中，笔者让学生以情感波动和描写结合的方法对文章语言进行赏析，设置了环节：“找出体现作者内心波动的句子及描写的句子，进行批注式赏析，体会其在文中的作用。”有学生从“蹒跚地走到铁道边，慢慢探身下去”中“蹒跚”“慢慢”这两个修饰词中读出了父亲的行动艰难，也由此读出了父亲行动艰难却依然坚持给儿子买橘子的这份爱，也有学生从“我的泪很快地流下来了。我赶紧拭干了泪”的“很快”“赶紧”这两词中读出了作者的感动，并和前文的“我那时真是聪明过分，总觉他说话不大漂亮，非自己插嘴不可”进行对比，突出了作者此时所受的触动之大。

又如：在纪伯伦的散文诗《浪之歌》和《雨之歌》的教学中，运用“笔谈”法，让学生抓住了文章的比喻、拟人的修辞，以及象征的手法，读出了散文诗的美感及深意。

一篇好的散文，总能在字字句句中透露一股独有的“韵致”来，散文的语文，在各类文体中，偏于“阳春白雪”类，具有独特的美感，因而尤为需要细品慢读，而“笔谈”法，因为需要表达为文字，避免了浮于表面的赏析，正是适应了这“细品”的要求，效果尤为突出。

欣赏式“笔谈”法，避免了许多学生不动脑筋不愿发言的情况，也让学生在文字的书写中增强了语言组织能力。当然，在不同的文体中，欣赏式“笔谈”还是需要方法指导的。如：提示从哪些方面进行赏析，从情感上、修辞上、描写上、动词上等等。也可给出例子，学生参照例子，可理出赏析语言的思路来。久而久之，学生在语言赏析上，便可遵从于平时的习惯，摸索出语言赏析的规律来。

虽然平时的教学大多重视对一些词句的品位与赏析，但往往习惯于让学生口头表达、随堂交流。欣赏式“笔谈”法，要求学生把要说的先用笔写下来，再互相交流补充，让学生学会深入字词句及标点，细读文章；学会在文章中找关键词句，分析其作用；学会多角度品读文章，体会文章的味道。不但能改变“讲得出写不准”的尴尬，强化语言意识，也能培养敏锐的判断力。

欣赏式“笔谈”，让每个学生都动起脑，动起手，动起嘴，全方面调动课堂神经，更全面、更准确、更完美地读出文章的“味道”。

浅谈思想品德课中情景图的运用

■叶顺德

思维是在各种各样的联系和关系中进行的，每种联系都要通过一定的符号形式表示出来。美国符号学家皮尔斯认为："正如不可能存在没有例证的一般，也不可能存在没有符号的思维。"人教版《思想品德》教材与以往的教材相比，最明显的特点和区别之一，就是课本中编排了大量的情境图。翻开初中思品教材，就像在翻看一本本故事画册。教材密切联系学生生活，构成情境串，引发出一系列的问题，形成问题串，极大地激发了学生的学习兴趣，同时也让学生深刻地感受到思品学习与现实生活的联系。图文并茂的编排，既让人感到耳目一新，又增强了教材的可读性——通俗易懂；既是思想品德知识的载体，也符合学生的学习特点——形象生动。

初中学生虽具备了一定的抽象思维能力，由于其年龄特点，其形象思维还是占据着主导的地位。如何结合初中学生的年龄特点和阅读水平，让课文中的情境图成为学生思维的中介，完成学生对学科知识的具体构建，促进思想品德的有效学习，是教师在教学过程中必须要解决的问题。下面以人教版思想品德教材为例，谈谈我的一些看法。

一、巧借情景图，激发兴趣

心理学家认为，人的思维和情感变化，往往是同知觉联系在一起的。新课程的内容与以往相比，更加强调关注学生的兴趣与经验，适应学生的身心特点和发展水平而设计。情境图中大量的故事图册，增强了教材的直观性，符合初中学生的思维特点，教师如果能巧妙地加以利用，将极大地激发学生的学习兴趣。

第一，化静为动。运用现代多媒体教学手段设置情境，赋予教材情景图动画的动态性激活教学，将多媒体教学引入思品教学，让静态的情景图动起来。多媒体的运用，一改传统教学中教学内容的呈现方式，通过屏幕，展现生动鲜活的画面，产生声情并茂的视听效果，将教材所表现的相关情境，呈现给学生，使学生在美的感受中，丰富了表象，激活了思维及情感活动。例如八年级下思品“维护自己的合法权益”的情景图中，只有几个人物的对话，非常不形象，我把此情景图，制作成动画，人物既有动作，又有声音，学生马上被吸引了，踊跃发言的人也就多了。

第二，角色扮演。“你告诉我，我可能会忘记；你给我看，我可能会记不住；你让我参与，我可能会明白。”对教材中的情景图，可以让学生表演，把教材中的情境搬到学生的身边，启发学生的思维。例如八年级下思品P20页的情景图，可以让学生分角色扮演，最终让学生明白宪法在我们日常生活中发挥的重要作用。七年级上思品“男生女生怎样交往”情景图，仅仅看图，学生无法掌握男女生正常交往的方式，如果课前让学生准备，并根据情景图编写情景剧，进行角色扮演，学生就能在参与、观看中掌握正确的男女生交往之道，避免了简单的说教。

第三，设计形式多样，新颖有趣，喜闻乐见的各种活动。由于教材所提供的每一幅情景图不一定都能激发学生的学习兴趣，有时需要对情景图作些适当的调整，使之符合实际。因此，为了使学生有兴趣学习，教师可以根据学生的心理特点，精心设计各种形式，新颖有趣的活动，使学生开始进入最佳学习状态。

二、巧借情景图，解疑释惑

理解依赖于思维活动的积极性。思想品德课本中的情景剧，为激发兴趣、激活思维、理解疑难知识提供了良好的载体。思想品德课本中涉及一系列法律知识的学习，而部分看似合情合理却不合法的知识，成了学生学习的疑点难点，难于真正地理解。教师如能用透课本中的情景图，学生对法律知识的理解会变得更加容易，而无须对法律知识死记硬背，用透课本中的情景图要求教师深入理解编者的意图。如果每节课的场景都是用的，其实就是给学生足够的空间和时间去探索。例如八年级下思品《维护人格尊严》，教师可以充分利用“街头偶遇”的情景图，让学生理解公民的人格尊严权是受法律保护的。情景图中展现了小偷偷东西，被人们发现后，拳打脚踢，路过的中学生出面制止这一情景，教师问学生“你对该事件的看法是什么”，起初大部分学生认为“路过的中学生不应该出面制止，小偷偷东西，应该打”，后来我让学生仔细观察此情景图，学生发现小偷挨打时，很没有面子，很惨，学生联想到课堂学过的法律知识，终于得出新的结论“公民的生命健康权，人格尊严权受法律保护，小偷不应该被打”。

一些插图提供的情况与故事，不仅为学生提供了一个生动的学习环境，而且还探讨了问题，提供了丰富的材料或信息。例如：八年级下思品“如此气功表演”情景图，非常形象生动，学生的兴趣马上就来了，教材提出“杂耍队的这种行为违法吗”？这就提示教师要引导学生认真观察，获得信息，并穿插讲授“公民的生命健康权受法律保护”内容，使学生知道杂耍队的这种行为侵犯了未成年人的生命健康权，是违法的。还有一部分情景图努力体现自主学习、交流合作的方式。例如：八年级下思品“权利义务大家谈”的情景图，总共有7幅，并且图片之间没有丝毫联系，它实际上就是在提示学生在教师指导下自主学习、交流合作完成，使学生明白上述情景中哪些是公民的权利，哪些是公民的义务。

三、巧借情景图，以问导学

问题是实现学生自主探究和合作学习的重要方法。问题可以激发我们的动机和兴趣，激发我们的情感与灵感，激发我们去感知与记忆、去沟通与交流、去思索与想象。在思想品德的教学过程中，我们可以充分以课本情景图为载体，将要学习的知识以问题的形式呈现出来，造成学生认知失调，使他们有强烈的学习欲望，激发学生积极参与学习活动。

（一）师问生思

新课程指出，教师是课堂的主导，学生是课堂的主体。让学生带着问题学习，充分体现了教师的主导地位和尊重学生的主体地位。

如在上到八年级第七单元中的《维护消费权》时，为了让学生更好地掌握消费者有哪些合法权利，以及消费者应该怎样维护自己的合法权益，教师可以利用课本中的情景图“消费者，你怎样维护自己的合法权益”设计以下问题：(1)情景中消费者的哪些合法权益受到了损害？（2)你知道消费者还有哪些合法权益？(3)作为消费者，你在生活中的合法权益是否遭到过不法侵犯？当时你是怎样想的，又是怎样做的？(4)如果我们再次遇到类似的情况，你认为怎样才能维护我们的合法权益？对问题的解决过程也是学生的学习过程，并且问题本身从生活情境入手，让学生有话可说，又在关注生活中结束，让学生学有所成，学有所用。

（二）自主设问

亚当斯指出："恰当地陈述问题，可以说是关键的艺术，不但会激发解题者的创造力，还能导出有用的解决方法。"因此，在激活思维的过程中，还可以让学生尝试着提出问题，解决问题。如在学习七年级上思品《文明交往时》，可以先让学生观察"细节处处见'文明'"组图，小组合作提出问题，解决问题。如许多学生都提出了这样一个问题：图中哪些是文明的言行？哪些是不文明的言行？紧接着又有学生提出了我们身边有哪些不文明的言行？这些不文明的言行给我们的生活带来了哪些害处？最后自然而然得出了礼貌是交往成功的第一张"通行证"。

学生的求知欲一旦被激活，学生的学习也将会更加有效。由原来的被动学习转变为主动学习，由"要我学"变为"我要学"。当然，以课本情景图为载体，激活学生的求知欲的过程中，离不开教师积极的引导和支持。

总之，我认为人教版思品教材中的情景图对学生的学习很有帮助。但在何时用情景图，如何用好情景图，更好地发挥情景图的价值，它还有待于我们每个思品教师的实践、探索，只有不断地挖掘、研究情景图，恰到好处地运用情景图，才能更好地发挥情景图的功能，从而最终提高学习的效率和教学的质量。

激发学生歌唱兴趣的课堂切入点

■田慧映

美国哈佛大学著名教育学家加得纳提出了多元智能教育理论，这一教育理论将人的智能分为语言智能、音乐智能、数学逻辑智能、空间智能、肢体运动智能、内省智能、人际关系智能和自然观察者智能8大方面。要培养孩子的音乐智能，就要让孩子感受音乐的节奏、旋律以及音色，培养其对音乐的兴趣，激发孩子的创造性，以达到身心健康和谐地发展。但由于初中阶段，学生进入变声期，许多学生的歌声不如童声了，特别是男生，当他们听到别人悦耳的歌声时，不免产生焦虑、自卑的情绪。在课上他们就不大愿意独唱，或者宁愿大家一起唱，以免显露自己的不足。面对初中歌唱教学中的这些困难和挑战，本人经过不断实践发现，教学中教师如果能在每一堂歌唱教学课中，找准那个能瞬间激发学生学习兴趣，带动学生学习热情的教学切入点，这些问题就能迎刃而解。因为兴趣一来，学生就会全身心地投入学习之中，忘记自我，忘记羞怯，大胆开怀地学唱歌曲。那么，如何在歌唱教学课中找准学生学习兴趣的切入点呢？接下来谈谈笔者教学中的几点实践：

一、教师范唱切入，激发学生学习兴趣

教师的范唱可以更好地抓住学生“心”，激发学生的“情”，点燃学生的“趣”，活跃学生的“思”，直观地给学生以美的熏陶，带动学生的学习兴趣，现在很多教师过于依赖多媒体，把教学光盘当成了“万能上课仪”，几乎自己不范唱，这样就不能给学生一个直观体验，也很难教学生进行情感交流。时间一久，学生与教师之间就产生了一定的距离，慢慢地更失去想唱的欲望。曾经在过去的很长一段时间，我也不喜欢在课堂上范唱，只因为调皮学生的一句话“老师都不唱，我

们怎么唱呀。”我感触颇深：是啊，老师都不唱，学生何有想唱的欲望呢。所以想要激发学生的学习兴趣，引起学生的情感共鸣，教师首先要深入钻研教材，并融入情感。所谓“感人心者，莫先乎情”。教师进入角色，投入情感，并声情并茂地范唱，将会迅速地带动每一个学生的学习兴趣，激发学生的学习热情。罗马诗人贺拉斯不是也曾说过：“只有唯一的方式可以打动人心，就是向他们展示自己被打动。”所以在此我想大声说一句：音乐教师们，请拿起勇气，大声歌唱吧！你的歌声将带动羞怯、可爱的初中学生，使初中校园依然歌声飞扬。

工作以来听过的音乐课不少，但令我印象最深刻的是两位男教师上的两堂公开课，一堂是《祖国，母亲》，他在教唱歌曲前，自己先随着伴奏带以一首《祖国慈祥的母亲》为切入点进行有感情的范唱，并提出：“同学们，你们爱自己的母亲吗？今天，老师想用歌声来表达自己对母亲的爱。如果，你觉得老师的歌声能让你感受到我对母亲的爱，请大家为我鼓鼓掌……”话音刚落歌声响起，只听那老师范唱时，脸上表情深情而细腻，甚至连眉毛都在诉说着对祖国母亲深深的敬爱之情，并且在演唱时还根据歌词内容附带了一些形体动作，虽然学生并不会唱这首歌，但这时学生已被老师的歌声所深深打动。有不少听课老师也能从许多同学的脸上、眼神中看出学生对歌曲的理解，课堂上显出深情而庄重的气氛，响起了雷鸣般的掌声。这时，我们不难看出学生的那种想通过自己学歌、唱歌的方式来表达对祖母亲的敬爱之情，已经在学生心中悄悄膨胀。另一堂是《走进西藏》的公开课，上这堂课时男教师让学生静静聆听完高亢激越的《青藏高原》之后，他那富有磁性的男中音开始了一段无比精彩的导言：“美妙的诗，感人的歌，像从高原雪山倾泻而下的河。时间、空间挡不住它奔向大海的冲动，藏族人日夜聆听的歌早已跨过时空，飞向千里之外的我们。它引导我们飞过高原，飞过雪山，到达美丽神奇的西藏。”可以想象，教师专注的眼神，投入的表情以及这一番声情并茂的语言，再配上优美动听的旋律，将会对学生的心灵产生多么强大的感染力啊！学生的目光紧紧锁定在老师身上，充满了期盼与向往。之后，教室里响起了教师的歌声《走进西藏》。此时此刻，人们的思绪似乎随着音乐到了蓝天、白云、高原、雪山、寺庙……经受了如此美妙的情感洗礼。我想学生对学习歌曲的热情瞬间已经被教师深情的范唱所点燃，想要学好歌曲的热情也呼之即出。

二、教学内容“加减”，激发学生学习兴趣

教学中教师在充分挖掘现有教材内容的同时，要根据学生实际能力对教学内容做适当的“加减法”，使之更符合学生的“胃口”。更好地激发学生课堂学习的兴趣。

例如在歌曲《阿西里西》教学中，因歌曲简单易学，学生很快就掌握了。为了更好激发学生学习热情，我抓住歌曲中的衬词“阿西里西”进行变化：让学生用轻柔悠扬的声音演唱“阿西里西”并给歌曲加上引子，营造出早晨雾蒙蒙的感觉，然后用稍快的速度唱起歌曲，一遍后喊“嘿嘿，嘿”再反复歌唱，结束后加尾声渐弱至无声。通过他们的形式不但激发学生的学习兴趣，还能使学生感受到重复和变化的魅力，对其形成音乐思维有很大的帮助。

在初中歌唱教学中，多声部演唱一直是中学歌唱教学中的难题，往往低声部唱到高声部，容易走音，而一味单纯地练习，学生往往会失去兴趣，教学效果也不理想。所以在合唱教学中，我根据学生的实际演唱能力做适当的减法。如歌曲《铃儿响叮当》，这是一首流传较广的圣诞歌曲，学生对歌曲的主旋律普通较熟悉。但由于主旋律太过熟悉，容易受到思维定式的影响，对节奏相同但旋律不一样的第二声部学唱带来干扰：一是，学唱第二声部时，会觉得它与熟悉的主旋律反差较大而感觉不够好听；二是，两声部合唱时，演唱第二声部的学生很容易受到第一声部熟悉旋律的牵引而影响自己声部的稳定性，难以达到较好的合唱效果。这些都会引起学生学习兴趣的下降。基于降低歌曲学唱难度、保护学生演唱热情、保持教学整体进度的考虑，可以对该作品的合唱内容作适当的“减法”处理；将和声叠置式的第一、第三乐段的第二声部改编为固定音型式的旋律，并与主旋律声部形成对位，减少因节奏相同带来的演唱干扰；将和声叠置式的第二乐段的第二声部略去，只留下第一声部（主旋律声部）；同时保留尾声句的三声部。这样，对难度过大的学习内容进行简化（如第一、三乐段）和裁剪（如第二乐段）处理后，便于学生在正常的教学时间内完成歌曲的演唱。当然，实际教学中，如果学生能力许可，可减少简化和裁剪的数量。

总之，教学中无论“增”，还是“减”，都应以学生的已有能力为基点，学生能力结构不够丰满时，适当地“增”，当学生出现能力断层时，适度地“减”。只有将“增减”后的教学内容预设在学生“踮起脚尖，轻轻一跃，就能碰到”的高度，才能

更好地激学生学习兴趣。

三、把握难点、化难为易，激发学生学习兴趣

难点往往是一首歌曲所向我们呈现的一个知识点的展现，有时是显性的，有时是隐性的。而在教学中需要在最佳的学习时间内解决的教学难点问题，也是我们歌唱教学中为激起学生兴趣所要选择的那个点。在教学中我对教学难点不正面突破，而是换一种方法，“忽视”它。这就好比喂小孩吃药，你要是让他知道要吃药了就难喂，甚至是喂不进了；而要是在他玩得正欢的时候，不经意间喂他吃，往往好喂，还一滴也没浪费，省时省力。歌唱教学中的难点就好比这药，老师越强调学生越唱不好；老师不正面强调，而是从侧面巧妙地迂回包抄，反而能简单解决。例如：歌曲《跳吧跳吧》的难点是切分节奏与重音，上到该课时刚好是冬天，于是一上课我就先安排了两个热身活动。

①请你跟我拍一拍 X X | X X | X X X | X X X | 让学生先熟悉切分节奏。

②请你跟我跳一跳（播放《跳吧跳吧》的演唱录音）。

3 3 | 5 5 | 5 4 4 | 5 4 4 | ……

颤 颤 颤 颤 颤 跳 跳 颤 跳 跳

这样做既让学生熟悉歌曲旋律，又使学生体验了重音。所以到视唱旋律时，学生已没什么困难；学习兴趣已被激起。

再如：意大利歌曲《美丽的村庄》：

3 5 | 6·6 6 1 | 4 4 6 | 5 5 5 5 5 5 | 3 3 5 | 4 4 4 4 4 6 |

啦 啦 啦 啦啦 啦 啦 啦 啦啦啦啦 啦啦 啦 啦啦 啦啦啦啦啦啦

2 2 2 2 2 4 | 3 3 3 3 5 3 | 1……

啦啦啦啦 啦啦 啦啦啦啦 啦啦 啦

在开始的趣味发音练习“比比谁的舌头最灵活”中，提前渗透解决，学生学习兴趣大增，学习热情也随之提高，此后也就能轻松愉快地进入歌曲学习。

四、实施情感教育，激发学生学习兴趣

情感教育是音乐教学的重要组成部分。在实际教学中，大部分音乐教师非常注重情感教育。但由于对音乐作品的理解不一致，挖掘的深浅也就不一致。其教

育效果也存在着明显的差异。因此，音乐教学中，选准学生情感教育的切入点，对提高学生的学习兴趣、增强课堂教学情趣，都有非常积极的意义。那么，如何选准情感教育的切入点：

1.分析歌词、铺垫情感、激发学生学习兴趣。例如在教授歌曲《牧歌》时，我抓住了两个关键的拟人化动词——“盖”和“撒”，以此让学生感受整首歌曲的艺术魅力。首先让学生考虑：在什么情况下才有白云“盖”羊群的景象？学生通过积极思考和活泼讨论得出：(1)从景上分析，“盖”说明辽阔的大草原一眼望不到边，在天地连接的地方羊群连着白云，白云盖着羊群。(2)从情上分析，“盖”还说明天和地相互交融，人的胸襟之博大；人和自然相互融合，大自然多么可亲。然后让学生想象羊群像白银“撒”在草原上是什么样的景象——在蓝蓝的天空下面，羊群像斑斑白银，点缀在绿绒毯似的草原上，在这边无边的草原上，流动的白银使这世界充满了生命和活力。“撒”说明羊群在草原上的动感，以及那种自然美、和谐美。通过教师的讲解，学生自己的想象，学生的学习热情被激发，歌曲所渲染的情境也就能很好地演唱出来。

2.创设音乐氛围切入情感教育，激发学生学习兴趣。例如：勃拉姆斯的《摇篮曲》，往往有大部分男同学不喜欢，像这样的歌曲，为激发学生学习兴趣，可以这样设计：

(1)“今天老师先给大家讲个故事。……”(汶川大地震母亲保护孩子的故事：5月13日中午，救援队员发现她的时候，她已经没有了呼吸。透过一堆废墟的间隙，可以看到她双膝跪地，整个上身向前匍匐着，双手扶地支撑着身体……救援队员从空隙伸手进去，确认她已经死亡，又冲着废墟大声呼喊，没有任何回应。这是震后的北川县，还有很多人在等待着救援。救援队走向下一片废墟时，队长好像意识到什么，忽然返身跑回来，他费力地把手伸进她的身下摸索，高声喊，“还有个孩子，还活着！”一番艰难的努力后，人们终于把孩子救了出来。他躺在一条红底黄花的小被子里，大概有三四个月大，因为有母亲的身体庇护，孩子毫发未伤。随行的医生过来准备给孩子做些检查，发现有一部手机塞在被子里，医生下意识地看了一下手机屏幕，发现屏幕上是一条已经写好的短信：“亲爱的宝贝，如果你能活着，一定要记住我爱你。”看惯了生离死别的医生，在这一刻落泪了；手机传递着，每个看到短信的人，都落泪了…… 大灾难面前，母爱，孕育了一个个看似不可能的奇迹。)

讲完故事，我停了片刻。学生已入情。再问：“这位母亲为什么这么勇敢？”

（生答……）

（2）导入：“确实，天底下最伟大的情感就是母爱。每一位母亲都以各种方式深爱着自己的孩子。老师今天就要带大家唱一唱你小时候妈妈经常对你唱的一首歌”——（板书“摇篮曲”）。

（3）“什么是摇篮曲？”（生：哄孩子睡觉的歌）“妈妈，噢，还有爸爸一般都会怎么唱？”（生：轻轻的、温柔的）

（4）教师有感情地范唱……

有了前面的情境的营造，学生已自然地进入了温馨的充满爱的气氛，学歌时也就能自然、准确地运用柔和的声音演唱，教师也无须再多言“声音要如何”“情绪要如何”了。

总之，在初中歌唱教学中，音乐教师应把“让每一个学生的个性得到充分发展”的价值观视为根本，充分体现“以人为本，以学生为主体”的思想，丢掉传统教育中教师的绝对权威，洞悉学生的兴趣爱好，并针对他们的兴趣爱好找准教学切入口，因势利导，将手中的“指挥棒”变成引领学生探索美妙音乐世界的“引路石”。

找回失落的问题意识

■应　娟

众所周知，大科学家牛顿发现万有引力定律源于他被苹果砸中后，开始了对“苹果为什么不向上跑而向下落呢？”这一问题的思索。心理学研究证明：思维永远是由问题开始的，而创造智能往往就在排疑解难的过程中被激发出来，“问”乃创新之源泉，美国著名学者布鲁巴克也精辟地指出：“最精湛的教学艺术，遵循的最高准则就是让学生自己提问题。”因此，加强学生问题意识的培养也是课程改革的必由之路。

然而，初中学生问题意识的缺失已成了不争的事实。一个人在小时候有问不完的问题，可为什么现在问题却越来越少了呢？是不是我们的学生什么都懂了，不需要问了呢？当然不是!究其原因，除了学生生理、心理上的变化原因外，主要原因还在教师身上，在教师为自己、为书本树立的“权威”上。在实际的课堂教学活动中，“问”在大多数情况下只是停留在教师提问、学生答问的层次上，教师更多考虑的是怎样提问更为巧妙，而较少甚至极少关心如何使学生敢问、善问，因此导致大部分学生能学不能问，会学不会问，只学不问。学生问题意识的缺失，不仅桎梏了他们的创新精神和实践能力，也桎梏了课堂的活力，教师成为权威，教学成为说教，学习成为记忆，使课堂失去了深度的思考，使得本应关注学生心灵成长的课程远离了学生的心灵世界，这不得不引起我们深思。

因而，在我们的课堂教学中必须培养学生的问题意识，把提问的权利还给学生，变以教师提问为主为以学生发问为主，鼓励学生大胆地见异求疑，在提问中寻求真理，掌握知识。那么，如何在课堂教学中帮助学生找回失落的问题意识，把提问的权利还给学生？笔者通过一段时间的课题研究后，认为主要可采取以下策略：

一、心理释放策略

——营造和谐轻松的氛围，形成良好的提问心理磁场

教学民主是师生平等相处、密切配合、共同发展的新型教育方式。“尊重、信任、沟通、理解、宽容、赏识”是实施教学民主，建立新型师生关系的经验结晶。美国心理学家罗杰斯认为：“成功的教学依赖于一种真诚的尊重和信任的师生关系，依赖于一种和谐安全的课堂气氛。”所以，要激发学生的问题意识，教师就必须积极地给学生提供一个和谐、轻松的学习氛围，和孩子们之间构建平等、民主、和谐的师生关系，使学生在这种环境的影响和感染下，消除心理障碍，轻松愉快地参与到学习中，敢于自由地、大胆地质疑问难，从而使学生问题意识的显现与发展获得环境的肯定和支持。反之，教师对学生大胆的发问，经常地质疑不予重视或视为刁难、钻牛角尖，并加以批评教育甚至讽刺和挖苦，毫无疑问不仅扼杀了学生的问题意识，还扼杀了学生的创新精神。

1.建立民主平等的师生关系。“师者唯上”的旧观念赋予了老师至高无上的地位，他们拥有课堂的绝对主权，可以无视学生的存在，可以肆意打击学生的提问热情，用自己的思想来“规范”学生。学生提问的信心和提问的勇气就在这样的挫折和“规范”中一点一点地消失。

所以，教师在教学中要为学生创造真正自由的空间，我们教师要从自身做起，使学生觉得教师平易近人，和蔼可亲，建立民主平等的师生关系，善待学生的提问，不以先知先觉自居，不盛气凌人，消除学生的思想顾虑，鼓励学生积极提问。不管学生提出的是什么问题，总要给予肯定，小心翼翼地保护他们这种稚嫩的主动性，同时也给全班学生一种暗示。另一方面，还要加强学生与学生之间的合作关系，使学生之间互相帮助，团结友爱，让学生感觉到班集体的温暖，愿意和同学展开讨论，探讨问题。

2.呵护和尊重学生的“问题意识”。学生好奇心强，求知欲旺盛，这正是问题意识的表现，教师在教育教学活动中要充分爱护和尊重学生的问题意识，消除学生在学习课堂上的紧张感、压抑感和焦虑感，从而在轻松、愉快的气氛中展现个性。有了这样的适宜环境，学生的问题意识就可以获得充分发挥和显示。

首先，教师要改变教育观念。教学中教师通常对学生的发问，有“二怕”：一怕打乱自己的教学思路，二怕拖了教师的教学时间，导致不敢激励学生提问。因

此，要彻底摒弃教师“一言堂、满堂罐”的教学思想和方法，更新教育观念，使学生敢想敢问，让问题走进课堂。

其次，消除学生的恐惧心理。教师要认真倾听学生提出的问题，哪怕只是对问题思考有一点点闪光的影子，也要及时捕捉给予肯定，表扬鼓励；即使提出问题没有价值，甚至错误的，也不能批评，而要肯定学习的积极性，从而引导全体学生参与学习过程，激发学生创造潜能。例如，在上七年级上册《日新又新我常新》一课时，笔者展示了两句名言：“知人者智，自知者明。——老子”“在古希腊德尔斐阿波罗神庙入口处的一块石头上刻着‘认识你自己’”。这些充满睿智的箴言告诉我们，人的一生，认识自己最重要，也最困难。”在学习时，笔者问学生：“这一段可以提出什么问题？”沉思片刻后，有个学生提出了一个这样的问题：“‘知人者智，自知者明’‘认识你自己’这两句名言都是谁写的？”（前句有作者，后句没有作者，而且这也不是考察的重点。）其余的同学一听有的偷偷地笑，有的撇撇嘴……作为一名教师，笔者深知此时这名学生内心深处的感受，于是用赞赏的语气说：“尽管这位同学提出的问题不是很理想，但与过去（他成绩较差，不爱发言）相比，他勤于动脑，敢于发言。这是他战胜自我、超越自我的表现。仅从这一点来说，他就有了很大进步，值得表扬，值得学习，大家鼓掌！”在掌声中，这位学生有一种虽败犹荣的感觉。从此，他更加积极、更加自信了。借此也消除了其他学生的心理顾虑，大大激发了学生提问的兴趣。

3.创设轻松、愉快的教学环境。创造心理学认为，学生间对不同见解的争辩，是创造力发展的激素。教师应鼓励学生质疑，乃至争辩，对学生的发问，即使是质量不高的问题，不应轻易否定，而应加以引导；对有价值的问题，则应呵护与赞扬。只有这样，才能消除学生质疑问难的心理障碍，调动起质疑的积极性。

首先，应创设一个轻松、愉快的教学环境，引导学生敢于大胆思考，敢想、敢说、敢问。对不敢大胆提问的学生，不论他问的问题质量如何都要给予鼓励；对提错问题的学生，不能批评，要启发他用另一种方法去想，让同学树立自信心。这样，经过一段时间的训练，他再不用老师点名回答，而是主动举手提问题。因此，只要解决了学生的精神束缚和心理负担，他们在上课时就自然会积极举手，发言踊跃。

其次，注意课堂留白。每一课时都留出探究创新的思考时间，让学生思考问题，不要把每一课时的环节安排过满，否则学生就没有思考问题的时间。教师要有意识地给学生留有时间，只要学生有问题就让学生发问。

总之，教学中教师应营造和谐轻松的氛围，鼓励学生质疑问难，把微笑带进课堂，把尊重带进课堂，为学生问题意识的培养提供适宜的环境，我们的学生才敢于提出问题，这是培养学生提问意识的第一步。

二、情境感染策略

——精心设置问题情境，形成有效的提问激发平台

问题情境的创设，实质上是创设一种以激趣为前提，以思考为核心，以获得知识并形成创造个性为目的的课堂教学气氛。在课堂教学中，教师应精心设计问题情境，抓住学生心理，激发学生的求知欲，激活学生的创造思维，驱使学生去回忆、想象和创造。

如：学习七年级思想品德《尊重他人是我的需要》时，笔者利用了一个发生在身边的故事。张亮和王飞是同桌。张亮是个单亲家庭的学生，因家境贫寒，学校照顾他母亲在他就读的学校做打扫卫生的工作。王飞的爸爸在镇上开了一家饭店，生意红火，拥有数十万资产。自然，王飞穿的尽是名牌，一双球鞋近千元。一天，张亮不小心把王飞的球鞋踩脏了。此时王飞非常生气地说："真恶心！你快点给我刷干净！"张亮伤心地哭了。

对这个案例，笔者问学生可以提出哪些问题。每个小组开展了激烈的讨论，逐步提出了这样几个问题：

（1）假如你是张亮，你的感受是什么？

（2）假如你的家境贫寒，你最希望别人怎么对待你？

（3）你受到过不尊重的待遇吗？你以不平等的态度对待过他人吗？

学生每提出一个问题，就以小记者的身份去采访其他的同学，被采访者也都积极、真诚地做出了相应的回答。根据材料提出的这几个问题，与教材中的知识点非常吻合。通过这一系列的活动，给学生上了一堂生动的德育课。

当然教无定法，教学方法要灵活机动，创设问题情境教学也是如此。因为教学内容的不同，情境的设置也迥然不同，方式和方法也是多种多样的。如：精设导语创设情境：精心设计导语，满足学生求新、求异的心理，使学生受到新异的刺激，对提高学生问题意识同样至关重要；运用多媒体手段创设情境：在教学活动中可采用多媒体手段吸引学生注意力，寓抽象的事物于新奇而富有情趣的情境中，使学生主动地自发地参与教学活动；借助图片创设情境：教学中，经常会遇

到一些离学生生活较远难以用语言讲清楚的内容。这时要利用形象的图片来渲染情境，栩栩如生的画面，易唤起学生的创造激情，学生易在激情中发现问题；利用案例教学法创设情境：通过设置一个具体的教学案例，引导学生参与分析、讨论、表达等活动，让学生在具体的问题情境中积极思考，主动探索，以培养学生综合能力。

问题情境设置出来后，可以灵活地采用各种生动活泼的形式。如“小组讨论竞赛”“当回小老师”“演讲”“辩论赛”等等，真正做到“官教兵，兵教官，兵教兵”，克服旧教学模式上单调、呆板的弊端，让学生在各种形式的活动中真正“活”起来，“动”起来。通过这些活动的开展，学生在自主、合作的空间中一定会如鱼得水，学生的问题意识和提问能力也得到了大大的增强。

三、艺术诱思策略

——优化教学手法，形成和谐的提问通道载体

要使学生善于提问，教师应特别注意精心设置和巧妙运用各种教学手段、教学方法，引导学生在潜移默化中涌出问题，为学生问题意识从无到有，从少到多的培养提供充裕的实践机会。而不能认为只要多问几个“为什么”就能达到目的，于是在短暂的时间里给学生提很多问题，而这些所谓的“问题”，多数不具备问题的价值，实质上仍然是过去传统的“填鸭式”满堂灌。所以，教师在教学过程中，不能把“问题”强加给学生，而应通过悉心配置问题通道，来启发诱导学生的问题意识，让他们自己主动提出问题，并在教师的点化下，去解决问题。因此，教师不仅要以问题为中心，更要巧妙地设疑、布疑、激疑和质疑，科学地释疑、解疑。只有这样，才能促进学生问题意识的发展，最终实现创新精神的培养和创新能力的提高。

1.在引入时，引导学生提出问题，明确学习目标。每节课一开始，就学生的学习心理特点来说，其注意力尚不集中，此时创设一些问题情境，使学生产生疑问，发现问题。在此基础上，教师适时揭示课题，引入新课，由于学生带着问题上课，学习目标十分明确，必能使学生激发学习兴趣，提高学习的动机，学习兴趣高涨，取得较好的教学效果。

2.在新知的展开过程中，让学生发现问题，解决问题，形成完整的认知结构。弗赖登塔尔认为：学生的学习是一个“再创造”的过程，教师要引导学生进行这样

的“再创造”。因此，教师在新知教学时要利用学生此时思维高度集中的特点，引导学生发现问题，提出问题，解决问题。

（1）创设新旧知识之间的矛盾点，触发学生产生问题。学生已有的认知结构在学习新的知识时，往往会产生新旧知识之间的矛盾冲突，从而引起积极的思维，产生疑问。此时，教师应抓住这一冲突的焦点，设计认知矛盾问题情境，必能打开学生的思维阀门，使学生发现其中蕴含的问题。

当老师重视对学生问题意识的培养，结合学习过程精心设置问题情境，使学生意识到问题的存在，感到自己需要问个“为什么”“是什么”“怎么办”的时候，思维已被启动，意识越强烈，思维越活跃、越深刻。在引入新知时，创设新旧知识之间的矛盾点，从而设置问题情境，使学生明确学习方向，以最佳状态投入学习活动。

（2）呈现带有问题意识的观察研究的具体材料，学生通过观察产生问题。在知识的探究中，设置问题情境，引导学生不断发现问题、提出问题、研究问题和解决问题。问题意识越强烈，学生的学习情绪越高涨，有利于学生思维的发展，有利于培养学生的探究能力和创造能力。

（3）创设知识与生活实际的联系，使学生在知识应用中产生问题。知识源于生活又用于生活，精心设计问题，沟通知识与生活实际的联系是很有必要的。

在教学过程中，教师可利用教材中某些现象和事例的矛盾关系，或学生自身生活体验与教材内容之间的距离，唤起学生注意并产生积极探求问题答案的心理，让学生在学习过程中形成认知冲突，去发现问题，提出问题。如果探求“是什么”体现了学生的好奇心，那么，寻求“为什么”则更多地体现了学生的求知欲。求知欲是学生探究、了解自己未知的东西而产生的愿望和意向。在教学中，注意在情境中适时揭示矛盾，根据教材的难点，创设问题情境，引导学生发现问题，进而提出问题，可以有效地诱发学生的探究欲望，久而久之，学生提问能力就会不断提高。授之以渔，指导学生提出问题的方法。

3.在课的结束阶段，引导学生提出问题，把课堂延伸到课外，使学生感到意犹未尽，从而产生在课外继续研究的心理，发展自学能力。

每节课的末尾，往往为教师所忽视，其实，如能利用这短短的几分钟，激发学生进一步发现问题的欲望，可以把有限的课堂时空延伸到课外，形成一个开放的大课堂教学环境，这更有利于学生的良性发展。在课要结束时，向学生提出：关于这个内容，我们还可以研究什么？从而激发学生进一步思考。老师因势利导地把学生提出的问题作为学生的课外研究题，让学生自主地进行解决，使学生把跟着老师学，变为学生自己学习，发展了学生的学习能力。

四、激励评价策略

——以激励的、发展性的评价机制，激发学生的问题意识

以往问题教学时，老师对学生的评价，主要是答得好不好，答得对不对，答得对就能得到表扬，如果学生答得不对，有经验的老师可能还会淡化处理，而有的老师往往要批评，在那种一对一的情况下，“老师问学生答”，气氛往往非常压抑，大部分学生往往处于高度紧张状态，目光不敢与老师的目光相碰，用学生自己的话来说，不知道自己会不会“中奖”。

激励的、发展性的评价机制有助于学生认识自我、建立自信，有助于教师改进教学，评价所具有的作用不再只作为“筛子”的作用，而更体现了“泵”的作用，即能激励学生的学习和创新精神。

1.期望激励。我们要以满腔的热情关心每一个学生，表达自己对每一位学生的期望。我们时常走下讲台倾听学生们的讨论，并与他们进行交谈，以“你能够……”，“我相信你们……”的语气表露对学生的期望，学生信心大增受到极大鼓舞。

2.表扬激励。当学生在提出问题时，注意多表扬，少批评。即使学生提出的问题有偏差时，教师也要用信任的目光注视他，教师要先给予积极的肯定，赞扬敢提问的勇气而后再给予启发。而对于有价值的提问更要尽量运用诸如“问得好”，“了不起”，“真聪明”等赏识性语言表扬学生，甚至采取奖章的形式表扬那些提出有价值问题的学生或敢于向别人挑战的学生。众所周知，一位再高明的教师，即使把课讲得有声有色，如果没有学生大脑的接收、加工、组合，也是枉然。

3.成功激励。我们努力创设机会，让学生体验成功的快乐，不断激发学生提问的激情。比如，采取不同方式进行比赛：小组竞赛，比一比哪组学生提问最大胆，提的次数最多，哪组提的问题有价值，进步快；个人比赛，根据一段时间内提问、解决问题时表现好的学生，由他当小老师等。

4.榜样激励。教师要采用抓典型、树榜样的办法，通过开展最佳问题和最佳提问人评比活动，如教师可让学生准备一本“质疑本”，让每个学生都有发言的一席之地。让学生把在学习中遇到的疑问写在本子上，教师仔细批阅，每周评出“质

疑能手”“小问号”等，在教学中，将有价值的问题板书在黑板上，并标注出提出问题的学生的姓名，然后针对这几个能“牵动”全文的问题讨论交流。这样，自主探究、积极大胆提问成了学生真正的心理需要，他们会随时留心周围的一切，自觉去做一个发现者、研究者、探索者。

总之，在我们的课堂教学中，教师必须转变观念，尽量多给学生一点思考的时空和活动的余地，帮助学生找回失落的问题意识，把提问的权利还给学生，让学生敢问、乐问、善问，使我们的课堂活起来，达到“一石激起千层浪”的目的，让学生真正成为学习的主人！

基于英语核心素养培养的读写整合

■陈金枝

一、核心素养的内涵

学生发展核心素养，主要指学生应具备的，能够适应终身发展和社会发展需要的必备品格和关键能力。中国学生发展核心素养，以科学性、时代性和民族性为基本原则，以培养“全面发展的人”为核心，分为文化基础、自主发展、社会参与三个方面。综合表现为人文底蕴、科学精神、学会学习、健康生活、责任担当、实践创新六大素养，具体细化为国家认同等十八个基本要点。

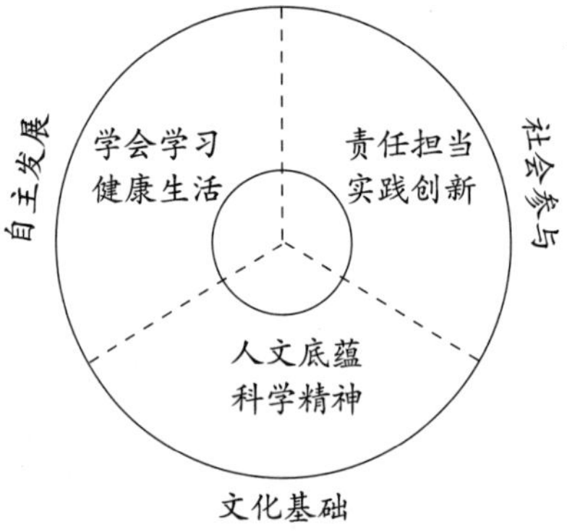

在教育部基础课程改革教材专家组历时三年的调查、研究、公关之下确定了核心素养的基本内涵，又可以从以下几个方面阐述其基本内涵：

（一）文化基础

文化是人存在的根和魂。文化基础，重在强调能习得人文、科学等各领域的知识和技能，掌握和运用人类优秀智慧成果，涵养内在精神，追求真善美的统一，发展成为有宽厚文化基础、有更高精神追求的人。

1.人文底蕴。主要是学生在学习、理解、运用人文领域知识和技能等方面所形成的基本能力、情感态度和价值取向。具体包括人文积淀、人文情怀和审美情趣等基本要点。

2.科学精神。主要是学生在学习、理解、运用科学知识和技能等方面所形成的价值标准、思维方式和行为表现。具体包括理性思维、批判质疑、勇于探究等基本要点。

（二）自主发展

自主性是人作为主体的根本属性。自主发展，重在强调能有效管理自己的学习和生活，认识和发现自我价值，发掘自身潜力，有效应对复杂多变的环境，成就出彩人生，发展成为有明确人生方向、有生活品质的人。

1.学会学习。主要是学生在学习意识形成、学习方式方法选择、学习进程评估调控等方面的综合表现。具体包括乐学善学、勤于反思、信息意识等基本要点。

2.健康生活。主要是学生在认识自我、发展身心、规划人生等方面的综合表现。具体包括珍爱生命、健全人格、自我管理等基本要点。

（三）社会参与

社会性是人的本质属性。社会参与，重在强调能处理好自我与社会的关系，养成现代公民所必须遵守和履行的道德准则和行为规范，增强社会责任感，提升创新精神和实践能力，促进个人价值实现，推动社会发展进步，发展成为有理想信念、敢于担当的人。

1.责任担当。主要是学生在处理与社会、国家、国际等关系方面所形成的情感态度、价值取向和行为方式。具体包括社会责任、国家认同、国际理解等基本要点。

2.实践创新。主要是学生在日常活动、问题解决、适应挑战等方面所形成的实践能力、创新意识和行为表现。具体包括劳动意识、问题解决、技术应用等基本要点。

核心素养的提出，是对教育教学实践的具体要求，也是教育工作者可以理解和运用的教育方法，更是明确了学生应具备的必备品格和关键能力，引领了课程改革和育人模式改革。在这样的时代背景之下，将核心素养培养落实到教学实际中，有其深刻的教育意义。

二、英语写作存在的问题

总结目前英语写作教学存在的问题，大体有以下几个方面：

（一）学生对写作缺乏兴趣，整体写作水平较低

纵观笔者多年的教学经验，学生一到写作就害怕，提笔呆滞很久，下笔仍不成文。究其原因，一方面，受到词汇量的影响，学生绞尽脑汁能用以遣词造句的词汇还是非常有限。另一方面，英语是外语，二外习得与母语习得差异很大。但是在写作过程中，学生习惯性按照中文母语的思维，导致无法准确运用英文的句型行文，语法错误，语序颠倒，句型单一，句子和句子之间逻辑关系不当，中式英语翻译频现。因此，学生整体的写作水平薄弱且低下。

（二）教师对写作不够重视，教学方法有待完善

教师的教学方法也是影响写作质量的一大原因。一方面，教师对写作不够重视，教学重点多在对词汇、语法以及阅读教学上，系统训练写作方法和技巧的教学少之又少。另一方面，教师在写作课上容易出现“满堂灌”的形式，即就一个话题给出一篇或者几篇范文，直接叫学生抄写、背诵，然后要求套用一个模式仿写。殊不知这样的教学方法抹杀了学生的积极性和创造性，在日积月累的过程中，学生逐渐丧失了自己的思考能力，没有了发散性思维，写作就沦为了千篇一律的范文套用。

（三）写作话题不够新颖，没有跟紧时代步伐

纵观近几年来的写作，基本是以话题作文和材料作文为主。但是比较这些话题和材料，不难发现很多话题和材料都是重复出现，很多话题都是老生常谈，或者换汤不换药，并无创新性可言。有些话题离现在学生的生活环境很遥远，他们无法从自身生活中获取直接或者间接的经验，在写作中就会“巧妇难为无米之炊”，根本无从下手。另外，重复的话题颠来倒去，学生对这一写作话题就失去了兴趣，只会追寻以往的经验，而不会再去创新。受到写作话题的影响，学生写作能力亦受到一定的限制。

（四）应试效应指向明显，缺乏真正写作热情

在初中阶段的英语教学中，我们还是摆脱不了中考这根指挥棒的影响。因而，写作的教学也深受应试教育的影响。写作的目的还是为了在考试中得到高分。因而老师只教授能获得高分的写作模式和技巧，学生只识记模仿作文的句式和框

架。在这样的教学模式下，结果只能是为了考试而写作，学生缺乏真正的写作热情，也没有真正的思辨能力，更没有独立的创作能力。

新课程标准以及核心素养的培养要求都提出了一系列新的英语教学理念，要求教师不断更新陈旧的教学观，做到与时俱进，大胆改革。因而，通过整合优秀的阅读资源在促进写作，不失为一种新型的教学方法，也是对写作课程的一大改革。

三、读写资源的整合

阅读是语言输入的一个重要来源，是学生获取词汇知识、获取语言结构与功能知识、获取语言技能的重要途径。写作是语言输出的一种重要方式，是学生综合语言运用能力的表现。阅读是理解吸收，写作是理解表达，如何才能将两者有机结合？如何才能真正引导学生在阅读中体验并学习语言、篇章、文化背景知识；继而通过改写、仿写、创写等活动，及时运用所学创造句子来表达思想？这两个问题，是“促写型”读写整合课堂首先要思考的问题。“以读促写”的背景下，阅读应为写作服务，重在通过阅读来为写作提供语言积累、素材资源、文本形式和写作技法等内容，写作是学习的最终目的。

（一）解读好文本是搭建“读”和“写”桥梁的关键

文本是实现课堂教学目标的依托和载体，因此教师对文本的解读直接关系到本堂课教学目标的定位和实施。在整合读写资源时，“读”和“写”之间需要一个嫁接的桥梁。而只有解读好文本，教师才能清晰地定位本堂课的教学目标，才能在教学过程之后让学生明确知道自己从阅读中学到了什么，能够运用什么知识去完成下一个环节的写作任务。因此文本的到位解读是搭建“读”和“写”之间桥梁的关键。我们要思考的是在完成阅读任务之后，究竟要让学生学到什么东西运用于写作之中？从简单文本中挖掘可用于促写的支点，从这个细微的支点发散出有新意、有深度的思维将“读”和“写”结合起来，让学生有新的生成，这才是真正考验一个教师教学功底和智慧的地方。

（二）做好“引路人”，铺好“脚手架”，是高效教学的有效途径

都说学生才是学习的主体，是课堂的主人，但在上课过程中，有时候教师的控制欲还是很明显。从读到写的产出过程，学生需要的是自己的思考，而不是老

师将自己的意志强加给学生。学生学到了什么，最终产出了什么，才是检验这一堂课教学成果的唯一标准。因此，在教学过程中，教师扮演的角色应当是个“引路者”，是个指引学习方向的人，学习道路得让学生自己去走。只有这样，学生才会调动自身的积极性、主动性参与学习，才能真正学有所成。因此宁可我们放慢教学步骤，降低教学难度，也不应当本末倒置，拔苗助长。如何才能做一名合格的“引路人”？教师在设计教学环节，实施教学步骤时就应尽力去为学生搭建“脚手架”，让学生每一个任务的操作都能找到一个支撑点，从而让各任务能环环相扣，层层推进。但是说起来容易做起来难，从开始的话题导入、问题抛出到中间环节的比较阅读、阅读文本结构的解读过渡到最后写作话题的抛出，每一个环节的设置都要紧紧围绕以读促写的核心主题，极度考验教师的教学功底。如何才能创造更智慧、更包容、更高效的课堂，是教师需要不停思考和探索的一大问题。

（三）张弛有度，合理把握时间分配是顺利完成教学的保障

“以读促写”型课堂中，“读”和“写”的时间分配和把握是个需要认真思考的问题。在一节有效的“促写型”读写整合课上，必须先阅读后写作，其中，读是为写服务的，阅读是写作的铺垫，写作是阅读效果的检测和延伸。因此，合理设计、有侧重点的写作输出活动决定了整堂课设计的基调。教师必须仔细深入研读文本，通过观察文本特征、文本特点、文章结构、内容、语言、文化背景等方面，结合学生实际的写作水平、目前存在于写作中的困惑与问题，脚踏实地地设计有针对性的写作活动，要有侧重地选择一个方面甚至针对某一项写作能力练习写作。写作活动的内容和方式决定了阅读活动如何设计，有明确目标的阅读活动才能给后续的写作活动做好铺垫，并留出足够的时间。

初中英语课堂中的读写整合，是提高写作教学有效性的一种有效手段，它为有限的课堂写作争取到了更多的时间和空间。阅读和写作，都需要在体验中学习、实践、运用和感悟。形式多样的读写整合课还刚刚起步，还需要我们更多的尝试、奋斗和反思。我会在专家指导下、前辈鼓励下继续努力，改革实践，不断创新，争做一名与时俱进的英语教师！

敲开学生作文的情感之门

■邵小意

情感是人对客观事物是否符合自己需要而产生的体验，是写作的原动力。古人说："言为心声"，文章倾注着作者的情感。"新课标"在"教学建议"中指出："培养学生高尚的道德情操和健康的审美情趣，形成正确的价值观和积极的人生态度，是语文教学的重要内容。"因此作文教学不能忽视情感的作用。因为，作文原来就是一种精神的独创，它连接着健康的生命。如果我们能够在写作的过程中，设法不断地把自己本真的情感引向生活海洋深处，为自己的个性和才情的展示提供一个畅所欲言的平台，一定会写出七彩文章。

在作文教学中笔者从以下几个方面尝试着引导学生注入情感，使其在宽松、自由、和谐、民主、充满情感的氛围中去作文。

一、尊敬老师，寄深情

"师者，所以传道授业解惑也。"韩愈道明了教师的角色定位。

教师要成为学生的良师。"千教万教教人求真，千学万学学做真人。"教师要赢得学生的尊敬重要的是把课上好，让学生喜欢上你的课，喜欢你教的学科，感受到上课学习的乐趣，自然也就喜欢这个老师，"亲其师，信其道"。

教师要成为学生的益友。教师在与学生的沟通中，真心地去关心爱护他们，像陶行知先生那样"捧着一颗心来，不带半根草去"。学生病了，老师送去一声亲切的问候；学生间闹了矛盾，老师公平地去化解；学生遇到了困难，老师主动地去排解；当学生过生日时，老师真诚地送去一句祝福的话语……在这些看似平常的琐事中，不知不觉间学生就会产生向师心，把你当作知心的朋友，向你倾诉自己的喜、怒、衷、乐，融洽的师生关系架起了一座情感体验的桥梁。

例如,《教师的真诚》中写道：大事不妙！为了迎接体育考试，体育老师下命令：每天早晨在操场上至少跑三圈。说真的，面对着300米的跑道，我的确有丝胆怯。且不提那跑道上的尘土飞扬，单说要每天提前半小时到校，就需要一股非凡的毅力。无奈“军令如山”，跑就跑呗！反正本小姐“偷工减料”已达到以假乱真的水平。

唉！运气不佳，天晓得怎么让体育老师逮了个正着。终于，我被“请”进了办公室，看着体育老师那严肃的面孔，先前那股得意的劲早已飞到九霄云外，一股从未有过的悔恨油然而生。

在狠狠地批评了我一番之后，体育老师看着我眼泪汪汪的样子，换了种语气，非常真诚地对我说：“有空子就钻，还不是害了自己！”

他的批评还真管用。从此，操场上多了一个刻苦锻炼的身影。

有了师生间良好的情感基础，当学生以《我的老师》为题作文时，就无难可言了。短短的40分钟，一篇篇散文，写出了平日里师生间的件件小事，透过孩子们稚嫩的笔触，活脱脱地勾画出了生活中的一幅幅写真画面，字里行间充满了浓浓的师生情。

二、孝敬父母，报恩情

“可怜天下父母心”，父母对子女的疼爱之心，可谓用心良苦，但孩子不懂得珍惜。为此我经常组织学生参加一些活动让他们知道父母爱孩子是天经地义，而孩子孝敬父母、报答养育之恩也是应该的。比如每学期家长会，我不仅邀请家长参加，也邀请学生一同参加。家长会上家长可以发言，孩子也有发言权，让孩子们听听家长的心声，也让家长听听孩子的呼声。每学期都要请部分家长参加一两次班级联欢会，有时也精心组织几次有家长参加的学生生日聚会。孩子与家长这样零距离的接触，缩短了孩子与父母间的心距，增进了双方的情感。

孩子们知道了珍惜爱，还要引导他们学会表达爱。每到双休日我都要求学生在家里做一两件力所能及的家务活。一方面是想借此机会锻炼一下学生的动手能力，一方面让其知道父母做家务的辛苦，养育子女的艰辛，从中感悟人生，学会去爱。我还经常要求学生牢记父母的生日，在父母生日那天送上一束鲜花，或是一声真诚的祝福……长此以往，中国的传统美德会在孩子们的心中扎下根。例如，《母亲》中写道：此时，面对母亲那饱经风霜的古铜色的脸，我能说什么呢？是的，书是放在家里了，可那是我看完后放在家里的一本与学习无关的书啊！我机械地点点头，母亲如释重负地舒了一口长气。我想，她一定为帮自己的儿子做了一件“很重要”的事而高兴着吧！

“你快去读书，我还得赶回家插田哩。”母亲说话的口气比刚才明显轻松了。

母亲走了，我却木然站着，许久才抬起模糊的双眼。望着母亲远去的身影，我的心头不由涌起一股莫名的歉疚。“妈妈，我一定会好好学习的！”泪，不住地滚落；那本可恶的“大书”，也不知什么时候滑落在了地上。

班级开展的这些活动以及学生所做的这些，我都要求他们以日记的形式记录下来。一个学生在一篇日记中写道：“……真的，我现在才感到我是世界上最幸福的孩子，我为有这样的爸爸、妈妈而自豪，我一定要努力学习，以优异的成绩报答他们的养育之恩。”

三、关爱同学，表真情

现在的孩子大多是独生子女，由于过分的宠溺，大多养成了惟我独尊的性格，在与同学的日常交往中，往往会表现出自私和冷漠。一次班级活动，一名女生不慎跌伤，坐在地上呻吟，而围观的同学只看却没人主动帮助，后来还是班内一位平时最不爱言语的男同学把她搀扶到教室并报告了老师。事后我在班里表扬了那位男同学，对他助人为乐的品质给予高度的评价，并以此为契机教育全班同学要有爱心。在一次班会上我以“面对伤者，我该怎么办？”为主题让学生展开讨论，学生发言踊跃，情绪高涨。后来在学生的作文里多次出现以这件事为素材的内容，情感表达真切。例如，《掌声》中写道：学校里，我又看到了那个男生。他给了我一张纸条：“你也会渴望成功和掌声。相信自己，敢于尝试才会成功。打开你的心扉，脱下你伪装的冷落的面具，你也是最优秀、最可爱的女孩。掌声，就在前方！相信自己，你的明天会更美好！阳光永远灿烂！”

几句话，浸入了我内心最深厚的感动里，似乎有几滴滚烫的液体顺着我的脸颊滴落而下，碎了……可我又分明看到了梦想的升起，载着我内心奔涌的情感，飞向远方……我感到阳光一丝丝揉进了我的日子里。掌声，又萦绕在耳畔；面具，碎了……

四、关注社会，洋热情

“新课标”指出：“写作教学应贴近学生生活，引导学生关注现实，热爱生活，表达真情实感。”社会是个大家庭，让学生知道自己是这个大家庭中的一员，关心他人，同情弱者，是自己的责任。鼓励他们多参加社会实践和公益活动。这样做既可以培养学生的社会责任感，又可激发其关注社会的热情，从而陶冶他们高尚的情操。如开学初我校组织的为灾区学生的捐助活动，班级学生的捐助热情很高，我及时给予了表扬和鼓励。同学们在活动中受到教育，他们用自己的实际行动奏响了“爱的奉献”的旋律。当学生以捐助为素材写出一篇篇情真意切的短文时，我由衷地为他们在关爱社会中洋溢出的热情而激动。例如《责任》一文中，当怀着我们的母亲在公交车上接受他人的让座，在马路旁接受他人的扶助时，已预示着我们有对社会的责任。当我们接受义务教育，享受安宁平静的生活，享受现代文明的时候，已决定了我们有对国家的责任。这要求我们做任何事，要心存社会，心系国家，做无愧于社会、国家的人。在人民需要我们时，能承担起这份责任。

自己的生命要靠自己经营、打理。我们说，打理、经营自己的生命，就得对自己的所作所为负责，有义务尽自己所能做得更好，坚持到最后，这样，在我们走到生命尽头时，回顾一生就可以说一声“我无愧于自己”。

生命是自己的，也不全是自己的。因为生命还包含着那种责任，还欠着那种种恩惠。我们没有权利轻言放弃，更没有资格抛下种种希冀做生命的逃兵。

五、亲近自然，燃激情

大自然的神奇和魅力只有当你去亲近她时，才会真切地感受到。每学期我都会根据教材内容和时令季节的变化，带领学生，春天去郊外踏青；秋天去乡下和农民一起享受丰收的快乐；暑假组织学生参加夏令营；“国庆”“五一”鼓励家长带着孩子去旅游。春天的小草、鲜花；夏天的鸣蝉、小河；秋天的一洗蓝天和丰收的原野；冬日那皑皑的白雪，这一切都会让学生们产生无限的遐想。当他们置身于大自然那宽大的怀抱之中去领略那无限风光时，自然会激情澎湃。在他们的日记中会留下对小草、鲜花的窃窃私语；在他们的画夹中会留下临摹的迷人雪景；在他们的童年记忆里会留下一帧帧彩色的图片。再如《感受秋天》一文中：天空，不知何时飘起了小雨。看着雨滴无声地落在窗棂上，偶尔还夹着飘落的几片黄叶，思绪万千。雨，斜织如丝，翩然飘下，飘在我冷冷的心上，轻轻地叩着肩，敲打着我的思绪。风，冷冷的，迎面吹来，不禁打了个哆嗦。深深地吸口气，满是雨的清爽。蒙蒙的细雨，打在玻璃上，丁零的声音像一支乐曲，悦耳动听。喧嚣的世界，淹没了心的旷野。泪，同雨，始终没有停过。夜里听着雨声，到天亮。

让自己的雨滴落在草的枝叶上，得到无言的永生。苦涩的泪水酝酿着痛苦，诉说着悲哀，如梦中那颗颗载满祝愿的流星，坠落在一片无人知晓的万丈深渊。

夜，静极了，只能听见自己的心跳声。我向着秋天，默默祈祷，像放飞一群纸鸢，飞向了遥远的地方……

在充满情感的氛围中熏陶感染，在潜移默化中适当引导，学生的创新思维、个性品质、习作能力一定能得到充分的发展。

优化演示实验教学　提升科学实验魅力

■周徐英

初中科学是一门以实验为基础的学科，实验是科学的灵魂，演示实验是科学实验教学的重要组成部分。教师通过演示实验不但可以培养学生的观察能力、实验操作能力，同时也有利于活跃课堂气氛，增加科学知识的直观性，是科学的魅力和激发学生学习兴趣的主要源泉。如何更有效地进行演示实验教学，这是每一位科学教师都应深入探究的问题。下面是我在演示实验教学中总结出的一些经验以及技巧，可以有效地提升演示实验的魅力。

一、优化实验的表演形式，增强实验的趣味性

刘谦的魔术大受欢迎，究其原因，在于利用生动的表演手法，调动了广大观众的兴趣。科学实验同样可以如此。利用生动的实验演示方法，可以增强实验的趣味性。像生石灰与水反应放热实验，书本采用往盛有水的试管中加入生石灰，用温度计测量反应前后水温升高来说明反应放热，虽然严谨却显刻板。教学中，我采用“生石灰煮鹌鹑蛋”，拿口铁锅，放入若干生鹌鹑蛋，覆盖上生石灰，倒入适量水，很快看到水剧烈沸腾，几分钟后，鹌鹑蛋就煮熟了，与学生分享现场煮熟的鹌鹑蛋，分享科学的神奇，大大地提高了实验的趣味性，学习科学也就成了快乐的事。又如：学到酸碱指示剂的性质时，按教材实验：无色酚酞加入碱中变红，无色酚酞加入酸中显无色，虽然现象明显，知识掌握却不深刻。联想到生活中很多巫婆神汉会利用指示剂原理制造神秘现象来欺骗大众，于是我在课堂上也扮演了一回“神汉捉鬼”：原本是一张雪白的纸，只见我用力一拍，纸上竟然出现了一个血手印，这个时候告诉学生教室里有狐狸精、妖魔鬼怪，还好狐狸精、妖魔鬼怪已经被我捉住。“接下来要驱鬼啦。”把出现血手印的纸往水盆里面一放，血手

印便慢慢消失了，我说鬼怪最终被驱走了。学生看到这一场景一个个都情绪高涨，纷纷竖起耳朵想听骗术揭秘。其实做法很简单，先把无色酚酞溶液喷到一张白纸上，晾干了，看起来还是一张好端端的白纸。然后“做法”的时候，手上沾点碱性溶液，往上一拍，酚酞遇碱会变成红色，于是一个红手印就出现了。等把白纸搁到水盆里的时候，“水”里面已事先兑了点酸性物质，无色酚酞遇酸则呈无色，所以纸往里一搁，酚酞遇到酸性溶液自然就褪色了，血手印也就消失了。该实验联系生活实际，采用夸张生动的表演形式，增强了实验的趣味性，提升了实验的魅力。能增强学生的学习兴趣，加深对知识的理解。

二、优化演示实验器材，科学实验生活化，增强科学亲近感

科学是一门实践性和应用性很强的学科，因此，贴近生活、贴近社会，成为科学实验改革的重要指导思想。实验是科学教学中的重要组成部分，可以让知识变得直观生动，但通常实验器材用的是实验室专用器材，会让学生对实验产生距离感，如果用学生身边的日常用品来代替实验室里的专用仪器，则会让知识变得更加亲近。如对外做功物体内能会减小，教材中采用的实验是，往吸滤瓶内装入少量的水，并滴入几滴酒精，塞紧瓶塞。用气筒往瓶里打气，当塞子跳出时，观察瓶口有白雾出现。在教学中我进行了改进，拿一个空矿泉水瓶，盖紧瓶盖，像拧毛巾一样去拧瓶身，拧紧的矿泉水瓶迅速挤开瓶盖。当瓶盖飞出后，瓶口会有白雾产生。用一个矿泉水瓶代替整套实验装置，整个实验器材简单，操作简便，现象明显，拉近了学生与实验的距离，大大激发了学生的实验欲望。且该实验所有器材都为身边的日常用品，随处可见，让学生感觉科学实验不一定是科学课才做的，生活处处可实验。

三、优化实验设计，提高演示实验可见度

有些科学实验，现象需要近距离观察感触，作为分组实验效果是好的，作为演示实验现象的直观性欠缺。这时候需要我们优化实验设计，放大实验现象，让坐在远处的学生也能观察到实验现象，从而调动每个人的热情。如溶解放热、吸热实验演示，书本中用温度计测量溶解前后液体的温度变化来说明溶解吸热或放热。由于 温度计示数 可见性不强，学生感知率低，如果让学生轮流触摸来感知冷

热，又太麻烦，且给学生留下的印象不够深刻，教学效果不理想。为了让实验现象明显且更有趣味性，使实验更具有感染力，现加以改进。

1.硝酸铵溶于水吸热。

在一块木板上面滴适量的水，将装有少量水的烧杯放在木板上，提起烧杯时，木板不能被提起。再往烧杯中加入足量的硝酸铵晶体，边加边搅拌，随着硝酸铵溶解吸热，液体温度将降到零摄氏度以下，过一会儿，杯底的水会凝结成冰，将烧杯提起，杯底的木板牢牢粘在一起被提起。说明硝酸铵溶于水吸热。

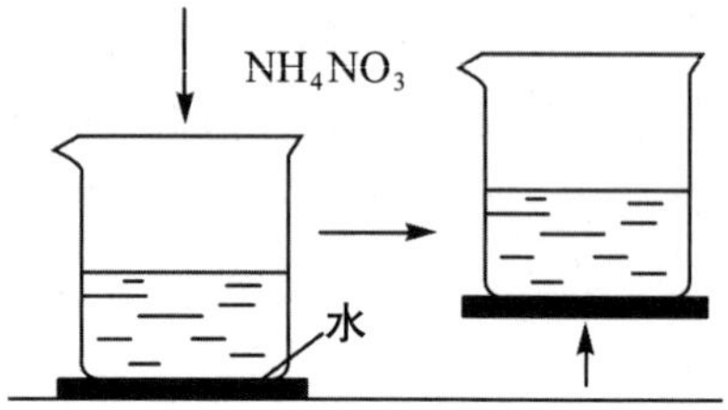

2.氢氧化钠溶于水放热。

在一块木板上面滴适量熔化的石蜡，将装有少量水的烧杯放在木板上，可观察到烧杯和木板被凝固的石蜡粘在一起，提起烧杯时，木板不会掉下。然后往烧杯中缓缓加入适量氢氧化钠，边加边搅拌，随着溶解放热，液体温度升高，石蜡会熔化，可观察到：木板会掉下来，说明氢氧化钠溶于水放热。

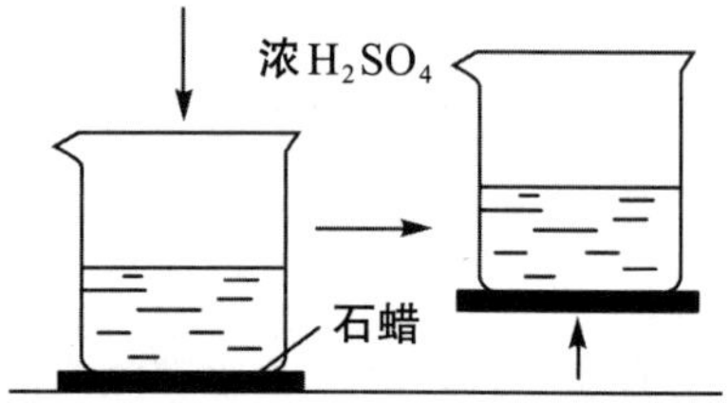

改进后的实验，现象明显，使每个人都能感受到实验的魅力与奇妙，促进学生对知识的感知，且让人印象深刻，对于提高学生学习水平有较大的帮助。

四、改良实验用具，提高实验的成功率

有些实验操作较难，成功率低，一次次的失败，降低了实验结论的可信度，同时也影响了学生的兴趣，使实验效果大打折扣。

如光的反射定律实验原型：

1.如图，把一个平面镜M放在水平桌面上，再把一张硬纸板竖直地立在平面镜上，纸板由可以绕ON折转的E、F两块板组成，纸板上的直线ON垂直于镜面。

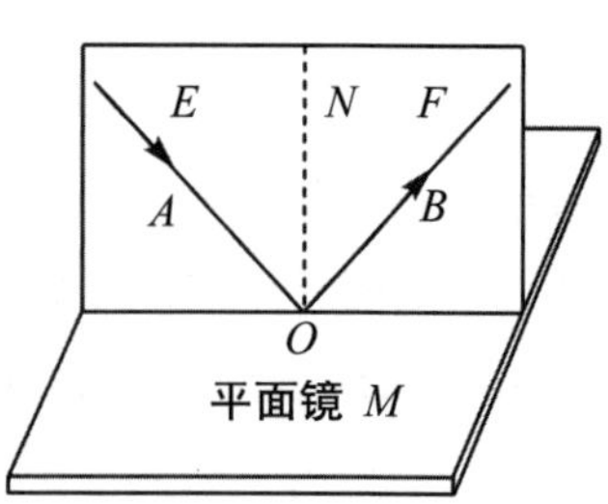

2.使EF两板面处于同一平面内，让一束光贴着纸板沿着某一个角度，射到O点，经过平面镜的反

射，沿着另一个方向射出，在纸板上用红色笔描出入射光和反射光的径迹。

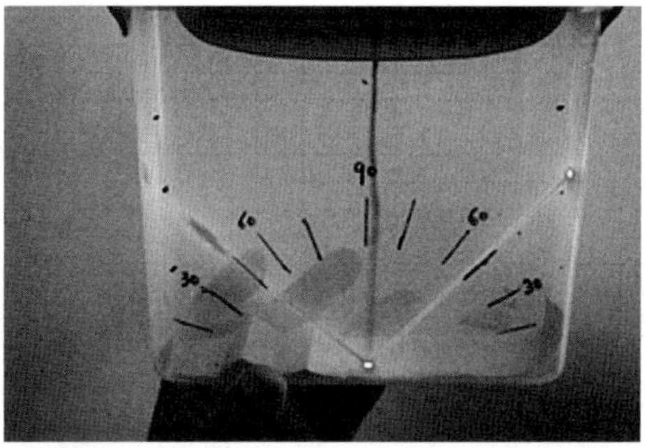

实验原型不足之处：光的反射实验理论上可以通过控制激光的入射方向使光路呈现在纸板上，但实际操作中要使入射光线和反射光线都呈现在纸板上是不容易的。实验操作难度较大，现象不明显，实验效果差。

实验改进：取一透明度较好的保鲜盒，在保鲜盒底放置一平面镜，点燃燃香置于保鲜盒内几秒钟，让烟尘充满空间。取出燃香，盖上盒盖。激光从保鲜盒侧面对准平面镜入射，观察光的反射现象。

保鲜盒中的烟尘能清楚直观地显示光的传播路线。实验表明保鲜盒中的烟尘可持续一两个小时，不影响实验效果。改进后的实验操作简便，很容易得到理想的实验效果，使学生清楚、深刻地掌握反射定律这一重点。

科学是有趣的，优化演示实验，可以提升实验魅力。让学生以轻松愉快的心情去认识与人类息息相关的科学，积极探究科学的奥秘，从而快乐地学习和成长。

科学课堂的学习不应只是“等待”

■胡慧姣

看现在的学生，在学习过程中做得最多的事情就是等待，等待老师上课讲知识点，等待老师布置任务与作业，等待老师给出答案，甚至批改过的作业也要等待老师来讲才能去订正……

现在的学生对于学习，能用喜欢来形容的真是寥寥无几，想让学生都喜欢学习，我觉得是不切实际的，因为现在的学校学习方式都是整天坐在教室里。对于任何一个人让他选择出去玩还是整天坐在教室里，我想没有人会用“喜欢”来形容坐在教室里的感觉吧。因此作为教师，我们应该思考的是：在学习过程中，如何才能让学生获取知识的同时，能力也能得到更大的提升；在课堂上，学生除了被动的学，还能主动的参与；在方法上，学生除了接受老师的传授，还能离开老师自主学习。让学生在学习中多些参与和自主，而不只是等待着老师的到来。

一、在学习过程中，学生除了获取知识，还能增长能力

小组合作学习的理念已经早就被提出来，所不同的是，现在我们的每个小组中都会搭配不同梯度的学生，学习能力强的学生被要求带学习能力稍弱的学生，这在我们科学学习中也尤为重要。由于理解能力和思维方式的差别，注意力集中程度也不同，在课堂上总会有一部分同学先听懂，我们选择让先听懂的同学去教另外的同学，而不是老师一而再再而三的重复。这样做有以下优势：

首先，以小组的形式安排学习，由于我们的奖励与惩罚机制都是小组捆绑式的，这样能促进大家合作，提高大家的合作意识，培养大家的合作精神。如：每次检测我们都会给小组平均分进步明显的小组颁最佳合作小组奖，给进步明显的同学所对应的小组成员颁最佳搭档奖等。初中生是学生从儿童期到成年期的“过渡

期”，意志力薄弱，学习兴趣不能持久，所以还是需要不断地给予奖惩加以刺激。

其次，在科学的学习过程中，会做和会教是不同层次的。所以对于那些科学成绩相对较好的同学，多帮助组内同学的同时，自己的语言表达能力也在无形中得到了提升，自信心也会随之增长。如我们班的吴彬烨同学，由于从农村小学毕业，从没接触过科学，而城里学校，小学就有科学，所以在科学的学习过程中，她明显感觉自信心不足，而且在做探究题的时候，表达总是不能很到位。但自从给她安排了一个同桌要求她教之后，她的科学成绩就稳步提升，看她教同桌的时候就特别自信，而且有时候讲得头头是道，乐在其中。这里面少不了“教得多”的功劳，在教之前，自己首先必须得懂，而且得理理思路，怎样才能让别人听懂，语言组织能力自然得到了提升，在教的过程中若能意外的发现别人的错误所在，对自己当然也会有意外的收获。

最后，在学习科学过程中，问题及时解决很重要。对于学习能力相对较弱的学生，可能问老师问题的胆量也相对较小，若问题日积月累，那成绩就更加不容乐观。但我们采用这种小组方式后，学生随时随地都能方便地问问题，这也体现了教师对学生的负责，让这些学习能力比较弱的同学也能体会到老师、同学对他们的关爱。班里课间也经常能看到同学之间互相讨论，问问题的现象，难的题目几个成绩好的同学凑在一起解决，不能解决的再问老师，解决之后再回到组里教其他同学。

学与帮相结合的形式还能为老师节省大量的时间与精力。对于不是很难的内容，我们可以直接让小组内讨论解决。特别是作业讲评，教师只要讲较难的几个题便可，其他的基本上小组内可以解决，学生自己互教远比教师一个人在讲，积极性更高，效率更高。

二、在课堂上，学生除了被动地学，还能主动参与

本该属于学生的课堂，现在很多课堂基本上换成教师在唱独角戏。学生一天到晚坐在教室里，如果除了听就是写，难怪学生会听到耳朵疲惫，很多老师总是责怪学生刚讲完的内容又不会，殊不知，他们可能根本不知道老师在讲什么，到最后只看到老师嘴巴在动，一个字都听不进去了。

既然如此，何不把课堂还给学生。当然，有些该教师讲的内容还是得老师讲，但学生自己能解决的问题，我们就不当替代者。

以由离子构成的物质化学式的写法为例：只要知道构成物质的离子的化合价，遵从化合物中离子化合价的代数和为零，阳离子写左边，阴离子写右边，便可解决基本上所有的离子化合物。如硫酸铵：先读的后写，后读的先写，或遵从阳离子写左边，阴离子写右边，硫酸根带两个单位的负电荷，而铵根离子带一个单位的正电荷，硫酸铵的化学式便可写成（NH_4）$2SO_4$，演示一次后一部分学习能力强的同学便已掌握书写规律，接下去给出几个常见的离子，让学生自己小组里面反复练，组内肯定还有同学不会的，那么先教再练，不会的再教再练，学生自己在学与教中不亦乐乎。教师只要在教室内关注他们的练习情况便基本上了解大家的学习情况，最后只要抽测几个成绩稍差的同学就可以了。这样下来，可以让每个学生都参与到学习中来，学的学，教的教。

三、在方法上，学生除了接受教师的传授，还能自主学习

我们在"非指示性"课改中所追求的目标就是让学生自主学习，"非指示性"教学理念是把学生当做平等的、独立的、能自主判断、自主反思、自主纠错、自主成长的人。用一句话概况"非指示性"教学是在教师引导下让学生自主成长的教学。自主学习是指学生个体在学习过程中一种主动而积极自觉的学习行为。在现在这个大的教育环境下，学生从小学开始，无论是生活还是学习似乎都没有自主能力，事事都有家长、教师为他们安排好，他们充其量就是一个执行者。

刚开始的时候，学生不知道怎么学习，让他们自己看课本，也就粗粗地浏览一下，无所收获。所以在刚开始的时候，我们必须给出明确的任务，让学生知道干什么，带着目的去看课本，才能有所收获。久而久之，学生就能自己看课本，从中归纳出本节内容的重点，并能通过各种形式概括出来，如：列表式、大括号的形式、表格的形式等等。

以《机械运动》这节课为例，我设计了第一个环节是让学生自己看课本88页至89页，思考要判断一个物体是运动还是静止，我们科学中引入了一个什么概念？学生看完这两页课本后，都能答出是参照物。但学生很难理解参照物的概念，这时教师稍做解释。为了让学生自己主动深刻地去理解参照物的概念、物体运动和静止的判断，我设计了第二个环节，小组合作环节，以四人一小组为单位，把课本平放在课桌上，课本上放一个文具盒，推动课本使它在桌面上慢慢移动。分析课本和文具盒是运动的还是静止的，分别选择的参照物是什么。并给大家提出要

求：小组内一个同学做，大家一起观察文具盒、课本以及书桌。学生在自己动手做的时候就会互相讨论，文具盒是运动的吗？好像是静止的，又好像是运动的，那是为什么呢？由于已经提出了参照物的概念，大家自己就会解释由于选择了不同的参照物。学生之间互相质疑、答疑，会让大家对这个知识的学习更加感兴趣，并能加深对知识的理解。

四、结语

学生在不断获取新知，我们在不断地探索获取新知的最有效的办法。让我们的学生哪怕不能用喜欢学习来形容，但至少能够参与学习，主动学习，学会学习，并能够在学习中有所收获。而不是成为只会等待着别人施予，接受那么一点可怜知识的人。

作文教学需要“内外兼修”

■徐芳芳

中学校园里流传着这样一句顺口溜：“一怕写作文、二怕文言文、三怕周树人。”可见，对于中学生来说，写作文是一件非常头疼的事。没话写，没有素材，是学生在写作文的时候，遇到的一个普遍性的问题。而作文和做人一样，是个长期修炼积累的过程，并不是能够一蹴而就的。这就需要学生在日常的学习过程中，多阅读、多思考、多练笔。“阅读是吸收，写作是倾吐，要想文思泉涌，就得满肚文章。”大量的阅读积累，可以丰富学生的词汇量，培养良好的语感，从而促进学生学会准确、形象地表达。

同时，作文又是一种开放的、千变万化的活动，外部知识转化为自己的能力有很长一段路要走。在这内化的过程中，需要教师引导学生“发掘”文中的精美语句，进行赏析，有切身地体会与心灵发现。并且能够使学生把“发现”的精彩融会贯通，打造出属于自己的作文亮点。

一、立足课内，稳扎稳打

古人云：“读书破万卷，下笔如有神。”短短一语，便道出了阅读对写作的巨大作用，而阅读中的语言积累更是写作的重要依托。没有语言的支持，再好的素材、再好的思想，也难以表达，就如“空中楼阁”一般，整篇文章也难以升腾。

这就要求学生在平常的阅读过程中，着重关注语言的表达，关注精彩语句的积累。当然，更需要教师做好引导、赏析的工作，使学生明白，这些语言为什么好，好在哪里。然而，市场上的书籍形形色色，可供阅读的材料亦是数不胜数，学生该如何选择恰当的、优质的阅读书籍呢？笔者认为，学生每日都在学习的语文课文便是很好的积累素材。这些课文都是经过专家精心挑选的，它的编排和逻辑都有其科学性，在一定程度上也适合初中生的阅读审美水平，具有很好的利用价值。有时候，离得最近的，往往会忽视它的独特魅力，也许这就是所谓的“百姓日用而不知”吧！

在人教版七年级至九年级的六册教材中，涵盖了各个文体，其中小说有22篇，诗歌28首，现代散文45篇，文言散文37篇，说明文17篇。这些文章都是非常丰富、宝贵的写作素材。我们老师需要用好课内时间“顺着教材走，牵着技法的手，推着学生去上楼”。

比如七年级上《我的老师》中作者淋漓尽致地表达了对老师难以忘怀的情感，得益于详略得当的叙事安排，更因为贯穿其中的情感线索让我们在平实的字里行间感受到作者那股涓涓流淌，绵长深远的深情。于是董一诺同学在《那个特殊的人去哪儿了》这篇作文中也巧妙地借鉴：前面略写小学科学老师对我们的好，真切地说：“她的出现给了我们无穷的新鲜感，她的亲和力更是深深地吸引我们，像这样特别的老师，我们怎么会不喜欢，怎么会不愿意和她亲近呢？”然后详写科学老师于我更有特殊的意义，叙写自己上初中后极度不适应后想到了她，怀着试试看的忐忑心理与老师联系时，她耐心地开解，和悦地与我谈心，每遇佳节都会及时给我发来问候、激励的短信，最后真挚地写道：“我不知道你当时是不是察觉，一个焦灼的孩子在那时，对你是多么地依恋！现在想来，你陪我经历了那么多美好的时光，一起拥有过那么多美好的回忆，于我，是有着多么有益的影响。那个特殊的你去哪儿了，那个特殊的你一定会久久、久久地住在我的心里！”

学生在生活中接触最多，最深入的就是教材，课文是一个巨大的语言库，只要善于去品，善于去淘，对写作是大有裨益的。像这位同学在课内阅读后学会了在作文中安排详略，学会了设置情感线索，学会了真挚的表达。这样的例子，课本中还有许多许多。通过《爸爸的花儿落了》《心声》《羚羊木雕》等课文，可以学着运用插叙的手法，使文章显得波澜起伏。阅读《观舞记》《安塞腰鼓》《风雨》《春》等课文可以学着用修辞来描写，增加文章的生动性、形象性。如若是写人的文章，那一定要好好地揣摩揣摩《闻一多先生的说和做》《音乐巨人贝多芬》《王几何》《藤野先生》《我的母亲》等，学会抓住特点，选取典型事件把人写活。

孔子云：“言之无文，行而不远。”呆板、空洞、乏味的语言永远不能令文章富含生命力。因此在教师讲解课文的时候，也加强对文中的精彩语言的赏析，引领善于孩子做一个阅读的有心人。从教材中来，到教材中去，最大限度地发挥课内阅读对学生写作的示范作用，在学习课文的时候，也注意语言的积累，一边阅读，一边思考，一边记录，提高学习的效率，便可达到事半功倍的效果。

二、拓展课外，锦上添花

叶圣陶曾说过："多读名文，就是在不知不觉之中追求语言的完美。"课内的文章其实是比较有限的，要积累更多的素材、知识，提升思想的水平，需要广泛地进行课外阅读。在课外的阅读中积累词汇、语言，特别是对警言妙语的品读、摘录，不仅能使语言完美，更能拓宽知识视野，提高人文素养，增强文化底蕴。做了课外的语言积累之后，相较于课内文章的学习，可以更进一个层次，使自己的思想更加活跃，写出来的文章更加具有新意，颇具锦上添花之美感。

教师在教学过程中，可以多拿一些优秀的文章，供学生阅读赏析，仔细揣摩其语言的精妙之处。如去年的阳春三月时我应景地推荐《系在风筝线上的童年》，自主阅读后让学生自己说说哪些语言真精妙，然后进行男女生小小的竞争，把一致认为美的句子背诵下来：时令正是仲春。大地挣脱了冬的纠缠，不觉之中已经泛出几分淡淡的鹅黄的绿意。仰望晴空，偶见数点风筝，袅袅娜娜地飘挂天际，使我蓦然忆起"草长莺飞二月天，拂堤杨柳醉春烟"，正是放风筝的好时光。瞩望那长长的轻轻抖动的风筝线，竟丝丝缕缕牵出了我的童年…… 风筝也有赌气的时候。有时候明明飞起来了，却偏偏任你如何摆布它总要往地上栽。这时的小伙伴们绝不会张飞似的环眼圆睁，一脚踏翻它的。大家总是小心翼翼地检查一番，找出毛病，对症下药。随着欢呼声，风筝重又飘然升起。放到得意处，猛不防风筝也会断线，摇头晃脑地越飘越远。我们拉着断了的风筝线，不胜惋惜……

其次调动学生课外阅读的积极性。如上到七年级第二单元《我的老师》《王几何》后，周末布置的作业是：从平时的阅读中推荐一篇写人的佳作，摘录出富有文采的地方并写几句感受。周一午间作业课时，小组合作"佳文共赏 美文共评"。我也及时推荐了苏叔阳的《我的老师》，相互PK交流不仅让孩子领会了语言的韵味，也引领孩子学会生动细腻的描述，并且很多孩子都自觉地把精彩的语句抄录在摘抄本上，紧接着布置的作文中发现学生化用的语句真有锦上添花之感。

教学七上第三单元的《春》《济南的冬天》等描写生动的课文后，我及时在班级推荐了丁立梅的作品，并且第二天便在班级书架上悄悄地放上《暗香》《遇见》等集子，供学生阅读。同时，也积极鼓励学生互相推荐，倡导孩子一起让图书漂流，让美文共享。

笔者以为，课外阅读的语言积累，不仅仅是读“满分作文”，“高分作文”，这些文章固然华丽，有文采，有时却难免有些模式化的倾向，甚至有些矫揉造作。教师在作文教学的过程中，务必要筛选好学生阅读的材料。种类可以是多种多样的，小说、诗歌、散文等等。这样既可以拓宽学生的阅读视野，也能够调节阅读口味，避免了只阅读一种风格的文章，而出现的困乏现象。读过之后，还得请学生做好摘记，能反复品读而知新，加强记忆，融进自己的血液。

三、学以致用，异彩纷呈

阅读、摘记之后，最为关键是要会运用，能够将别人的“武功秘籍”内化为自己的语言，写出有着自己独特思想的文章。语言是由音位、语素、词、短语、句等要素构成的。一篇好的文章也确实需要字、词、句、段的精心打磨，因此，在阅读的语言积累过程中，应当从小处着手，由小及大，从而写出文采斐然、凸显亮点的文章。

首先，是阅读中字词的积累。我们的汉语博大精深，同样的意思，可以有不同的表述，而所用的词的文雅与否，在某种程度上，也体现了文章水平的高低。如包利民的《葱茏过生命的那些感动》，“葱茏”一词挺妙，强调一下。这周的周末随笔中一位学生的题目就是《葱茏过生命的那些话》，多恰如其分的化用啊。因此，学生在阅读的过程中，教师应当引导学生加强好的词语的积累。

另外，注重精彩语句的积累。一些佳句妙语“胜却人间无数”，如施佩君同学在《做你的学生真幸福》这篇作文中，打磨出的语言就“别有一番风味”：开头“师生是一首歌，真诚是词，依赖是曲，理解尊重是主节拍”，紧接着三段的开头分别是“心灵一颤，勾出情之韵”“生活一舞，划出美之弧”“叮咛一声，点亮心之灯”，结尾是“师生情是一条路，美好是平坦，指责是坎坷，无私深邃是路基……”开头总起，主体部分用诗一般的语言书写的排比段，怎能不让人眼前一亮，怎会不为之拍案叫绝？

最为深远的是在阅读中强调思辨，敏感的人，能写出内心的温度；思辨的人，能写出内心的深度。作家的本领在于，用小事、琐事，写出别人看不到的意味。而阅读可以倾听众多智慧语言，分享无数思考成果，让学生在阅读积累中智慧晋级，更好地发展学生的思维，润物细无声地滋润着他们思辨的潜能，学生手中的笔也可在不知不觉中开出芬芳的花朵。如胡彤同学在“远方”为主题的征文中的立意构思便来源于课外阅读中的这句话：“孩子不要着急让生活给你全部的答案，就像向空谷中喊话，总得等一会儿，才能听见绵长的回音。”记叙了自己想迫切证明自己长大，百般推敲后，决定通过摆摊的方式来赢取我人生的第一桶金的经历和心路历程，最后感悟道：“不管远方的路有多辛苦，只要走的方向正确，不管多么崎岖，竭力远走，都比站在原地更接近幸福。”这样的主题思想在一大堆浅显而相似的征文中便幸运地脱颖而出！

要提高学生作文水平和能力，非练不可，非多练不可。这里的练习除了多写，也需写作之后的多加细心修改。文章是在反复打磨之后，才会变得越来越精致的。正所谓，“两句三年得，一吟双泪流”。我每周一篇课堂限时作文，批阅后第二周讲评，周末作业即修改原作，修改时可以从摘抄本中或阅读的作品中借用语言。多练能生巧，多用便自然。

“问渠那得清如许，为有源头活水来”，书籍是智慧的水分和阳光，阅读是作文的魔法杖。踏实课内，拓展课外，大量的阅读可以构成学生对生活的参与性，建立起良好的语感，让学生在作文中的流畅度得到提高，画面感得到增强，深刻性得到提升。

浅谈初中语文教学中的情感把握

■ 徐丽霞

一、教学中实施情感教育的必要性

“登山则情满于山，观海则意溢于海。”情感是指以需要为中介的人对客观事物和对象所持的态度体验。它对人学习并掌握技巧和科学知识、探求真理起促进作用。人们在日常生活中，积极的情感可以开阔工作和学习思路，使人思路敏捷，创造力丰富，熏陶情感。因此，语文课教学过程中，情感不可或缺。假如教师将人的情感规律应用于日常教学，以和学生的情感沟通为基础，因势利导，融入真善美的情感因素，努力营造融洽及亲切的乐学情景和教学氛围，会使教与学相得益彰。晓之以理，必先动之以情。教师动情，则学生动容。

《课程标准》指出：“中学语文教学要重视情感，态度，价值观的正确导向。中学语文教学，应从语文学科的特点出发，把教学生正确理解祖国语言文字和进行情感教育统一起来，激发学生情感的浪花，培养他们理解美，欣赏美，创造美的能力”。纵观中学语文教材中的大量作品，文质兼美，图文并茂，字里行间洋溢着或优美淡雅，或清丽委婉，或崇高悲壮的情感。因此，在教学中，必须注意把情感教育贯穿于阅读教学的各个环节，在向学生传授语文知识的同时，也必须进行情感传递和情感教育。

二、教学中要把握情感教育的方法

（一）导入环节中要激发情感

一个好的教师，面对新课定能充分运用各种方法来引导学生，激发学生的学习潜力，鼓励学生走进课本，触摸文字温度，感受文学作品所带来的情感。导入新课要生动有趣，能激发学生的情感，引起强烈的求知欲和浓厚的学习热情。例如，在学习《背影》这篇文章时，可以用多媒体，播放电影《背起父亲上学》片断，导入新课，激发学生想知道《背影》中的父亲是怎样的形象的求知欲，即对父亲应有的最原始的情感。又如，在教朱自清的散文《春》一文时，先并不急于要求学生读课文，同样是借助多媒体，播放一段描绘春天来临、大地万物复苏的录像，让学生观察后，复述见到的情境。学生对录像片中的优美图景、动植物的勃勃生机，充满了新奇感，观后学生争先恐后的举手发言，畅谈看到的录像，但这时学生的发言多是客观的叙述，缺少生动具体的描绘，不能使人领略到录像中的美感，那么，怎样才能传达出录像中的美感呢？于是在此基础上，引出课文，请同学们找出文中有关春天来临之后的景物描写的语句，并分析它们运用了什么手法。通过寻找和分析，学生明白了朱自清先生主要运用了比喻、拟人等修辞手法，使得景物描写生动、传神，充满了情趣和美感。明白了这一点之后，再让学生看录像，并要求学生给录像片配上生动具体的解说词，学生运用刚学到的景物描写方法进行写作，然后交流比较，学生显然感受到自己的智慧力量，体验到了创造的快乐，课堂上学生带着这样的情感再进行学习和思考，主动性大大加强了，学习兴趣也深厚了，有效地提高了课堂教学效率。

（二）通过朗读激发出情感

朗读是表达情感的途径。教师和学生应该通过朗读，渲染情感、引领体会情感，维持、巩固和发展在导入新课阶段激发出来的情感。文章所蕴含的感情，不是教师三言两语就能强加给学生的，只有反复朗读，才能让学生体会出文章所要表达的情感，产生共鸣，内化成自己的情感。因此，课堂上老师不能停留于对文章被“字词句”图解，寡然乏味，而要多一点感情指导，只要通过教师范读和学生有感情地反复朗读，就能体会文章的意境美，以及文章所要表达的情感。如《春》是一篇自然美、人情美和语言美为一体的感人之作，因此在教学中要十分重视对学生的朗读指导。通过引导让学生在“读、思、议、想”的过程中理解了课文内容，感悟到春草吐绿，春花争艳，春雨绵绵，春意盎然的美丽迷人的景色，在有了初步情感体验的基础上，自读自悟、美读品悟，学生的情感被激发读起来抑扬顿挫，情感流露于表情之中，达到“正确、流利、有感情”的朗读要求，给人美的享受师生自然陶醉于美丽的春景之中。所以充满感情色彩的教学语言以及学生的感情朗读，促使师生之间情感交流及和谐状态的形成。它具有一种吸引力，既可凝聚学生的注意力，又可以使学生的情感和教师、教材的内容形成共鸣的状态，达到和谐的程度，它不仅可以让学生从内容上去感受知识，作用于学生的感官，更作用于学生的心灵。又如在学习《背影》时，为了使学生感悟文章蕴涵的深挚情感，应指导学生进行深情朗读专项训练，围绕最能体现“背影”的情感因素——“蹒跚”“探”“攀”“缩”等饱含深情的词语，指导学生结合生活实际，回忆父亲对自己关心、关爱，并于此基础上组织学生进行深情朗读比赛，使其由有感情地朗读升华到精读，充分调动学生感官，使他们积极参与，用心去体会、品味如山的父爱，深刻地理解父爱真谛，从而更加珍惜生命中拥有的真情。当朗读道：“父亲写了一封信给我，信中说道：‘我身体平安……惟膀子疼痛厉害，举箸提笔，诸多不便，大约大去之期不远矣。’我读到此处，在晶莹的泪光中，又看见那肥胖的青布棉袍黑布马褂的背影。哎！我不知何时才能与他相见……”朗读富有生色，富有情感，从而在无形中激起了学生内心深处的情感共鸣，更理解了父亲的舐犊情深。情感使这堂课得到了升华，达到“课虽终，意还在”的效果。

通过深情朗读，情景交融，从而维持、巩固、升华了对父亲无比敬佩与爱戴之情。让学生体会出文章所要表达的情感，无形中产生了共鸣，内化成自己的情感。

（三）深入赏析文本引起共鸣品味情感

在学生的情感得到一定的激发后，教师要顺势引入课文深层次的学习中，将知识内化为学生自主思维的动力，使学生与课本产生互动引起共鸣，引导学生体味情感，提高学生感悟语言文字的能力。情感是深深地渗透在文章中的每一个词语、每一个句子之中的。在品赏词句教学时，我们要抓住文中关键句，讲清深层内涵和蕴意，让学生“披文人情”，体会文章的“味”，与作者感情共鸣。在学习《背影》时，在“品析”这个教学环节上，可以设计一个互动话题：本文最感动你的细节是什么？为什么？学生大都找到“他用两手攀着上面，两脚再向上缩；他肥胖的身子向左微倾，显出努力的样子”这个细节描写。学生悟出这段话的感人之处在于动词的妙用。“攀”既写出了月台的高度，又写出了父亲攀爬的吃力；“缩”既细腻准确地写出了父亲爬月台的困难，“倾”说明他身子肥胖，爬地费劲、用力。这一系列动词，细致地描绘了父亲过铁道、爬上月台买橘子的艰难情形，正因其艰难，爱子之情愈加感人至深。品这一语段，让学生悟出了动词的情味和表现力，以及父亲对我的舐犊情深，引起学生情感上的共鸣。学习《荒岛余生》一课，引导学生品味“当我们遇到坏事的时候，我们应当考虑到其中所包含的好事”和“在最不幸的处境中，我们也可以把好处和坏处对照起来看，从而找到聊以自慰的事情”等含有人生启迪的句子，让学生体味其中的人生智慧，情感得到熏陶。教学范仲淹的《岳阳楼记》引导学生感受那气势磅礴，气象宏大，富有音乐节奏的语言。在教学中，通过朗读课文、课堂合作讨论等多种学习方式，增强互动，共同体验作者的胸怀宽广，以天下为己任的豪情壮志。培养学生拼搏向上的道德情操。有了品味、感悟，学生才能在积累了大量语言材料的情况下体会语言的魅力，潜移默化，逐步提高语言感受力和运用能力。才能激发课堂的活力，才能产生情感共鸣，才能更好地传递深情。

（四）拓展延伸加深体验情感

语文教学要树立大语文的观念，时时处处皆语文。语文学习没有捷径可走，仅凭课文中的范文来提高学生的阅读能力，理解能力，陶冶学生的情感是远远不够的。因此，语文教师在进行阅读教学时不能只局限于课文，应当在完成课文的教学目标后，引导学生冲破课文界限，适当将眼界引向文外空间，向横向拓展或纵向延伸，增加信息量，扩大知识视野，进而有效地提高学生的语文素养。如学习了《我的老师》可以向学生推荐阅读《爱的教育》，让学生体味文中小主人公们从出身到性格都有迥异之外，但他们身上却都有着一种共同的东西——对自己的祖国的深深的爱，对亲友的真挚之情，感受到崇高纯真的人性之爱就是一种最为真诚的教育，最终我们的教育使爱在升华。在课堂教学的结束环节，要善于捕捉时机，激起学生更高层次的求知欲望。

教学本身就是一种情感的交流，苏霍姆林斯基曾把学生的情感比作土地，把学生的智力比作种子，他说：“只关心种子忘了耕地等于撒下种子喂麻雀。”在语文课教学中，要从中挖掘潜在的情感因素以感染学生，唤起学生对语文的热爱与追求。“文章不是无情物，师生俱为有情人”，让情感教学在语文课堂教学中熠熠闪光吧！

让失语者张口说话

■盛　晶

课堂教学是语文教学活动的主要形式，它主要围绕教师和学生的话语来展开，没有教师和学生的话语也就不存在语文课堂教学。而现在的语文课堂的常态是教师讲解权威、文本解读唯一、教学评价单一，学生心灵尘封、思维僵化、表达沉默。面对文本，学生那顾虑重重的眼神和词不达意地表达让人心痛，语文课堂学生为什么失语？

一、语文课堂失语现象解读

（一）文本解读权威化

语文课堂教学往往以教师的提问开始，教师总是力图通过问题引导学生走进文本。而问题则是教师以教学参考、考试目标等规定的重难点预先设置的，这些问题的答案是早已经形成的某种权威解读，是教师心目中最接近标准答案的正确解读。学生的一切表达在教师看来就是寻找标准答案的过程，学生的一切见解最终都会趋向唯一的解读。《春酒》只能是思乡思亲，《散步》只留下尊老携幼；文言文就是会翻译，诗歌就是会背诵。专家的观点于是成了权威，对文本的解读成了拿来主义，学生没有了自己的思想，用别人的思维说话成了习惯，没有了自身对文本的独特感受，文本的多元性丧失殆尽。久而久之，学生的思维僵化了，学生的表达被牵制了，学生课堂参与的热情也就消失了。

（二）教学流程机械化

语文课堂教学往往以教学设计为蓝本有条不紊地步步推进。教师按照既定的教学目标预先对教学过程进行周密的设计，上课时按部就班地按照备课流程逐步展开：激趣导入、文本感知、突破重点、拓展深化、作业布置。教师上课时更多考虑的是如何完成预设的教学任务，要求学生听老师讲阅读思路、记解题策略，掌握考试重点，把学生视为教学流水线上的接收装备，考试终端上的答题机器，完全忽略了学生在语文学习中的独特体验。另外，教师为了更好地完成教学任务，往往喜欢将绝大多数问题抛给了班里的少数优秀学生，把教师和全体学生的课堂弱化为优秀学生的课堂，把弱势学生视为课堂的旁观者。于是，教师成了这场课堂剧的主角，优秀学生是察言观色的配角，多数学生成了随声附和的群众演员，而更多的时候是默默无闻的观众和听众，是这场课堂剧中沉默的看客。

（三）教学评价单一化

语文课堂教学往往以教师对学生表达的评价作结。教师常常以教学参考、考试目标作为对学生评价的唯一标准。在这个标准下，学生不完整的回答会被不断否定，学生错误的回答会被无情的批评；学生的话语会被随意地终止，学生的意见会被自动忽略。学生的回答只有和教师保持一致时，才能获得认同和表扬。《变色龙》中奥楚蔑洛夫的人物形象只能是趋炎附势、见风使舵；《好嘴杨巴》中的杨巴只能理解为随机应变、处乱不惊。阅读是学生个性化行为在这里被无情的忽略，学生一切表达都是徒劳。久而久之，学生就养成了在沉默中等待标准答案的习惯。另外，在当前的考试制度下，学校、教师、家长更看重的是学生的学业成绩，更关注的是急功近利的应试技巧，师生话语交流的语文课堂变成了夺取高分的战场。于是，学生对考点的掌握情况成了教师评价中关注的焦点，学生个性的表达被忽视，学生鲜活的文学生命一步步走向窒息。

二、语文课堂失语现象对策

语文课堂不应该是学生沉默的课堂、思维僵化的课堂、心灵尘封的课堂。《义务教育语文课程标准》中明确指出“不应该以教师的分析来代替学生的阅读体验，不该以模式化的解读来代替学生的体验和思考”，“鼓励自主阅读、自主表达、充分激发他们的问题意识和进取精神”。语文课堂就应该是学生自由表达的课堂，语文课堂更应该是在自主合作探究中提高学生语文素养的课堂。

（一）氛围宽松民主

教师应在语文教学过程中创设易于学生表达的课堂氛围。《义务教育语文课程标准》中明确指出“语文教学应在师生平等对话的过程中进行。”教师和学生是平等的，师生双方都拥有思考的权利，发表自己观点的权利，和他人观点争鸣的权利。教师要放下权威的架子，对学生表达中不合理、不全面的地方，应该持有宽容的态度、耐心的倾听，适时的引导，而不是粗暴地干涉，无情地打断。教师还应放下应试的功利心理，允许学生发表不同的看法，尊重学生真实情感地表达，而不是冰冷的技巧的传授，应试策略的分析。教师要用心营造一个宽松、自由的课堂氛围，学生才会没有顾虑地表达，学生的思维才能真正地激活。

（二）预设生成统一

教师应该处理好教学设计的预设和课堂的动态生成的关系。语文课堂不是预定的教学设计，并不是一成不变的，教学设计的价值必须体现在生成的课堂上，语文课堂教学更应该关注教学的过程性、生成性。教师要以敏锐的眼光捕捉学生在课堂的学习状态，包括他们的兴趣、积极性、注意力、学习方法与思维方式，合作能力与质量，提出问题与争论乃至错误的回答等动态的生成性资源，调动自己的教学智慧进行即时性的备课，使这些动态的生成资源纳入预设的教学设计中，随机调整教学环节。学习目标可以在生成中随机升降，学习重点可在生成中调整，探究的主题可以再生成替换。如《好嘴杨巴》中品味杨巴这个人物时，“随机应变、处乱不惊”的教学预设就被打破了，有同学就提出杨巴的人物形象应该是“见风使舵、八面玲珑”。我就以此为契机，引导探究旧社会底层小人物该如何生活，学生自主探究合作得出结论：这些与其说是杨巴性格的弱点，还不如说这是他应对生存环境的特殊策略，预设和生成在这里得到了统一。不言而喻，学生是语文学习的主体，教师只是学习活动的组织者和引导者，教师应在生成和预设统一中，让学生产生学习的兴趣，享受表达的乐趣，不断习得语文学习的方法。

（三）提问明确适时

教师应根据学生的实际和文本精心设计问题。所提的问题应该成系列，一环紧扣一环，牢牢抓住学生的心，开启学生的嘴，激发、保持学生的对话意识。所提的问题要精小，让学生的回答有切入点，学生的思考有立足点。所提的问题还应该是学生的兴奋点，让学生感到有话可说、非说不可。在《春酒》中我就设置了这样的问题“这位勤劳善良、温柔慈爱母亲，却不是琦君的生母。”“不是琦君的生母，那是谁呢？”学生的阅读期待马上被唤起，立刻有了探究的欲望。在此基础上，抛出问题“琦君到底怀着怎样心境写这篇文章的？”联系背景资料，让学生读出自己对文本的独特感受。当然，教师对于所提的问题该由哪些人回答，要心中有数。教师可以让不同层次的学生回答不同的问题，让不同层次的学生都有表达的机会，让不同层次的学生都能品尝到成功的喜悦。而对于问题的答案，教师尽量少讲、精讲，多采用启发诱导的方式，给学生充分的时间去思考、交流、表达，让学生在主动积极的思维和情感活动中，加深理解和体验，有所感悟和思考，收到情感熏陶，获得思想启迪，把学生从抽象的知识的存储器，还原成具体实在的充满生命情感的人。

（四）评价亲切中肯

教师在评价学生话语时，语言应该是温和亲切的，评价应该是一分为二的。对于学生表达中的闪光点，教师要充分肯定；对表达中的不足，教师也要实事求是指出，并采用引导、转述、重复等方法适当加以完善。初中学生常常是想得快，表达得慢，这时教师应及时扶一把，给学生以口语表达上的引导，让他顺利地把意思表达出来。对于学生回答中的错误，教师也可以不直接加以否定，而是因势利导，让学生自己发现错误加以补救。当学生表达了自己的看法后，教师也可以换种方式再说一遍，以补充说明相关内容，让学生的理解更加全面。对于学生的回答，教师还可以把关键词重复一遍，起到强调鼓励作用。当然，教师的评价不能仅仅针对发言个人，还应该借助个体让评价对全体学生起作用；教师还可以采用学生相互评价的方式，使所用学生参与到评价当中来，使评价全面、立体，让全体学生的思维都活动起来，在生生互动中表达交流。

（五）提高自身素养

教师应该不断提高自己，在语文教学中不断超越自身的期待视野。教材的意义来自两个方面：一是教材自身，一是读者赋予。教师也是读者，在阅读文本中总是从自己的生活和期待视野出发去看作品。教师要让学生个性化阅读，教师自身要能文本细读；教师要让学生不失语，教师自身要做到不失语。《义务教育语文课程标准》中明确指出“教师应认真钻研教材，正确理解教材，把握教材内容，创造性地使用教材。”这就要求教师要注重吸收新知识，不断提高自身的综合素养，不迷信权威，对教材要有自己的体验与感受。不仅能解释文本中的字、词、句、段、篇等，更要能深入文本背后，读懂作者和人物的生命，理解他们内在的精神和情感，对文本进行高度和多元解读。从而能有足够的知识储备和教育智慧灵活处理学生的表达在文本规定性与学生能动性之间的空白，真正实现“学生忙在课堂闲在课下，教师忙在课前闲在课中”，腾出时间、空间，让学生在课堂上质疑、讨论、合作、探究。

学生并不是我们教学流水线上的接收装置，也不是考试终端上的答题机器，让我们多给学生一些时间去表达，多给学生一些时间去思考。那顾虑重重的眼神和词不达意的表达不再成为语文课的常态，我们语文教师任重而道远。

激趣语音教学

——直接拼读法电脑小游戏探索

■章慧婷

一、"直接拼读法"电脑游戏的提出

对于英语初学者来说，单词的记忆是最大的挑战。而学生平均每日单词的记忆数量达20个左右，但是由于没有正确的方法，学生需要反复机械记忆，几天以后再检查这些新记的单词就会发现有很多学生背错顺序或漏掉字母，如把film拼成flim,，把bird写成brid 等。这样学习效率低，学生体会不到成就感，慢慢地失去英语学习兴趣。一次偶然的机会我看到直接拼读法，发现这种方法能降低学生学习和掌握英语单词的难度，我就踌躇满志，根据直接拼读法设计了一些课堂游戏活动，期待学生学英语能像学汉语一样简单，能做到"听音能写，见词能读，一听就明，一读就懂"的状态。但是实际上发现直接拼读法不是万能的。一方面班里学生众多，活动参与面不广，不是所有学生都有实践体验的机会，害羞内向的学生属于课堂活动的观望者，新鲜感过去后，慢慢地没有了英语学习热情。另一方面口头布置的朗读作业难以检查落实到位，慢慢地又有一批缺乏自觉性的学生掉队了......我反思自己的设计，归根结底在教学中没有从根本上培养出学生学习英语的兴趣，激起学生的英语学习热情。鉴于此，我萌发了设计直接拼读电脑游戏的念头，尝试英语教学与电脑游戏结合，一方面让每个学生人人都能平等地参与实践，另一方面游戏有一定的挑战性，既能激起学生的好胜心，又能兼顾学生积极性和兴趣的保持。

二、“直接拼读法”电脑游戏的实践内容

在设计游戏时，我根据初中生的认知规律，遵循从易到难，由简到繁，以旧带新，循序渐进的原则，按照字母——元音字母在开音节中的发音——元音字母在闭音节中的发音——字母组合发音的顺序，让学生轻松过渡，让学生在体验、感知、参与、实践中去发现，去总结发音规律，快速掌握并且熟练应用。

第一关：字母

1.字母连连看

游戏：图片中出现一个方框，每个格子代表不同的字母，请学生把相邻的3个字母连一起消消乐（字母大写小写穿插）。

设计目的：使学生能够识别字母排列顺序及对应的大小写。

2.元音辅音字母识别

游戏：把26个字母分别藏在树林里不同的地方，请学生把字母找出来，并把元音字母喂给小鸡吃。

设计目的：分清元音字母和辅音字母。

3.发音相同的字母识别

游戏：一只母鸡正在生蛋，每个蛋代表不同字母，请把蛋捡起来并把发音相同的字母放到相应的篮子里。

设计目的：初步了解字母的发音，区别不同音素，建立字母与发音的关联。

第二关：元音字母在开音节中的发音

1.认开音节口诀：开音节，音节开，一元字母在后排，不怕辅音堵后门，还有哑e在门外，a、e、i、o、u要读/eɪ/，/iː/，/aɪ/，/əʊ/，/juː/。

游戏：给出几个蛋，分别代表不同单词（单音节），请砸开开音节的蛋。正确的话，蛋里就有小鸡出来。

设计目的：正确区别开音节和闭音节，为区别下面的元音字母在不同音节中发音做好准备。

2.游戏：老鹰抓小鸡，小鸡在逃跑的过程中遇到重重障碍（读单词/短语/句子），只有正确读出，才能越过障碍，逃离老鹰，读错，老鹰就靠近一些，制造紧张

气氛。

设计目的：学生学习了解元音字母在开音节的发音后做巩固练习，使学生做到见词能读，同时音与形建立初步联系。

附读下列开音节单词：

(1) same, fake, case, cake, rate, page, save, late, grace, male

a tale about a whale; kate sales cakes;

Tate will bake a cake for Kate's sake.

(2) me, he, we, be, eve, deme, mete, Pete, gene, peke, eve, these, scene, Chinese

(3) hi, file, Mike, life, wide, ride, line, bike, file, slice

I have wine and the wine is mine. I saw Mike dive at five.

(4) no, so, go, lone, home, bone, pole, tone, tote, vole, zone.

smell the rose with your nose. Hone has a pole and a phone.

(5) duke, huge, tube, tune, pule, fuse, cute, June, tube, use

The tube is on the cube.

3.游戏：根据听到的录音，把一些零散的字母，拼成完整单词。

设计目的：使学生听音能写，建立音形统一意识，培养学生逆向思维，以达到降低单词拼写难度的目的。如：cage, pace, snake, trade; peke, tene, Steve, Japanese; shine, slice, bride, tile; role, poke, rose, tote; tune, nuke, muse, dune.

4.游戏：小鸡（不同的单词）找妈妈（音标），把字母和音标配对。

设计目的：听音能认音标。

5.引导学生观察、对比，小组讨论，归纳元音字母在开音节中的发音规律：元音字母在开音节中发字母本身的读音，但音标写法不同。

实践后反思：

1.第一关认开音节和闭音节时，鼠标移动到单词时，应该有这个单词的自动发音，这样能让学生潜移默化复习巩固字母在不同音节的发音，为下个游戏做好准备。

2.为了增加趣味性，游戏要有时间限制。

第三关：元音字母在闭音节中的发音

1.认闭音节口诀：闭音节、音节闭，一元字母生闷气，辅音字母堵后门，一元字母音短急，a、e 、i、o、u 要读/æ/，/e/，/ɪ/，/ɒ/，/ʌ/ 。

游戏：有两个篮球筐，分别代表开音节和闭音节，每个跳出的篮球代表一个单词，然后往正确的篮筐中投。游戏中鼠标移到单词就有自动发音，提高不同的发音的复现率。

设计目的：复习正确区别开音节和闭音节。

2.黄鼠狼要给鸡拜年，大门轻微打开，黄鼠狼就在门口，快要进来了，小鸡只要把所有单词读对才能把黄鼠狼吓跑，读错一个，大门就打开一点。

设计目的：见词能读，巩固音形联系。

(1) bag，map，ran，mat，van，sand，jam，hand，lamp，wax，

a fat cat，a bad bat；a bad bat sat on a fat cat.

(2) beg，desk，mend，rest，tell，vet，wet，pencil，bet，help，next

My hen lays an egg every day. Then I can get more eggs everyday.

(3) lid，nib，fit，milk，tip，hill，swim，ring，kid，pit，ship

The big ship is pink，the other is gray.

(4) hop，jog，cot，sox，rob，cock，doll，top，spot，chop

the clock on the wall.

(5) mud，bug，gum，plus，thumb，such，duck，nut，tub，brush

The bug jumped up onto the bus.

A cop with a gun is running in the sun.

3.根据听到的录音，拼写单词

设计目的：听音能写，建立音形统一意识bat，jazz，nap，clap；set，yell，bend，hen；sink，fill，quit，hip；clock，fox，fog，cost；mug，shut，jump，bust.

4.小鸡（不同的单词）找妈妈（音标）

设计目的：听音能认音标

5.归纳元音字母在闭音节中的发音规律：元音字母在闭音节中发与字母写得相似但读音不同的短音。

实践后反思：

这一关中，学生既要区别开音节、闭音节，又要区别字母不同的发音，容易引起混淆，教师一方面要放慢教学速度，一个一个字母教，要有耐心，不能一蹴而就，另一方面要兼顾已学元音字母在开音节中的发音，设计活动时可适当增加两种情况的对比发音，如：

hat	hate	pal	pale	rat	rate
plan	plane	fad	fade	bat	bate
vas	vase	gat	gate	at	ate
tap	tape	fat	fate	cap	cape

ten	tene	het	he
gen	gene	wed	we
pet	pete	bed	be
met	mete	shed	she

hid	hide	fill	file	bit	bite
sit	site	pin	pine	win	wine
Tim	time	sin	sine	rid	ride
rip	ripe	kit	kite	mill	mile

hop	hope	cod	code
pop	pope	dot	dote
rod	rode	cot	cote
not	note	cock	coke

us	use	hug	huge
cute	cut	mutt	mute
tun	tune	run	rune
tub	tube	dup	dupe

第四关：字母组合发音

1.游戏：先把含a的字母组合列出 –ay–、–ai–、–ar–、–au–、–aw–、–al–、

-air-、-are-，学生在规定的时间内快速记忆及发音，然后把打乱的字母重新正确地组合，再把字母组合放入正确的音标篮中。

设计目的：能正确认出字母组合并记住对应的音标。

2.看词能读：拯救小鸡，小鸡头顶上空有一块木板即将掉下，只有读对单词木板才会消失，否则就落下，砸到小鸡。

设计目的：训练字母组合的发音，做到见词能读。

3.根据听到的录音，拼写单词

设计目的：巩固字母组合的发音，做到听音能写，提高记忆单词能力。

实践后反思：

这一关后面应该跟上其他元音字母组合和辅音字母组合的发音游戏，以期待学生能在游戏中不知不觉地掌握各种字母组合的发音，并鼓励学生自己发现并总结字母组合的发音规律。

含a的字母组合：

1. -ai- /eɪ/ jail, paid, aid, snail, grain, explain, paint, chain

-ay- /eɪ/ play, ray, stay, bay , pray, hay, clay, pay

2. -al- /ɔ:/ fall, also, mall, chalk, hall, walk, small

-au- /ɔ:/ cause, autumn, fault, daughter, pause, haul

-aw- /ɔ:/ draw, jaw, chaw, straw, law, awful, dawn

3. -air- /eə/ fair, hair, repair, pair, wair

-are- /eə/ dare, hare, stare, share, square, care, rare

含e的字母组合：

4. -ee- /i:/ sheep, queen, screen, steel, wheel, feet, sleep, tree

-ea- /i:/ teach, leaf, peach, steal, beat, treat, jean, meat

5. -ea- /e/ feather, sweater, spread, treasure,

6. -ey- /e/ they, grey, obey, hey

7. -ear- /ɪə/ fear, tear, dear, clear, appear

-eer- /ɪə/ deer, cheer, beer

-ere- /ɪə/ here, there, mere

含i的字母组合：

8. -igh- /aɪ/ high, bright, sight, fight, flight, tight, right

9. -ie- /i:/ field, thief, believe, chief, niece, wield, brief

含o的字母组合：

9. -ou- /aʊ/ proud，blouse，couch，amount，crouch，cloud

/ʌ/ touch，couple，young，trouble

10. -ow- /aʊ/ cow，bow，crowd，flower，tower，clown，drown

/əʊ/ row，snow，own，throw，follow，blow，shadow

11. -oa- /əʊ/ goal，coach，roast，cloakroom，soap，toast

12. -oy- /ɔɪ/ joy，toy，oyster，annoy，employ，soy，ploy

-oi- /ɔɪ/ voice，boil，point，soil，avoid，coin，hoist

13. -oo- /u:/ wood，tool，spoon，goose，root，pool，noon，mood

14. -ore- /ɔ:/ shore，score，store，before，explore

-our- /ɔ:/ course，court，four，your

-oor- /ɔ:/ floor，door，moor

含r的字母组合：

15. -ir- /ɜ:/ first，bird，dirty，skirt，shirt，circle，third

-ur- /ɜ:/ burn，purple，surf，hurdle，fur，turn，burn，curl

-er- /ɜ:/ 或/e/ serve，person，hamburger，letter，ruler

16. -ar- /ɑ:/ shark，yard，chart，article，mark，bark，farm

17. -or- /ɔ:/ sort，fork，order，form，corner，horse，corn，torch

总结：

这些游戏主要用于课后巩固阶段，游戏既简单又有趣，使直接拼读法发挥最大的作用，学生为了能玩游戏闯关，上课热情高涨，在轻松愉快的氛围中掌握英语拼读规律，把枯燥的单词背诵变成简单有趣的事，学生不仅背单词速度变快，同时还爱上英语，迷恋英语，从而达到事半功倍的效果。当然，我们应该看到直接拼读法只解决了单词的读音和拼写问题，对于词义的理解记忆应该通过大量的阅读达到。只有客观地了解直接拼读法的优点和劣势，正确合理地利用它才能有效提高学生学习水平。

三维目标视角下数学“问题设计”艺术初探

■程美群

“以学生发展为本”是新课改倡导的核心理念，而作为素质教育在课堂教学中的重要载体，“三维目标”——知识与技能、过程与方法、情感态度与价值观的贯彻与落实则是体现新课改理念的重要举措，是课堂“教”与“学”的出发点和归宿，也是检验教师教学水平与效果的重要标尺。可以说，新课程“三维目标”的确定使素质教育在教学中有了坚实的可操作性基础，同时又赋予了学生学习以精神成长的意义。那么，作为数学教师，在课堂教学中如何立足于“三维目标”进行有效的问题设计呢？

一、问题设计要“务实”——夯实基础知识

俗话说：九层之台，起于垒土。扎实的基础知识是学生学习数学、构建数学大厦的基石，是学习中一个最基本也是最重要的部分。可以说，基础知识掌握的多与少、准确与否直接影响学生解题效果，决定分数的高低。就2014年金华数学中考而言，基础知识重要性的体现，主要集中在以下几个方面：

1.考试中的得分点。例如，选择题如下几题：

(1)(2014·金华)在数1，0，-1，-2中，最小的数是(　　)

A. 1　　B.0　　C.-1　　D. -2

(2)(2014·金华)如图，经过刨平的木板上的两个点，能弹出一条笔直的墨线，而且只能弹出一条墨线，能解释这一实际应用的数学知识是(　　)

A.两点确定一条直线

B.两点之间线段最短

C.垂线段最短

D.在同一平面内，过一点有且只有一条直线与已知直线垂直

(3)(2014·金华)在式子$\frac{1}{x-2}$，$\frac{1}{x-3}$，$\sqrt{x-2}$，$\sqrt{x-3}$中，x可以取2和3的是(　　)

A. $\frac{1}{x-2}$　　B. $\frac{1}{x-3}$　　C. $\sqrt{x-2}$　　D. $\sqrt{x-3}$

上述三题，分别考查有理数比较大小、直线的基本性质、二次根式和分式有意义的条件等基础知识，学生只要熟谙相关知识，很容易得分。

2.重点知识的延伸基础。比如，填空题第15题：

(2014·金华)如图，矩形$ABCD$中，$AB=8$，点E是AD上的一点，有$AE=4$，BE的垂直平分线交BC的延长线于点F，连结EF交CD于点G．若G是CD的中点，则BC的长是__________.

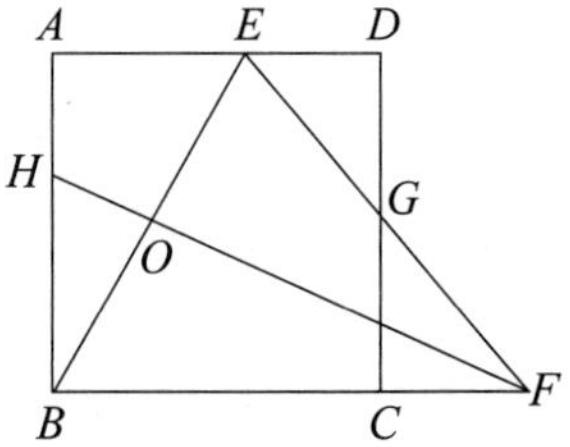

四边形的相关计算或证明历来是中考考查的重点内容，要正确求出BC的长，就必然会涉及“全等三角形的判定与性质”“线段垂直平分线的性质”“勾股定理”与“矩形的性质”等基础知识。

3.解题时的思维节点。比如，考题第17题：

(2014·金华)计算：$\sqrt{8}-4\cos 45^{\circ}+(\frac{1}{2})^{-1}+|-2|$.

此计算题包含了“实数的运算”“负整数指数幂”“特殊角的三角函数值”等基本内容，学生在任何一方面基础知识的薄弱或欠缺就会导致错误结果。

所以，数学问题设计一定要“务实”：即问题设计要落到实处，富于“基础性”，符合教学目标要求和学生学习实际，加强对基础知识的考查和巩固，对其所涉及的概念、公式、公理、定理等要不断进行系统梳理，强化训练，直至形成完善的知识网络，最终达到全面掌握和熟练运用。

二、问题设计要“务虚”——培养基本技能

美国数学家乔治·波利亚(George Polya)认为：“任何学问都是包括知识和能

力两方面，能力比起知识来要重要得多，因此学校教育的目的应该是发展学生本身的内涵能力，而不仅仅是传授知识。”纵观2014年的中考数学试题，在考查基础知识的同时，更加注重对学生数学基本技能的全面考量，本文仅试举几例。

1.侧重基本运算能力的考查。比如填空题第12题：

（2014·金华）分式方程$\frac{3}{2x-1}=1$的解是________.

再比如试题第18题：

（2014·金华）先化简，再求值：$(x+5)(x-1)+(x-2)^2$，其中$x=-2$.

2.侧重逻辑思维及推理能力的考查。比如考题第4题：

（2014·金华）一个布袋里装有5个球，其中3个红球，2个白球，每个球除颜色外其他完全相同，从中任意摸出一个球，是红球的概率是（　　）

A.$\frac{1}{6}$　　B.$\frac{1}{5}$　　C.$\frac{2}{5}$　　D.$\frac{3}{5}$

再比如考题第20题：

（2014·金华）一种长方形餐桌的四周可坐6人用餐，现把若干张这样的餐桌按如图方式进行拼接.

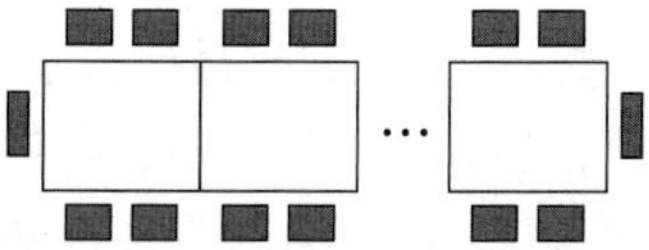

（1）若把4张、8张这样的餐桌拼接起来，四周分别可坐多少人？

（2）若用餐的人数有90人，则这样的餐桌需要多少张？

3.侧重空间想象能力的考查。像考题第三题：

（2014·金华）一个几何体的三视图如图，那么这个几何体是（　　）

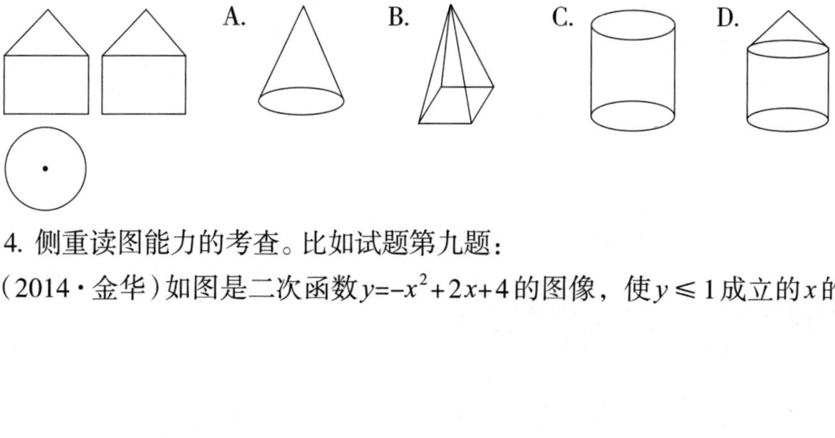

4. 侧重读图能力的考查。比如试题第九题：

（2014·金华）如图是二次函数$y=-x^2+2x+4$的图像，使$y\leq 1$成立的x的取值

范围是(　　)

A. $-1\leqslant X\leqslant 3$　　B. $X\leqslant -1$

C. $X\geqslant 1$　　D. $X\leqslant -1$或$X\geqslant 3$

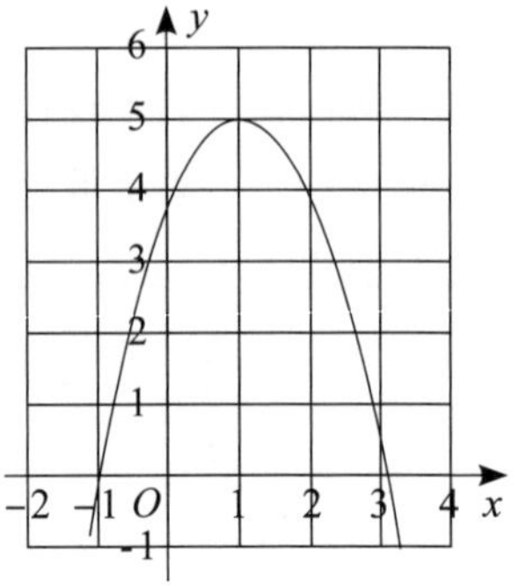

所以，对于数学教师来说，在教学过程当中不但要教会学生应有的数学知识，同时也应该注重学生数学基本技能的培养。基础知识的学习和基本能力的培养是课堂教学最基本的目标，也是教学的灵魂。这就要求教师在进行数学问题设计时要学会“务虚”：即“故弄玄虚”，巧设问题“迷局”。通过有效的问题情境的创设，培养学生的问题意识，激发其学习动机和内在的学习兴趣，引导学生积极思维，达到对新知的活学活用，并最终形成相应的数学基本技能。

三、问题设计要“虚”“实”结合——重视过程与方法

传统的应试教学片面追求知识与技能目标的达成情况，忽视学生的自主意识和探究精神，窒息了人的创造性，学生成了装载知识的容器，人为的导致素质教育和知识授受的疏离。新课程背景下，课堂教学目标从追求学习的“结果”转变为注重学习中的“过程”与“方法”，强调学生的自主、合作与探究，培养学生的创新思维，激发学生的独立思考和创新意识。这一变化趋势在中考中体现得特别明显。比如，金华中考试题第22题：

(2014·金华)如图，矩形$ABCD$的两边OB，OD都在坐标轴的正半轴上，$OD=3$，另两边与反比例函数$y=\frac{1}{x}(k\neq 0)$的图像分别相交于点E，F，且$DE=2$.过点E作$EH\perp x$轴于点H，过点F作$FG\perp EH$于点G.

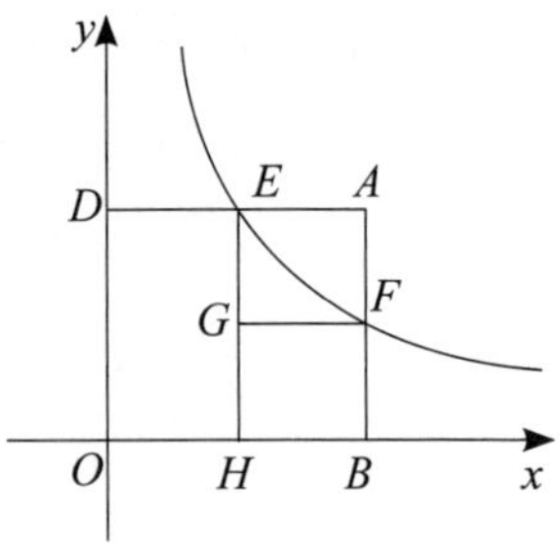

(1)回答下面的问题：

①该反比例函数的解析式是什么？

②当四边形$AEGF$为正方形时，点F的坐标是多少？

(2)阅读合作学习内容，请解答其中的问题：

小亮进一步研究四边形$AEGF$的特征后提出问题：“当$AE>EG$时，矩形$AEGF$与矩形$DOHE$能否全等？能否相似？”

针对小亮提出的问题，请你判断这两个矩形能否全等？直接写出结论即可；这两个矩形能否相似？若能相似，求出相似比；若不能相似，试说明理由.

上述试题，第(1)题涉及“双基”的考查，第(2)题注重解题中的“过程与方法”的考量，给学生以自主探究的空间。所以，教师在问题设计过程中要做到“虚”、“实”结合。不仅要善于抓“基础”，突出基础知识架构，更要学会“抖包袱”，做到“实中透虚”，触发学生联想和积极思维，让其学会“雾里看花”，真正实现“授之以渔”。

四、问题设计要“求新”——关注情感、态度与价值观的渗透

长期以来，很多人都认为数学是一门逻辑性、抽象性、系统性很强的学科，过分强调它的科学性和严谨性，把数学视为一种冷冰冰的思维工具，觉得无从谈起对学生情感、态度与价值观的培养。其实，数学作为现实世界的抽象和模型，它与精彩的社会生活息息相关。通过新颖的问题设计，不仅可以提高学生的知识与技能，尝试过程与方法，而且完全可以培养学生健全的情感、态度和价值观。比如，2014年金华中考试题中就蕴涵着丰富的道德因子、情感因素和人文精神。例如，考题第14题：

(2014·金华)小亮对60名同学进行节水方法选择的问卷调查(每人选择一项)，人数统计如图，如果绘制成扇形统计图，那么表示“一水多用”的扇形圆心角的度数是________.

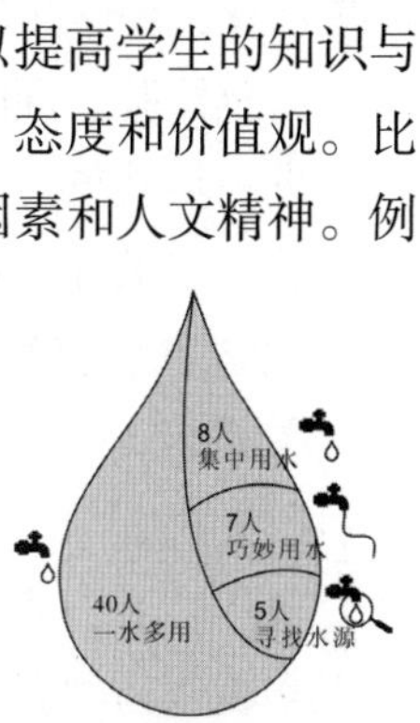

再比如考题第21题：

(2014·金华)九(3)班为了组队参加学校举行的“五水共治”知识竞赛，在班里选取了若干名学生，分成人数相同的甲乙两组，进行了四次“五水共治”模拟竞赛，成绩优秀的人数和优秀率分别绘制成如图统计图.

根据统计图，解答下列问题：

(1)第三次成绩的优秀率是多少？并将条形统计图补充完整；

(2)已求得甲组成绩优秀人数的平均数 $\bar{x}$甲组=7，方差 S^2甲组=1.5，请通过计算说明，哪一组成绩优秀的人数较稳定？

上述两题，都是围绕“水资源环保”这一社会热点问题展开的，学生在解答问题的同时，自然会认识到水资源保护的重要性，从而自觉或不自觉地树立起环保

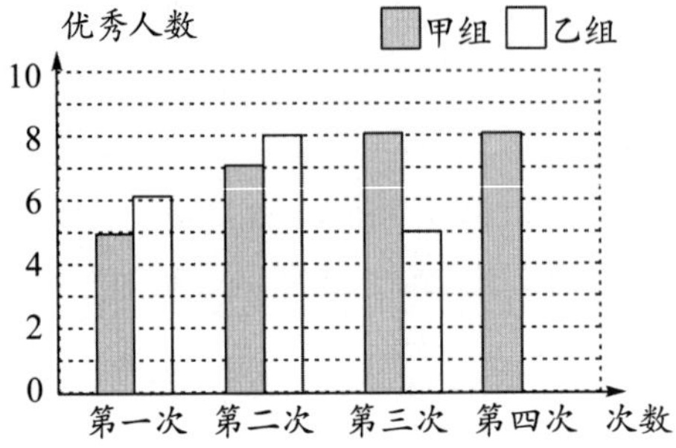

参赛学生“五水共治”模拟竞赛成绩优秀的人数条形统计图

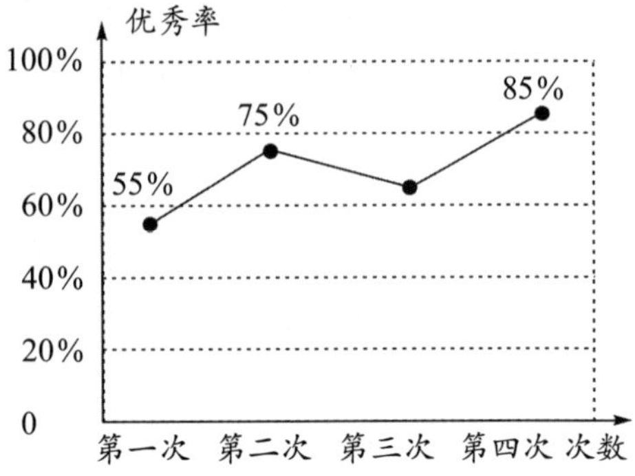

参赛学生“五水共治”模拟竞赛成绩优秀率折线统计图

意识。所以，教师在进行问题设计时，要“求新”——注重问题的“新颖性”。要从学生的生活经验出发，引导学生多关注当今社会上新鲜的“热点”问题，让数学问题生活化，使学生获得对数学的热爱和认同，从而养成积极的学习态度和获得丰富的情感体验。同时，赋予学生更多的社会责任感和使命感，促使其情感和价值观的进一步升华。

总之，关注“问题设计”时三维目标的实现，既是新课改的基本要求，也是教师教学水平和教育理念的体现。需要强调的是，三者之间并非简单的孤立的并列关系，而是彼此渗透，相互融合的。“知识和技能”着眼于让学生“学会”，“过程与方法”着眼于让学生“会学”，“情感、态度和价值观”着眼于让学生“乐学”“好学”，三者统一于学生的成长和发展之中，是一个完整的人在学习活动中实现素质建构的三个侧面。这就要求教师在教学问题设计过程中，应根据具体的教学情境，将三维目标有机整合起来，以达到提高学生综合素质的目的。

培养初中生几何直观的策略

■ 程聪聪

《义务教育数学课程标准（2011年版）》明确指出："几何直观主要是指利用图形描述和分析问题。借助几何直观可以把复杂的数学问题变得简明、形象，有助于探索解决问题的思路，预测结果。几何直观可以帮助学生直观的理解数学，在整个数学学习的过程中发挥重要的作用。"然而对学生几何直观能力的培养需要在数学教育中深入研究。对几何直观教学的些许感悟，今作梳理，希望能引起各位同仁感悟。

一、利用实物模型培养几何直观

哲学家康德说："缺乏概念的直观是空虚的，缺乏直观的概念是盲目的。"数学概念，尤其是具体图形概念，都有现实模型。因此在学习时，借助于实物模型培养几何直观，不仅符合认知规律，而且可以收到事半功倍的效果。

如，在学习《几何图形》时，在学生面前展示立方体、长方体、圆柱体、球等实物，以及天空中满天星的图片和纵横交错的公路、铁路、河流图，得出点、线、面、体成为几何图形。这些基本图形帮助人们更有效地刻画错综复杂的现实世界。再如，诸如"四边形""圆"等具体概念时，也可以先认识这些实物模型，在根据实物模型得出抽象图形，这里的实物模型或抽象模型就是几何直观。

二、加强动手实践操作培养几何直观

学生的动手操作及积极参与非常的重要。学生通过折叠、剪拼图形、画图、测量以及合作交流等活动，对图形的多种性质有了亲身感受、积极地参与和思考，这不仅为正式的学习图形的性质奠定了基础，同时也积累了数学活动经验，发展了学生的几何直观能力。

如，证明三角形内角和180°，我们就要借助几何直观了。从180°到“平角”就是一个直观的印象，然后启发学生如何能把三个角变成一个平角？通过剪拼图形或做辅助线的方法，从而完成证明。因此，我们要有意识地让学生积累活动经验，发展学生的几何直观。

再如，我们可以在新浙教版《5.3正方形（1）》中通过如下设计来发展学生的几何直观能力：

（1）以小组为单位用尺规作图作出正方形，小组成员交流总结画法，看哪个小组的画法最多？

（2）通过画图实验，小组成员交流讨论：满足什么条件的四边形是正方形？并写出你们的猜想。

（3）小组成员再次讨论：满足什么条件的平行四边形、矩形和菱形也是正方形？写出猜想后并说明理由。

通过学生自己动手画图实验，并从图形来直观判断是否为正方形？经历正方形的判断过程，猜想出正方形的判定方法，发展学生的几何直观思维。

三、锻炼三种语言的转换培养几何直观

在数学的语言系统中，文字语言抽象，符号语言简洁，图形语言直观，各有千秋，相得益彰。符号语言是数学思维的外显形式，正确符号语言，有利于学生思维抽象的发展。能否灵活转化文字语言、图形语言和数学符号语言，影响着学生几何直观能力的发展，所以在平时的教学中要重视三种语言的转换。

如，在两直线的位置关系教学中，我们让学生去体验三种语言的各自的优势：

文字语言：直线AB平行直线CD，直线AB垂直直线CD；

数学语言：$AB \parallel AD$，$AB \perp CD$；

图形语言：

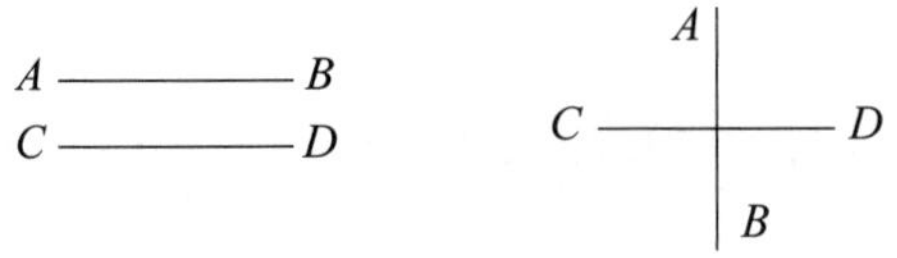

再如，在《5.3正方形（1）》中，我们可以通过如下的设计来培养学生的三种语言的转化能力。

文字语言：___________________的矩形是正方形；

___________________的菱形是正方形。

图形语言：

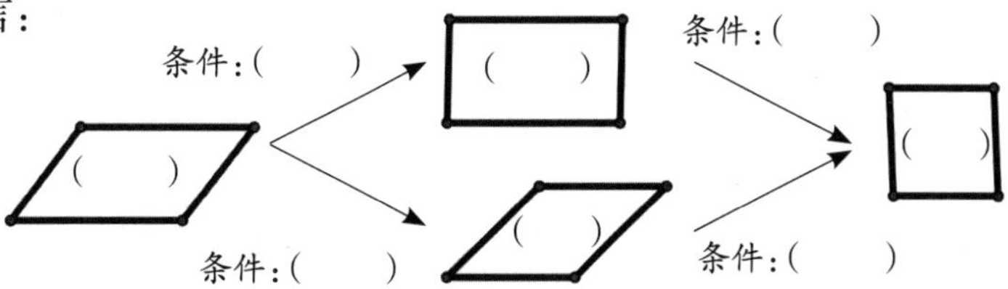

符号语言：∵四边形 $ABCD$ 是矩形，且__________，∴ $ABCD$ 是__________

∵四边形 $ABCD$ 是______，且 $\angle A=90°$，∴ $ABCD$ 是__________

通过三种语言的转化训练，帮助学生在视觉认知的基础上，加强图形和语言符号的联系，活化命题的理解，深化命题的纵横联系，形成网络，发展几何直观能力。

四、总结基本图形培养几何直观

图形是几何的灵魂，图形的识别是培养几何直观的具体体现。其实很多图形中都蕴藏了多个基本图形，所以在平时的教学中，要有意识地让学生总结、积累一定量的基本图形。

如，在学习《直角三角形》时，我们就可以根据“直角三角形两个锐角互余”总结出基本图形（1），在学习了《相似三角形》后，可以在基本图形（1）的基础上演变成基本图形（2）。

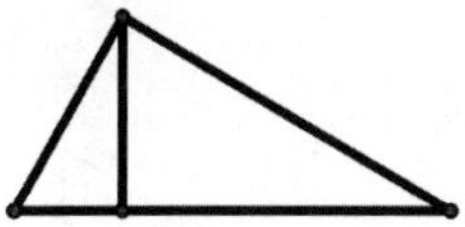

基本图形1

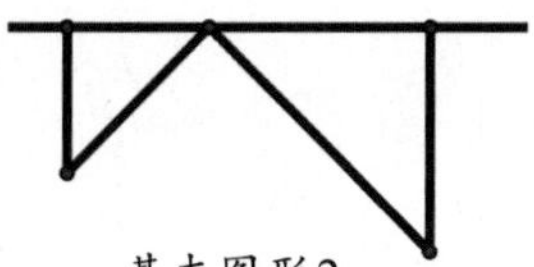

基本图形2

再如，在学习全等三角形后，全等三角形中的基本图形：

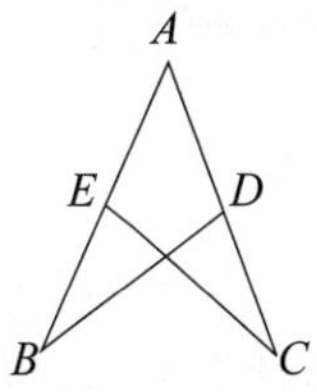

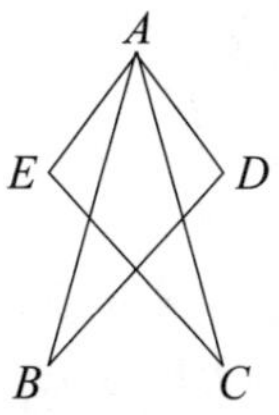

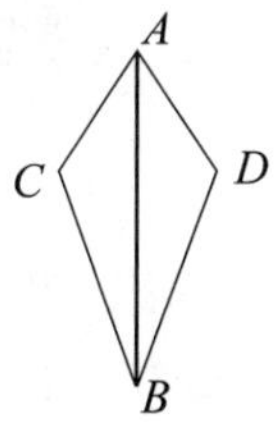

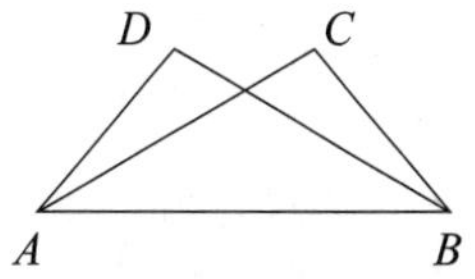

只有在达到一定的量变后才会引发质的飞跃，才会在做题时帮助学生化繁为简，看出图形由哪些基本图形构成，才能迸发出思维的火花，同时积累一定量的基本图形对提高学生的几何直观也是很有帮助的，同时也促进了其几何能力的发展。

五、利用几何变换培养几何直观

强调几何变换不仅是内容上的变化，更是设计几何课程指导思想上的变化。让图形“动起来”，在“运动或变换”中研究、揭示、学习图形的性质，这样，一方面加深了对图形性质的本质认识，另一方面对几何直观的能力也是一种提升。

如，我们可以设计下列一串变换来增强图形的本质认识，也提升几何直观能力。

如图（1）：在一张长方形纸片$ABCD$中，$AB=20\text{cm}$，$AD=25\text{cm}$，点E，F分别在CD和AB上，$AF=kAB$，且$EF\perp AB$，现将这张纸片按图方式折叠，使点B的对应点G落在线段EF上，用含k的代数式表示EG的长。

如图（2）：在一张直角三角形纸片ABC中，$AB=20\text{cm}$，$BC=25\text{cm}$，点E，F分别在AC和AB上，$AF=kAB$，且$EF\perp AB$，现将这张纸片按图方式折叠，使点B的对应点G落在线段EF上，求EG的长。

如图（3）：在一张四分之一的圆形纸片中，$AB=20\text{cm}$，点F在半径AB上，点E在圆上，$AF=kAB$，且$EF\perp AB$，现将这张纸片按图方式折叠，使点B的对应点G落在线段EF上，求EG的长。

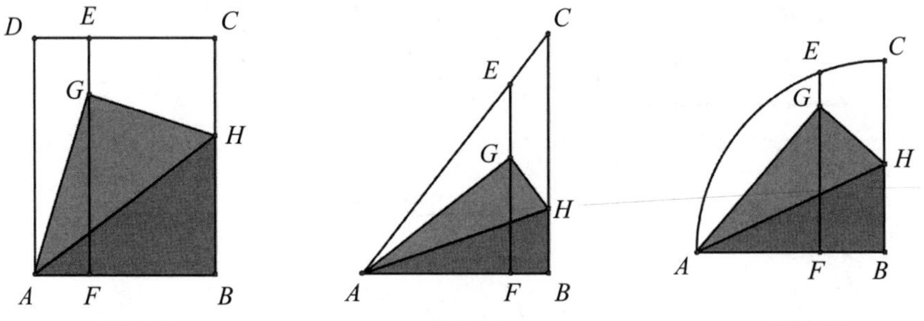

图（1）　　图（2）　　图（3）

通过这样的演变，开拓了学生视野，增强了求知欲，便于学生发现问题的实质。在实际教学中，教师要创造性地利用好课本例、习题，要以提升学生的数学思维为核心，关注各知识点之间的内部联系，注重培养学生的理解和应用能力，提升学生的综合解题技能，从而发展几何直观能力。

正如美国数学家斯蒂恩所说："如果一个特定的问题可以转化为一个图形，那么思维就整体的把握了问题，并且能够创造性的思考问题的解法。"因此，数学学习中既要保护好先天的几何直观，也要通过几何课堂，选择适当的教学内容，利用实物模型、加强实践操作、锻炼三种语言、总结基本图形和利用几何变换来培养和发展学生的几何直观能力。

有效备课让思想品德课堂更有效

■吕响钟

一、有效备课应重视对学生学法的指导

学生学习的方法有很多。一般来说，自学、预习和复习是比较基本的方法。因此，在备“教知识”“教技能”的同时，把指导学生如何有效学习的方法也备入教案，不仅让学生学到“鱼”，还让学生学会“渔”。

（一）考虑学生基础水平，有针对性地指导自学

学习是一个积极的思维过程，学生不应被动地接受知识。培养学生养成良好的自学习惯，做好学习计划，有了紧迫感，学习效率就会大大提高。因此，教师要按照学科的内在结构和学生自身的特点，有针对性地加以点拨，培养和提高学生的自学能力。

（二）安排预习内容和提纲，指导学生预习

教师要反复地看透课标、教材和辅导材料，领会教材所需达到的教学目标和素质教育的目的。要做到这些要求，我们思想品德课教师一定要静心地坐下来，备课时安排好学生预习的内容和提纲。如七年级思想品德课上册《对不良诱惑说“不”》课时，主要落实课标“学法用法”中知道“不良行为的严重性，不良行为可能导致违法犯罪，自觉抵制网络、电视、香烟、‘黄赌毒’和‘法轮功’邪教等不良诱惑”。为更好掌握新课内容，课前要根据教学内容给学生留好预习内容，初步弄清该课的基本内容，并找出重点和难点。

（三）备好班情与学情，指导好复习

我们思想品德课教师要充分了解每个班的每个学生，可以通过多接触、多谈心弄清每个学生的兴趣动机，针对不同班级应有不同的教学方法，针对不同学生准备不同问题等。而复习是为了让学生更好地掌握已学的知识，为了让学生在复习中获得成长的快乐，教师可以采取如下做法：

（1）让学生自己出题，对于不同层次的学生可以出不同题型的题目，如选择题、填空题、简答题、分析说明题等都可。

（2）根据复习内容，以教材为主，明确、强化教材中的各知识点、重点问题及其答案，对照摘记本进行复习，并坚持做适量练习。

（3）指导学生整理与充实摘记，对知识进行归类，并关注热点题型，联系社会时事热点。

这样做可以使学生积极地参与，体会到收获的快乐。

总的来说，在备课时，考虑学生应该如何自学、预习和复习，对于提高教学效率，加强学生学习效果，有较大的帮助。

二、有效备课应设计点燃学生感兴趣的环节

新课标、新教材都对思想品德课的内容呈现方式做了很大的调整，但是在实践中，好的理念还需要不断地挖掘、探索才能作用于教学。教材中有些内容，如果处理不好，就会使学生产生假、大、空的感觉。学生进入初中后也会受到来自家长、教师、学校等方方面面的影响，对于思想品德学科也会逐渐丧失兴趣。因此，在备课中，如何设计能够点燃学生兴趣的环节是教学中毫无争议的疑难问题。

（一）巧妙导入，激发兴趣

一堂好课要有引人入胜的开场，在备课时，设计好导入环节至关重要。在课堂教学中，我们可以创设与学生生活实际密切的情景，来激发学生的情感，引起学生的共鸣，也可以提出学生感兴趣而又一下子难以解决的问题，造成一种急切期待的心理状态，引发思考，激发学生求知的欲望。

（二）游戏活动，增强兴趣

在备课时可以设计“讲故事”“演讲比赛”“小品表演”等游戏活动，不仅可以使课堂气氛新、奇、乐，吸引学生的注意力，而且能使复杂的原理简单化，抽象的概念具体化，增强学习思想品德课的兴趣。例如，在讲“永不放弃生的希望”一课时，考虑地震是学生感兴趣的话题，并且在地震发生时减轻伤害对于学生具有实际意义，在备课时，可以设计避震游戏，让学生在亲自操作中明白当地震来临时如何自我保护。同时也可以让学生即兴表演如何正确拨打紧急电话。

（三）巧设问题，激发兴趣

教师在备课时可根据教材不同的内容，创设生活化的情境问题，以激发学生的求知欲。例如，在讲“探索世界的奥秘”时，教师可根据本地区的特点自主设计内容，如金华双龙洞为什么会出现这样的溶洞？它与普通的溶洞区别在哪里？浙江省永康方岩及石鼓寮景区它们的地形有何特点？教师可以在学生激烈地讨论后再告诉学生答案。教学中可以让学生意识到学习的重要性与必要性，不仅可以激起学生学习的兴趣，也能激起学生的民族自豪感。

（四）利用现代媒体手段引起兴趣

采用什么样的媒体来传递信息和提供刺激是教师备课的一个重要内容。教学中可根据教学内容、学生的认知特点、心理发展等实际需要，选用如实物道具、投影、录像、视频等来传递信息，引起学生注意。例如，在讲“情绪”这一教学内容时，可以备情绪的四种类型，设计四个生动形象的面部表情——喜、怒、哀、惧，还可以通过多媒体展示给学生看，再引导学生列举生活中的实例，这种设计会使学生兴趣高涨而且印象深刻。

三、有效备课中应设计拓展式设问

所谓拓展式设问，就是要以追问探究的精神，在备课中围绕教学内容中的核心问题，层层设问，步步质疑，并使设问教学达成具有丰富培养内容和训练内容的设问教学形态。这种方法继承了传统备课深入钻研教学大纲和教材的优势，同时又对其有所突破和发展。那么，拓展设问应如何操作呢？

第一步：锁定核心问题，作为拓展设问的起始点。

在锁定核心问题时我们思想品德课教师应该在通读与课题相关的课程标准和教材内容后，找出贯穿统领教学内容的概念、观点或原理。比如，教师在备“对不良诱惑说‘不’”的教学内容时，可在通读与之相关的内容之后，我将“抵制不良诱惑的方法”确定为该章节的核心问题。

第二步：围绕核心问题拓展设问并解答。

围绕核心问题设问并解答，是拓展设问法备课的关键环节。设问问题应充分关注所学内容与学生生活已有经验之间的关联性，对教材进行创造性地改造，并通过恰当的情境和环境的创设，引导学生感悟这种关联，并围绕解答设问问题的目的而进行。

在上面的“对不良诱惑说‘不’”的教学中，对核心问题“抵制不良诱惑的方法”的第一个设问是：刚才同学们前面讲的诱惑，有美好的诱惑，也有不良的诱惑，哪些属于不良诱惑？

对这个问题，学生答案可能会五花八门，会答金钱、工资、网络、喝酒、赌博、法轮功等等。根据这个情况，教师可设计这样的教学内容：

（1）提问：金钱是诱惑，但不一定是不良诱惑？

（2）不良诱惑会产生哪些影响或危害呢？（这问题虽然简单，但能引起学生的学习兴趣，调动学生积极性。）

紧接着教师出示不良诱惑的共同危害的视频（要求学生自己读一遍）。一会伤害人的身体，危害人的身心健康；二会使人不思进取，放弃美好的追求，影响个人进步和发展；三会使人无视法律的尊严，危害他人和社会，甚至会走上违法犯罪的道路。

通过谈话的方式唤醒学生已有的生活经验，引导学生感受到诱惑有美好的诱惑，也有不良的诱惑，应该辩证地看待，不良的诱惑会给我们带来危害。紧接着教师可以问学生，既然不良诱惑有那么多危害，我们就应该加以抵制，对不良诱惑说“不 ”。此时，第二个的问题产生：同学们，联系自己的实际你认为刚才那么多不良诱惑中最难以抵制的诱惑是什么？（学生会有很多不同意见。）为了回答这个问题，在备课中教师可设置这样的问题：既然有不同的答案，那我们现场来统计一下（多媒体显示，现场统计）。

在现场统计之后，教师可以问学生，认为最难以抵制的诱惑是沉迷网络的答案跟我带来的“成长快乐”中主人公小刚比较相似（统计之时穿插播放音频“小刚的故事”)。第三个再生问题是:我们在不良诱惑面前是不是束手无策的,应如何加以抵制呢?(重读课本相关内容,前后分8个小组,结合小刚的情况,帮小刚想想办法,怎样做才能摆脱对网络的沉迷?把答案写在自主学习单中活动内容上。)最后教师总结说并出示视频抵制不良诱惑的方法,这样根据学生的需要和困惑选择教学内容和探究方向,解决现实生活中可能遇到的不良诱惑,弥补学生的薄弱点,为学生的健康成长护航。

第三步:将拓展问题与教学内容对应。

拓展问题与教学内容相对应,是用拓展设问法备课的重要一环。教师可把“对不良诱惑说‘不’”这一课中围绕核心问题展开的设问问题与本节课的教学内容对应起来作为本课题的小结:

(1)通过今天的学习,大家都知道了应该怎样拒绝不良诱惑。好,下面让我们全体起立,让我们用自己的歌声告诉大家,在成长的道路上,自觉对不良诱惑说不,让自己的生命怒放!(播放歌曲《怒放的生命》)

(2)世界很美丽,我们的人生之路很漫长,在漫长的人生中,会出现许许多多的诱惑,我们要学会识别那些外表美丽、实际致命的诱惑,凭借我们坚强的意志,运用我们的智慧拒绝它,走好我们人生中每一步,成为生活的勇者!

如何有效开展评判性读写课堂教学

■吕　燕

一、研究背景

笔者从教英语已将近七年，平时善于接近、观察学生，勤于反思自己的教学行为。尤其重视对初中英语阅读技能的培养。许多初中生虽然积累了一定的词汇，掌握了一定的阅读技巧，但是阅读文本的理解仅仅停留在表面，不能理解文本的深层含义，更不能提出自己的见解或观点。

评判性思维是英文Critical Thinking的直译。Critical Thinking 在英语中指的是那种能抓住要领，善于质疑辨析，基于严格推断，赋予机智灵气，清晰敏捷的日常思维。理查德·保罗提出的观点："评判性思维就是通过一定的标准评价思维，进而改善思维。评判性思维是积极地、熟练地解析、应用、分析、综合、评估支配信念和行为的信息的过程。"作为培养学生评判性思维的重要途径，评判性阅读近年来收到了广泛的关注和重视，但在初中英语阅读课中有效开展评判性教学却是实属不易。

本文为外研社八年级下册M1U2 I feel nervous when I speak Chinese的两次试课过程，探讨了如何有效开展评判性阅读教学的策略。本单元的中心话题是人物描写，主要是能够读懂简单的有关人物外貌的描述，能够理解文本中关于爱好和感受方面的内容。本课是外国女孩萨利写给中国女孩的一封回信。信中萨利作了自我介绍，包括自己的外貌和爱好等，并表达了相见玲玲的迫切心情，特别是自己的感受。通过本单元的阅读，学生可以了解到以萨利为例的西方同龄人的喜好和性格特点，同时可以学习如何进行自我介绍，如何用邮件沟通。本文可以用于书信写作教学，利用这个语篇进行多层面的教学设计，培养学生的综合素质。语言以外的综合素养的培养则需要教师引导学生分析语篇所包含的情感和文化因素，并创设语境来实现，让学生感受到不仅是在读一封信，更是在与萨利交流。

二、第一次试课

（一）主要教学步骤

Step 1 Warming up

上课之前，为了活跃学生的气氛，特别准备了一首简单的英文歌“Jingle Bells”，学生们兴致盎然，跟着歌的旋律轻轻哼唱。

Step 2 Lead-in

笔者在课堂上呈现一张由图片以及轻音乐组成的PPT，然后提问一组学生，“How do you feel when you listen to music?”

Student A：I feel relaxed when I listen to music.

Student B：I feel happy when I listen to music.

Student C：I feel excited when I listen to music.

Student D：I feel wonderful when I listen to music.

……

【设计说明】

图片和声音的相互结合，不仅吸引学生的注意力，还能激发学生的学习动机，引出本文的一个重点内容，让学生学会用英语表达自我感受。既拉近了学生和文本内容的距离，也利于我更好地开展教学工作。

Step 3 To learn some new words and expressions

【设计说明】

通过学习新单词和词组，为后面的阅读内容做好铺垫。

Step 4 Look and talk（work in pairs）

A：What does she/he look like?

B：He/She is……

A：What is he/she like?

B：She/He is ……

【设计说明】

为了激发学生的积极性，加入了本班同学的照片。让学生通过描述身边同学的外貌特征和性格品质。在语言的维度上，每位同学都得到了很好的语言操练，更好地掌握了look like 与be like 的区别。为下一个环节的导入，做好了充分的准备。

Step 5 Fast reading

在学生了解了一定的文本背景和知识后，让学生快速阅读课文，找出文中描述萨利的一段文字，并做好笔记。然后通过理解这段文字，快速找出两张图片中哪一张是萨利。快速阅读，培养了学生的观察力和对重点信息的判断力。

Step6 Careful reading

笔者要求学生细读文本，找出每一段的中心思想。同时能够准确有效地完成课文上的练习，并进行全班性的校对。特别是对“How does Sally feel when she ...”句型的掌握和表述，在谈论同龄人的喜好和性格特点的时候，学会表达在不同的情景的不同感受。

【设计说明】

笔者围绕主要句型“How do you feel when ...”来帮助学生理解文本细节内容，也为接下来的读后写作做好铺垫。

Step 7 Writing

笔者要求学生，模仿信件中对人的外貌和性格的描写，找一位自己熟悉的朋友，先开展小组讨论，并进行笔头写作，写一篇“my best friend”的小短文。

【设计说明】

笔者旨在帮助学生巩固本节课的学习内容，并通过一些提示，加以拓展和提高学生的学习能力，真正达到学以致用。

Step8 Homework

Level A：to remember the words and expressions.

Level B：to write an email to me about yourself in three aspects.

【设计说明】

课后作业的布置，要求分层次对待，对于学困生，只要求能够完成Level A；对于其他学生，在完成A的基础上，能够完成Level B，以加深对课文内容的理解与运用。

（二）教学反思

笔者在第一次教学活动中有意引入评判性阅读，但实际教学后发现了以下一些问题：

1.过于死板地处理文本内容。评判性阅读以文本为一切教学活动的基础，它要求读者首先要对所蕴含的信息进行认知、理解与加工，然后再进行深层次的解读分析与评价。因此，教师应对文本进行加工和处理，而在第一次试教中，笔者虽抓住了文章的重难点，但是缺乏对文本信息的梳理，应该有效地区分主要信息和次要信息，缺乏详略，不利于学生对文本内容的理解与运用。

2.问题设置缺乏层次性。笔者在设置问题时，考虑的是文章发展的顺序，而不是问题的难易层次，有种头重脚轻的感觉。

3.活动设计太过单一。在教学活动的设计上，基本上以一问一答的模式，学生缺乏竞争力，上课精神涣散，回答问题缺乏积极性。

4.最后学生的输出未能达到预期的效果。由于在第一次试教过程中，未考虑到学生的整体差异，在问题的设置和提示方面，做得不够充分，很多学生的词汇量不足，导致其“有口难言”，只有少部分学生能够流利地表达，从而无法达到评判性写作的目的。

三、第二次试课

针对第一次试课存在的问题，笔者进行了深刻的反思，同时经过研读教材，挖掘更多的文本材料，通过独到的解读，灵活地使用教材，结合网络资料，并运用评判性思维策略，重新对PPT的内容进行了整编和修改，并对部分内容进行了取舍，对重难点进行分析与整改，让大部分学生更加容易接受，具体修改如下：

【完善1】

在导入的时候，将step4提前，激发学生的积极性，同时在聆听别人表述的时候，用评判性的思维进行点评。由于考虑到like一词的多样性，可以将work in pairs 改成：

A：What does she/he look like?

B：He/She is ...

A：What is he/she like?

B：She/He is ...

A：What's her/his hobby?

B：She/He likes ...

【完善2】

在各个设计环节，加入竞争机制，让学生通过得分，激发学生课堂的表现欲望，同时培养学生评判性思维。比如说，全班以大组为单位，分成A，B，C，D四大组，组内的同学只要回答对一题给2分，回答错误不给分，若组内成员在其他组成员回答错误时，能及时发现错误，并纠正的给2分，最后一个写作环节，可以根据实际回答加减分。

【完善3】

深度解读文本内容，挖掘文本内涵。在重难点的教授上，由传统的单调的单词和词组展示，转变为由words-phrases-sentences，同时利用图片加深印象。比如，glasses- a pair of glasses-How do you feel when you wear a pair of glasses for the first time? I feel sad when I wear a pair of glasses for the first time. 在学习新单词的同时，将文本中的重点句型进行反复操练，为学生最后的output做好充分的铺垫。

【完善4】

笔者在阅读过程中，按照先易后难，将问题进行分类总结，由简单的问答，到连线配对再到填空。引导学生以不同的阅读技巧来不同层次地挖掘课文内容。问题是学生在阅读过程中的思维工具，教师一定要关注学生的思维活动内容和层次，由浅入深，循序渐进。

【完善5】

笔者在写作环节，也做了调整。以玩游戏的心态，激发学生们写作的欲望，以评判性思维对自己和他人的文章进行分析，评估，纠错。“let's play a guessing game—who is he/she?”要求学生通过描述自己的同学或者朋友，让其他组的成员猜猜是谁，同时引入竞争机制，描述自己的同学时，若是其他组的成员找不出任何的语病，将获得5分，有错得3分，纠错的同学可以获得2分。为了能够最大限度地激发学生的积极性，笔者提供了一篇范文来降低写作的难度，同时给了一些提示。

在本次试课的过程中，学生们积极参与，踊跃发言，特别是在最后的output环节，学生们的表现远远地超出了预想，连平时沉默寡言的同学也加入了游戏，充分地调动了全班同学的积极性，最后以一个完美的高潮结尾。

四、结束语

在教学过程中，教师应以学生发展为本，充分尊重学生的主体性，让学生积极参与到课堂教学中。在本节课上，笔者通过设计多样性的课堂教学活动，为学生提供了多元化的语境，既为学生创设了独立思考的空间，又为学生搭建了合作交流的平台，使每位学生有了独立发表见解的机会。纵观整个教学过程，作为学习主体的学生，通过不断地自我反思和质疑，与他人产生思想上的碰撞，分享自己的学习成果，实现了既习得语言知识与技能，又提升了思维品质的双重收获。

笔者通过磨课将评判性思维运用于初中英语阅读与写作教学中，一方面能够使学生边阅读边思考，同时增强自我的逻辑思维、分析评价及语言运用能力；同时也可以促进教师自我对文本进行深层次解读能力，进而以最大限度地发挥教师的创造力。特别是在英语写作中，学生思维的高低决定了写作水平的高低，语言的苍白正是由于思想的浅薄，结果的混乱正是由于思想的无序，内容的粗糙正是由于思想的贫乏，立意的新旧正是由于思想的单调。学生在本课的学习过程中，通过语言知识和技能不断输入，从对文本内容的不断理解、分析、总结以及感悟，再通过写作表达了自己对同学朋友的理解和认知，提高了学生的评判性思维品质。因此，最后的写作环节既源于课文又高于课文，从而让学生真正做到学以致用，学有所悟。

合作教研

U–S合作教研与中小学教师专业发展

■ 杨铁金

一、U–S合作教研兴起的背景

始于21世纪初的我国基础教育课程改革，是以行政手段强力推进的。承担基础教育师资培养和培训任务的高等院校，在师范生培养和中小学教师继续教育方面围绕基础教育课程改革的核心内容，在提升中小学教师教育理念、教学研究能力等方面发挥了积极的作用。但以大学教育学者为主导的中小学教师培训，无法满足当前中小学教师的专业发展需求。

1.培训机构、教育行政部门、学校几张皮，致使教师培训工作落实不到位。高校教科研机构做培训项目，教育行政部门管制度、经费，学校管人员。中小学教师在被动状态下参训，学习动力不足，部分参训老师有较重的教学工作，甚至担任毕业班的教学，心挂两头，无法静心学习，导致培训效能低下。

2.中小学教师已厌倦那种满堂灌的专家讲座，希望能有更多的理论联系实际的观摩教学活动等培训内容。中小学教师对由大学教育学者所扮演的“专家”角色，表面上尊敬有加，实际上心口不服，甚至有教师说，“专家讲的理论是一套一套的。到底是骡子是马，上堂课给我们看看。”

历经十年课改，中小学教师在理念与行为方面发生了深刻的变化。特别是在一些优质学校，既有丰富实践经验又具研究能力的教师日渐增多。他们不满足于专家居高临下的单向式理论灌输，不满足于学者蜻蜓点水式的课堂评价，希望教授们重视鲜活课堂与“实践智慧”的研究，希望建立一种相互尊重、平等对话的关系，在双方的合作共生中解决中小学课堂教学、课程开发、课题研究等问题。

20世纪80年代以来，欧美国家兴起大学与中小学结为伙伴，合作探索教育发展的热潮。这种共生的院校协作，简称U–S合作，即University—School合作。在我国，课改为大学与中小学开展教研合作提供了广阔的空间。2001年5月，首都师范大学教育科学学院与北京市教委合作共建，率先在内地尝试以中小学为基地的教师培训方式。

2009年12月，在地方政府的推动下，永康中学成为浙江师范大学附属中学，双方建立责任共担、权益共享、优势互补的平等互助的合作伙伴关系。2012年12月，再签深化合作协议。2013年12月，浙江师范大学教师教育学院与永康中学签署开展合作教研协议，标志着院校合作教研的日臻完善。

二、U-S合作教研的特点

U-S合作教研是指在大学与中小学为改进教师教育和课堂教学实践，促进全体学生学习与发展，而合作进行的“团队式”教学研究活动。教育学者与教师、教师与教师通过专业对话、沟通、合作，实现共同分享经验，共促专业发展。它有三个特点：

1.目标明确。促进教师专业发展始终是院校合作教研最基本的内涵与目标。合作教研一方面在实践中让大学教育学者有机地融入中小学传统的教研活动之中，在以中小学教师为主体的前提下，大学教育学者协助教师进行教学的反思与重建；另一方面也是为了增强大学教育学者的研究能力，通过教育研究实验基地、师范生教育实践基地促进大学教师的发展与师范生的培养。

2.关系明确。双方是在平等、互利、自愿等前提下所建立起来的以协议形式表述的合作关系。关系一旦确定，双方均受各自承诺的约束，承担和履行各自的责任和义务。协议明确规定大学及具体指导者、中小学校长、教师的角色分工，使其各尽其职，各就其位。

3.载体明确。搭建合作平台，以课堂学习研究为主要载体开展教研活动。在课堂学习研究情景中，由中小学教师选定某节课，大学教育学者所组成的研究团队和教师们一道备课，采用同课异构等形式施教，共同观课、集体评课，通过系统反思，达到改善课堂教学的目的。

三、U-S合作教研的形式

U-S合作教研的内容与形式是相辅相成，互为一体的，形式为内容服务，是内容的载体。其主要形式有：

（一）教师发展学校与教师差异化培训模式

面向中小学的教师教育要解决学校不同发展层次的教师专业发展的问题，需要建立教师差异化培训模式。大学在中小学设立教师发展学校，派遣教育学者开展有针对性的教师专业发展辅导培训工作。

1.学科教师轮训。以学科教研组为单位，采取在本校讲座培训、课堂诊断，外出观摩、互动学习等形式，对教师进行教育理念、课堂教学、科研能力培训，并鼓励教师撰写“经验+反思”式的教改论文，促进教师教育教学研究能力的提升。

2.不同发展层次的教师培养。根据不同发展时期的教师特点，有针对性地开展教师培养工作。在学校建立青年教师协会，组织年龄在35岁以下、教龄八年以下的教师参与读书、论坛、备课磨课等活动；聘请经验丰富的教师、班主任担任师范生的实习指导老师；选派学科骨干参加由师大组织的国培、省培项目培训。

3.管理能力培训。对学校中层管理人员、班主任进行实务培训，以促进学校和谐发展、学生健康发展。

（二）课改工作室与创新课堂教学模式

永康中学设立由浙江师范大学派遣的教育学者郑逸农教授领衔的“非指示性”课改工作室，以传帮带的形式在各学科推行“先生后师，面向全体，三多三少”等课堂教学理念。

1.开展课堂教学诊断。师大教育学者、研究生与学校学科教师一起开展课堂教学调查，形成分析报告，共同商议提高课堂教学效率的对策。

2.创新课堂教学模式。以“非指示性”教学理念为指导，推进课堂教学改革，推出适合学校实际的课堂教学模式。目前已经取得了阶段性成果，语文与数学的两个课堂教学模式名列金华市教育局公布的50个经典课堂教学模式之中。

（三）学校共同体与区域教育发展模式

以附属中学建设为样板，推动区域教育发展。在永康中学教育共同体的框架下，与所属五所农村初中一起开展合作教研活动。

1.聚焦课堂，专题研究。在农村学校开展“半日教研”“一日教研”活动。“半日教研”，一般由附中教师与所到农村学校教师进行同课异构，大学教育学者、市教研室教研员、学科教师一起进行评课，解决课堂教学中存在的问题。“一日教研”，增加一小时的专家讲座和一小时的互动交流。一次活动，有针对地探讨某个具体的教学问题。

2.示范引领，发展共赢。在附中举办开放式的教学研讨周活动，邀请知名教育专家、品牌教师前来讲学、讲课。当地教师在家门口就能听到一流的报告，听到一流的示范课。大学的教育学者也能在课堂和教师身上汲取素材充实自己的研究。师范生也在合作教研中获得更多的指导与体验的机会。

四、U-S 合作教研促进教师专业发展

U-S合作教研将教学研究下移到基层，贴近学校的发展需求，有效地解决了教师专业发展中所存在的问题，促进学生、教师与学校的发展。

1.改善了教师的课堂教学。合作教研要解决的是课堂教学的低效问题，帮助教师实现“有效教学”。院校合作项目推动学校教师的课堂教学体现“三多三少”，落实学生的“两单”(预习单、评价单)，实现课堂效益的最大化的追求。

2.提升了教师的听课、评课能力。合作教研实现了专家与教师、教师与教师之间的平等交流，在磋商与互动中提升了倾听与表达的能力。

3.促进了教师课题研究能力。过去，教师虽有课题研究的行为，但档次低、创新少，在与教育学者的互动中，教师们学会了做教学经验的总结与反思，“问题即课题”的意识明显增强，专业底气增强，课题立项的级别与成果档次明显增强。

这种模式在永康中学运转几年之后，浙江师范大学开始在杭州、衢州等地进行复制，目前已经形成了10余所以开展合作教研为主要形式的附属学校，并于2014年1月组建了浙江师范大学附属中学联盟。

浙江师范大学楼世洲副校长在谈到合作教研的意义时指出，“浙师大开展合作办学，建附属学校的目的，就是引领和服务浙江基础教育的发展，就是要搭建一个实现“教育梦”的平台，实实在在地为中国基础教育的变革与创新作一些有实质意义的事情。”“要对附属学校开展质量监测、建设联盟网站和资源库等，切实推动附属学校的教育改革、教师成长和学生成长。”

五、需要注意的几个问题

1.在院校合作教研中，中小学校长的作用非常重要。校长一方面要授权给大学所派遣的指导教师，让其承担相应的管理职责，并与之进行充分的沟通交流，使其了解学校的整个运作与状况，确保其对学校组织发展产生最优影响；另一方面要组织教师积极参与到共同活动中，从而构建良好的“学习共同体”。

2.大学的教育学者要与教师做好有效沟通。“有效沟通的缺失”是大学教师深入中小学教学实践活动的最主要的障碍。由于大学教育学者与中小学教师在现实中的目标、观念系统和社会结构的位置不同，大学教师往往只是“理论专家”，长时间的脱离中小学教学实践，有时所提的建议可操作性不强。单枪匹马的在中小学课堂进行教学改革尝试，不免让中小学教师有“越俎代庖”的感觉。通过交流，消除教师的思想偏差，大家达成共识：合作教研不是拿中小学做试验的小白鼠，而是为了建立一个发展的共同体。

3.注重研究中小学教师的“实践智慧”。中小学教师工作不仅需要专业知识和专业技能，更需要专业素养。专业素养源于教育理论关照下的教学实践反思，是一种“实践智慧”。大学教育学者要在合作中尊重与研究中小学教师特别是优秀教师的“实践智慧”，并在合作中促进师范生或在职教师形成实践智慧，从而造就更多的适应中小学教学工作的优秀教师。

提效广角

实验教学中注重学生观察能力的培养

■ 王跃进

观察是认识客观世界的重要方式，是发现问题的源泉。有效观察促使形象思维向抽象思维过渡，牛顿从观察苹果落地的现象中发现万有引力定律；瓦特从观察壶盖被顶起的现象中发明蒸汽机……世界上许多发明和创造都取决于科学家对事物敏锐的、深刻的观察。因此，教学中注重学生观察能力的培养对学生批判思维、创新思维的养成具有重要意义，是培养学生核心素养的重要方面。

初中科学课程是以实验为基础的一门综合性学科。科学教学离不开实验，实验的教学又离不开学生的观察活动。科学实验以直观、形象、生动的特点深深吸引着学生，为培养学生的观察能力提供了优越的条件。本文对初中学生在实验观察中存在的问题做简单归纳，并通过教学实例重点对培养学生观察能力的方法和途径进行探讨。

一、学生在实验观察过程中存在的主要问题

观察和实验是学习科学的重要方法，科学课堂正因为有各种实验而精彩。但学生在实验观察过程中存在一些问题影响实验的目的，结果不尽人意。

1.观察没有目的，“看热闹”。教师进行演示实验总是为某实验目的的达成而展开。实验观察中学生虽然热情高涨，但往往只是陶醉在看热闹、看表现的兴奋中。有如观看节日的烟花一样，好看却没有目的。如探究“氢氧化钠的化学性质”实验中，向硫酸铜溶液中滴加氢氧化钠溶液时学生被产生的蓝色絮状沉淀这一奇特现象深深吸引，老师问：本实验说明什么？却都说不准或说不完整。观察目的的偏离，影响实验教学的质量。

2.过于期待实验的结果，忽视实验规范操作过程和细节。如在学生实验“显

微镜的使用：观察植物茎的结构”中，学生过于期待尽快看到显微镜下茎的微观结构而不注意规范使用显微镜，导致观察不到物象，甚至有学生损坏装片或物镜镜头。

3.不熟悉实验原理，观察主次不明，观察目标随意无顺序。如“测量小灯泡的电功率”的实验，学生手移滑动变阻器时眼睛不知观察哪一处。灯泡还是滑动变阻器？电压表还是电流表？不能根据实验原理有序观察，导致不能通过实验获得正确数据，不能正确测量出电功率。

4.实验观察不完整、不全面。很多学生观察时往往集中某个明显的局部现象忽视整体，没有点面结合导致实验观察不完整。如教师用单摆和滚摆演示探究“动能和势能相互转化”的实验，学生往往只注意摆锤下降、上升的现象，很难将摆锤位置的变化和速度状况一起观察，更不会注意摆幅的变化去考虑机械能的变化。

二、教师在实验教学中注重培养学生的观察能力

（一）引导学生根据实验要求首先明确观察的对象与目标

观察是一种有目的、有计划的感知活动。观察前要求学生一定要先明确实验的目的，知道实验中需要观察什么问题，确定观察对象与目标。使学生观察时做到心中有数，有的放矢。

如学习了化学变化和物理变化后，教师精心设计“细铁丝在纯氧中燃烧”和“白炽灯通电发光”这两实验。让学生观察来清楚认识化学变化和物理变化的本质区别。但若实验前学生不清楚实验的要求、目的，学生的观察总是停留在发光、发热这些明显的表面现象，而不去认真观察反应后“有无新物质生成”这一关键现象。相反让学生清楚实验的目的，引导学生紧紧抓住实验观察的关键目标是反应前后物质。明确观察目标后不难发现铁丝燃烧后在瓶底产生一种与原光亮的铁丝不一样的黑色固体，而灯发光熄灭后灯丝的物质不变，通电继续会发光。即通过实验事实观察得到化学变化与物理变化的本质区别：有无新物质生成。

可见，观察目标与对象明确才能即注意事物明显现象的特征又能有意观察比较隐蔽的现象特征。从中正确地获得与观察目的相关的关键信息，提高观察的准确性和目的性，提高了观察能力。

（二）引导学生熟悉实验过程能够分段、有顺序有步骤的观察

观察应该按实验过程、要求有条不紊，有序进行。这样获得的实验事实即条理清晰又准确有效便于得出正确的结论。

如观察少量氧化铜中加足量稀硫酸溶液的化学反应现象。一般按“实验前——实验中——实验后”的顺序有步骤地进行观察。实验前先观察反应物的状态、颜色等，再观察反应时现象，最后观察反应结束呈现的现象。这样本实验观察结果可以描述为：黑色固体溶解，溶液变蓝。

再如“测量小灯泡电功率”的实验，实验要求学生测量小灯泡的额定电功率。若器材提供中小灯泡只标有额定电压，学生实验时在移动滑动变阻器过程眼睛先要观察电压表直到电压表的示数为小灯泡的额定电压让灯泡正常发光，手停止移动滑动变阻器。再观察电流表读出电流示数，这样读数与记录额定电压和额定电压下的电流即可根据实验原理实验得出小灯泡的额定电功率达到实验目的。

我们从许多科学实验可以体会，实验观察有序可以保证获得信息的正确性、系统性，便于智力活动对信息的加工整理。因此在科学教学中引导学生有序观察，对提高学生的观察能力很重要。

（三）引导学生根据实验情景学习科学的观察方法和技巧

现实生活五光十色，各种各样的人、事、物，各种各样的情景交织一起神奇而又司空见惯。为什么奥斯特能发现电流周围存在磁场；为什么著名科学家达尔文能通过观察写出《物种起源》一书，创立“进化论”学说，为人类起源写下光辉一页……原因是他们敏锐的、深刻的观察力。古人云“工欲善其事，必先利其器”。要有良好的观察力关键还在于掌握科学的观察方法和技巧。

1.局部观察和整体观察相结合。观察只关注局部是不完整的，只关注整体又会缺失关键现象的观察。观察时只有点面结合才能对事物各组成部分正确、深刻的把握，才能更好地揭示事物变化内在的规律，全面认识事物变化的本质。

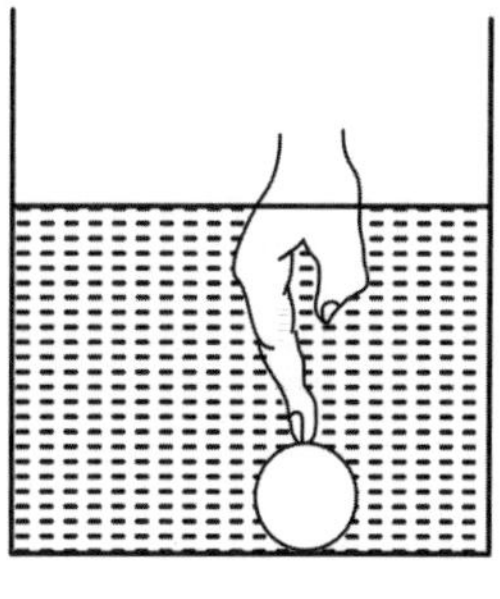

如“探究物体的沉浮条件”实验教学中，如图将乒乓球压入水中放手，学生以乒乓球作为观察对象，观察后学生不难发现乒乓球在水中加速上浮，最终漂浮在水面上。从而得出浸没在液体中的物体，若只受浮力和重力且浮力

大于重力时物体上浮，最终漂浮。现在新的科学问题：在本实验中乒乓球加速上浮时机械能增加，这些能量来自哪里呢？要清楚探究其本质就要观察乒乓球时一起观察水的变化，即局部观察和整体观察相结合。观察发现在乒乓球上升时，水要“补”回乒乓球原在位置相对向下移动，进一步观察发现当乒乓球漂浮后的水面与乒乓球浸没时对比有下降。联系物质的能量及其转化，乒乓球加速上浮时机械能增加，这些能量来自水的重力势能。

2.动态观察和静态观察相结合。在很多科学实验中起始和结果的现象是静态的，而过程是动态的。要求学生在实验观察中找到变化的内在规律和本质，就需要观察时会对实验过程进行解剖。根据需要能在动态中找静态，或将静态转化为动态进行观察研究，动态观察和静态观察相结合。

如图“物体动能和势能相互转化”的实验演示：弹簧连着小球放在光滑水平台上自然状态时小球在O位置，现压缩弹簧小球到B位置后放手，可以观察到弹簧连着小球在B、A间运动。运动中能量怎样变化？小球B、A二点有一瞬间的静止可以静态观察，其他位置小球都处在运动中。可以引导学生取O位置动中取静，给予静态观察，再以“O—B—O—A—O—B”的运动路线给予动态观察，观察弹簧的长度变化同时小球的速度变化。经观察分析深刻体会弹性势能和动能可以相互转化，且熟知转化的整个过程。

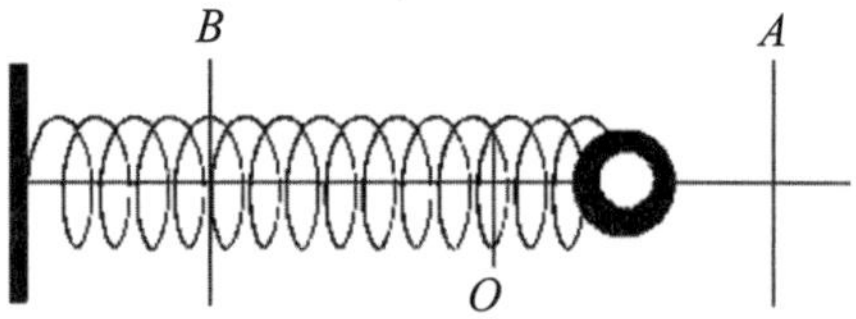

3.直接观察和间接观察相结合。直接观察是通过人体的感官进行，优点是直接、具体而真实，但有局限性。在科学实验过程中有些实验现象单凭我们的感官很难直接观察，必须借助仪器工具或设计实验利用“转换”来扩大观察范围。因此在科学实验研究中二者相互结合共同发挥作用，以便使观察取得更好效果。

如探究“影响动能大小的因素”的实验。如图小球动能大小无法直接观察测

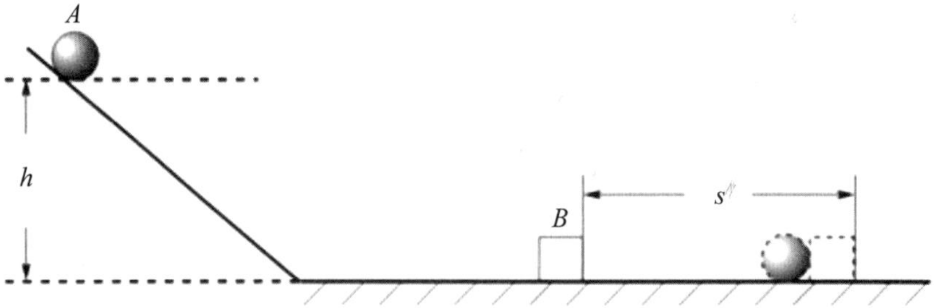

量，我们通过观察木块被小球推出去的距离S来判断小球的动能。这种“转换观察法”在我们科学研究中利用很多，再如在“力的作用效果”教学中，为了说明坚硬物体在力的作用下也会发生形变，只是形变程度太少无法直接观察，教师设计“放大”现象来间接观察。这些实验设计不仅锻炼学生的观察能力，同时也提高学生的实验设计能力，培养创新思维品质。

4.充分运用“比较式”的观察。观察要注意锱铢之别，淄渑之辨。观察的重要一环就是异中求同，同中求异。在科学实验教学中对相关实验让学生进行横向、纵向比较观察不仅有利于知识的巩固，对深化、发展学生的观察能力作用重大。

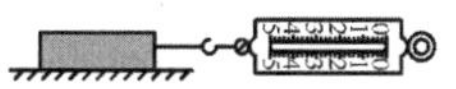

图1

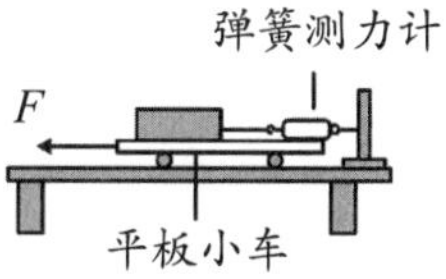

图2

例如探究“影响滑动摩擦力大小的因素”的实验，实验设计如图1和图2让学生分别进行实验，在实验中要求学生对改进前与改进后两种实验设计进行“比较式”的观察，归纳改进后的实验优点。引导学生运用“比较式”的观察能培养学生善于捕捉事物的特色，大大提高观察的敏捷性。

（四）实验教学中培养学生边观察边思考的品质

在实验观察过程中有“思考”才会又发现。思维需要观察得到信息，观察又启迪思维。观察与思考两者有机结合让学生在观察获得的大量感性材料中参与科学分析、比较、综合、概括等思维活动，由表及里，去伪存真，探索事物的本质属性和内在联系，将感性认识上升为理性知识。这样即培养学生良好的观察品质提高观察的深刻性，也提高学生分析问题和解决问题的能力。如“物质密度的含义”的教学中，教师引导学生对不同大小的正方体木块，铁块，铝块的体积和质量进行观察测量获取较多的数据，在对数据进行分析综合中学生会发现同一物质质量与体积的比不变，而不同物质质量与体积的比不同。知道了物质质量与体积的比值揭示物质某一方面的特性，从而引出“密度”的概念。实质上我们科学中大部分概念，规律，物质性质都是在实验观察的基础上经过思考，分析概括得出的。

观察是一切知识的门户，在人类实践活动的各个领域观察都起着极其重要的作用。在科学实验教学中注重学生观察能力的培养，即有利于学生知识的巩固，有利于学生审题解题等学习能力的提高，也有利于学生提高社会适应能力有利于终身发展。总之，在教学中学生观察能力的培养值得我们研究和探讨。

浅谈直觉思维在数学教学中的应用

■ 吕英莉

一、利用直觉思维，激发学习兴趣

在学习中，兴趣是一种强烈而持久的动机，唯有热爱数学，才能有积极而持久学数学的劲头和攻关精神，而利用直觉思维所产生的结果，可以诱发学生钻研和创新的热情，激发学习兴趣，如：将一张0.04mm厚的白纸，进行对折（先假设这纸可以无限次对折），问对折了28次后，纸的厚度与珠穆朗玛峰的海拔高度（约8800m）比较，谁更高？利用直觉，各学生各有不同的预测，为了正确地回答这个问题，我们可以通过计算0.04×2^{28}后比较，而这个怎样才能较快地表示？此时就可以引入科学计数法。比如：在浓度分别为a，b（$a>b>0$）的1kg的两种糖水中，都加入糖$m$kg后两种糖水的浓度都将发生变化，且浓度较小的这种糖水的浓度变化更大，从这个例子中，可从直觉观察发现其中蕴含着一个不等式性质：即若$a>b>0$，即$\frac{a}{b}\geqslant\frac{a+m}{b+m}$（$m>0$）等不等式性质的学习，难度较大，通过这个例子，学生不仅可以消除恐惧心理，还大大增强了学习兴趣。总之，在教学中，通过对一些实际事例的直觉感受，学生会处于一个“欲知而不得，欲罢而不能”的“愤”“悱”态，孔子曰：“不愤不启，不悱不发”，学生热情高涨。

二、利用直觉思维，探求解题思路

众所周知，问题与解是数学的心脏。解题是数学教学的显著特征。在数学解题时，若能先用直觉探路，常常可以化难为易，化繁为简，及时寻到解题的思路。同时，直觉判断是一种非逻辑思维，需要有“理智的勇气”和“精明的诚实”，从而提高了学生的解题能力。

例1.(1)阅读理解：对于任意正实数a、b，

$\because (\sqrt{a}-\sqrt{b})^2 \geqslant 0$，

$\therefore a-2\sqrt{ab}+b \geqslant 0$，

$\therefore a+b \geqslant 2\sqrt{ab}$，只有当$a=b$时，等号成立.

结论：在$a+b \geqslant 2\sqrt{ab}$（a、b均为正实数）中，若ab为定值p，则$a+b \geqslant 2\sqrt{p}$，只有当$a=b$时，$a+b$有最小值$2\sqrt{p}$.

根据上述内容，回答下列问题：若$m>0$，只有当$m=$____________时，$m+\dfrac{1}{m}$有最小值.

(2)思考验证：如图1，AB为半圆O的直径，C为半圆上任意一点（与点A、B不重合），过点C作$CD \perp AB$，垂足为D，$AD=a$，$DB=b$，（且$CD^2=AD \times BD$）。试根据图形验证$a+b \geqslant 2\sqrt{ab}$，并指出等号成立时的条件.

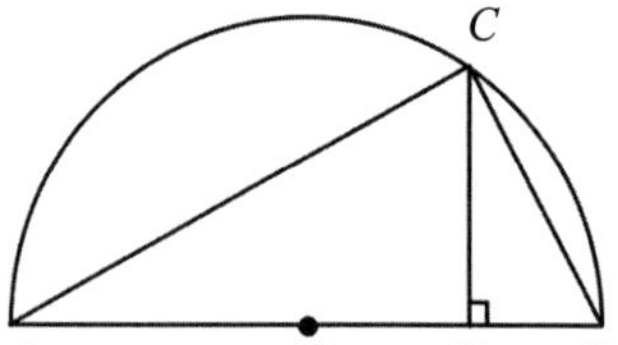

图1

(3)探索应用：如图2，已知$A(-3,\ 0)$，$B(0,\ -4)$，P为双曲线$y=\dfrac{12}{x}$（$x>0$）上的任意一点，过点P作$PC \perp x$轴于点C，$PD \perp y$轴于点D. 求四边形$ABCD$面积的最小值，并说明此时四边形$ABCD$的形状.

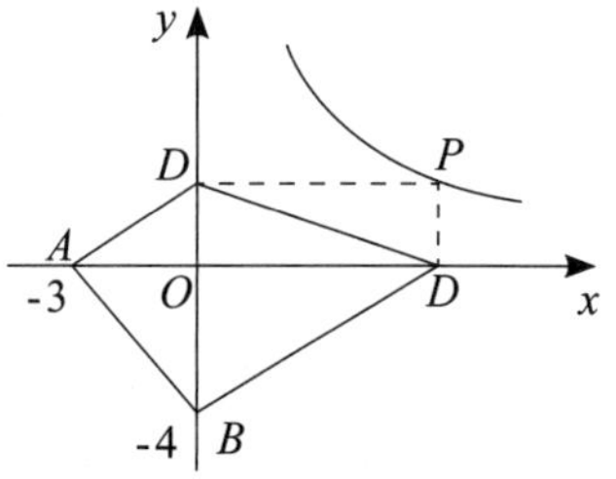

图2

简析：此题为信息题，条件比较简洁。对(1)要求先凭直觉初探，寻求等式成立的条件，再沿着这个思路，给予证明，加以确认并在(3)中进行实践应用。

例2.如图，将一块直角三角板OAB放在平面直角坐标系中，$B(2,\ 0)$，$\angle AOB=60°$，点A在第一象限，过点A的双曲线为$y=\dfrac{k}{x}$($x>0$)，在x轴上取一点P，过点P作直线OA的垂线l，以直线l为对称轴，线段OB经轴对称变换后的像是$O'B'$.

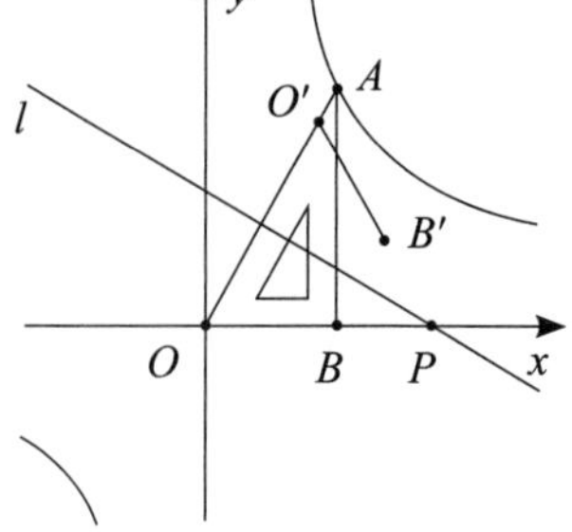

(1)当点O'与点A重合时，点P的坐标是__________.

（2）设$P(t, 0)$当$O'B'$与双曲线有交点时，t的取值范围是 ________.

分析：本题初看似乎难以下手，用直觉探路：随机的作出几个符合题设的特殊点，求出O的对称点在双曲线上和B的对称点在双曲线上时的t，凭直觉可以发现处在这之间的情况。

三、利用直觉思维，进行分层次教学

在素质教育为教学目标的今天，培养创新精神是教学中的重点，而不同层次的学生因为知识层次、接受能力及反应速度等个性差异，在课程教学中进行分层次教学，显得相当必要。在直觉思维中，联系和重组的能力依赖于每个人的联想空间，我们可以根据不同层次的直觉思维，完成分层次教学。

例3. 有桌、椅共100张，每张桌子有三只脚，每张椅子有只脚，这100张桌椅共有脚340条，问桌椅各有几张？

分析　用“图”解，分三步，第一步，先画100个圆代表这100张桌椅的面。

$$\begin{cases}3x+4y=340\\x+y=100\end{cases}\text{解得}\begin{cases}y=60\\y=40\end{cases}$$

∴桌子有60张，椅子40张。

第二步：在每个圆外各添3条线段表示脚，结果发现还余下40只脚没安装。

第三步：将40只脚再安装其中的40个圆上，就变成了4只脚的椅子了，故共有桌60张，椅40张。

以上的这个例子，可以有许多常规解法，如例3可以用初中知识中的设元解方程组或用估算。应该指出的是，在以上用直觉思维分析过程中，只需对实物或几何图形作手段的思维，其任务是直观，而它却能真正体现“数学是一门让路人都懂的科学”。同时我们还可以看到对于在不同知识层次学生中体现直观思维的优势。

另外，我们还可以用估算法进行求解，特别指出的是用其他方法，它在解题的思维过程中，只需对实物作为手段的思维，任务是直观的，而它却能真正体现“数学是一门能让路人都懂的学科”。

四、利用直觉思维，加强学科间综合能力

一次次的数学改革，其发展趋势是越来越趋向于知识综合，而学科间的综合尤为突出，很多时候，学生很容易忽视这一能力要求的训练，所以在教学中，利用直觉思维，凭借其他学科的知识产生的直觉来迅速解题，可以说为学生提供综合能力训练的机会，同时还能让学生体会知识体系间的相互统一。

例4. 铁路线上*AB*段长100公里，工厂*C*到铁路的距离*CA*为20公里，现在要在*AB*上某一点*D*处，向*C*修一条公路，已知铁路每吨公里与公里每吨公里的运费之比为3 : 5，为了使原材料从供应站*B*运到工厂*C*的运费最省，*D*点应选在何处？

分析：乍一看这题，从物理知识的直觉角度，学生会把铁路和公路看成两种不同的媒质，从而联想到光的折射。

以上这题从数学角度去解，不管是代数还是三角都显得比较繁琐，而用物理模型，其过程简洁，结论明了，学生也能接受。

五、利用直觉思维，确定问题的结论

例5. 如图，一个木摸的上部是圆柱，下部是底面为等边三角形的直三棱柱. 圆柱的下底面圆是直三棱柱上底面等边三角形的内切圆. 已知直三棱柱的底面等边三角形边长为3 cm，求圆柱底面的半径。

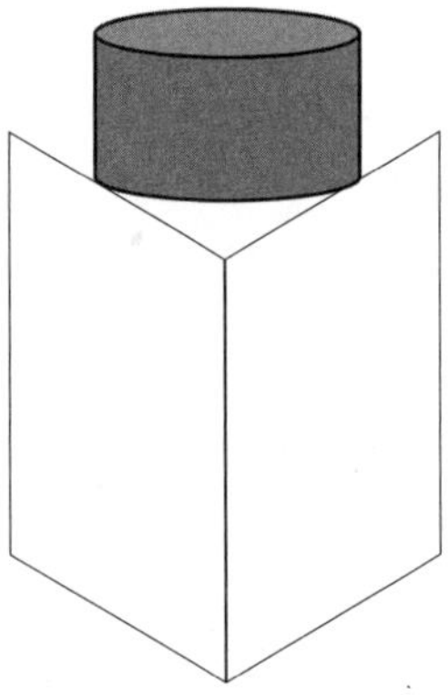

但有些学生，在由直觉产生信息的过程太过粗糙，往往会产生一些与实际不切合的结果。如有许多学生不能把立体图形转化成我们能解决的平面图形，这就需要凭借直觉来解决，在著名的传说中，古印度国王为了奖赏国际象棋的发明者采用其所长的办法，就是对$1+2+4+8+\cdots\cdots+2_{63}$（粒）麦子直觉估计出现了错误，所以在利用直觉思维解题时，也应注意到以上的不足。因此对于一些不能明确的结论，最后应在直觉判断的基础上再完成严格的逻辑推理。

总之，直觉思维在数学中能及时而恰当地给学生以示范和培养，对于提高解题能力，增强学数学的信心是十分有益的。

非指理念下初中思想品德课自主学习的思考

■吕响钟

长期以来，我国初中思想品德课教学形成了“以教师为中心、以教材为中心、以课堂为中心”的固有模式，教学方法存在说教化、简单化、灌输化和成人化的倾向，脱离学生实际、脱离社会实际使学生的主体作用得不到充分发挥，制约了教学的针对性和实效性。近年来，我们从初中学生的学习需要和品德形成的特点出发，树立“非指示性”的教育理念，“自主成长”是理念的核心，教师的作用是引导而不是指示，学生的作用是自主学习而不是被指示。教学课题由学生揭示，教学资源由学生生成，教学内容由学生选择，先生后师，面向全体，尊重学生的个体差异。因此，思想品德课堂教学在“非指示性”的教育理念下充分发挥学生自主学习显得十分必要。

一、目前思想品德课教学中存在的问题

目前的思想品德课教学与素质教育的要求和新课程改革强调在教育过程中全面促进人的发展还存在较大差距，传统的教学模式仍然扮演着较为重要的角色。

（一）课堂教学形式化

随着新课程的推行，自主学习似乎成为一种时尚，冷静地观察，不难发现这其中流于形式的较多，在实际操作中，如有些思想品德课教师不能正确理解课程改革的要旨，只把它当作一种插花点缀，在课堂上穿插使用，以显示教学形式的多样化和课堂气氛的活跃，结果使学生课堂上热闹欢腾，课下脑子空空。

（二）新课程与应试教育的冲突

随着新课程改革的深入，人们的教育观念正在发生积极的变化，但强大的应试教育压力，学校、家长的习惯思维方式并不是那么容易改变的。因而，在实践中素质教育与应试教育矛盾地并行，渐渐出现了一些新的“经验”和提法，如“素质教育不是不要考试成绩，而是使考试成绩更高更好”，即向新课程“要分数”，以分数来衡量新课程改革的成效，片面追求分数的状况并没有因为新课程而有较大的改变。

（三）大班额不利于自主学习的实施

新课程倡导自主学习、合作交流、实验操作，然而由于学生人数过多，严重影响了新课程目标的落实。操场不够用，课外活动场地少，自主学习社会实践课很难开展。目前，我国许多地方，尤其是农村地区的重点学校普遍存在同城区学校一样的班额过大问题，有的甚至每班人数多达60人。这样的课堂教学给学生可自我支配的时间很少，空间太小，学生的学习自主权利被“剥夺”，因而使学生对思想品德课学习的参与意识淡漠，学习的积极性、自主性和创造性受到抑制，也阻碍了学生自由个性的发展。

（四）新课程改革组织实施中的问题

在组织模式上，新课程的设计、实施和推广，依靠强大的行政力量自上而下地进行，虽然效率很高，但基层学校和教师基本上是被动地接收、学习和被培训。多数教师认为“有指导性的讨论和研讨”是最有收获的培训方式，而采用讲授、报告等方式实际上恰恰忽视了思想品德课教师作为主体的兴趣与需要。由于缺乏自下而上的实践，缺乏上下之间、理论与实践之间的互动，缺乏一线教师的参与和反馈，影响了思想品德课程改革的实施，这样进而影响到学生自主学习能力的提高。

二、非指理念下思想品德课学生自主学习的意义

（一）非指理念下学生自主学习是顺应新课改的客观需要

传统的教学模式已经愈来愈不适应时代精神、社会需求和学生期盼。课程改

革实施以来，我们学校全体思想品德课教师与时俱进，不断学习探索、研究创新，带来的是教育观念、教育行为、管理方式的喜人变化，呈现出自主、合作、对话与探究共生的崭新的课改文化气息。但我们也发现思想品德教研组在新课改后还存在以下一些问题：约有三分之一的教龄较长的教师观念还比较落后，已经习惯了传统的教学方式，只怕学生不懂，讲得过多；个别年轻老师，上课只注意课堂气氛的热闹，不注意学生学习的效果，对学生的积极参与形式存在单一化和片面化理解的倾向；以个别学生的回答代替全班学生的理解，只注意个别回答问题踊跃的学生，而不注意照顾学生的个体差异；课堂上质疑数量和人数偏少，对答案的开放性和发散性重视不够，教学内容资源整合问题有待进一步提高等等。

从学生的阶段特点出发，以学生为主体，教师为主导，先生后师，引导学生进行探究性学习，使学生在情感、态度、价值观上有所启发，在能力上有所拓展，在知识上有所收获。让学生参与教学准备的全过程，使教学活动真正成为学生主动学习的过程。为了积极探索新形势下思想品德课教学的新内涵、新思路，全面提升思想品德课教师的教育教学水平，进行适合思想品德课教学的自主学习研究势在必行。

（二）非指理念下学生自主学习是适应德育理念创新的需要

思想品德教育主要在于体验和实践，社会规范也只有通过学生自身的实践才能内化。离开了学生真实的体验，仅仅停留在书本上和课堂上的道德律令无异于纸上谈兵。当前，德育的重点逐渐由“道德教育”转向“道德学习”，即由“培养论”转向“学习论”，强调在老师的帮助下学生自主的德育学习，引导学生自己认识、自己体验、自己践行。基于道德学习论的德育观，思想品德课应该通过创设情境，开展自主探究，这样既有利于掌握知识，陶冶情感，又有利于发展能力，提高觉悟。思想品德课是学校德育主渠道，我们应该让思想品德课堂教学真正活起来。让学生经过独立思考、自主学习、师生互动等形式，结合自己的生活体验去感悟教材知识，并学会运用这些知识去分析、解决现实生活中的实际问题，促进学生主体认知、道德情感、态度的和谐发展，使我们的课堂真正成为学生的主体课堂。

（三）非指理念下学生自主学习是个人成才成长的基本保证

自主学习，是学生自由地开展学习活动并在学习活动中充分地发挥自己的主体性。当今社会科学技术日新月异，新的知识层出不穷，作为教材只能提供某一方面、某一阶段的知识内容，不可穷尽所有的知识，因此，学生为了接受终身教育必须学会学习，变“要我学”为“我要学”，要善于激励自己的学习动机，促使自己主动地投入到学习过程中去，并从中寻找学习的快乐。每个学生都是独一无二的个体，因而要求学生在学习活动中速度一致，步伐整齐，实在是强人所难。何况，即便是同一学生在不同的学习阶段也会有不同的需要。而培养学生自主学习的能力，不仅可以解决这一难题，让每个学生根据自己的实际情况和需要制定计划，设置目标，取得较好的学习成绩，而且一旦他们踏入社会，面对学校与社会的差距，知识的更新时也可以自发地调动潜能，依靠自主学习所培养起来的能力和习惯，尽快地适应这个多变的社会。而学生通过对学习过程和学习资源的调控和配置所培养起来的独立意识和创新意识更使传统教育难望其项背。因此我们说自主学习有利于人的潜能的发展，是个人成才成长的基本保证。

三、非指理念下思想品德课学生自主学习的基本策略

由于学生自主学习的充分发挥要受到教育思想、教学方法、学生个性心理和生理条件等因素的影响。因此，在非指理念下初中思想品德课堂教学中要充分发挥学生的自主学习还必须注意一些策略。那么应注意哪些策略呢?

（一）创设问题情境，增强学生自主学习的意识

教学成效往往取决于能否增强学生的认知过程，充分发挥其主观能动性，变“要我学”为“我愿学”，从而将外在的知识转化为内在素质。为此，在教学中，我常常创设情景，增强学生的自主参与意识，激发学生的学习兴趣。如在讲“做诚信的人”时，我先让学生阅读一篇题为《诚实的价值》的文章，该文中的主人公因诚实而得到了一生的幸福。然后又让学生阅读一篇《美丽的谎言》的文章，该文讲述一个为安慰身患重病的母亲，而编织谎言的故事。从而提出问题：做诚实的人，能不能撒谎？这样，学生自然就会形成两派，引起争论。而教师及时引导学生深入思考，联系生活，利用教材知识，来证明自己的观点。这样，既有利于增强学生自主参与意识，又保证学生创新思维能力的发展。

在教学实践中，针对学生普遍存在的问题，可以创设一些竞赛情景，为适应新课程改革和开卷、开放性试题，我平时搞课前5分钟竞赛，一周新闻听、说、写

竞赛，写政治小论文竞赛等等。这样学生的自主学习能力、分析问题能力、理解能力、协作能力得到了迅速提高，同时也提高了学生的自身修养与素质。在课堂教学中还可以设置悬念情景，使学生的心理形成一种强烈的挂念，产生期盼、渴知的心理状态，欲答不能、欲罢不忍，由此激发学生的参与欲望，引导学生积极而自主地思考和探索。比如在《创建新集体》这一课的教学中，我设置了“为什么一滴水离开杯子后就会马上消失？如果说小水滴也有灵性，它不想在这个世界上消失，该怎么办？”这样的悬念情景，一下子引起学生自主参与讨论的积极性，激发他们自主学习的热情。

（二）运用现代科技，提高学生自主学习的兴趣

随着现代教育的发展，利用现代化的教学媒体对改变学生学习方式和充分发挥学生的自主学习有着重要的作用。多媒体技术集图、文、声、像于一身，实现了教学信息传播的一体化，其强大的集成性和交互性为学生自主参与课堂教学的整个过程提供了广阔的空间。因此，在思想品德课教学中，恰当、有效地运用现代教育技术手段能激发学生的学习兴趣，能使不同水平、不同层次的学生都参与到课堂教学中。例如：学习九年级思想品德关于《富有活力的基本经济制度》一课时，我出示琳琅满目的商品图片资料导入新课，图片一出吸引了学生的注意力，激发了学生自主参与观察与思考，然后课件展示配设几组问题引导学生思考与讨论。这样就把我国存在的多种所有制经济引进了课堂，让学生去感受我国的多种所有制经济成分，体验各种经济成分的特征，取得较好的效果。另外，还可以利用多媒体的交互性来组织知识竞赛，活跃学习气氛、丰富学习方式，为课堂教学注入生机和活力。可见在教学中要恰当、直观、有效地运用现代化的教育技术手段，利用多媒体技术将文字、图形、图像、声音、动画等有机结合起来呈现在学生面前，使学生大脑处于兴奋状态，充分调动学生的主体性，从而不断拓展学生自主学习的空间。

（三）巧设学生活动，拓展学生自主学习的能力

学生活动的设计是教学设计的重点，活动设计中应充分尊重学生的自主学习，教师要给学生活动的时间和空间，为学生的活动和发展创造条件。在设计活动时，教师应注意调动学生的多种活动，只有让“活动”贯穿教学的始终，才能让学生参与教学的全过程，才能充分发挥学生的主体作用。最终实现让学生在活动

中发展，学生在活动中学会学习、学会求知、学会思维。

例如我在上七年级《珍爱生命》这一课时，让学生课前准备了花草、金鱼、小乌龟、小鸟等动植物带到教室，让他们在互相观察中认识到世界因生命而精彩，同学们异常兴奋，对花草、小动物疼爱有加，呵护备至，由同学们热爱动植物我又引导他们认识人的生命的独特性，并把事先准备的图片、录像展示给同学们，让他们感受到生命的来源和生命的可贵，从而让他们在活动中珍惜生命、尊重生命，使这节课充满了生机和活力，让每一位同学都受到了感染和触动，对生命的意义有了深刻的理解和体会，而我仅仅是一个幕后的“导演”，演员是全班每一个同学，教材成了他们自己学习理解的剧本。平时设计一些发散性、趣味性的活动，让学生在活动中畅所欲言，发表不同的见解，让他们自己寻找答案。在活动过程中，学生把自己融入到了具体的案例之中，较好地体现了学生是课堂的主体，从而培养了学生自主学习的能力。

（四）注重行为实践，培养学生自主学习的习惯

思想品德课以培养学生良好的道德行为习惯为最终目的。因此，思想品德课堂教学中要重视对学生的行为训练，加强学生道德实践的教育指导，深化道德情感，促进道德认识向道德行为的转化，从而形成自觉的、良好的道德行为习惯。

指导学生结合自身实际制定自己的行为目标，教师要运用榜样的力量影响教育学生，激发学生的道德情感，内化学生的行为，尤其让学生以身边的榜样为对象制定切实可行的行为目标，做到有始有终。坚持课内外活动相结合，实践道德情感。新课程标准要求课堂的知识教学要与课外实践活动相结合。道德行为的实践指导，还必须落实到学生的日常生活实践中，与班会、班团会、家庭和社会密切结合，促进学生知行的统一，进行道德行为训练，养成良好的行为习惯。让学生走出教室、走出校门，亲自参加社会实践活动，进行社会调查、专题访问、当小记者等活动，培养学生关心热爱社会的情感，提高其主人翁意识，逐步具有能够正确分析社会现象的能力，提高学生对是非问题的判断能力。再如组织学生帮助孤寡老人送温暖活动可以使学生体会到助人为乐带给人的心理愉悦；轮流让学生做老师小助手，担任班级或学校纪律卫生的值勤人员，在家庭主持一日家务劳动等，多体验生活，促其自我管理意识的形成，这样通过多种形式的课外实践活动，促使学生形成的道德认识、道德体验转化为自觉意识，收到自我教育的最佳效果。可见，注重学生的行为实践，是培养学生自主学习的习惯形成的客观要求。

总之,“教学有法，教无定法”。在新课改的实践中教师要以灵活的教法，非指理念下自主学习关爱学生的成长，让他们感受到自己的价值，让他们学会学习的方法,从而提高教学时效性,促进学生全面、主动地发展,最终实现思想品德课的知、情、意、行的和谐统一。

“做”中学，让数学课堂更有效

■陈征萍

轰轰烈烈的课堂教学改革，促使数学学习方式发生了根本的变化，广大一线教师开始注重在课堂教学中呈现现实的数学问题，让学生在现实情境中学习数学、应用数学，发展学生的数学应用意识。数学课程提供给学生更多的操作、观察、尝试、归纳、实验、猜想等活动机会，从而让学生感受数学的学习过程。在课堂上学生一起动手“做”数学，可以激发学生学习数学的兴趣，促进他们去自主探索、自主解决问题，并在活动中形成团队协作精神。

一、要让学生有兴趣动手“做”

在教学过程中，良好的学习氛围是衡量教学效果的重要指标之一。平等、民主、合作的教学氛围会使学生在毫无压抑感的气氛中学习，敢于设疑，敢于动手操作论证，充分调动了学生的主动性和积极性，使学习成为其内在心理需求。在设计教学过程时教师应将单一的操作演示、学生简单的模仿操作转化为探索性、创造性的实践活动，让学生自己通过剪一剪、摆一摆、拼一拼、搭一搭等实践活动去发现事物的奥秘，逐步形成实践求知的意识。笔者认为以下几个方面可以促使学生有兴趣动手“做”。

1.自制学具。在教学时，教师有意识地让学生自制学具，可以使学生在动手操作中获取对对象的表象认识。

2.感知体验。教师引导学生通过看一看、摸一摸，拉一拉等手段对实物进行感知体验，也可以直接获取概念的表象认识。

3.创设生活情景，引导操作。教师利用学生已有的生活经验创设一定的生活情景来引导操作，可以帮助学生顺利地获得事物的表象。

案例 1

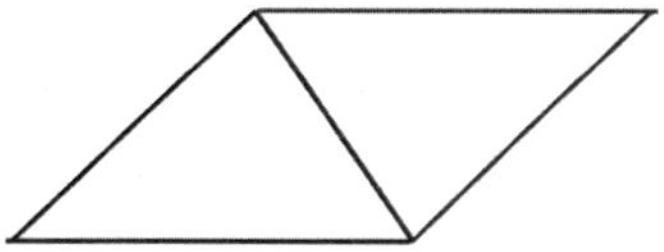

（1）将两个全等的三角形相等的一组边重合，可以拼成一个四边形。你拼出了怎样的四边形？这个四边形的对边有怎样的位置关系？

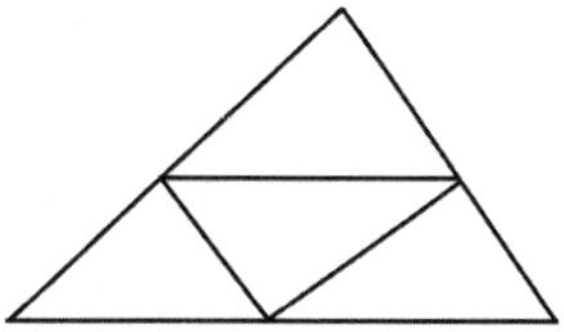

（2）用四个全等的三角形拼成一个大的三角形，找出图中所有平行四边形，并说明理由。

上述案例的教学，动手拼一拼是学生喜欢玩的游戏，促使学生产生学习兴趣，在学生已建立了丰富的平行四边形相关知识感性认识的基础上，再让学生概括、感悟出知识内容和获得的经验，得到符合学生的认知特点和规律，完成从感性认识上升到理性认识的过程。

二、要让学生主动地动手“做”

实践活动提倡“做中学”，也就是让学生在各种各样的操作探究、体验活动中，去参与知识的生成过程、发展过程，主动地发现知识，体会数学知识的来龙去脉，培养主动获取知识的能力。在教学中，教师要充分利用学生“好动、好奇”的心理，从学生熟悉和感兴趣的事物出发，提供观察和操作的机会，引导学生通过动手操作参与知识的形成过程，充分发挥学生学习的自觉能动性，让学生在兴趣黯然的操作中，把抽象的数学知识变为活生生的动作，从感受中获得正确认知。在对学生进行动手操作能力的训练中，教师并非无目的地放手让学生去“做”，而应该有目的、有计划地进行，帮组学生掌握正确的操作方法，适时引导学生从具体的实践操作中抽象出数学概念和定理。如下面教学中的安排：

案例 2

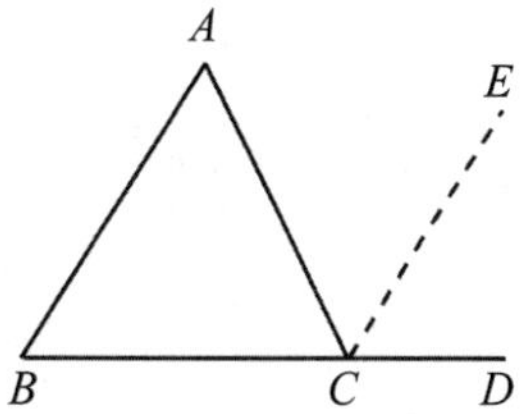

（1）在验证三角形内角和定理时的运用

将△ABC中的∠A撕下来拼到∠ACE的位置，将∠B撕下来拼到∠DCE的位置，你有什么发现？

（2）在验证梯形中位线定理时的运用

任意剪一个梯形纸片，利用对折的方法找到两腰

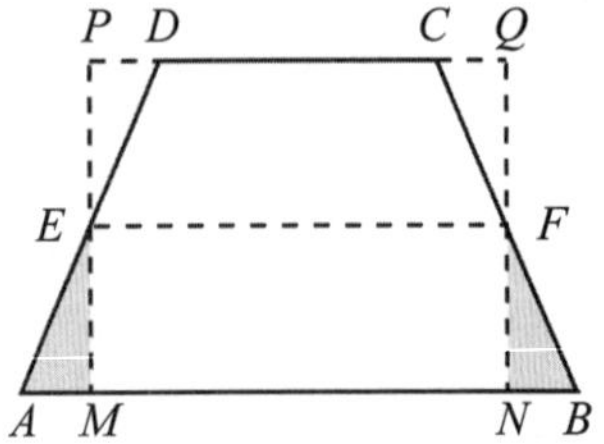

中点E、F，并按图剪下$\triangle AME$和$\triangle BNF$，分别拼到$\triangle PED$和$\triangle CFQ$处，你能得到一个怎样的四边形？由此，你能发现关于线段EF的哪些特征？

这两个教材的学习，学生已经了解了三角形内角和定理和梯形中位线定理，但缺乏感性的认识，知识抽象的理解，所以教师就应该在了解之后适时地安排学生通过一起动手“做”去验证，验证过程中不仅是将一个特殊图形通过剪拼转变成另外一种特殊图形，更便于学生发现两种图形的联系，加深对知识的理解。

通过动手“做”探索定理的形成过程，让学生体验探索的艰辛与成功的快乐。变“重结论”教学为“重过程”教学，探索的经历意味着学生要面临很多困惑、挫折，甚至失败。学生也可能在花了很多时间和精力之后结果并不理想，但这些是学生生存、成长、发展、创造所必须经历的过程，在这样的过程中耗费的时间和精力可以说是值得的，因为留给学生的可能是一些对他们终身受用的东西。

三、要让学生创造性地动手“做”

著名心理学家皮亚杰说：“儿童的思维是从动作开始的，切断动作与思维的联系，思维就不能得到发展。”所以在初中数学的教学过程中，教师应充分利用教具与学具，加强对学生的操作。学生在操作活动中，通过观察、分析、比较所操作的对象的相同点、不同点，然后进行抽象、概括，思维的条理性得到提高，是促进思维发展的一种有效手段。人生最大的快乐是创造，学生也不例外。注重思维的数学在发挥学生的创造力方面有其他科学无法比拟的作用。数学课给学生提供了自主探索的机会，使学生的学习经历一次次的探索、创造、成功、快乐。因此在教学中教师除了为学生精心创设动手操作的问题情境，提供参与的机会，同时在引导学生进行动手操作时，教师不能一味追求教学“效率”而要求学生按自己的演示步骤去模仿，限制学生创造思维的发展。教师应该建立激励机制，提出解决问题的不同途径和方法，鼓励学生从不同角度进行创作性“做”数学。如教材中勾股定理的学习探究过程。

案例3

在验证勾股定理时的运用

提供的卡片有：4块直角边长为a，b，斜边长为c直角三角形的卡片；1块边长为c的正方形卡片用这些卡片可拼成如图（一）、（二）的图形，借助这两个图形都可验证勾股定理；其中图（二）被称为"弦图"，最早由三国时期的数学家赵爽在为《周髀算经》作注时给出的，标志着中国古代的数学成就；图（三）是由美国总统Garfield于1876年给出的一种验证方法。

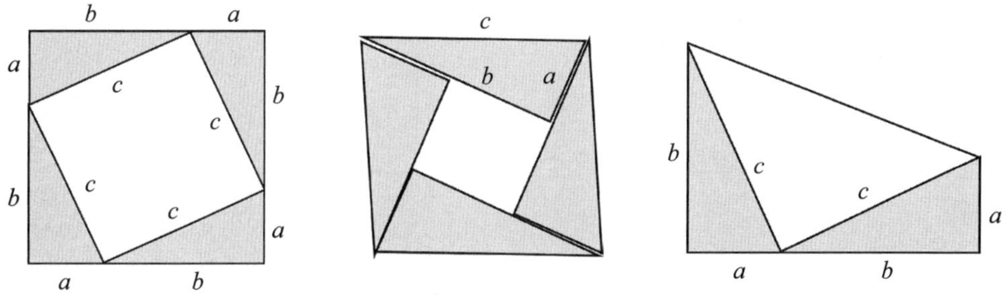

（一）　　（二）　　（三）

关于验证勾股定理的拼图法还有很多如：五巧板拼法、"青朱出入图"、达芬奇拼图法等。可让学生查阅有关资料，了解这些拼图法的思想及相关数学史，提高了学生的文化素养。同时，学生在探索的过程中获得了良好的情感体验。

四、要让学生为解决问题而动手"做"

培养学生解决问题的能力，是数学课程改革的一个重要问题。它有助于加深对所学知识的理解，发展解决问题的能力；有助于培养学生克服困难的品质，发展探索精神和创新意识；有助于培养学生的自主意识和反思能力；有助于培养学生的合作意识和合作能力。在教学过程中，学生进行了具体的动手操作之后，教师应该以语言为中介帮助学生将形象思维抽象为数学知识，再应用于实际，形成能力，形成数学思想。如果就停留在动手操作阶段，学生只能做到"理解"，谈不上掌握和应用，也无从谈动手能力的提高。因此教师在教学中要给学生提供充分合作交流的时间，让学生说说动手操作的过程，看似简单，其实是一种思维向另一种思维转化的过程，是数学思想方法的提升过程，充分发展了学生解决问题的能力。

案例 4

揭示整式乘法公式(或因式分解)时的运用

(1)揭示一般的乘法公式

一间厨房的平面布局如图,我们可以用几种方法表示厨房的面积,

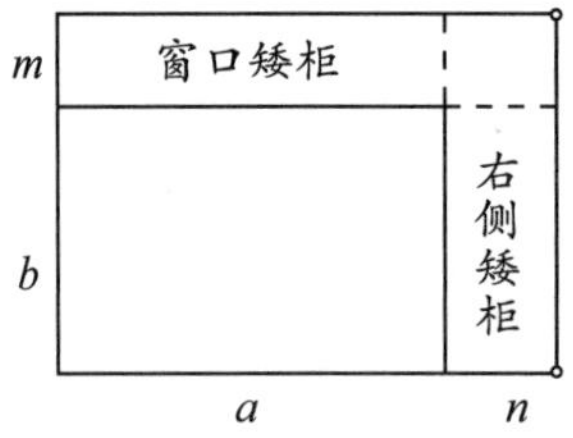

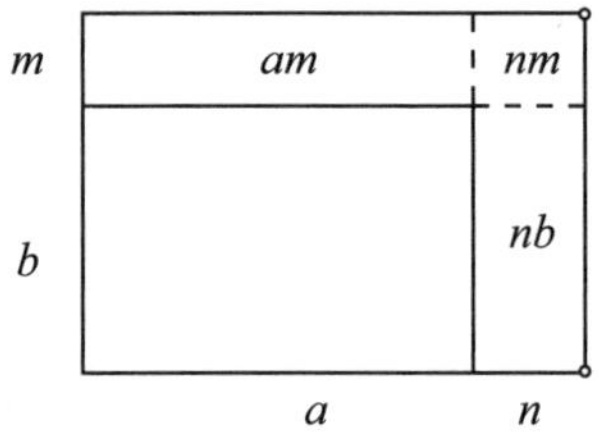

由此,可以得到$(a+n)(b+m)=a(b+m)+n(b+m)=ab+am+nb+nm$

(2)揭示平方差公式

将图甲中阴影部分的小长方形变换到图乙位置,你能根据两个图形的面积关系直观地说明平方差公式吗?

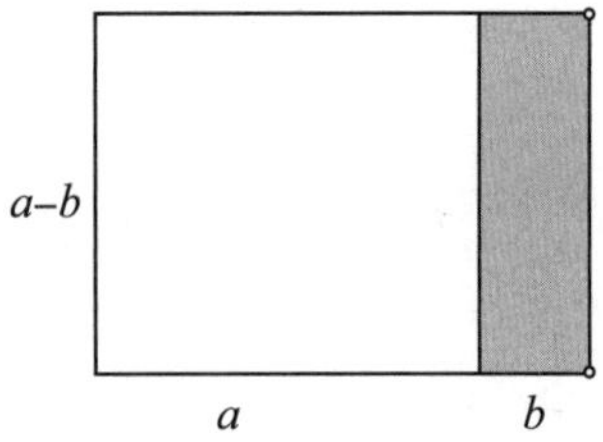

图甲

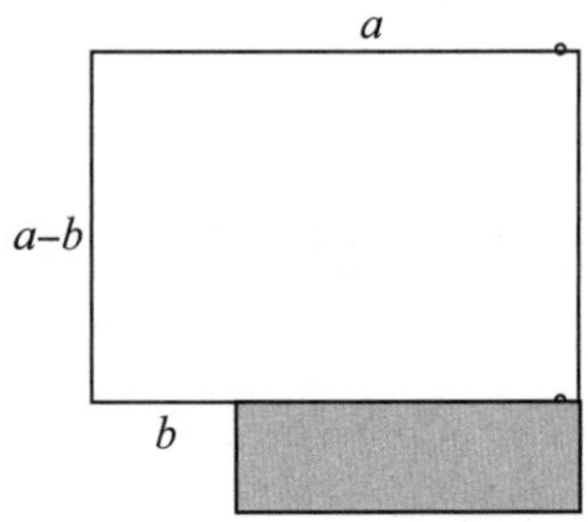

图乙

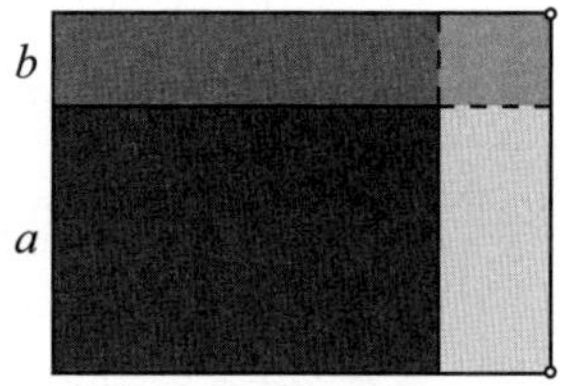

图丙

(3)揭示完全平方公式

如图丙,大正方形的边长为$a+b$,请用两种不同的方法计算这个大正方形的面积。你发现了什么代数式?你能否用多项式与多项式相乘的法则推导出这代数公式?

乘法公式的教学看似简单,但要发现公式的正确性就需要有一定的验证思

想，数形结合的思想，所以在教学中，教师要多提供学生说的机会，让学生明白为什么这个公式是正确的，是可以通过图形的面积关系进行推导，加深了学生对知识的影响，也巩固了知识。

五、让学生一起动手“做”

数学是枯燥的，难懂的，如果是学困生那更是难上加难，一节课可能听不懂多少，而一起动手“做”能同时为优秀学生和学困生学生提供一个较为轻松、自主的学习环境，提高了学生创造思维的能力，一起动手“做”需要学生间的小组合作，合作性的课堂教学中，师生、学生和学生之间的交互活动是多边进行的，学生有更多的机会发表自己的看法，并且学生能充分利用自己的创造性思维，形成相同问题的不同答案，学生的学习环境更为宽松，自主发挥的空间更为广阔，另外，在小组的合作学习中，同伴之间相互帮助，动手实践，在实验中发现，探究科学的奥秘，提高了学习兴趣，通过满足学生的各种内在需要激励了他们的参与意识，并能使他们在参与学习的活动中得到愉悦的情感体验。如教材中七巧板的学习。

案例 5

课题学习《有趣的七巧板》

七巧板是我国古代民间流传的一项益智游戏，虽然只有七块板组成，但用它可以拼出多种多样的图形，将带领你进入五彩缤纷的游戏世界。学生一起操作，一起想像，充分发挥团队的作用。

华盛顿图书馆墙壁上有三句话：“我听见了，我就忘了；我看见了，我就记住了；我做过了，我就理解了。”它形象地说明了动手操作的重要性。学生自主操作、动手实践，经历探索知识的过程，对知识的理解才能深化，记忆才会牢固，推理才能严密。学生的操作活动，使以往一人演示众人看的被动接受式学习转变为人人动手实验的主动探索式学习。使学生在生动活泼的课堂气氛中，发现、感悟、理解，在探索知识的同时，使情感、态度等非智力因素也得到发展。学无止境，探索无止境，相信通过动手“做”可以解决更多、更深的问题。

初中科学前概念教学研究

■邵 正

前概念是指个体在正式学习某个科学知识之前，头脑中基于习得的经验和知识，对于该知识已有的认识。学生的大脑不是一张白纸，任凭教师在上面画画。学生在学习某一科学概念前，对该概念会有自己的一些想法，即前概念。这些前概念对科学概念的建构会产生种种影响。概念建构的本质是概念转化。教师应当充分了解和尊重学生的前概念，促成学生将前概念转化为科学概念。

一、前概念的形成主要有以下六个原因

1.直接的感受。学生在生活和学习中有许多直接的感受，这些感受在学生的心灵上打下了深深的烙印，成为学生极为重要的生活经验，并为他们解释有关现象提供了“可信赖”的依据。例如研究“呼吸与胸腔的变化”的问题时学生进行的活动是：深呼吸并感受胸腔变化，科学原理是：胸腔的变化引起呼吸，但学生的认识却是“呼吸引起胸腔的变化”。

2.片面的经验。经验是建构概念的基础，但片面的经验容易使学生以偏概全，建立起事物之间非本质的联系，从而形成错误的前概念。例如学生的经验是有电流用电器工作，没电流就不工作，因此如果一盏灯泡不亮是因为没有电流通过灯泡。

3.旧概念的泛化。任何一个科学概念的正确性都有其条件性，即都有其适用的范围和成立的条件。学生容易把某个科学概念适用的范围不恰当地扩大，从而形成“相异构想”。例如还是灯泡的问题学生的前概念是认为灯泡亮暗是由电流大小决定的，而不是由电功率决定的。

4.知识的负迁移。迁移是指先前学习对后继学习的影响，它是人在学习中最

常见、最重要的心理现象。任何有意义的学习，都无不存在着迁移现象。迁移有正迁移与负迁移，负迁移是学生产生错误前概念的主要原因。数学知识的负迁移会对前概念产生影响，数学是表达科学规律和解决科学问题的重要工具，数学公式反映的是抽象的数量关系，而科学公式反映的则是具体的量与量的关系。当抽象的概念和关系直接套用在具体的情景时，往往会产生一些偏差。例如密度和电阻定义式如果简单地用数学思想迁移就会认为密度与质量成正比与体积成反比，电阻与电压成正比与电流成反比，这是典型的负迁移。

机械类比对前概念产生影响，人在学习新知时，常常会从以往的经验知识中找到一个相似的知识，或者构造一个熟悉的模型，作为建构新知的支撑，并将旧知或熟悉的模型与新知建立起对应关系，从而促进旧知向新知的迁移。例如电流就像水流一样，点亮灯泡就像水池里的水通过水管，注到桶里一样。

相近概念的干扰对前概念产生影响，有许多表面看上去十分相似的概念却存在着许多差异。这样，先前学习某个概念时形成的观念就会极为容易地带到后继相似概念的学习中，从而为新概念的学习造成干扰。

$$z=\frac{y}{x} \qquad \rho=\frac{m}{V} \qquad R=\frac{U}{I}$$

5.语词的影响。概念是用语词来表达的，不少情况下，语词含义的丰富性，以及生活用语意义的模糊性，会对学生建构具有特定含义的科学概念造成干扰，由此形成了对科学概念的相异构想。

例如学生对“工作效率”与“机械效率”这两个概念的混淆；我的体重是35千克——重力的单位成了千克等，再例如“火车的冲力”“霜降：霜是从天上降下来的”“他的力气好大！”——认为力是物体的属性。

6.非科学的推理。凭直觉，或因对概念的误解，而不是严格的推理和确定无疑的事实进行判断。例如高海拔地方水容易烧开，学生的前概念往往会以为那里食物就容易烧熟！在比如“教室里空气的质量要小于一张课桌的质量”；“物体在平面镜内所成像的大小与平面镜的大小有关，平面镜越小，所成的像也越小”；“大的凸透镜，其焦距也较大”。

我们在学习湿度概念之前对相对湿度的前概念情况作了调查：

对学生的调查：相对湿度30%表示什么？

空气中有30%是水汽；

空气中有30%的质量是水汽；

空气中有30%的体积是水汽。

二、前概念的特征

1.普遍性。任何人的大脑中都存在着前概念。学生的前概念涉及科学的众多领域。在学习科学之前学生大脑里已经有了五花八门的前概念：氧气能够燃烧，燃烧需要点燃；铁生锈是铁与水作用的结果，锅是用金属制成的，所以金属不会燃烧；鲸鱼在海里生活，鲸鱼是鱼；蝙蝠能在空中飞，蝙蝠是鸟；鸡不会在空中飞等等。

2.个人性。对同一个自然现象和实验现象，不同的学生会因各自的体验，各自的经验知识、思想观念和思维方式，作出不同的解释，构造出不同的意义。个人性反映了学生前概念的丰富性和差异性。例如，重力的方向作图，不同的学生画出的不同方向就体现了前概念的个人性对概念学习的影响。

3.顽固性。学生对事物业已形成的想法不容易被教师所改变。即使有时会发生改变，在新的情境下又会“死灰复燃”，不由自主地冒出来，出现反复。

三、对前概念存在的问题

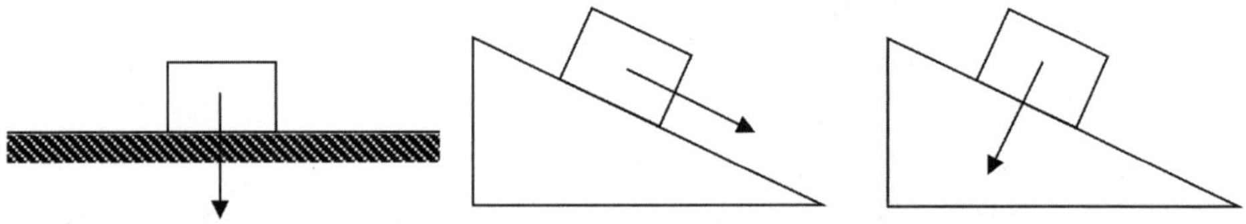

1.缺少了解。缺少对前概念的调查和积累，备课时缺少备学生的环节，设计教学和准备教具时缺少考虑学生有哪些可能的想法；缺少了解的另一面是不想了解，传统教学以教师讲授为主教学中缺少让学生表达的机会。

2.缺少尊重。当学生对科学知识出现相异构想时，有的教师表现出的态度一是回避；二是责怪。

3.缺少利用。学生的前概念是建构科学概念的基础，也是教学的生长点，因此，它是科学教学宝贵的资源。但在教学中，学生的前概念常常未能被我们充分利用，而造成教学资源的浪费。

四、促成概念转化的策略

1.概念转化。所谓概念转化，是指学生在新的学习中，不同程度地扩展、更改或重新组合头脑中的已有前概念，从而建构起科学概念的过程。概念转化的条件首先是对原有概念的不满：让学生看到原有观念所无法解释的事实（反例），引发他们的认知冲突，从而导致对原有概念的不满。再是新概念的可理解性：学习者需懂得新观念的真正含义，而不仅仅是字面的理解。再次是新概念的合理性：学习者感到新观念与个体所接受的其他观念、信念是相互一致的，不存在什么冲突。最后是新概念的有效性：新观念能解决用其他观念难以解决的问题。

2.暴露学生的前概念。为了促成学生实现概念的转化，教师首先应当走近学生，透彻地了解他们在学习科学概念之前究竟存在哪些前概念。教师必须创造条件，提供学生表达的机会，从而使学生能够暴露出自己的前概念。

3.引发学生认知冲突。要使学生放弃错误的前概念，教师应当呈现给学生新的事实，诱发学生认知上的冲突，从而使学生对原有的前概念产生不满，并对建立科学概念产生期待。只有当新的概念带来更多的成功，才可能被学生接受。

案例

密度的教学

师：铁和木头相比，哪个重？

生：铁比木头重。

师：一枚铁钉比一块木头重吗？（学生否定）那你为什么就说铁比木头重呢？（引发冲突）请修正原来的表述。

生：体积相同的铁，要比木头重。

师：但如果不是比轻重，而是比质量大小呢？

生：体积相同的铁，质量比木头要大。

师：很好！体积相同的不同物质，质量大小并不相同。——引出密度概念。

4.加强实验教学。由于前概念具有顽固性，而学生更相信自己的眼睛，而不是耳朵，所以，教学中应尽可能采用精巧设计的实验，用强有力的实验事实动摇并推翻学生错误的前概念，并为科学概念的建构奠定坚实的基础。例如吸饮料的解释饮料是怎样进入嘴里的？做如图的实验，先抽去瓶内的气体吸不了水，再将气体注入瓶中，不吸水也能从管中上移，前后对照，自然克服了水时被吸上来的错误前概念。

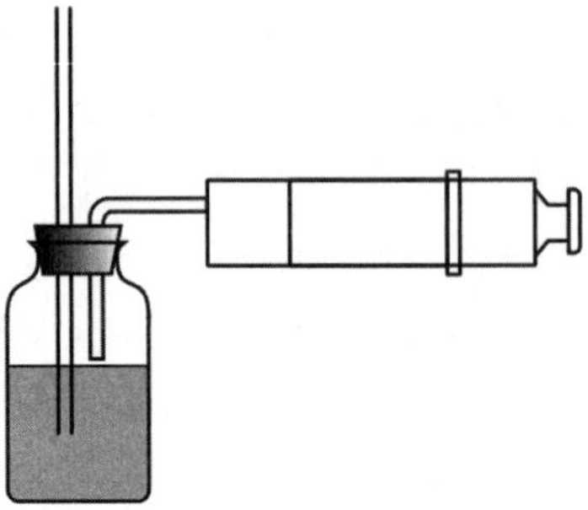

5.加强概念之间的比较。前概念对科学概念的建构之所以会产生干扰，原因之一是前概念与科学概念存在着某些相似性。为此，教学中要引导学生对相似概念进行比较，要同中比异，异中比同。通过比较，对事物的本质特征建立认识。比如在“浮力大小的相关因素”相关概念教学时，这三个概念“物体的体积”“物体浸入液体的体积”“物体排开液体的体积”要通过描述，作图等方式理清关系，否则会给后续学习带来很大干扰。

运用认知冲突转变力学中的前概念

■ 胡显辉

建构主义理论认为，任何一个新概念，都是在学生原有的知识背景下建立的。“学生原有的认识对教学有正迁移和负迁移作用，教学时如果不挖掘学生中潜在的错误，不能巧妙地利用和转化学生中存在的错误，则会大大降低课堂教学效益。”有人已经通过教学实验得出，认知冲突的强烈程度与认知结构形成的关系：高级别冲突有利于概念的正确转变，还有利于科学概念的认知结构稳定，低冲突下发生的概念转变稳定性相对较差。正确合理运用认知冲突教学来转变前概念，对引导学生掌握科学概念十分重要和有效。在科学概念教学中，我们应该事先了解学生的前概念错误，不同的前概念类型，往往预示着在教学中，需要不同层次的认知工具、思维水平和学习过程。通过引导学生探究、设计实验、类比等方式引起认知冲突，使学生走出前概念误区。本文对运用认知冲突转变力学中的前概念谈几点看法。

一、利用实验的直观性引起认知冲突

实验能为科学概念的建立提供科学的感性认识。如：学生都知道“铁比棉花重”说法，在学过质量概念后，教师问学生这句话的真正含义是什么？有学生说：铁质量比棉花大；也有学生讲：铁重力比棉花大等。此时，教师手拿一枚小铁钉，同时问学生：你们能否找到质量比这枚小铁钉大的棉花团呢？过了一会儿，有学生举手回答：我找到了，同时他走上讲台，从老师带来的棉花中取出了一部分并揉成一团，将它和小铁钉分别放到已平衡的天平左右盘内，结果指针偏向棉花团。就这样引发了认知冲突，激发了学生想探究“铁比棉花重”真正含义所在的求知欲望。

又如对牛顿第一运动定律的理解，生活中确实看到很多“物体的运动要力来维持”。那么这个结论真的是正确的吗？拿一个玻璃小球先让它在水平桌面上滚动，不久就停了；再把玻璃小球放在一块长长的水平玻璃板上滚动。会发现小球几乎一直滚出玻璃板。同样没有推力，让学生思考产生不同结果的原因。若假设它们间无摩擦，结果又是如何？师生共同分析可得出“光滑的玻璃小球和玻璃板在水平方向并没有受到力的作用，而竖直方向受到的是一对平衡力”，因而“运动并不一定要力来维持”（即“力不是维持物体运动的原因”）。牛顿第三定律的作用力与反作用力之间的大小关系问题，学生们普遍认为主动施力肯定更大，这时只要给学生每人一把弹簧秤，让两人互相对拉（提醒他们注意弹簧秤的测量），他们立即得到“作用力与反作用力相等”。

二、设计、实施探究式教学，引发学生认知冲突

科学概念的学习是一个曲折渐进的过程，有时候，表面上看起来学生对某一概念是理解的，但实际上却是片面的，不严谨的。在科学课堂教学中，那些可以由浅入深理解的概念，教师应重视学生科学思维，潜心设计，实施探究式教学，通过层层深入地诱导，不断引发学生认知冲突，发挥新旧知识的交互作用。学生从中得到正确认知的过程，定会留下深刻的印象。

比如对于匀速直线运动概念理解，可以这样设计探究式教学：

师：一辆小车，在第一秒内运动了1米，在第二秒内也运动了1米，在第三秒内又运动了1米，则这辆小车作匀速直线运动。对吗？

生一：对！（这是学生对匀速直线运动最初的感性认识，肯定会让部分学生上当。）

生二：不对！因为车子可以拐弯！（有学生知错醒悟后，其余同学马上就陆续响应。）

师：小车在一条直线上运动，在第一秒内运动了1米，在第二秒内也运动了1米，在第三秒内又运动了1米，则这辆小车作匀速直线运动。对吗？

生：对！（教师在学生的要求下改变叙述，学生已满意了。）

师：真的吗？（学生愕然，继而有人醒悟。）

生：不对！小车可以来来回回的运动！（同学们很快就统一了意见，教师继续叙述。）

师：小车在一条直线上始终朝一个方向运动，在第一秒内运动了1米，在第二秒内也运动了1米，在第三秒内又运动了1米，则这辆小车作匀速直线运动。对吗？（吃了几次亏，学生已不敢轻易做出判断，沉默许久后，终于有学生想到了。）

生：不对！小车在一秒内的运动情况不能确定！在一秒内小车也可以开开停停！（其余同学豁然开朗！）

师：（给出正确叙述）物体在一条直线上始终向一个方向运动，并且在任意相等的时间内通过的路程均相等，这个物体的运动才是匀速直线运动。

在教师层层深入的问题中，学生不断地产生认知冲突，学生对匀速直线运动的潜在错误理解已暴露无遗，匀速直线运动的概念业已深入人心。

三、利用比较法，引起学生认知冲突

比较法在促进新旧概念的相互作用中能使学生对概念的理解和掌握更加深刻。由于概念所反映的事物的本质特征往往隐蔽在非本质特征之中，概念和概念之间的联系和区别易使学生混淆，影响学生对所学概念深刻、准确的把握。比较可使学生抓住概念的本质特征，对概念有更全面、更深刻的理解和把握。

科学中有很多形式相似而本质不同的概念，它们之间联系很密切，又容易混淆。例如，滑动摩擦力和静摩擦力，重力与压力，物理变化与化学变化，被子植物与裸子植物，天气与气候等。在教学中，要用比较法，引导学生把易混淆概念区分开，一方面使学生对建立某个概念的事实有透彻了解，另一方面使学生能找出概念之间区别和联系，从而帮助学生纠正对概念错误理解，巩固和加深对概念的正确认识。

比如，摩擦力对学生来说是一个难点，特别是滑动摩擦力和静摩擦力的定义、方向以及决定因素是学生容易混淆的。在课堂实践中，通过类比以表格的形式呈现，使学生形成认知冲突，才能让学生更好地区分二者。

	因素	滑动摩擦力	静摩擦力
相同点	产生条件	1.接触且粗糙；2.相互挤压；3.有相对运动（趋势）	

续表

	因素	滑动摩擦力	静摩擦力
区别	定义	两物体发生相对运动时，产生的阻碍相对运动的力	两物体有相对运动趋势时（静止），阻碍相对运动趋势的力
	方向	1.与相对运动方向相反 2.受力平衡时与平衡力方向相反	1.与相对运动趋势方向相反 2.与平衡力方向相反（静止）
	大小	与压力和接触面粗糙程度有关	与压力无关，由平衡力大小决定

四、创设问题情境引发认知冲突

教师在创设问题情境时，应根据特定的知识内容和教学目标，将学生的前概念与将要学习的知识联系起来，诱发学生的认知冲突，造成学生心理上的悬念，从而唤起学生的求知欲望，激发学习兴趣。设置问题要难易适度、有助于学生形成“心求通而未得”的认知冲突。

如在学习浮力问题时，可用外国古代一则著名的“死海不死”的故事创设问题情境，学生被这种有趣的现象所吸引，积极思考问题的答案，引发认知冲突，使学生处于兴奋状态和积极思维状态，不但诱发学生主动学习，而且还能增长知识，了解物理学的发展史，培养学生科学的世界观。

在“超重与失重”教学时，我们可以巧用下面的虚构故事来引出本节课题。故事是：有一天，某人从肉店那里买来10斤肉赶着回家。因为他家住在十层楼，所以他要乘电梯上楼。走进电梯后，他发现电梯里有一台秤。心想：肉店是否偷了斤两，我得验证一下。当电梯启动时，他一看示数居然是12斤，心里感到非常高兴。心想：肉店太客气了。高兴还没过去，再一看示数是11斤，心又凉了回去。心想：我刚才是不是看走眼了。紧接着，相当长的一段时间里示数都是10斤，直至快到十楼时，他突然发现示数降到了9斤。这一下，他气急了。心想：肉店居然做了手脚来骗我，回去看我怎么收拾你们。然后，到了十楼后他并没有回家，而是直接下楼了。下楼的过程中，示数起先还是9斤，然后长时间是10斤，最后是12斤。在回去找肉店算账的途中，他觉得这块肉肯定有蹊跷，然后越想越来气，怒火难抑。到了肉店，没听店主辩解，哪里还顾得上下手轻重，上去就是一顿暴打，后果可想而知。教师采用相声式的幽默语言来讲述这个故事，并配合风趣的漫画和Flash动画，一开场就能把学生深深吸引住，把学生给逗乐，同时更重要的是在笑声过之后会促使学生去思考：这到底是怎么回事呢？此时教师趁机引入课题。

总之，教师首先要弄清楚学生已有的前科学概念，并提供具体的、具有说服力的科学事实，使学生认识到自己原有概念的不足，产生认知上的冲突；然后要引导学生对实际中的问题进行讨论，通过生生之间、师生之间的相互交流和讨论，使学生从不同的角度改进自己的经验和认识，转变自己不正确的观点，实现对科学概念的全面、准确的理解。

“非指示性”语文课堂中教师角色定位的思考

■胡德方

“非指示性”教学由郑逸农先生提出，起先作为一种教学模式运用于语文课堂教学，后经过不断的实践与提炼，逐步形成一种教育理念。该教育理念既是对我国传统的以教师为中心的“指示性”教学的反拨，又是对罗杰斯的以学生为中心的“非指导性”教学的反拨，因而既不以教师为中心，也不以学生为中心。这一教育理念的核心要旨是“把人当人，自主成长。即把学生当做平等的、独立的、积极的生命体，在教学中引导学生自主学习、自主判断、自主反思、自主成长”。

近几年，在郑逸农教授的亲自指导下，“非指示性”教育理念受到我校语文教师的认同与推广，经过“学习——实践——再学习——再实践”的螺旋式运用，语文课堂教学“满堂灌”现象逐渐消失，课堂教学效率不断提升。

在“非指示性”语文课堂中，语文教师如何把握好自己的角色定位至关重要，否则就会在不经意间重新回到“以教师为中心”或“以学生为中心”的老路上去。因为有怎样的角色意识，就会有相应的教学行为，也就会产生相对应的教学效果。

首先，“非指示性”课堂中的教师不是指示者与灌输者，而是“主动服务者”。教师服务的对象是谁？当然是学生。服务的内容是什么？学生的语文学习。其中包括语文知识、学习过程与方式方法诸方面的服务。服务的方式可以是个体差异化服务，也可以是群体共性化服务。教学前，教师要准备好“学习用纸”，事先发放给学生。教学中，教师要放下架子，想方设法把课堂还给学生，让学生自主学习，自主成长。不管哪一个教学环节，教师都要让学生先行，让学生“学在前面”，真正体现“非指示性”理念倡导的“先生后师”的原则，不与学生争抢，“不在学生自主学习前就做现成的讲解和单向的灌输，不以教师的教代替学生的学”。有了

“主动服务者”的定位，你的课堂才可能成为如同王尚文先生所说的“基于教师教的学转变为基于学生教自己的学”。有了强烈的服务意识，教师才不会把学生看作被指示、被灌输的物化客体，才不会有意无意地在课堂上强化自己的“师道尊严”，甚至出现目中无人的现象。

笔者在教学文言文《与朱元思书》时，先让学生以自己习惯的方式自由诵读课文，形成整体感知，然后在学习内容与方法上让学生自己作出判断与选择：“作为文言文，哪些内容必学？学习的基本顺序怎样？应该采取什么学习方法？”学生通过独立思考和小组交流，形成了基本共识：必学内容一是“文”，二是“言”；学习的基本顺序是先“言”后“文”；学习方法可以是“自主阅读与研习”。这是群体共性化服务。后面对作者情况与写作背景的介绍说明、课外阅读篇目的推荐环节也属于这种类型。而在对“文”的表达形式的研习环节，有的同学对衬托手法的运用不甚明了，我就适时提供“服务”，进行个别差异化交流与指导。这些环节都充分体现了“把人当人，自主成长”的“非指示性”教育理念，让他们明白了文言文该学什么与怎么学，进而逐步形成文言文的自主学习能力，最终离开教师也能自己独立学习文言文。如果没有服务意识，教师怎么可能依据学生的学来设计教学内容与教学环节？又怎么可能把学生当作学习的主人，给他们学习的时间与展示的机会呢？

因此，要成为“非指示性”课堂教学中的“主动服务者”，不管哪个教学环节，都要让学生优先表达，千万不能与学生抢话说，以避免对学生主观灌输。同样，在倾听学生表达时，不能随意打断学生说的话，要显示出教师的耐心与谦和，让他们充分地完整地表达。在对学生的表达进行评价或发表教师自己的意见时，忌用居高临下或命令式的语气，多用商量的口吻，以消除学生的紧张心理，拉近师生间的距离，让课堂充满和谐轻松愉悦的气氛，使学生的学习热情不断高涨。

其次，“非指示性”课堂中的教师不是旁观者与无关者，而是“有效协作者”。所谓协作，就是“若干人互相配合来完成任务”。这“若干人”包括学生，更包括教师。作为教师，在主动服务于学生学习的同时，并非让他们自流放任作壁上观，而是与他们互相配合着共同完成学习任务。因为在“非指示性”教学中，学生自主学习前教师均先明确该学什么，又该如何学，以避免出现学生不知从何入手学习或随意盲目学习的现象。在学生自主学习时，教师的协作作用就是引导与组织，“组织每个学生参与到当前的学习活动中去，让学生或自主朗读，或集体交流；或口头讨论，或书面赏析；或提问探究，或总结反思。不让学生成为旁观者或无关者，做到人人参与，人人有效”。

笔者在教学鲁迅的《风筝》时，在“质疑”环节，有学生提出文中“全然忘却，毫无怨恨，又有什么宽恕之可言呢？无怨的恕，说谎罢了。”这句话该如何理解。这的确是一个典型的疑难句子，我就让学生先自主探究、交流汇报，然后以“协作者”的身份介绍自己的基本理解，形成基本共识：为了摆脱这无时不伴随着自己的沉重的“悲哀”，“我”想到的“补过的方法”就是“讨他的宽恕”，而且也这样做了。可是结果呢？却是弟弟的“全然忘却，毫无怨恨”。一句“无怨的恕，说谎罢了”，表明了“我”的发自内心的彻底绝望。非“谎”即“真”，“我”的“希求”是真实的，也说明“我”对“幼小时候对于精神的虐杀”的悔过心情是十分真诚与迫切的，虽然结果完全落空了；这也是“我的心只得沉重着”，“我”的“悲哀”无可把握又无法摆脱的最根本的原因，更是对人物灵魂的沉重的拷问。又如在教学七年级上册《散步》一文时，在“细读”环节，有一位同学提出“作者写这篇文章究竟想表达什么感情”，我就以“协作者”的身份引导他综观全文，通过对文章中对称句的找寻和朗读，从字里行间咀嚼出所蕴含的情感，与他形成共识——表达儿子对母亲的孝敬之情以及中年人承上启下的人生责任。这样的师生协作，既体现“先生后师”的“非指示性”教学原则，又是解决学生疑难问题的有效途径。

当然，教师要成为一个优秀的学生学习协作者，还要从容地把握好每个环节学生的学习时间，虽然学生学习过程中存在着很多的不确定性，但毕竟一堂课只有45分钟，不同的环节学习的时间也不一样，这就需要教师的宏观掌控与微观落实，尽可能让课堂中的每一分钟都不浪费，都有效果。

再者，“非指示性”课堂中的教师不是领导者和包办者，而是“及时推动者”。推动，乃先“推”后“动”，“推而动之”。在“非指示性”语文教学中，教师要善于推动学生的自主成长，推动学生的可持续发展，包括语言素养的培养、思维方式的拓展、学习能力的提升、精神价值的追求等等。虽然“教师的心灵未必比学生高尚，教师的人格未必比学生高贵，教师的能力未必比学生高强”，但作为教师，始终不能忘记自己的“职责”，不能觉得“该教的都教了”，“该讲的都讲了”就万事大吉完成任务了。教师要“有所作为”，不做居高临下的领导者与包办者，要“鼓励学生积极参与到学习中来，让学生用自己的心灵去感悟，用自己的观点去判断，用自己的思维去创新，用自己的语言去表达”。

“非指示性”语文教学十分重视在语文实践中提升学生的语言素养，注重培养学生的语言感受力、理解力和表达能力，品味文本语言之美。同时，让学生从语言中感受作者的情感与作品的思想内涵，提升学生的精神价值。

余光中的《乡愁》是抒写“乡愁”的经典之作，情深意长，感人至深。因此，笔者没有什么都包办，而是在引领学生反复诵读的同时，及时指导学生从不同角度与形式对诗歌进行比读，如“意象之比”“情感之比”“语言之比”“拓展之比”等，在同中求异、异中求同的思维过程中，更深入地推动学生感受诗人深沉而炽烈的情感美，更立体地欣赏与品味诗歌语言的凝练美、音韵美，更能体悟到文字背后的文化内涵。这种“及时推动”，能让学生在比读中提高认知能力、审美能力，并进一步拓宽形象思维能力，从而丰富学生的想象力和创造力，提升对诗歌的感悟力。

笔者在教学《端午的鸭蛋》时，在学生基本完成本文学习任务后，笔者又想出了一个点子来推动学生的思维能力和写作能力的进一步提升，引导学生采取“读写结合”的学习方法，从下面的题目中自选一个或几个进行写作：假如你是人民教育出版社的编辑，请你写一段《端午的鸭蛋》推荐词；假如你是语文老师，请你写一段课文简介；假如你是高邮的厨师，请你介绍一下咸鸭蛋的吃法；假如你是课文中的小朋友，请以“乐在端午节”为题写一段回忆；假如你是课文里的中学生，请以“请到我的家乡来”为题写一段导游词……这也是一种有效的能推动学生自主成长的语文实践活动，融阅读、写作、思维训练于一体，推动学生从更多细节性的角度理解课文内容，体现“非指示性”学习理念，为学生的阅读方法提供了范本指导，也为他们的写作拓展了素材视野。

当学生学习受阻需要疏通或有了学习收获需要再往高层次提升时，教师都不能忘记自己是“及时推动者”的角色，在课堂上要灵活处理预设的步骤与环节，及时调整教学环节的先后顺序，以学生的语文成长为目标，让每一位学生都参与到学习中来，都以良好的状态投入到学习中，这也是“非指示性”教育“面向全体”理念的具体体现。

在“非指示性”教学中，语文教师只要时刻不忘自己是主动服务者、有效协作者与及时推动者的角色，教师“一言堂”的现象就会逐渐消失，学生不甚喜欢语文课的状况就能得到切实的改变，这应该也是我们所有语文人的共同心愿吧！

巧用“动静技法”　实现高效教学

——《承担社会责任》的课例研究报告

■夏晓君

一、课例研究概况

课例研究背景:《思想品德》课程改革以来，许多教师认为新课程教学应该是教学形式多种多样，课堂气氛一浪高过一浪。但在课堂教学实践中，尤其是九年级相对枯燥的国情课，教师们都深有同感:教学形式与教学目标两者之间似乎有所矛盾，如果注重教学形式，那么相对较繁重的教学目标不能及时达成;相反，如果只注重教学目标，以教师讲授为主，甚至有些教师还采用“满堂灌”的方式，那么课堂犹如一潭死水，毫无生气可言，学生的学习兴趣也随之骤减。教师主导的课堂“静”与学生参与的“动”似乎成了“鱼和熊掌不可兼得”的梦想。

课例研究主题:九年级国情版块教学中，如何兼顾学生主体的参与度与教学目标的达成

课例研究小组:本校思想品德教研组

课例研究时间:2012年12月10日—16日

课例研究设想:由同一教师对九年级思想品德的“自觉承担社会责任”进行同课异构，分别以传统的国情课授课形式与以多种教学方式提升学生参与度的教学形式来进行教学活动，比较分析同课异构的不同教学效果，并拟在课后对学生的学习效果进行问卷调查，以使本研究主题有量化依据。

授课教师与班级:夏晓君老师　九(3)班、九(4)班

二、课例《承担社会责任》教学方案 [第一轮教学 九(3)班]

(一)课标内容

依据新课标“我与国家和社会”中“积极适应社会的发展”需要，要懂得人因不同的社会身份而负有不同的责任，增强责任意识；努力做一个负责人的公民；积极参与公共生活、公益活动，有为他人、为社会服务的精神。

(二)教学目标

情感态度与价值观：

作为公民应从小胸怀天下，承担起关爱社会的责任，树立“国家兴亡，匹夫有责”的责任意识和“热心公益、服务社会”的奉献意识。

知识与能力：

学生应胸怀天下，关爱社会，主动服务社会，树立的责任意识和奉献意识；培养学生善于思考和勇于提问解答问题的能力。

过程与方法：

通过设置情境并利用实事热点引导学生通过阅读、思考、小组讨论等手段，明确和感受承担社会责任的表现和意义；并拓展自己的思路，教师作适当点拨和总结归纳。

(三)教学重点、难点

重点：理解公民应承担的社会责任，以及应树立的意识。

难点：在社会生活中能自觉承担起社会责任。

(四)课时安排和教学用具

课时安排：一课时。

教学用具：主要使用多媒体课件，课件包括音像资料、图片、文字资料等。

(五)教学过程

【候 课】

播放公益音乐《好人就在身边》(视频)，通过视频中各种“好人”的事迹展示，创设出一种温暖和谐的课前氛围。

课前发放学习单。

【新课教学】

提问：视频中的“好人”有哪些共同点？

从学生的回答中引入今天的复习课话题《承担社会责任》。

【活动一】 感受责任

提问：什么是责任呢？不同的角色又该承担怎样的责任呢？

教师单击幻灯片，展示知识点。

【活动二】 体验责任

按照顺序展示三则新闻：陈斌强老师、兰溪邪教、罗阳的事迹等相关素材。

教师展示相应的分析题，请同学们个人探究或合作探究后反馈。教师归纳强调“国家兴亡、匹夫有责”的责任意识与“胸怀天下”的胸襟。

【活动三】 承担责任

教师引言：其实承担社会责任并不遥远，在日常生活中我们能做的事情也有很多。展示“我们是志愿者”，请学生作出选择表达自己的真实想法。教师给予肯定，并再次强调“热心公益、服务社会”的奉献意识。

【课堂小结】收获园

教师在幻灯片中展示“本课小结”。

【课外延伸】我是家乡小主人

教师展示幻灯片设问：作为家乡的小主人，你能为家乡做点什么呢？课后记录在学习记录单上。

三、教学中出现的问题

经过第一轮课堂教学实践，课例研究小组发现，教师单一地点击播放幻灯片，课堂寂静无声，学生只是被动地接受，参与度低，树立“承担责任”的责任感与付诸行动作为本节课的教学难点，这个教学活动也因为时间关系浅尝辄止;【课堂小结】环节没有充分开展。归根结底还是教师预设了几乎所有的课堂环节，教师的“主导”已基本成“全控”，“静态维稳”，已基本剥夺了学生的“主体”地位，因此也出现了学生寂静、气氛沉闷的课堂氛围。总之，这堂课还是采用了传统的国情教育的教学方式，效果并不理想，学生也对本课的学习积极性不高。

另外，教师们发现部分环节的教学还需要作有效调整。主要表现在以下几个方面：

1.新课教学中播放三则新闻视频应进行处理剪辑，以免本末倒置，也可节约时间，毕竟这个环节是为了引出讨论的话题——主人公承担了怎样的社会责任。

2.“体验责任”这一环节，教师给出的预设是“我们是志愿者”，这样的情境限制了范围，应该让学生畅所欲言，并且与学生共同探讨归纳——在生活中有许多行动都可以承担社会责任，而不仅仅只有当“志愿者”才是承担责任。

3.【课外延伸】环节有形同虚设之嫌，或者删除，或者放在课堂中正式开展。

四、《承担社会责任》[第二轮教学　九(4)班]

基于第一轮教学，以发挥学生主体地位，提高学生参与度为目的，授课教师修改了教学方案，在平行班中进行实践。我结合语文写作中的“动静技法”，此技法细化为以静衬动、化动为静，动静结合等具体表现。从学生的角度出发，我把教师主导称为“静”，把学生参与（语言、思维）称为“动”。

以下为我重新设置过的课堂环节：

【候　课】——静中有动

课前播放音乐《好人就在身边》（注意：音频，而非视频），在音乐声中请学生欣赏自己班级中同学们“热心”帮助别人、参与假期社会实践的图片。（就地取材，气氛非常活跃，图片中出现的同学产生自豪感，也使其他班级同学产生了“以助人为乐为荣”的价值观。）

【新课教学】——化动为静

请图片中的同学简单讲述图片中的事件经过，以及自己的感受。学生积极性高涨。师生一起从谈话中引出话题——《承担社会责任》。

【活动一】 感受责任——化静为动

提问：什么是责任呢？不同的角色又该承担怎样的责任呢？

展示文字图片资料。请学生们归类：家庭责任、学校责任、社会责任等。

【活动二】 体验责任——动静结合

展示三则新闻：陈斌强老师、兰溪邪教、罗阳的事迹等相关素材。请学生们选择自己最感兴趣的新闻，按照学生的意愿进入该素材。（静中有动）

教师展示相应的探究话题，请同学们个人探究或合作探究后反馈，教师及时引导。师生共同教师归纳相关的知识点。(动中有静)

【活动三】 承担责任——化静为动

教师引言：其实承担社会责任并不遥远，在日常生活中我们能做的事情也有很多。请学生就“我是家乡/班级小主人”展开思考，并将成果记录在《学习单》中。(把原来的【课外延伸】环节嵌入，充分开展。)

请学生说说这一节课的收获，并在幻灯片中展示本课小结。

【课堂小结】 收获园——动静结合

请学生说说这一节课的收获，并在幻灯片中展示本课小结。如果时间有多余，还可以给学生欣赏《感动中国》的视频剪辑，在精神层面给与更大地感染。

剩余五分钟独立完成巩固练习。

五、教学成效与反思

课例研究最终指向教学的改进，每次课例研究都能够帮助我们了解学生是如何学习以及教师如何去帮助学生更有效地学习。以下为我在学生方面的教学成效对比的调查结果汇报：

第一轮教学的课堂中学生表现得非常地安静、被动，这种“安静”来源于教师预设的活动——音乐欣赏、视频欣赏、知识归纳，课堂看似有声有色，但从学生的参与度来说是很“安静”地——安静地欣赏，安静地看幻灯片展示的知识点，从整节课来看，学生自我感觉自己可有可无。

第二轮教学中活动有所删减，但更多地侧重于学生的参与——学生“说”“写”“归纳”，充分“动”起来，发表自己的见解，记录自己的思维成果，不断地推进课堂的教学进度，学生觉得“幸好有我的参与”，学习积极性较高，在课堂最后五分钟中的课堂反馈作业中，学生们自我感觉不错，教师也自认教学效果也不错。

由以上两轮教学实践的对比可以提炼出以下结论：

九年级的国情教育课，看似枯燥，但如果能在教师预设的课堂中，更好地让学生“动”起来，解放学生的“手”“口”等，相信会起到事半功倍的效果，使“鱼与熊掌兼得”。

浅谈外引资料在文言文教学中的意义

■ 夏晓妍

文言文阅读教学是初中语文阅读教学中的重点之一。《语文课程标准》(2011版)要求“阅读浅易文言文，能借助注释和工具书理解基本内容。注重积累、感悟和运用，提高自己的欣赏品味。”“欣赏文学作品，有自己的情感体验，初步领悟作品的内涵，从中获得对自然、社会、人生的有益启示。对作品中感人的情境和形象，能说出自己的体验；品味作品中富于表现力的语言。”文言文往往内容比较浅显，思想却极为深刻。特别是人教版九年级下册第五、第六单元的文言文。第五单元“本单元所选课文是先秦诸子散文。它们产生与春秋末至战国时期，当时社会发生急剧变动，针对这种情况，各种流派提出了各自的思想观点和政治主张，形成百家争鸣的局面。阅读这些课文，有助于我们认识古代社会，增进对传统文化的了解。学习本单元要加强诵读，注意把握各篇文章的思想观点，了解它们各自的论述方式和语言风格。”第六单元“本单元所选的诗文是先秦时期具有代表性的名篇。它们集中反映了这一时期人们的政治信念、生活理想和人生追求。学习时，要在理解课文内容的基础上，体会作品的艺术魅力。联系学过的文言诗文，对一些常用的文言词语的意义和用法进行梳理和区分。”在这样的学习任务下，如何提高学生对文言文的阅读兴趣，如何引导学生深入了解先哲们的思想观点，如何让学生去感受到他们各自的论述方式和语言风格，便成了教师在引导学生阅读文言文时绕不过的难题。

2017年3月16日，参加90学时培训，我有幸来到永康三中聆听了几位老师执教的《惠子相梁》。她们在教学过程中巧引了很多资料，有效地解决了上文提到的几个难题，这让我认识到了在核心素养视角下巧引资料在文言文阅读教学中的意义。

一、在导入环节巧引资料

导入是课堂教学的起始环节，新颖别致富有情趣的导入必然会先声夺人集中学生的注意力，激发起学生的情感，调动起学生的学习积极性。庄子的文章拿什么导入好呢？有一位老师选择了以故事导入故事：庄子是一位哲人，是一位擅长讲故事的哲人。她引用了《庄子》中的另一则故事导入，故事呈现时，一些难读难理解的字词的音义都作了标注，扫清了学生的阅读障碍，扩展了学生的视野，激起了学生的学习兴趣。故事如下：

昔者海鸟止于鲁郊，鲁侯（鲁国国君）御（用车子迎接）而觞（敬酒）之于庙。奏《九韶》（舜时乐曲，在隆重场合演奏）以为乐，具太牢（祭祀的供品）以为膳。鸟乃眩（眼睛发花）视忧悲，不敢食一脔（luán切碎的肉块），不敢饮一杯，三日而死。

此以己养（供养自己的方法）养鸟也，非以鸟养养鸟也。

英国作家塞·约翰逊说：“最能唤醒人们注意力的莫过于故事。”这故事就像一条缰绳把学生们的注意力就都牵引到了本课关于庄子故事的学习。

二、在品鉴人物思想时巧引资料

内容是粗浅的，故事是生动的。然而先秦时期与21世纪相隔了两千多年，时空上有了巨大的差距；诸子百家博大精深的思想与中学生稚嫩肤浅的认知也有巨大的落差。在落实了文本的教学后，如何引导学生去探究人物的思想，如何让十六七岁的学生理解先哲的思想，这便成了文言文阅读教学更深入一步的难题。

一位老师把这一环节设置为“赏故事之妙”，“这个故事如何体现庄子的志趣？”在环节之末，她巧引了《庄子·让王》中的一句“日出而作，日入而息，逍遥于天地之间，而心意自得。”简简单单的一句话就像一道光照亮了学生的思想，让学生一下子明白了庄子的人生追求以及他对功名利禄的态度。

三、在探究先哲的论述方式和语言风格时巧引资料

要了解一个人物的论述方式和语言风格，往往建立在对这一人物多篇作品的了解之上。而要让学生通过一篇文章的阅读就能感觉得出此人物的论述方式和语

言风格，这也是有一定的难度的。一位老师在这一课中设置了这样一个环节：谈故事之用。“如果故事中受好友怀疑的不是庄子，而是其他人，他会用什么方式表明态度？”

上课时，老师巧引了李白的诗句：“安能摧眉折腰事权贵？使我不得开心颜。”（《梦游天姥吟留别》）“仰天大笑出门去，我辈岂是蓬蒿人。”（《南陵别儿童入京》）若是李白，他会用写诗的方式表明态度；若是鲁迅，他会写一篇杂文反击；庄子呢？庄子会讲故事，写故事。于是自然地引出了对庄子的介绍：“《庄子》三十三篇，用了一百六十多则大大小小的寓言故事。《庄子》寓言故事之多、之精，寓意之巧，前无古人。称庄子为寓言之圣，绝非过奖。”以及鲁迅在《汉文学史纲要》对庄子的评价：“著书十余万言，大抵寓言，人物土地，皆空言无事实。”

这样一比较一概括，不同人物性格不同，对语言方式的选择也就不同。巧引的资料就像一盏灯，瞬间点亮了学生的视野，学生对庄子的论述方式和语言风格也就有了深刻的印象。巧引资料无需多，引得恰到好处就抵得上教师千言万语的解释，达到事半功倍的效果。

四、在探究寓言故事说理的作用时巧引资料

“庄子为什么这么喜欢用故事说理？寓言故事说理有什么作用呢？”小组合作，结合材料，谈谈用寓言故事说理有什么作用。

学生小组合作也能讨论出寓言说理作用的一二三，比如讲故事说理让对方容易接受，寓言故事说理比较风趣幽默，寓言故事具有讽喻的效果等等。一位老师巧引了两则材料，其一《庄子·寓言》：“寓言十九，籍（借）外论之。亲父不为其子媒（做媒）。亲父誉（称赞）之，不若非其父者也。”其二陆德明《经典释文》：“寓，寄也。以人不信已，故托之他人。十言而九见信也。”圣贤之人的话语如同一面明镜，总结概括，一切尽在此言中。

五、在扩展积累知识时巧引资料

在最后一个环节：知识扩展环节，一位老师一下子给学生出示了五十个出自《庄子》成语，《庄子》有许多内容已演化为寓言和成语，流传千年，至今为人所频繁使用：

鹏程万里、扶摇直上、越俎代庖、望洋兴叹、朝三暮四、薪火相传、东施效颦、盗亦有道、无中生有、枯鱼之肆、呆若木鸡、无用之用、蜗角之争、每况愈下、涸辙之鲋、邯郸学步、运斤成风、痀偻承蜩、庖丁解牛、大而无当、中规中矩、大相径庭、朝生暮死、椿萱并茂、沉鱼落雁、秋毫之末、栩栩如生、目无全牛、如土委地、迎刃而解、游刃有余、得心应手、踌躇满志、不翼而飞、支离破碎、真知灼见、探囊取物、舐痔舔痈、屠龙之技、强聒不舍、吐故纳新、鼓盆而歌、昭然若揭、似是而非、失之交臂、捉襟见肘、学富五车、栉风沐雨……

当PPT一出现时，学生就不禁“哇”的一声叫了出来。这么多的词语就像一桌色香味俱全的满汉全席，不但给学生带来了一种视觉上的冲击，也给学生带来了思想上的震撼：庄子对后世的影响可不一般呐，单单读读这些词语就足见一斑了。

这一环节的巧引资料不单让学生进一步了解了《庄子》的内容，积累了一些成语和故事，更让学生领悟到了庄子的思想，激起学生继续了解的欲望。课内学了课外还想学，核心素养视角下课堂教学的意义就突显出来了。

《中国教育报》(微信2017-03-26)曾有过这样一篇文章《一般教师和优秀教师的差距在哪里？8张图告诉你！》，其中第一幅图“关于时间安排”一般教师上课时间占钟面的10格，备课时间占2格；优秀教师备课时间占钟面的10格，上课时间占2格。“冰冻三尺非一日之寒，备课绝不是一劳永逸的事情。付出的时间越多，得到的收获就越大，这是不变的真理。”

我想这些老师在这一课的备课时间肯定远远超过了上课的时间，对《庄子》的了解、对资料的寻找肯定花费了极大的心血。然而正是费尽心力的寻找与思考，让这些课堂呈现得精彩而厚重，博大而精深。也正是她们的课让我意识到巧引资料在文言文阅读教学中具有如此重要的意义。

“科学”课的“非指示性”教学

——《氧气的性质》课例研究

■徐卫东

我校作为浙江师范大学附属中学，正在开展“非指示性”教学改革。这种教学的基本特点是：在教师引导和学生自主学习的交互作用中，学生自主成长。其中有三层要义：第一，“非指示性”教学中学生的成长是自主的；第二，学生的自主成长又不是脱离教师的“放羊式”的成长，而是在教师引导和学生自主学习的交互作用中走向自主成长；第三，教师的引导和学生的自主学习处在交互作用中，密不可分。“非指示性”教学与众不同之处就在于：课堂既不是以教师为中心，也不是以学生为中心，而是让学生和教师都充分发挥各自应有的作用。永康中学科学教研组决定围绕“科学”课的“非指示性”教学展开研究，胡慧姣老师的一堂公开课成为研究的开始。

胡老师是位年轻的教师，她上课的内容是“氧气的性质”。

教研组的全体老师和浙师大的郑逸农教授（国内提出“非指示性”教学的教授）一起观摩了胡老师的课。

第一次上课：像不像“非指示性”教学？

下面是胡老师第一次上课的基本实录。

环节一：导入

教师：我们每天呼吸离不开的是什么？

学生齐答：氧气。

环节二：学生看课本

教师：请同学们阅读课本并归类氧气的两大性质，时间2分钟左右。

学生学习后，教师提问：谁能告诉我氧气有哪些性质？

点一举手的学生回答：氧气不溶于水，无色、无味。

教师再问：谁来补充一下？

一位学生补充回答。

教师三问：还有补充的吗？

另一学生继续回答。

教师四问：还有没有补充的？

没人回答了。

教师总结：可以归结为：（板书）物理性质：氧气是无色、无味的气体；密度比空气略大；溶解性是不易溶于水；沸点是零下180摄氏度；凝固点是零下218摄氏度。化学性质：氧气能使带火星的木条复燃；能跟铁反应；跟硫反应。

教师：你能区分空气和氧气吗？（出示两个集气瓶）

学生1：看得出来，干净的那瓶是氧气。

教师：同意吗？

学生2：不同意，都是无色的。

学生3：闻气味。

教师：怎么闻？

让学生3上来演示，学生打开瓶盖伸头就闻。

教师：闻气味的方法正确吗？

大多学生回答：不正确。

教师：应该怎样闻？

学生示意用手扇。

教师：（再问学生3）你闻出来了吗？

学生3：没有。

教师：你知道为什么吗？

学生一起回答：它们都是无味的。

教师：能不能用最简单的方式来区分？

学生随口说。

教师演示，使带火星的木条复燃。

环节三：学生再看书

教师：再读课本第72-73页，先看书，再小组讨论，并记录下来。

之后点一举手的小组代表发言。

教师：还有补充吗？

一小组代表举手发言。

环节四：教师实验

教师：（出示铁和硫）想了解一下什么？

学生随口答：铁。

教师演示铁与氧气的反应实验，挑一瓶瓶底有水的，把火柴梗绕在燃烧匙上，点燃后马上伸进集气瓶，火就熄了。

教师：刚才为什么不成功？哪个地方没做好？

教师重做后成功了。

教师：看到了什么现象？

学生随口答：火花。

教师：怎样描述更好？

学生随口答：火星四射。

教师再让几个学生感受瓶温，并记录在课本上。

教师：还有哪些疑问？

教师出示思考问题：（1）铁丝为什么要绕成螺旋状？（2）铁丝前端为什么要系一根火柴？（3）集气瓶内为什么要预先装一个少量水或铺一层细沙？

小组讨论，时间3分钟左右。

之后教师点小组代表发言，教师依次亮出答案。

教师演示硫与氧气反应实验，硫点燃伸进瓶里又熄了，重做后成功。

教师：在哪里反应更激烈？谁能准确地描述？

随机点学生发言，教师完善板书。

下课铃响。

以往传统的教学以教师的讲授为主，关注的重点是：学生通过教师的讲解和演示实验，加深对氧气性质相关知识的记忆和理解。“非指示性”教学关注的则是学生在教师的引导下自主学习，收获知识，提高能力。

这堂课做到了吗？

胡老师的自我剖析是：这堂课想体现“非指示性”教学的理念，培养学生的观察能力和归纳能力。但在实际上课中却不能显性地体现出来；对于“三要素”（任务、要求、时间）的描述只是用嘴说的，而没有直观体现在课件上，学生就听一下可能还不知怎么做；课件也基本没有发挥引导作用，实验也没做好，并且没有充分利用好“失败”的资源；教师讲的话还比较多，有“指示”嫌疑。

郑逸农教授的评价是：这堂课上得比较传统。跟“非指示性”教学还有较大的差距。第一，在学生意识方面：“先生后师”的方式基本做到了，但学习前的“三要素”（任务、要求、时间）不很清晰，尤其是要求，之后也没按要求去评判；学生学习后，不应该只点举手的发言；回答问题的要求要逐级提升，比如“简洁、准确、全面”；一个环节学习结束后，要让大家评价一下自己的学习达标情况，并让学生举手反馈；小组讨论也要细化，要建立在个人学习的基础上；教师要有评介，要亮出自己的观点；每个环节的知识要让学生自主归纳，下课前要让学生自主总结这堂课的学习内容、学习方法或学习收获、学习启示。总之有三个问题要努力去解决，一是按要求去学习并评判，二是每人独立学习并在动笔中出效果，三是面向全体来了解学习情况。学生学得自主又学得最有效，是我们“非指”课改追求的目标。第二，在学科意识方面：让学生独立看书的做法值得肯定，教学就应该培养学生独立阅读和独立理解的能力，这是学习的起点。此外，平时教学中都需要精益求精地问问自己：所选的教学内容、教学问题、教学例子（这节课是实验方式）是不是最准的、最科学的、最典型的？每个教学环节是不是必需的？有没有可有可无的多余环节？有没有重要的被遗漏的环节？环节之间是不是循序渐进、步步提升的？

教研组其他老师评价说：这堂课是有一些“非指示性”教学的理念的体现的，从形式上看有学生看书和小组交流的环节，但“非指示性”教学的“五步骤”（独立学习、交流完善、抽查明晰、教师评介、反馈检测）还是欠缺的；对学生回答问题也没有按照“简洁、准确、全面”的要求逐级提升。实验做得匆忙，实验的基本功还要加强。

大家在集体反思与讨论的基础上，得到了一个共识：教师的作用是引导而不是指示，学生的作用是自主学习而不是被指示；“非指示性”教学不意味着就让学生拿着课本自学，教师的适时引导是为了让学生更好地自主学习、自主判断、自主反思、自主纠错，从而自主成长。

这个共识提醒着每个人：“非指示性”教学对教师的要求比传统教学要高，教师也是课堂中的一员，既不能“满堂灌”或“满堂问”，也不能放任学生所谓的自学而“不闻不问”，而要根据课堂中学生的实际需求及时点拨和引导，要有效组织活动，促使全体学生积极参与，实现全体学生的自主成长。

大家一致认为根据郑教授的指导，需要经过重新备课再开一次研讨课，并邀请永康市教研室副主任胡广彤老师和教研员徐德友老师前来观摩和指导。

第二次授课：像“非指示性”教学，但还需完善

下面是胡老师第二次上课的基本实录。

环节一：激趣导入

教师：请同学们观察一个实验现象。

教师演示氧气使带火星的木条复燃实验。

实验后问学生：大家观察到什么现象？为什么？

学生齐答：带火星的木条复燃。是氧气使它复燃的。

教师：氧气还有什么性质呢？让我们看书学习。

环节二：学生看书

教师用课件亮出学习的“三要素”：

任务：请大家认真看课本第72—73页；

要求：用自己的语言描述氧气的特点，并记录在学习纸上；

（纸上一面印有检测试题，另一面是空白的，把空白面称为学习纸。一纸两用，也适合保存。）

时间：3分钟左右。

学生独立学习后，教师布置小组交流2分钟左右。

小组代表发言，教师要求学生回答得简洁、准确、全面。

环节三：学生再看书

教师亮出学习的“三要素”：

任务：请大家快速认真看课本第73—74页；

要求：总结出氧气的化学性质；

时间：2分钟左右。

学生看书后，教师提问：我们通过看书还知道了哪些性质？

学生：有助燃性；能跟铁发生化学反应；能跟硫发生化学反应。

环节四：教师实验（一）

氧气与铁的反应。

教师亮出学习的“三要素”：

任务：请仔细观察铁丝在氧气中燃烧现象，并用简练语言概括现象；

要求：每个同学把结果写在学习纸上；

时间：2分钟左右。

教师呈现铁丝，缠绕在燃烧匙上，在铁丝前端再绕上火柴梗，点燃并伸进集气瓶内，学生观察现象，并触摸瓶子，写在学习纸上。再看看生成物。

环节五：抽查了解

同桌之间交流对实验现象的描述。

学生1：火花四射，生成四氧化三铁。

学生2：应该是火星四射；不能写生成四氧化三铁，从现象上是看不出生成什么的。

教师：对，单从实验现象，是不知道具体生成了什么的。根据刚才的实验我们来思考以下问题：铁丝为什么要绕成螺旋状？铁丝前端为什么要系一根火柴？集气瓶内为什么要预先装一个少量水或铺一层细沙？

小组讨论，时间3分钟左右。

教师了解学习情况：三个问题都解决的请举手；两个问题解决的请举手；一个问题解决的请举手。

环节六：交流完善

让小组代表发言，其他小组有不同意见的随时补充，形成一致的认识。

环节七：教师实验（二）

氧气与硫的反应。

教师介绍实验注意事项，要求学生观察现象，并记录下来，然后说给同桌听。

教师：大家一起说说硫在氧气中的燃烧跟在空气里燃烧有什么不同。

学生代表发言，教师完善板书。

环节八：学生归纳

请学生归纳这堂课学到了哪些知识，还有哪些疑问。

学生发言。

下课铃响。

对于这堂课，老师们觉得上得不错。有老师说：胡老师按“非指示性”教学的“三要素”“五步骤”进行教学，从形式上看是像了，课堂流程清晰，学生参与度高。

也有老师认为，胡老师让学生利用教材，进行独立学习，在此基础上在小组内（既有同桌也有四人小组的形式）及全班交流自己的看法，培养了语言表达的能力和合作的精神。还有老师觉得胡老师的演示实验做得及时和成功，起到了引导和点拨的作用。

教研室的胡老师和徐老师肯定了“非指示性”教学的理念和优势：先生后师，面向全体，人人参与；教师讲的时间少，学生学习时间多。在学生自主学习的基础上进行交流完善，教师也积极抽查了解学生所学的知识，并积极评介。当然也提出了一些需要改进的细节问题：学生看书的内容应该明确到第几页第几段，这样就不会一会儿物理性质一会儿化学性质；在描述实验现象的时候不要点太多的人回答，如果被叫到的学生回答得不够完整，可以引导他用更好的词来形容，做到简洁、准确、全面，这也体现学生思维的提升过程，而且可以节省时间。硫在空气中燃烧现象不明显，不要为了让大家都看清楚而在整个教室转，一来二氧化硫刺激性大，污染教室；二来把燃烧匙放入氧气燃烧中，大家都很明显地看到现象，正可以说明在空气中燃烧火焰很微弱。

大家觉得在这堂课的实验是起关键作用的，并不能局限于实验做成功就认为是完成任务了，教师应适时介入，引导学生观察比较实验中出现的异与同，渗透科学方法的教育：实验法、观察法、比较法，还有在氧气和铁、氧气和硫反应后所呈现的化学反应方程式，可以用不同颜色的磁贴贴在黑板上建立模型的模型法。在板书中用归类法引导学生自主整理。

看来“非指示性”教学不仅仅意味着让学生自主学习，体现“三要素”“五步骤”的形式，更要在教师的引导下对知识以及获取知识的学习方法进行归纳总结，不断提升学习的品质，提高学习效率。即，“非指示性”教学不但被视为学生自主学习，自主成长的外显表达，更被视为对学习方法和各种能力培养的表达，以及让学生学得更好的意识。

授课老师胡慧姣也觉得很有必要借班再上一次，对什么是“非指示性”教学进一步探究和领悟。

第三次授课：较为完善的“非指示性”教学

下面是胡老师第三次上课的基本实录。前三个环节包括激趣导入、学生看书和小组交流，内容与第二次授课一致。小组交流中，要求小组书面表达，教师用投影展示，形成共识。

环节四：教师实验（一）

氧气与铁的反应。

教师：我们用实验的方法一起研究氧气的化学性质。请注意：实验中用观察法观察操作器材、步骤、发生现象，用比较法进行区别，并思考注意事项。

在此基础上，教师亮出与第二次授课环节四一样的学习“三要素”。并让一个学生触摸瓶子，说出感受。

环节五：学生归纳（一）

利用学习纸归纳氧气与铁的反应，并根据刚才的实验思考以下问题：(1)铁丝为什么要绕成螺旋状？(2)铁丝前端为什么要系一根火柴？(3)集气瓶内为什么要预先装一个少量水或铺一层细沙？

小组讨论，时间3分钟左右。

环节六：反馈交流

用抽签筒抽签（体现随机性），抽到的学生发言，要求简洁、准确、全面

环节七：教师实验（二）

氧气与硫的反应。

教师亮出学习的“三要素”：

任务：请仔细观察硫在氧气中燃烧现象，并用简练语言概括现象；

要求：每人把结果写在学习纸上；

时间：2分钟左右。

实验完毕，师生打开教室窗门，通风排出室内的二氧化硫气体。

环节八：学生归纳（二）

利用学习纸归纳氧气与硫的反应。

环节九：反馈交流

抽签让学生发言。

化学反应过程：硫+氧气——二氧化硫

教师用不同的彩色圆形磁贴吸在黑板上，分别表示硫原子和氧原子。

用模型的方法来说明硫与氧气反应。

环节十：总结归纳

请同学们在学习纸上归纳这堂课所学的内容，条理清晰，重点突出，可采用自己喜欢的方式总结，如：表格法、框架图等。

归纳完毕，学生交流。

之后教师也展示自己的归纳。

环节十一：检测评价

请完成随堂检测的四个小题。

让做好的同学举手，之后同桌交流。

再让做错的举手，并问：你是怎么想的？

再问全体同学：还有疑问吗？

下课铃响。

上课结束后，教研组的老师们再一次进行了讨论。

反馈会上，老师们说了许多，各人表达的共同意思是：原来以为课堂中只要让学生自主学习，体现“三要素”“五步骤”的形式就行了，现在知道了仅仅体现“三要素”“五步骤”的形式是不够的，还要引导学生怎样学得更好，效率更高，表达更到位（除了口头表达还要注重文字表达）；在学习方法上要有效指导；还要注重培养学生的观察能力、思维能力、概括能力、语言表达等多种能力。

从学科角度看，“非指示性”教学在科学教学中也具有内在的适切性。具体而言，观察和实验是学习科学知识最根本的方法。“科学”课中的实验蕴含着促使学生自主判断、自主纠错、自主归纳的核心要素。实验本身就是“非指示性”的，正是科学实验才会有学生的观察和各种感官刺激的体验，当氧气使带火星的木条复燃那一声响，以及铁在氧气中燃烧的火星四射，硫在氧气中燃烧发出明亮的蓝紫色火焰，学生都会啧啧惊叹这些自然呈现的现象。我们认为，“科学”课的本质，就是通过各种实验和情景再现科学家们研究的足迹，“站在巨人的肩膀上”学习和探究，认识自然现象和规律，在此基础上，不断发现新问题，寻找新规律，而这种学习和感悟是别人无法替代的，因此也是“非指示性”的。

反思：究竟什么是“非指示性”教学？

在三次授课与研课中，我们发现，在不同阶段老师们对“非指示性”教学表现出了不同的理解，不断提升：第一次，认为“非指示性”教学就是让学生自主学习，有先生后师、小组合作等环节；第二次，认识到“非指示性”教学还要有紧凑的课堂结构，有显性的“三要素”“五步骤”的形式；第三次，理解了“非指示性”教学更要在培养学生的学习方法和学习能力上下功夫，促使学生自主成长。

可见,“非指示性”教学不仅仅是让学生自主学习一句话那么简单，它更是内含着学生自主成长的课堂行为。“非指示性”教学中的难点是:如何把握好学生的“学”和教师的“教”这个平衡点，不能以教代学也不能不教自学，而应该以教促学，在课堂中发挥师生各自应有的作用。“非指示性”教学的理解与实践过程是一个从隐性理念到显性形式,再到内涵渗透的不断深化的过程。因此,实践“非指示性”教学的过程,既是教师培养学生自主学习,自主成长的过程,更是教师不断自主提升,自主成长的过程。

真心为人　真情为文

——初中真情作文初探

■徐芳芳

老话说：作文即做人。新课标也为我们建立了划时代的作文教学新理念——“写作要有真情实感，力求表达自己对自然、社会、人生的独特感受、体验和思考。”好的文章不是靠造情矫情去忽悠人，而是靠真真切切的感情来感染人折服人。正如《庄子》所说：“不精不诚，不能动人。故强哭者，虽悲不哀；强怒者，虽严不威；强亲者，虽笑不和。”试想，如果我们在平时的作文训练中着眼于健全人格的发展与完善，着眼于丰富自己正反两方面的人生经验，那么作文训练的过程就会成为一个文化濡化的过程，成为表达真情实感的过程。同学们如果在写作活动中用心感受、体味、感悟细微之处的真善美，真正领悟到写作的目的不在于完成任务，而在于自我表达和与人交流，并且认识到“自我表达”是张扬真我风采的需要，“与人交流”是以真心换真心的结果，那么这样写出来的文章就是感情的真实流露，是心灵泉水的自然流淌。基于此，我在具体的教学活动中进行了一些有益的尝试。

一、重视阅读，陶冶学生的情操

阅读是学生写作素材的间接来源。阅读的厚度就是写作的深度。阅读不仅能砥砺“思想”，润泽“语言”，掌握“技巧”，更能陶冶情操，激发学生的表达欲望，引领学生抒发真情。现在的学生花在学习上的时间非常多，我们在教学中一定要利用好课堂这一阵地，利用好课本这一资源。在我们的教材中有大量直接阐释生命、呼唤热爱生命、敬畏生命的课文，如《敬畏生命》《热爱生命》《紫藤萝瀑布》《假如生活欺骗了你》《生命生命》；有些带有传记性色彩的课文，展示了主人公对生命的追求和热爱，如《音乐巨人贝多芬》《邓稼先》《我的信念》《我的老师》；那些极力表现亲情、友情的课文，有助于对学生进行亲情教育，如《散步》《背影》《爸爸的花儿落了》等等；有关人与自然、人与动植物和谐相处的文章，有《珍珠鸟》《斑羚飞渡》《华南虎》《小石潭记》等。这些作品为学生提供了丰富的感受生命意义、感受真情的内容，我们在阅读能力培养的层面上学习这些作品之外，另外还在以“真情”为主题的写作课上重新利用它们，引导学生精读作品中关于爱的细致描写，解读文本，解读生命，领悟爱的意义，树立正确的人生观。如在教学完一些文质兼美的文章后，都可以让学生写写读完本文后的独特感悟——“心香一瓣”；有时我也会在布置预习作业时，除了要求通读全文两次后，在标题前写上自己的初读体验，引领学生开拓思想，共同领悟“情感才是文章的生命”！

持续高雅的阅读会成为学生写作的源头活水和不竭动力。因此，我们还把教材之外的一些美文时文加以筛选后，推荐给学生。如亲情类的有《乡村石磨》《指尖上的父爱》《难忘那一声“丫头”》《父爱的声音》《母爱是一根穿针线》《母亲的菩提树》《牵着母亲的手过马路》……成长励志类的有《成功没有技巧》《站远了看》《把自己酿成一瓶酒》《让心像风一样流淌》《花太密，难结果》《不要倒在第九十九步上》《再坚持一分钟》《风景就在拐角处》……深情回忆类的有《当生活把我们打哭》《心轻草亦香》《轻轻地推开那扇门》《老街的旧时光》《梦忆水乡》《起身的饺子落身的面》《蔷薇几度开》《如约而至的芬芳》……情感美文的阅读唤醒了孩子们心中的真情，在思想与生活的碰撞中，作文的思想内容得到了大大的优化，让学生感受到写作是精神的享受、心灵的锻造、人格的提升。

经历是情感产生的基础，阅读是丰富情感经历的有效途径。“聚土成塔，积水成潭”，在平时日积月累的阅读中，陶冶了学生的情操，也提升了孩子的真情感悟力！

二、创设情境，引发学生的写作激情

作文乃“缘情”“言志”之物，是主体情感的自觉倾诉。每个生命在成长的过程中都获得友情、亲情、爱情的滋润，都会因此而情深似海、情重如山！但正是因为生活在爱的包围圈中，“不识庐山真面目，只缘身在此山中”，许多学生忽略了身边的爱，就像忽略了包围他们的空气。他们的作文选材往往范围狭窄、内容单薄、缺乏真情实感。“英雄所见略同”的作文现象，究其原因是多方面，但最根本的原因是当今初中生对生活、对周围给予你关怀、给予你爱的人缺乏感受。少了一颗感受爱的心，就少了敏锐观察生活、感受生活的能力。叶老说过：作文要写出诚实的，自己的话。每个学生的生活实践和情感体验各不相同，但相同的，就是都在爱的沐浴下成长。所以，在我们的作文教学设计中，专门设置了“记录成长故事”的环节，在日记、周记中回顾自己成长中的点点滴滴，并利用语文的综合实践活动课，讲述成长中的故事。这样，既为作文练笔积累素材，更是通过这种形式唤起他们对爱的认识，让他们能用情去观察生活，思考生活，体验生活，以提高他们的作文水平，让他们写出有真情实感的作文。

常言道：“言为心声”“无欲不举笔、无情难成文”。教师作为主导者就要善于发现和捕捉生活与学生情感的触发点，从而帮助、带动学生走出自我、走进生活、走向感情，进入创作的最佳状态。因此，我在上七年级的综合性学习《我爱我家》时，我先边配乐放映我自己儿时与哥哥一起成长的一些照片，边朗读自己的下水作文《岁月如歌》，唤起孩子们心中对家事的回忆，紧接着让学生四人一小组说说家里的趣事或难忘的事，然后小组推荐代表与全班同学分享交流，最后投影美文《牵着母亲的手过马路》和《指尖上的父爱》。创设情境，激起学生的情感波澜后再让学生着笔去写作。孩子们可以写的事就多了，顾巧卓同学的《小心点，慢点走》中深情地写道“年少的记忆中总会有那么多温情的呼唤，而这一句，便是藏于我内心，最温暖的一句。”她描述回忆后，这样结尾道：“‘烁烁——’我恍然惊醒，从记忆中脱出身来，才发现原来奶奶已经在马路对面了，她大声地呼喊着我的小名，和蔼地对着我笑。我看见绿灯亮起飞奔过去‘奶奶——’在她面前站定，她下意识地抬起手，似乎想拍拍我的后脑勺，只可惜我已经长得比她高了，奶奶扬在空中的手最终拉起我的手，一如当年那般轻轻地告诉我‘不是经常叫你慢点走吗？怎么现在还没学会？以前我们家隔壁……’我轻笑了，任她拉着我的手唠叨着，因为我看到了她眼眸中大大的字，那个字是——爱。”这般用心的作文是因为我们唤醒了孩子的主体意识，引发了孩子的表达激情，自觉地感知生活，生成的体验自然地留驻笔端！《妈妈的唠叨》《其实，我在乎》《感谢你——世界上最好的人》等，一篇篇情真意切的作文，深深地打动了我！

生活需要体验，爱的情感需要培养。要做一个成功的写作主体，就必须投入到生活中，对生活细心观察，投入情感，体察人间百态人生，品味世界千般滋味。文章不是无情物，任何一篇佳作都是情动于中的产物。而语文课堂是生命的课堂，应该充满灵性与活力。我们教师应该是有爱心的人，引导学生关心生活、关注自然、关爱社会，了解自己，体察内心，留心世界，明察他人，通过对他们的观察、了解、发现、感受，用心去挖掘其中的真善美，真情为文，用心做人！

三、关注细节，教会学生抒发真挚情感

真情实感离不开生动的、典型的细节。细节的多少和真实与否，反映出作者对生活的体验程度，也直接关系到文章的真情实感。如果文章中都是些笼统的概括的叙述，即使是亲身经历的，也往往会给人不真实的感觉。“麻雀虽小，肝胆俱全”，作文总要体现对人物、事件、环境等作具体形象的描绘与刻画，体现“绘声绘色”的特点。但学生的作文常常是“只见骨头，不见血肉”，干巴巴的难以打动人。批阅后，甚至有学生问我“老师，为什么这件事我当时是很感动的，怎么写出来就没感觉了呢”，针对学生的困惑，我有意识地指导学生“关注细节，抒发真情”。

“细节描写”就是个“细”，也就是说写作中要学会从小处落笔，细细地用心于你所描绘的对象之中，相当于展现电影中的一个特写的慢镜头，比如，有一生写自己去补习路上天气炎热，他是直接地说“外面的太阳很毒，天气很热”。这就不具体也不形象了，读者也不会有什么感觉，此时我就建议课代表摘录出《骆驼祥子》中环境描写的片段，投影交流后发现作家的描写很细致，如“柳树无精打采、马路干巴发光、便道尘土发扬”“马张大鼻孔，小贩们不敢吆喝，铜铁铺发出的使人焦躁的单调的丁丁当当感觉：闷热使人透不过气来”“处处干燥，处处烫手，处处憋闷”“整个老城像烧透了的砖窑”，多角度、多感官地渲染出烈日之猛，酷热之盛。品读了运笔高妙的句子之后总结出好的细节描写能调动读者的五官，使人观、可听、可嗅、可触、可感，而且要善用修辞，那么我们在作文时也要积极地调动感官，运用形象的比喻、拟人等修辞手法。之后学生在作文描述听了教师鼓励后的感受是“心大了，眼亮了，身体里注入了更强的生命力”；描述自己在元旦文艺汇演候场时，消除担忧后的感受是“我的心一下子变得沉静，随着台上那只灵活的手，在弦上来回穿梭，仿佛深夜的精灵偷偷地挣脱了藤蔓的束缚，在树丛中摇曳生姿”；描写考试失意是“我心不在焉地走在那条绵长而又艰难的路上，脚步如灌了铅一般沉重。那一片片凌乱的落叶犹如我心中千丝缠绕的头绪。想着那压在书包底部的试卷，知道家离我越来越近，心中一丝无奈几分苦涩。我紧绷

着苍白的脸，努力地压抑着奔飞在嗓子眼的心跳，用溢满汗的手将那份糊涂不堪的试卷交给爸爸……”

渐渐地，学生们学会了如何细节描写后，还要让学生明白描写对象中蕴藏情感的细节描写才是更动人。例如，朱自清的《背影》中最感人的一幕：“父亲是一个胖子，走过去自然要费事些……他用两手攀着上面，两脚再向上缩；他肥胖的身子向左微倾，显出努力的样子，这时我看见他的背影，我的眼泪很快地流下来了”时，我们引导学生通过动词的比较替换，并结合全文揣摩父子的心境，让学生沉醉于这种父子深情的情景来体会文章蕴含着的真挚、深厚而朴实的亲子之情。然后再指导学生习作，一位学生便在《人生处处有风景》中巧妙地采用了《背影》中特写镜头，她这样细腻地写道：“我坚持吃枣，奶奶无奈，把梨和盘子放在一旁。起身，扭动着肥胖的身子，一步步朝里屋走去，搬出小方凳，放在枣树旁，先把一只脚挨了上去，手扶着树干，另一只脚弯曲着，十分费力地一蹬，整个身子便向一边倾斜，险些跌倒。她调整了下姿态，左脚稍向前移了一小步，右脚踏在了树的粗干上，似乎想往上爬，但由于身子过于肥胖，一连几次都未成功。奶奶把脚收了回来，双脚踮起。两臂尽力向上伸，头昂起，手在叶子里拨动一阵，枣子没掉下几个，倒‘唰唰’落下了几层灰……在摘下了十多个枣子后，奶奶停了下来，放下举着的手，小心地从凳子上挪下，掸掸身上的灰，费力地弯下腰去拾取跌落的枣……光阴带走了懵懂，篆刻了曾经的记忆，风景绽放，淋漓尽致，尽在弯腰的一瞬！”真情在细节中渗透，作文在真情中升华，学生形成了稳定的情感素质将极大地促进学生作文能力的提高。

罗曼·罗兰说过：“我们固然需要以强力称雄的人，但更需要有心灵的人。”作文教学自然肩负着塑造学生心灵的重任。因此，我们不能让学生“趴着写”“跪着写”，成为精神上的侏儒。而要让学生写真事，说真话、表真情、求真理。正如教育学家叶圣陶所言“我们作文，要写出诚实的，自己的话来”。我们教师要引领孩子“以我手写我心”，那么，乡情、亲情、师生情、同学情，热爱自然之情、热爱生活之情、热爱祖国之情，这些都可以在作文中酣畅淋漓地表达出来，我们的学生的作文才会更有活力，作文园地里才可以“真情”永放光芒！

浅谈教学中品味语言的策略

■徐丽霞

根据平时教学所得，注意收集并整理出如下几种方法和各位同仁共享。

一、抓住关键词语，品味语言的准确

语文课标对中学生明确提出了“体味和推敲重要词句在语言环境中的意义和作用”“品味作品中富有表现力的语言”的阅读要求。重要词句就是这个句子的精髓所在，理解了关键词语，也就领悟了一句话的深意。因此，教师要指导学生特别注意品味那些经过作者苦心经营、反复锤炼的关键词语，比如能一字传神的动词、形容词、数量词等等。如《从百草园到三味书屋》一文，作者在描写冬天百草园的乐趣时，有一段描写捕鸟过程的文字。这段文字的最大特点就是用词准确精练。作者形象生动地描绘了雪地捕鸟的整个过程，读来让人如临其境。其中“扫、露、支、撒、系、牵、看、拉、罩”等九个动词用得十分准确。在组织学生欣赏这段文字时，可先让学生进行圈点批注，划出这九个动词，边讨论边研究，如：“支”这个动词应该怎么示范？究竟是用一根细棍立在竹匾下，还是用两根？经过讨论和研究，同学们一致认为：“支”是两根细棍一长一短斜撑于竹匾，这样相对较稳；而用一根则是“顶”，难以支撑竹匾。此时同学们自然能体会出准确的动词在描写景物、刻画动作、塑造形象、表达感情、点明中心等方面有着更为深刻的表达作用。又如《背影》是一篇经典散文，本文最感动你的细节是什么？为什么？学生大都找到“他用两手攀着上面，两脚再向上缩；他肥胖的身子向左微倾，显出努力的样子。”学生悟出这段话的感人之处在于动词的妙用：“攀”既写出了月台的高度，又写出了想象中的吃力；“缩”既细腻准确的写出了父亲爬月台的困难，“倾”说明他身子肥胖，爬的费劲、用力。这一系列动词，细致地描绘了父亲过铁道、爬上月台买橘子的艰难情形，正因其艰难，爱子之情愈加感人至深。品这一语段，让学生悟出了动词的情味和表现力。

这样的句子段落在文章中比比皆是，学生在教师的引导下，可以根据自身的审美情绪，欣赏领悟文本中经典语句及富有表现力的词语，在积累了大量语言材料的情况下体会语言的魅力，潜移默化，就能逐步提高语言感受力和运用能力。

二、分析修辞方法，品味语言的魅力

古罗马哲学家朗加纳斯说过："美妙的措词，就是思想特有的光辉。""思想宏通的人，语言自然宏通；卓越的语言永远属于卓越的心灵。"意思是说，思想活跃、开阔、缜密，语言自然优秀、活泼、大气、饱满。俗话说"脑子越用越活"，这就要求每个同学不断提高自己的"思想"水平，对现实生活中的现象和问题要"敏感"，即多动脑筋，力求获得深刻新颖的看法；然后选用最好的语言（如修辞）将其倾吐出来。

那么，教师在教学活动中就应该多指导学生在特定的语言环境里体会和感悟作者在语句中运用了什么修辞，这些修辞有什么好处或有什么作用，为什么你会觉得它用得好等等，通过这种方式来提高学生语言的理解和运用能力，激发学生学习语文的兴趣，提高学生赏析语言的水平。教材中朱自清的散文《春》是传统的经典名篇，文章中采用了大量的拟人修辞手法。如写春回大地，万物复苏，朱自清用了"一切都像刚睡醒的样子，欣欣然张开了眼"来形容。人"刚睡醒"与万物复苏的情景相似，但只用"刚睡醒的样子"似乎还不够传神，于是再加上一句"欣欣然张开了眼"，一下子就使春有了人的神态。用人们睡觉醒来、困顿全消、精力恢复的具体神态，极准确、传神、富有情趣地表现出了万物受春的温暖、滋润而生机勃发的特征，在这里可以指导学生从拟人修辞的角度进行品味。如设计《济南的冬天》时，文中大量文字皆美的句子值得细细品味。如"山上的矮松越发的青黑，树尖上顶着一髻儿白花，好像日本看护妇。"这句话含有两个比喻，一是将树尖的雪比作"白花"；二是将树尖顶雪的矮松比作"日本看护妇"。比喻贴切得表现了雪后树的秀美。又如：一个老城，有山有水，全在天底下晒着阳光，暖和安适地睡着，只等春风来把它们唤醒，这是不是个理想的境界？句中用"晒""睡""醒"形象地突出了小村庄舒适、温暖的环境。再如在设计《安塞腰鼓》时，通过让学生品读成群的短句，大量排比句，感受这些句子磅礴的气势，奔放的激情和热烈的气氛，领略这些句子达到的震撼人心的艺术效果。

课堂教学中教师要不遗余力地引导学生能分析修辞的作用，更要学会运用修辞，不断提高自己的品味能力。

三、加强朗读指导，品味语言的深情

爱因斯坦说："兴趣是最好的老师。"朗读是品味语言的最基本的方法，许多无法用语言表达的感情通过诵读可以全然悟出。教师指导学生朗读的过程，也是引导学生潜心品味语言，感悟语言之情感的过程。教师要指导学生将自己融入到文章中去，读出感情、读出精神、读出美味。在教学活动中，当学生产生浓厚的兴趣时，其学习积极性就会高，学习效果就会好，相反，学生若对学习冷淡、厌烦，其学习就没有劲头，学习效果就差。试看："山朗润起来了，水涨起来了，太阳的脸红起来了。""风轻悄悄的，草软绵绵的。"（朱自清的散文《春》）"骤雨一样，是急促的鼓点；旋风一样，是飞扬的流书；乱蛙一样，是蹦跳的脚步；火花一样，是闪射的瞳仁；斗虎一样，是强健的风姿。"（刘成章的《安塞腰鼓》）……这类句子，优美的韵律，整齐的节奏，只能在朗读中才能体会到。在教学中如果能够引导学生多朗读、多品味，学生的欣赏能力自然会提高，他们自然会感到读书并不是一件苦差事，倒是一种艺术享受。久而久之，何愁他们不对语文产生浓厚的兴趣。

朗读能恰好地把作品中的文字这一无声的视觉形象，有效地转变成语音这一有声的听觉形象，能以声传情，绘声绘色地再现作品的艺术形象，使学生凭借眼、口、耳、脑，在心理上产生一种积极的反应，产生如闻其声、如见其人、如临其境的感觉。例如，在学习朱自清的散文《春》时，教师可启发学生联想有关联的文章或诗词，然后让学生反复朗读课文。学生在朗读中欣赏朱自清笔下的春景的同时，自然会联想起描写春景的其他文章或诗词，有苏轼写的："竹外桃花三两枝，春江水暖鸭先知。"也有白居易写的："日出江花红胜火，春来江水绿如蓝。"眼前也会出现一副大地回春、生机勃勃的春景图。总之，反复的朗读课文有利于活跃学生的思维，开阔学生的思路，展开丰富的联想和想象，开发创造性思维的潜力。又如莫怀戚《散步》是一篇玲珑剔透、秀美隽永、蕴藉丰富的精美散文，也是一曲用580字凝成的真善美的颂歌。讲的是一家人祖孙三代，在初春的田野上散步，和和美美，相亲相爱的故事。读这篇文章的历程，是人的心灵在亲情、人性、生命这三点构成的轨迹上的一次愉悦而高尚的旅行。学生在多层次的朗读中，获得美好的阅读印象，完成对课文的整体感知。有的学生在交流中，谈到了一家人互相包容、互相体谅的精神，谈到了可贵的亲情、温馨的气氛，谈到了尊老爱幼的美德，谈到了春天美丽的景色、生命的气息……朗读能使学生的思维活跃，思路开阔。朗读是眼、口、耳、脑并用的综合性活动。朗读要经历复杂的心理过程，既是感觉器官、言语运动器官与大脑协同活动的过程，又是思维活动、感情活动与言语活动协同进行的过程，其中大脑的思维活动起着主导作用。

四、联系课文语境，品味语言的意境

语言的运用不是孤立的，如果撇开具体的语境理解词语含义势必不准确、不到位。语境教学则是指以课文语境为依托、以培养学生的言语能力为宗旨的语文教学，在品味语言，尤其是品味那些在特定的语言环境中有特殊意义的语言时，教师更要指导学生不能简单地以词典上的意义来理解其含义，要结合具体语境，善于联系上下文，理解其在具体语言环境中的含义和作用。如，在教学《背影》一文时，对“我那时真是聪明过分”“唉，我现在想想，那时真是太聪明了”中“聪明”一词的理解，教师可以这样启发学生思考：“聪明”一词多用来夸赞一个人聪敏、灵敏，那么本文中也是这个意思吗？学生在结合语境分析思考之后，很快就能得出：这里的“聪敏”表达的是对父亲临行前的细心关照中所蕴含的爱子之心不能理解的悔恨之情，读者自然能感受到作者对父爱理解得深刻透彻。最终体现了文章“父爱子，子爱父”的情感。如教学小说《孔乙己》，当讲到孔乙己“对柜里说，‘温两碗酒，要一碟茴香豆’，便排出九文大钱”时，对这个“排”字要下番功夫认真品味，“请同学们好好琢磨一下，孔乙己当时是怎么‘排’出这九文大钱的，细心体会鲁迅先生用字的妙处。”学生经过经过语境的结合，小组讨论，甲组学生认为：“孔乙己今天口袋里有钱，他洋洋自得，‘今朝有酒今朝醉’。这个动作，就是要表现他得意的心理状态的。”乙组学生认为：“我孔乙己今天不但付钱喝酒，酒还要喝两碗哩。我是个知书达礼之人，满肚子学问，你们竟敢笑话我？真是岂有此理！这个‘排’字刻画出了孔乙己性格特征的一个方面：自命清高、迂腐酸臭。我们应当好好揣摩，用心品味，认真学习。”引导学生亲身体验入境，深入感受孔乙己的内心世界，从而悟出作者鲁迅先生的匠心。

在语文教学中，教师 要设法把学生引入课文语境，结合语境更深入地分析课文，理解课文，挖掘课本中所深含的意义。

五、补充课文资料，拓展语意的深度

语文教材选文的内涵往往是丰富的，讲授时不应该局限于一篇文章。有时借助于与之相关联的文章，往往能起到触类旁通的作用，加深学生对语言品味文章内涵的理解与感悟。如上《记承天寺夜游》时，为避免学生误会“闲人”的含义，以为是清闲的人。可补充一则资料：苏轼以犯人身份贬黄州无薪俸，故租50亩荒地经营，有诗云：“去年东坡拾瓦砾，自种黄桑三百尺。今年刈雪盖草堂，日炙风吹面如墨。”学生看后即明白，闲人不是字面含义，它有更深沉的含义。学生很快联系上下文，明白“闲”在此处是闲情逸致，闲适之意。为了让学生更好地明白“庭下如积水空明，水中藻、荇交横，盖竹柏影也”这句写景的句子深沉处的作者的思想感情。又可以补充了相关资料：1.苏轼贬官杭州写出“我本无家更安住，故乡无此好湖山”；2.苏轼贬官黄州写出“长江绕郭知鱼美，好竹连山觉笋香”；3.苏轼贬官惠州写出“日啖荔枝三百颗，不辞长作岭南人”。看了这三句补充资料，再联系此文的写作背景，学生很快明白了苏轼拥有乐观豁达、洒脱达观的人生观。这篇课文，也正因为资料的大量补充，不仅让学生感受到了苏轼语言的张力，也让此课的文本内涵大大充实，充满着语文味，拓展语言的深度。

绚丽多姿的语言是语文课上一道亮丽的风景，我们教师应该引领学生运用多种品味语言的方法，引领学生触摸语言文字，品读语言，感悟文字，让学生置身于浓浓的语文味中，不断咀嚼文字深意，让语文课散发出迷人的光彩。

核心素养视角下英语教学实践研究

——培养思维品质微探

■ 章慧婷

思维品质是英语学科核心素养中的必备品格，人的语言能力以他的思维为基础，因此，培养学生的语言能力应该从他们的思维能力着手，培养科学的思维方法，养成良好的思维习惯从而发展学生思维能力以提高教学质量。因此作为教师的我们要改变“老师认认真真地精讲不弃，学生老老实实地听讲不动”的状况，就要让教与学的双方在时间的占有上变换位置。让学生有更多的机会模仿描述，表达争辩，尽量动起来，更多地进行各种思维反馈，切实发挥主体作用。教师的主导作用主要体现在精心设计教学结构，调动学习英语的动机，激发思维，培养能力。近年来，我在英语教学中对学生进行了培养思维能力的尝试。

一、利用学科渗透进行借鉴思维能力培养

英语教学不仅仅是语言学习，更是不同学科知识间的融会贯通。我在平时的教学中将数学中某些概念和逻辑性较强的思维推理方法，移植到英语教学工作中来，从而使学生把所学的知识达到举一反三、触类旁通的效果，培养学生的借鉴思维。

1.教学中发现总有学生写出这样的句子：I go to school is on Sunday.出现这样的Chinglish，主要是因为学生受到中文式思维定势的干扰，还没有形成英语思维；另外因为英语教材中先教be动词的一般现在时，再教行为动词的一般现在时，学生先入为主，没有区别清楚这两类动词。我就运用数学中平行线可无限延长，但永远不可能相交的原理，教学生这两类动词就像两条平行线，各自可以用不同的

时态，但这两条线不可相交（进行时除外），不能连在一起用。

2.运用数学中的分解因式和合并同类项法来解释行为动词的一般现在时和一般过去时的肯定句、否定句、疑问句的变化。改否定句、疑问句时先找到句中有时态的行为动词，再根据这个动词的形式把它分解成do/does/did和动词原形，再对助动词进行句式变化。改肯定句时，就是把助动词do/does/did和行为动词合并成行为动词的对应形式，放在主语后面。如：Did Mary pass the exam last week?（改肯定句）把did 和pass 合并成passed，放在主语后面，即Mary passed the exam last week.这样学生改句型就得心应手了，也为后面的宾语从句中疑问句改肯定句顺序奠定了基础。

3.运用数学中的点、线段的概念来理解at 11：00（指时间点）和by 11：00（指时间段）；for+时间段和since+时间点等等。

4.动词不定式修饰名词、被动语态和定语从句中经常会出现漏掉介词的情况，数学中的验算法就是一种行之有效的方法。如：The hotel ___we stayed was near the sea.很多学生就会填which，我就让学生把先行词hotel放回定语从句we stayed中验算，即we stayed in the hotel，也就是说hotel不能直接放stayed后做宾语，要加in，所以此处应填in which或where。这样一点拨一些学习感到困难的学生就能有所悟，起到画龙点睛的作用。感叹句中形容词、副词的选择也可以用验算法。

如 How______（slowly）he was!

How____（slowly）he was walking!

学生很快知道第一句放回be后填slow第二句放回修饰walk填slowly。

5.此外，还可以利用数轴教各种时态和until与 not...until的用法；利用图形教授介词区别、东南西北前介词的区别。这里就不一一赘述。

二、培养批评式、探究式思维

中学生已有独立思考的能力，有了求异思维的倾向，善争辩，爱追求。在英语教学中，教师要针对已有的能力水平，利用青少年好奇的心理特点，充分运用教材里现成的材料，使学生的思维逐步深入，继而提出探究性问题，促使学生联想有关的旧知识对比新学内容，思考它们的区别和联系，设想种种解决方案。同时只有这样学生才会感到时时有问题可想，有疑问要解决，激起学生的挑战心。如在教NSE八上Module 6 Animals in danger时，引导学生比较下列两个句子：

(a)We should do everything we can to help protect the animals.

(b)We can help protect the animals.

(设疑)两句同有can，为什么(a)句can后接有动词不定式，而(b)句却接动词原形呢?

(引思)观察分析两句的谓语动词一样吗? 两句中的we can 有什么不同? (a)句中to help protect the animals起什么作用? 在哪里断句? 让学生自己去分析找结论，教师只做适当引导。

(结论)(a)中we can是定语从句修饰everything，to help protect the animals是目的状语。(b)句中we can help是谓语动词。

(运用)启发学生用(a)句型自由造句，有学生这样造句:

The doctor did everything he could to save the child.

He did everything he could to calm her.

这样既复习了can的用法，同时学生掌握了动词不定式做目的状语的用法，让学生把新旧知识有机结合起来，形成知识网络，灵活地接受知识和运用知识。在英语教学中教师要善于设“障”立“疑”，而在设疑时要善于向学生提出挑战性的问题，使学生于无疑处有疑，想方设法释疑解惑。

三、培养比较、分析、归纳概括思维

在教学中我注重引导学生往知识的重要细节上发展，给学生一些相似的又易错的句子，分析比较，区别相互间的异同点，寻找知识的规律，进行归纳总结，达到培养创造性思维的目的。

如: NSE 七(上)教there are和have got区别时，给学生两个句子:

(a)In our school________ 46 classrooms.

(b)Our school ________ 46 classrooms.

引导学生比较，都是表达“有”，两者有何区别，可以从句子结构上分析。教师不作具体分析，让学生自己去进行分析、比较、判断。最后公布答案验证学生自己的结论。另外如下相似句子语法填空(玩得开心):

(c)We had great ______ during the journey.

(d)We had a great ______ during the journey.

引导学生比较分析，区别点在于有无a，学生很快知道(c)填fun(d)填time。

教师通过巧妙地提问设疑、贴切介绍、引导比较分析思索的方式会让学生自己去思考，去发现，进行发散性思维训练，就会使知识升华，学生各种能力同时受到提升。

四、培养整体思维品质

教学中将丰富多变的语言知识，按照一定的特点加以归类、明确不同意义和用法，培养学生归类和整体思维的习惯。从多角度举一反三和融会贯通，避免单一思维习惯，培养学生良好的开放型思维品质。

1.一词联想，群体记忆。我在黑板上写出一个单词，然后让学生考虑并说出任何有关这个单词的词，并且用这个词造句，每个人必须说出一个完整的句子并且不能与他人相同，同一句中用到相关的词越多得分越高。如有学生造句：The doctor treated the patient（病人）patiently（耐心地）。另一个学生回答说：After many failures , Edison succeeded inventing lights and became a successful inventor.本句出现3个关于“成功”的词和2个关于“发明”的词。这样将相互关联的词汇有机地联系起来，可以做到学一个带一串，以达到温故知新的有效记忆目的，学生也并不觉得加重负担，相反觉得学中有趣，学有规律，并能引起他们的求知欲望，在以后的学习中主动探索词的构成规律，科学记忆词汇。

2.我有时还把一些句型和学生学起来感到单调乏味的知识编成口诀教给学生，如：NSE中用doing做非谓语的动词有：不断（keep）完成（finish）练习（practise）忙（ be busy），喜欢（enjoy）花费（spend）要（feel like）介意（mind），建议（suggest）避免（avoid）期待（look forward to）想象（imagine）忍不住（can't help）后悔（regret），把这几个词编成一个故事，方便学生记忆。类似方法不胜枚举，每个人的思维方式不同，我经常鼓励学生按照自己的思维方法开放地记忆从而提高学习效果。

五、设立情景，激发想象力，培养创新思维

英语教育的目的是引导学生参加语言交际，而生活中缺乏语言交际的情境，教师要想方设法创建情景，使学生置身于情景中正确使用语言结构，培养起学生用英语思维的习惯。我经常向同学们提出一种进退两难的处境，然后让他们考虑

解决问题的方法。困境可以是实际生活中存在的，也可以是想象出来的。如练习if从句时我出了这样一道题目：一个男孩乘船带一条狗、一碗米和一只公鸡过河，根据游戏规则，他每次限带其中两样东西。众所周知，狗吃鸡，鸡吃米，那么他怎样分三次把这几样东西带过河呢？让学生展开讨论，要求每句都要用上if从句中，主句情态动词时从句用一般现在时表示将来的结构。

S1：If the boy takes the dog and the cock across the river and leaves them on the other side, the dog might eat the cock when he returns for rice.

T：Oh, I see.What if the boy takes the cock and the rice across the river?

S2：If he takes the cock and the rice across the river and leaves them on the other side, the cock might eat the rice.

T：Oh，I have changed my mind.The boys takes the dog and the rice across the river。Is that OK?

S3：No，if you take the dog and rice across the river，you don't need three times.

诸如此类的创设情景，以吸引学生，让他们在一定的情景中理解、练习、运用英语知识，引导他们积极动脑动口，增加兴趣，使学生思维呈现开放状态，变“疲劳波谷区”为“高潮兴奋区”。

总之，教师应当认真研读文本，探索新的途径，以求从旧的教学框框中跳出，从教材中挖掘出能够广泛迁移的知识，在此基础上优化教学设计，使学生在学习语言知识、发展语言技能的同时扩展视野、活跃思维、提升各种思维品质，推动多角度的深度学习，提高教学的实际效果，才能提高实际生活工作中解决问题的能力。

初中数学课本习题的渐变式探究

■ 程聪聪

课本中有许多例题，看似平淡，实际上内涵丰富，通过对题目拓展、推广、应用，无疑会激起每位学生的思维涟漪和创新意识，能帮助解题者总结经验，发现规律，形成解法体系，并且起到举一反三，甚至还能触类旁通，有效提高学习效率。

一、深阅读，识背景

以教材中的习题为母题，层层展开，让学生体会到许多中考的原题或课外资料上的习题无非就是教材中题目的改编，从而更加重视课本的学习；课本习题具有很强的代表性，蕴含着重要的数学思想和方法，是解答其他相关数学问题的有效模型。通过对习题中的条件、图形、结论或设问方式等方面的改造变化或重组，可让学生更透彻地体会所学的知识点。

原题呈现： 如图：在一张长方形纸片$ABCD$中，$AD=25\text{cm}$，$AB=20\text{cm}$，点E，F分别是CD和AB的中点.现将长方形纸片按图示折叠，求$\angle DAH$的大小及EG的长（精确到0.1cm）.（浙教版九年级下册第一章解直角三角形1.3节第一课时的课后作业题第6题）

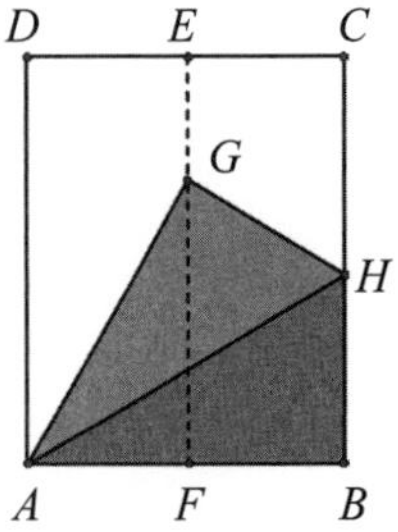

说明： 这是一道折叠问题中隐藏解直角三角形的常见题型，考查了锐角三角函数、勾股定理、中点的性质、折叠过程中体现出来的等量关系等概念及动手能力、空间观念、几何变换等重要的数学思想.是一道不可多得的优秀题目。

解法： 一般解法：利用Rt△AGF斜边与直角边的关系，可求得GF的长度和$\angle GAH$的度数，问题即可迎刃而解；特殊解法，可以利用EF为矩形对称轴的特殊关系构造正三角形的方法求解。

二、小改变，固知识

在习题教学中，教师应当引导学生挖掘题目的潜在因素，通过改变题目的条件、图形、结论或设问方式等多种途径对题目进行变式教学，强化学生对知识和方法的理解，帮助学生对问题进行多角度、多层次的思考，从而提高学生分析问题、解决问题的能力，拓宽学生的思维，培养学生良好的思维品质.

变式1： 如图，在一张正方形纸片$ABCD$中，$AB=20\text{cm}$，点E、F分别是CD和AB的中点.现将这张纸片按图纸方式折叠，求$\angle DAH$的大小及EG的长.

变式2： 如图：在一张长方形纸片$ABCD$中，$AD=7.5\text{cm}$，$AB=20\text{cm}$，点E，F分别是CD和AB的中点.折叠长方形纸片使得点B刚好落在直线EF上，求$\angle DAH$的度数.

变式3： 如图，在一张长方形纸片$ABCD$中，$AD=25\text{cm}$，$AB=20\text{cm}$，点E、F分别是CD和AB的中点.现将这张纸片按图纸方式折叠，求折痕AH的长度.

变式4： 如图，在一张长方形纸片$ABCD$中，$AD=25\text{cm}$，$AB=20\text{cm}$，点E、F分别是CD和AB的中点。现将这张纸片按图纸方式折叠，求$\triangle AHQ$的面积及判断其形状.

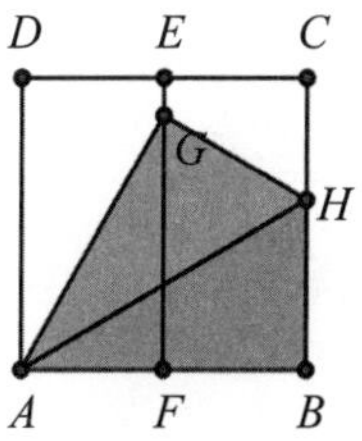

（变式1）

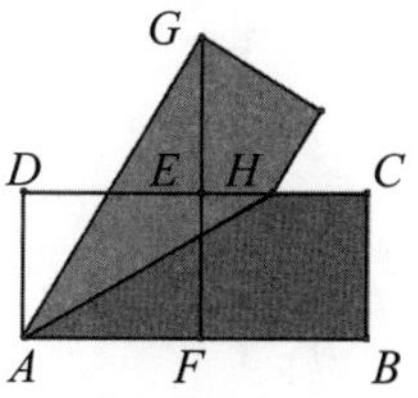

（变式2）

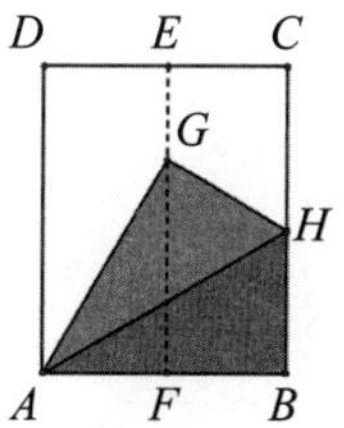

（变式3）

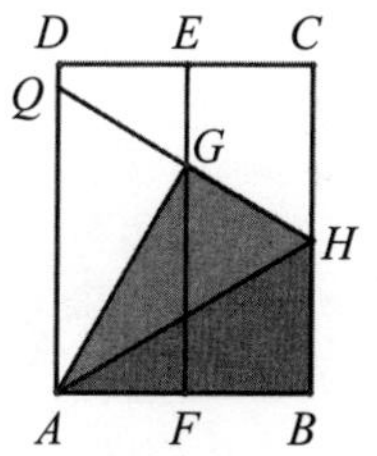

（变式4）

设计意图： 变式1、2把习题的背景有先由长方形变为正方形，再改变长方形的长、宽的长度，让学生感受图形在一点点的变化，去思考在这样的变化过程中，解决问题的方法是否发生了改变，是否随着条件的变化存在着相对应的特殊的解法；变式3、4通过改变问题的结论，通过改变问题的结论，发散学生的思维。在同样的条件下可以得到更多的结论，鼓励他们多角度、多层次的思考，从而培养他们良好的思维品质。

三、大不同，升能力

由教材“题目”改编的试题从不同图形形状依次展开，虽然有些试题的呈现方式发生变化，但探索的结论、解题的策略却基本相同。通过这样的演变，开拓了学生视野，增强了求知欲，便于学生发现问题的实质。在实际教学中，教师要创造性地利用好课本例、习题，要以提升学生的数学思维为核心，关注各知识点之间的内部联系，注重培养学生的理解和应用能力，提升学生的综合解题技能。

变式5：如图：在一张长方形纸片$ABCD$中，$AB=20\text{cm}$，$AD=25\text{cm}$，点E，F分别在CD和AB上，$AF=kAB$，且$EF\perp AB$，现将这张纸片按图方式折叠，使点B的对应点G落在线段EF上.用含k的代数式表示EG的长.

变式6：如图：在一张直角三角形纸片ABC中，$AB=20\text{cm}$，$BC=25\text{cm}$，点E，F分别在AC和AB上，$AF=kAB$，且$EF\perp AB$，现将这张纸片按图方式折叠，使点B的对应点G落在线段EF上，求EG的长.

变式7：如图：在一张四分之一的圆形纸片中，$AB=20\text{cm}$，点F在半径AB上，点E在圆上，$AF=kAB$，且$EF\perp AB$，现将这张纸片按图方式折叠，使点B的对应点G落在线段EF上，求EG的长.

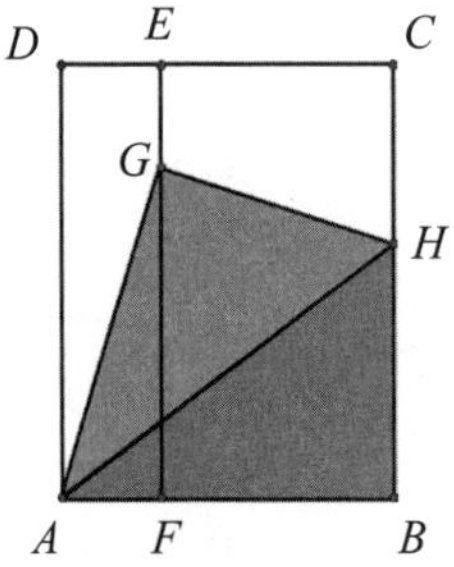

（变式5）

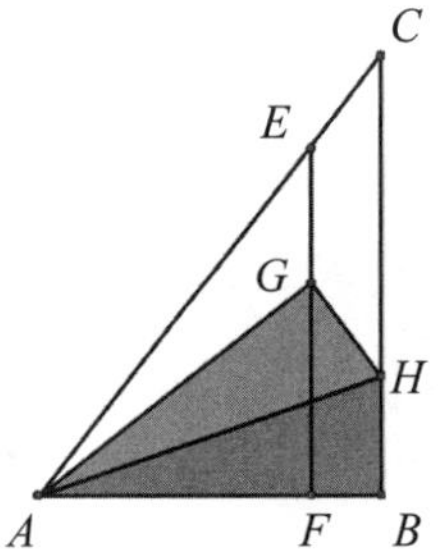

（变式6）

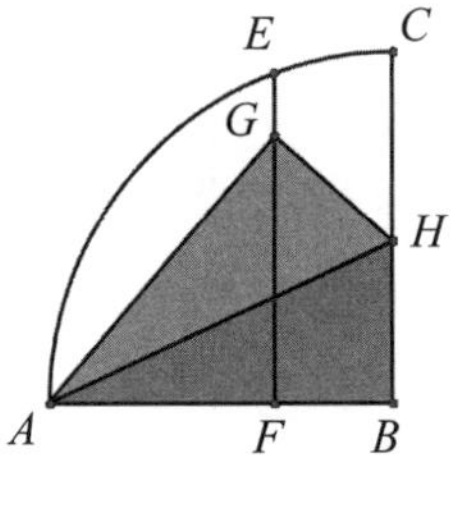

（变式7）

设计意图：这3个变式层层递进，不断地改变题目背景，从长方形到直角三角形再到圆，随着背景的改变解决问题相关模型也要跟着做些调整，由原来的单纯考察勾股定理、三角函数，到后来的三角形相似，让学生感受虽然图形在不断地变化但是解决问题的根本方法没有发生改变，从而培养在复杂问题中抓住问题本质的能力。这样的渐近变式还很有效地提高了学生分析问题、解决问题的能力，拓宽学生的思维。

四、示考题，知原型

很多中考题给人似曾相识的感觉，因为它们都是由课本习题演变过来的。所以我们在学习的过程中不能仅仅满足于课本习题知识的掌握，而要注重对题目的渐近演变研究，领悟解题的思路，提高解题的能力。

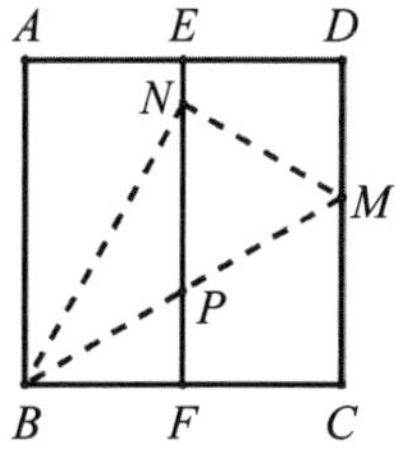

（11年福建）在正方形纸片$ABCD$中，E，F分别是AD，BC的中点，沿过点B的直线折叠，使点C落在EF上，落点为N，折痕交CD边于点M，BM与EF交于点P，再展开.则下列结论中：①$CM=DM$；②$\angle ABN=30°$；③$AB^2=3CM^2$；④$\triangle PMN$是等边三角形。正确的有（　　）

A.1个　　B.2个　　C.3个　　D.4个

（09年绍兴）课堂上，老师出示了以下问题，小明、小聪分别在黑板上进行了板演，请你也解答这个问题：

在一张长方形$ABCD$纸片中，$AD=25$cm，$AB=20$cm.现将这张纸片按如下列图示方式折叠，分别求折痕的长.

（1）如图1，折痕为AE；

（2）如图2，P，Q分别为AB，CD的中点，折痕为AE；

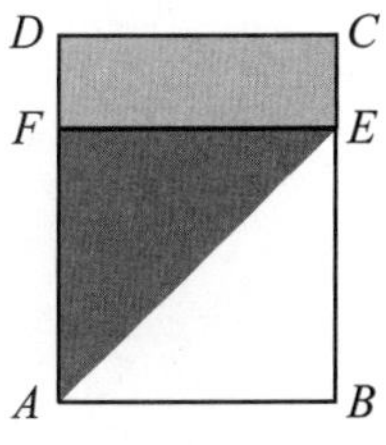

（图1）

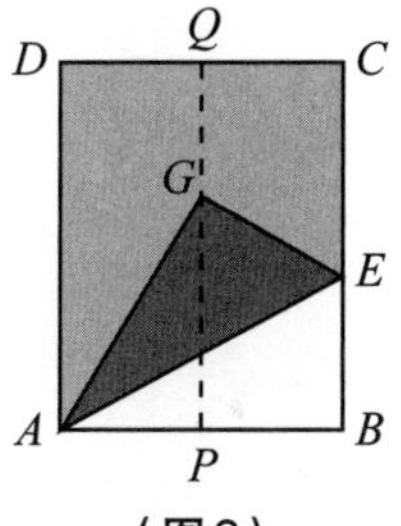

（图2）

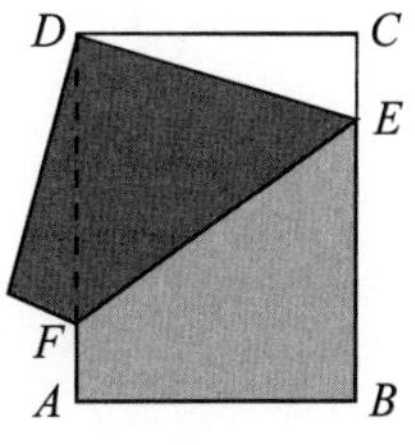

（图3）

（3）如图3，折痕为EF.

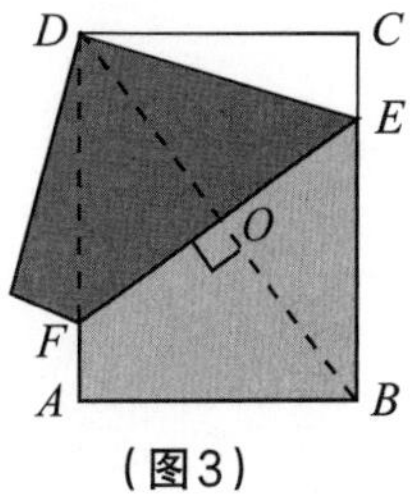

（图3）

同时对课本习题渐近变式的探究对教师“教”教材到“用”教材有着良好的导向作用，促使我们去关注教材，研究教材中的典型例题，把握教材的编写意图，对教材中的例习题要从不同角度进行延伸、拓展和变式，充分发挥例题的最大功能。

教师的教与学生的学都能做到省时与高效。采用渐进变式探究的教学能真正做到精炼与归因分析的一步到位，确实避开了题海战术，学生能够轻负高效完成学习任务，教师也可把主要的精力放在教学的设计与习题的研究之上。

光的传播规律实验改进与创新

■ 周徐英

一、实验来源

本实验选自浙教版教科书《科学》七年级下册第2章《对环境的察觉》的第4节《光和颜色》、第5节《光的反射和折射》以及第6节《透镜和视觉》。

光的传播规律包括光的直线传播、光的反射和光的折射，是初中《科学》中光学的重点，也是今后进一步学习光学相关知识的基础。实验能帮助学生对知识的理解和运用。因此，本实验在教材中的地位十分重要。

二、实验改进

（一）光的直线传播

直线传播实验原型：

1.将一束激光射到空气中，观察激光在空气中传播的路径。

2.将一束激光射到水中，观察激光在水中传播的路径。

3.将一束激光射到玻璃中，观察激光在玻璃中传播的路径。

实验原型不足之处：

光在透明的物质中不能清楚显示光的传播路径，学生不能直观地感受光的直线传播。

实验改进：

1.取一透明度较好的保鲜盒，点燃燃香置于保鲜盒内几秒钟，让烟尘充满空间。取出燃香，盖上盒盖。

2.如图1所示，激光从保鲜盒侧部射进，观察光的直线传播的现象。

实验优点：

保鲜盒中的烟尘能清楚直观地显示光的直线传播。以前也尝试用在空气中燃烟来显示光的传播路径，可是由于烟在空气中很容易飘散，效果不理想。现在采用保鲜盒，便于贮存烟尘，实验表明保鲜盒中的烟尘可持续一两个小时，不影响实验效果。

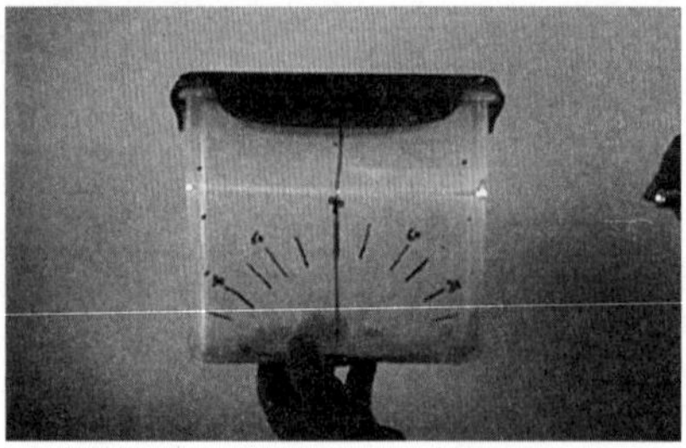

图1

（二）光的反射

反射现象实验原型：

1.在桌面上放一面平面镜，将激光笔（或其他光源）发出的光束射到平面镜上，观察光传播方向的变化情况。

2.试着移动平面镜，你能否使激光射到教室里不同位置的物体上？

反射定律实验原型：

1. 把一个平面镜M放在水平桌面上，再把一张硬纸板竖直地立在平面镜上，纸板由可以绕ON折转的E、F两块板组成，纸板上的直线ON垂直于镜面。

2.使EF两板面处于同一平面内，让一束光贴着纸板沿着某一个角度，射到O点，经过平面镜的反射，沿着另一个方向射出，在纸板上用红色笔描出入射光和反射光的径迹。

3.改变光束的入射角度，重做两次。换用其他颜色的笔描出入射光和反射光的径迹。

4.将F板绕ON前后转动，在F板上还能看到反射光吗？这一现象说明了什么？

5.取下硬纸板，用量角器量出入射角和反射角。

实验原型不足之处：

1.光的反射实验理论上可以通过控制激光的入射方向使光路呈现在纸板上，但实际操作中要使入射光线和反射光线都呈现在纸板上是不容易的。实验操作难度较大，现象不明显。

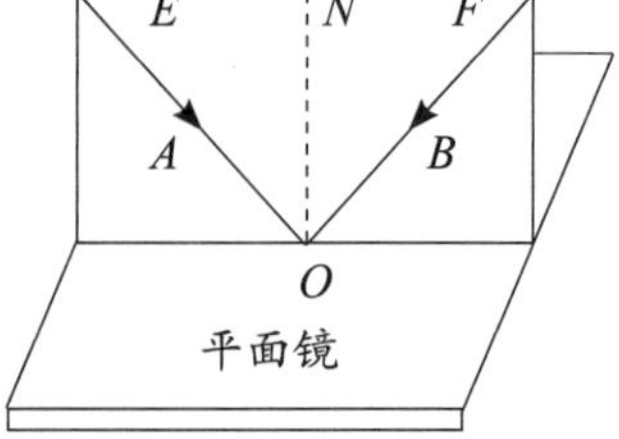

2.缺少光的镜面反射和漫反射演示实验，书本

只呈现了漫反射和镜面反射的模型图，图片缺乏真实感和说服力。

实验改进：

1.在保鲜盒顶部用透明胶布固定悬挂好一枚带线的铁钉作为法线；把一张部分折叠、部分平展的铝箔纸（作为反射面）铺在保鲜盒内底部，在保鲜盒表面用记号笔画上刻度（如图）；充烟。

2.如图2所示，激光从保鲜盒侧面对准悬针与铝箔纸的交点入射，观察光的反射现象。依次改变入射角度大小（30度、45度、60度），观察反射角与入射角之间的对应关系。进行多次实验，找出光的反射规律。

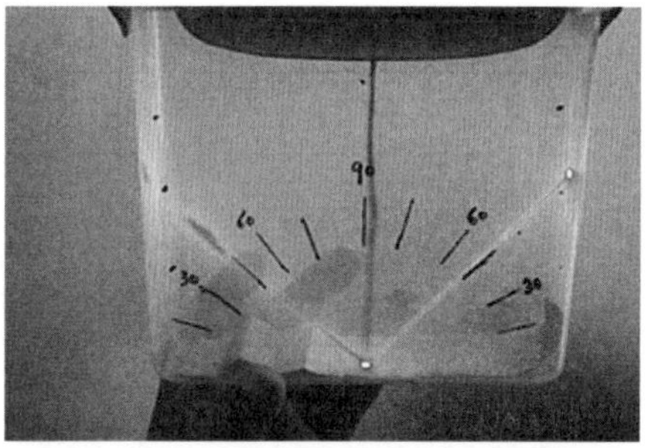

图2

图3

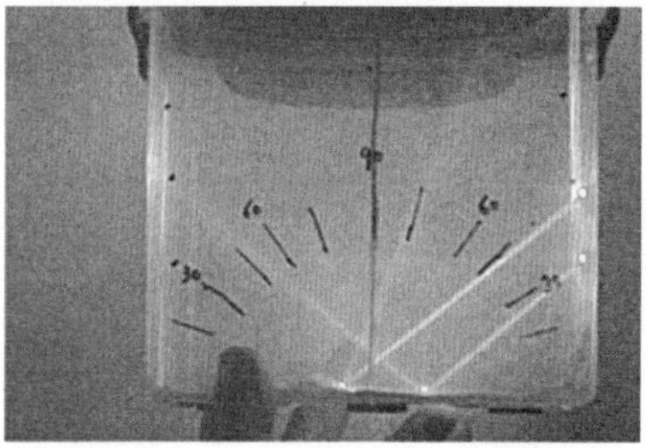

图4

3.在上述实验基础上，选择45度角入射，让学生从侧面观察反射光线和入射光线，它们和法线一起发生重合，这就很直观地证明了“三线共面”的事实。

4.如图3所示，让两束平行光射向水平铝箔纸上可以看到明显的镜面反射现象。

5.如图4所示，让两束平行光射向折叠过的凹凸不平的铝箔纸上可以看到明显的漫反射现象。

实验优点：

实验操作简便，很容易得到理想的实验效果，使学生清楚、深刻地掌握反射定律这一重点。这里增加了光的镜面反射和漫反射演示实验，便于学生学习镜面反射和漫反射现象，其中漫反射也遵循光的反射定律是难点，用折叠的铝箔来代表放大的粗糙反射面，帮助学生理解，克服难点。

（三）光的折射

折射现象实验原型：

1.让一束光线通过玻璃槽盖子上的狭缝斜射到水面，光进入水中时，其传播方向会发生变化吗？改变入射角大小，观察折射角的变化情况。

2.把水换成玻璃砖，重新做这个实验，结果表明：

实验原型不足之处：

1.透明物质不能显示光的折射传播路线。

2.实验现象不明显，难以达到预期效果。

实验改进：

1.取保鲜盒，加水至一半左右，往水中滴加1-2毫升牛奶，充烟。

2.如图5所示，激光从保鲜盒侧部对准悬线与水面的交点入射，观察入射角和折射角之间的关系。改变入射角度，进行多次实验，总结出光的折射定律。

图5

3.让学生从侧面观察折射光线、法线和入射光线，会发生重合，可以证明入射光线、法线和折射光线在同一平面上。

4.光从保鲜盒顶部或底部垂直射入水中时，传播方向不发生改变。

实验优点：

保鲜盒下部是混了牛奶的浊液，上部是烟尘，实验时会清楚地显示出光从空气斜射入水中时发生的光的折射现象，而且还可以观察到光的折射同时伴随着光的反射。

（四）透镜对光的作用

书本没有凹透镜发散和凸透镜会聚实验演示。

创新实验：

如图6所示，在保鲜盒中央放置一凹透镜，充烟，让两束平行光对准凹透镜射入，可以看到平行光经过凹透镜时发散的现象；而图7让两束平行光从对准凸透

图6

图7

镜入射，可以看到平行光经过凸透镜会聚的现象。

三、实验创新

1.实验器材简单易得，本实验的器材（除透镜外）都是生活中很容易得到的，有利于引导学生利用身边的日常用品进行科学研究。

2.新增光的镜面反射、光的漫反射、凸透镜对光线会聚作用、凹透镜对光线发散作用等四个演示实验，都是准备方便，操作简单但现象明显，对学生理解和掌握相关知识有很好的帮助。

3.这套装置整合了光的直线传播、光的反射和光的折射规律等，做到废物利用、一物多用，既节省了实验准备时间，又节约了实验器材，非常符合国家提出的节能减排、低碳生活的环保理念。

浅谈初中科学课堂小结的方法

■李俊岭

随着课堂教学改革的不断深入，我校实行的“自主学习，小组合作”的教学模式已初见成效，其中课堂小结这一环节的重要性也凸显出来。在以前的传统教学中，普遍存在着这一现象：注重在导入新课，优化教学环节，强化训练等环节上创新求变，而对结尾部分的小结却很少讲究。如果教学时间紧张，课堂小结会首先被“开除出局”，更有一些老师认为做课堂小结不如留点时间做作业好。

实际上，课堂小结是教师进行课堂教学的一种有效方法，是整个课堂教学的有机组成部分。“编篓编筐，重在收口”，良好的课堂情景导入固然能产生“课伊始，趣亦生”的作用，巧妙的课堂小结亦能达到“课虽终，趣犹存”的境界。因此，如何在课堂教学时漂亮结尾是教学中的一个关键点。下面结合自己的教学实践谈谈几点粗浅的认识。

一、课堂小结的重要性

1.课堂小结有助于帮助学生梳理知识、培养学生的学习能力。教师讲课往往涉及较多的内容。一节课下来，学生头脑中涌进了大量零碎的信息，这些信息大都是学生的感性认识，要使学生从感性认识内化并纳入到原有的知识结构中去，还要有效的课堂小结来帮忙。概括性较强的课堂小结恰能准确地抓住每一个知识点的外在实质和内在的联系，从而帮助学生掌握知识的重点、了解知识的系统性。如在学习《血液的成分及功能》这一节时，由于知识点比较零散、琐碎，学生学起来比较难，往往不太喜欢。根据这一特点我们教师可在课堂小结时去繁就简，根据结构和功能相适应的生物学原理，将血液的微观组成和功能串联起来，既减轻了学生的负担，又使学生的知识结构更加有条理，更加完善。

2.课堂小结有助于发挥近因效应。心理学上有个概念叫“首因效应”和“近因效应”，就是在记忆包括三个以上的一组知识时，最先接触和最后接触的知识由于只受一次干扰而容易记住，这就是“首因效应”和“近因效应”。所以，有经验的老师总是把重点知识放在授课的前后两个位置。根据这个理论，末尾的课堂小结可以突出重点，而且干扰的知识少，便于学生巩固记忆，这就发挥了近因效应。

3.课堂小结有助于营造良好的学习氛围，活跃学生的思维。一堂成功的科学课理应使学生积极地参加到课堂教学中，带着极大的兴趣去探求新知。而事实上，学生的有意注意并不是贯穿始终，往往随着下课时间的临近，学生的注意力会由高度集中到逐渐分散，变得心不在焉。这就要求教师在课堂中要疏密有致地安排教学内容，注意课的节奏和谐。如果在学生的注意力非常疲惫的状态下仍喋喋不休地传授新知识，只会引起学生的感受性降低，影响学习效率。教师若能适时利用课堂小结组织好课堂教学过程的第二次“飞跃”，就能调动学生的积极性，培养学生的思维能力，从而提高效率。如在学习《球面镜》时，由于本节内容是科普知识的介绍，内容比较简单，三言两语就讲完了凸镜和凹镜的作用以及用途，课堂显得有些冷清，这时我拿出一面凹镜和一面凸镜问学生：“如果把凸镜和凹镜放在一起，人在镜里所成的图像将会怎样变化？”一石激起千层浪，课堂气氛重新活跃起来。学生个个跃跃欲试，争先恐后想举手发言。又如在上完《叶的结构》时，我又请同学们联系生活，提出一些与叶有关的实际问题让大家互相探讨：秋天枫叶为什么变红了？为什么清晨起来发现小草上有露珠出现？莲叶上为什么会有滚动的水珠却不渗入叶内等等。由于这些问题有很广阔的探索空间，同时又贴近生活，学生思维的积极性变得异常高涨，能展开想象的翅膀，不仅有常规的想法，而且有超常的设想，这时课堂上弥漫的是生动活泼、自由创新的气氛。

4.课堂小结有助于承上启下，激发学生的求知欲。课堂教学既具有阶段性，又不乏连续性，往往一个章节的结尾是通向另一个章节的开头，为此一堂课的结尾如能像章回小说中惯用的“欲知后事如何，且听下回分解”那样设计一个深入又能激起高潮的悬念，诱导学生主动预习，激发学生的阅读兴趣和求知欲望，使学生变被动学习为主动索取。如在上完《化合物化学式的写法》时，老师提出二氧化碳写法除了按照氧元素与另一元素组成的化合物，一般要把氧元素符号写在右边这样的规则外，还问学生：为什么一个二氧化碳分子中，碳原子与氧原子的个数比为1：2？这样的问题既拓展了新课，又为下一节课《化合价》埋下了伏笔。再如在《饱和溶液与不饱和溶液》这一节课的收尾时，可以问：饱和溶液一定是浓溶液，不饱和溶液一定是稀溶液，这句话对吗？这样将问题引申，使学生感受到溶液的学习内容并没有完结，还有更深刻的问题有待解决，从而给学生留下一个思考探索的机会，并指出了探索的方向，同时也为下一节的《溶解度》埋下伏笔。

5.课堂小结有助于冶情励志，提高学生的思想品德。科学作为一门自然基础学科，它不仅能启迪学生的智慧、培养学生的能力，还能对学生进行德育教育。如在学完《沸腾》这一节后，老师出了这么一道习题：大烧杯里盛着水，烧杯里漂浮着一试管，试管中也盛着水，烧杯的下方用酒精灯加热，问学生：试管中的水能否沸腾？为什么？学生有的说沸腾，有的说不沸腾，各抒己见，争得面红耳赤，气氛非常活跃，学生首先沸腾起来了。老师分析后得出结论：水能达到沸点，但不能沸腾。有的学生将信将疑，此时，教师立即做实验验证释疑，最后老师反复强调“实践是检验真理的唯一标准”。这样既传授了知识又培养了学生实事求是的观点，严谨求实的态度。又如在讲完《牛顿第一定律》后，我结合教材内容运用史学材料介绍了牛顿的丰富学识以及谦逊的品质。科学家们的人格力量和治学精神深深地鼓舞和激励学生，使学生学有榜样，信心倍增。

二、课堂小结的技巧

课堂小结是学习过程的归纳反思、是课堂教学的升华所在。课堂小结的好坏，直接决定着一堂课的成功与否，那么课堂小结有什么技巧呢？下面结合我校“课堂小结技巧”的教学研讨及自己的教学经验总结如下：

1.归纳总结式。它并不是单纯地将所讲内容重复一次，而是用准确简练的寥寥数语，提纲挈领地展示本节课所学的内容，同时指出容易模糊和误解之处，使学生理解难点，掌握重点，记忆深刻。如学完《物态变化》后，指导学生把三态变化的内在规律归纳成如下所示的物态变化图，既使学生发现了知识内在的本质联系，又便于学生理解与记忆。

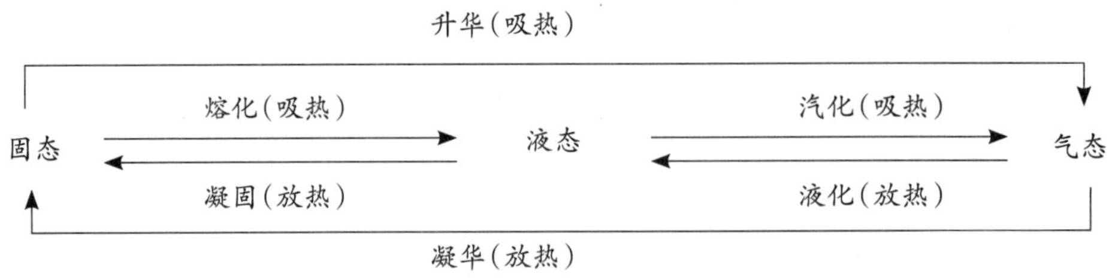

2.分析比较式。科学的课堂常常会出现一些表达形式非常相近，知识结构十分相似或学生容易混淆的概念、规律等。小结时通过比较能加强对新授知识和已学知识的认识和理解，明确他们之间的内在联系与区别，记忆起来更加清晰和牢固。如在讲完《植物的光合作用和呼吸作用》后作如下图所示的表格，从各个角度进行分析比较。学生在这种同中求异，异中求同的课堂小结中一目了然的知道了光合作用与呼吸作用的区别和联系。

	区别				联系
	原料	产物	场所	条件	
光合作用	二氧化碳、水	有机物、氧气	叶绿体	光	相互对立 相互依存
呼吸作用	有机物、氧气	二氧化碳、水，释放能量	所有活细胞	有光、无光都可以	

3.启迪思维式。孔子曾提出:“不愤不悱，不启不发”的观点，并指出要使学生达到“愤、悱”的状态，则须以“以疑激思，以疑引思”。作为一名优秀的科学教师只会“解惑”是不够的，还要会“布惑”，以此引发学生的探究反思，使学生对所学的知识产生兴趣，消除思维的惰性和封闭性。如在学习《植物的生殖》这一节后，教师简单地总结了植物的开花、传粉、受精的过程后，及时发问：西瓜里为什么有那么多的种子？假如西瓜里有100粒种子，那么子房里也一定只有100个胚珠吗？这种转弯提问方法，学生必须通过分析、比较才能得到问题答案，久而久之，学生的思维能力就会提高。

4.注意式结尾。某些基本概念较多以及实验操作较多的章节学习完毕后，学生仍然存在几点易混点或易误点，若以注意的形式归纳一下，会引起学生的高度重视，对学生顺利走出思维的误区起很大的帮助作用。如学习 $\rho=m/V$ 时，当堂就写注意:（1）ρ 是物质的特性（2）式子中，ρ 与分式中的各物理量变化无关，没有数学上的正反比关系。又如在学完《变阻器》后，仍以注意的形式板书变阻器接线只能“一上一下”，上接两柱或下接两柱无调节作用。

以上是教师们经常用的经典式小结，适用范围广，所用的时间少，效果明显，应当保持和发扬，但在新课改的今天，仅有这些还远远不够，教师还应创新课堂小结的形式，现向大家介绍几种。

1.首尾呼应式结尾。写文章讲究首尾呼应，讲课也是如此。在科学课堂中通常通过创设问题情境来导入新课，用以激发学生的求知欲。对于这种情况，在课堂小结时，不能忘记引导学生用本节课所学到的科学知识，分析解决上课所提的问题，消除一开始上课时所设置的悬念，做到前后呼应，使整堂课的学习成为一个完美的整体。如在学习《光的色散》这一节时采用这样的问题情境导入：晴朗的天空为什么是蓝色的？在月球上看见的天空还跟地球上一样蔚蓝吗？到了授课完毕，再回应导入新课时的问题，学生的回答就水到渠成，明白了在月球上看见太阳悬挂的天空居然是一片漆黑，这样学生们必然会为新奇的发现而惊喜万分。

2.口诀口溜式。初学科学的同学对有些概念、原理或科学用语如元素符号、原子团及化合价、化学方程式等找不到规律，觉得难记易忘。这不仅影响学生对科学知识的掌握，而且还直接影响学生学习科学的兴趣，对以后的科学学习带来不良影响。假如教师能根据记忆心理规律把一些枯燥无味、难以记忆的科学知识加以整理、总结成口诀，学生就能朗朗上口，从而激发学生对记忆的兴趣。如在讲完《化合价》后，学生觉得化合价太难记，就编成顺口溜：钾、钠、银、氢正一价；二价镁、钡、钙、锌；三价是铝、四价是硅、五价是磷。谈变价也不难，二、三铁；二、四碳；二、四、六硫都齐全。又如讲完《心脏的结构》时，可采用“房在上、室在下，房连静，室连动，上下相通，左右不通”来帮助学生记忆，效果不错。

3.交流评价式。科学课堂应该给学生足够的时间和空间去思考和活动，同时让学生畅谈自己对科学的体验与感受，有机会表达自己的困惑与喜悦，提出建议与见解，因此课堂小结时应关注学生的情感、态度和价值观。如学完《血液》这一节后，教师设计了这样的小结：

师：同学们学了本节课有什么收获？与同学们交流一下，再把你的想法说出来，让全班同学分享。

生1：这节课我学了血液的组成和功能。

生2：这节课我了解了有关血量与输血的知识。

生3：我们是通过观察实验现象和运用仪器来探究有关血液的微观知识的，可见，实验是生命科学研究的方法。

生4：我原来感到科学知识比较琐碎，不太喜欢。这节课让我感受到了科学知识与自身关系的密切，同时也感受到了学习的乐趣。

师：如果你努力参与我们的学习，你会觉得越来越有趣的。

上述这一巧妙的课堂小结充分展示了学生对本节课的自我反思，而这样的反思是教师无法替代的。比如学生体验到了学习科学的快乐，而这种体验对于逐渐培养学生学习科学的兴趣以及学科的情感是非常重要的。

4.游戏式小结。把游戏引入课堂，寓教学于游戏中，可使学生在轻松愉快的活动中掌握科学知识，在欢笑、兴奋中结束一堂课的学习，同时又有利于师生之间、学生之间的情感交流。如在学习《物体间力的作用是相互的》这一节后，教师让一个身体强壮的学生做骑马蹲裆式站好，然后叫几个瘦小的学生去推那个强壮的学生，结果强壮的学生没动，反而是瘦小的学生后退了几步，通过这个游戏学生自然而然地理解了力的作用是相互的这个知识点。

5.渗透式小结。新课程下的科学学习，不仅要传授知识，还要利用科学教学进行德育渗透，将有意识的德育教育寓于无意识的教学之中，做到自然妥帖、生动有趣。如在学完《材料制造与环境保护》这一节后，请同学们想一想，在我们周围有哪些活动造成了环境污染？可以通过哪些力所能及的行动减少这些污染等等。结合学生实际，自然得力，真正使渗透做到“随风潜入夜，润物细无声”的境界。

总之，初中科学课堂小结的方法是多种多样的，如何合理地运用，提高课堂小结实效性需要我们广大教师不断地进行探索。正所谓教学有法而无定法，关键是要得法。为了使科学课堂小结秀出不同的风采，充分发挥课堂小结应有的功能，其方式方法必须从教学内容和学生实际出发，与课堂教学艺术融为一体。

资学通鉴

沟通，让学生作文更精彩

■田丽云

在作文教学中，面对学生的习作，我们常会发出“佳作难觅”的感叹，作文教学往往陷入学生感到索然无味、教师觉得束手无策的尴尬境地。教师在指导学生作文时，教学生如何审题、立意、选材、列提纲，可谓是费尽心思，可总有大部分学生写作时总是东拼西凑，草草了事，作文缺乏率真、缺乏真诚，作文质量总是不高。究其原因，学生对写作也许缺乏兴趣，也许是与教师有抵触情绪，导致写作时态度敷衍。所以，我认为语文老师在作文教学中除了技巧上的指导，还必须重视多方位的沟通，以促进学生整体写作水平的提高。

那么，作文教学指导中的沟通策略有哪些呢？

一、做好师生之间心与心的沟通

首先教师要做一个深得学生信赖的朋友。教师是学生习作的第一个读者。他们愿不愿在你的面前敞开心扉，书写真情，这要取决于教师在学生心目中的地位。如果你是他们可以信赖的朋友，那么在他们的作文里就不会有太多的拘束，就敢于说真话，就会动真情地去表达。

美国专门从事中小学写作教育研究的格雷夫斯教授曾说：“师生之间正常的个人磋商，才是真正的写作基础。”古人云：“人之相交，贵在交心。”师生之间的推心置腹，是心灵的碰撞，它可以打破师生之间的“森严壁垒”，使感情对立的师生变成相互了解的朋友。在学生有了情感这种写作的内驱动力后，学生将会自主写作，乐于表达，写出精彩文章。

交流是沟通的前提。沟通是获得学生信任的保证。我们要寻找一切机会与途径，做好与学生的交流与沟通。担任班主任的语文老师可能在与学生的沟通方面占据更多优势。班主任因为身份或工作的关系比我们单纯科任老师与学生之间有更多的沟通交流时间与机会，会更易赢得学生的信任。只担任语文教学的科任老师也要重视做好与学生的沟通交流，有些时候不要认为自己只是科任教师就不及时做学生的思想工作，不去处理学生课堂上的一些突发事件，把所有课内课外发生的学生之间的矛盾，把日记、作文中了解到的学生心理上的苦恼，一股脑儿地交给班主任去解决。其实，我们可以通过课余时间的及时谈话，或在日记、作文中的善意的留言，与他们进行一个互动交流，耐心细致的沟通，那么，我们很快就能与这些渴望理解与帮助的学生建立良好的信任关系，成为他们心理上值得信任并且关系“很铁”的朋友。这样，我们何愁他们不精心创作，不倾力打造佳作呢？自然能避免出现那些“假大空”，甚至“面目可憎”的伪劣之作，而能欣赏到他们更多率真表达的精彩佳作了。

有一次，班里一位女生因为要参加下午第三、四节举行的校篮球联赛，前一节课上课时就兴奋得不能专心听讲了，结果被我批评到了。我又怕批评了后影响她的比赛情绪，格外耐心地做了一次思想工作，想不到一次意外的细致沟通，让她第二天写出了一篇非常生动的作文《让人后悔的一件事》。还有一位女生是鹿晗的粉丝，学校组织到横店影视城春游，她对别的东西都没兴趣，唯独想着追星，到拍摄现场看明星。结果不守纪律被班主任狠批一顿。我了解到以后，与她进行了沟通，想她所想，并在不影响集体行动的前提下与她一起到拍摄现场感受了一下追星的感觉。后来她写出了一篇较为精彩的作文《追星的代价》。

让我们在语文教学过程中，逐渐成为学生的学业上的导师，也做他们生活中的“父母”，个人成长中的贴心朋友吧！这必将促进你与学生之间建立良好的信任关系，为学生认真对待写作奠定良好基础，少一些敷衍了事的劣质习作。学生多用一份心，呈现在我们面前的文字，效果是截然不同的。他们会向我们述说青春期的懵懂与困惑，家庭里的冲突与纠葛，述说担任班干部的种种烦恼，同学之间交往的矛盾与误会，会与我们分享他们的成功与欢乐，生活的点滴幸福与美好。当他们想用抑制不住的激情与真诚来书写的时候，我们会惊叹原来我们的大多数学生也会妙笔生花，文采飞扬的。甚至我们会赢得比班主任更多的热爱与崇拜自己的学生，收获一份难得的师生情。

二、做好课堂内生生、师生之间的沟通

教师在作文教学活动中，要有意识、自觉地运用自己的语言、态度和教学技巧，创造一种宽松、和谐、愉悦的教学氛围，使学生自始至终在自信、自强和积极向上的心态中顺利完成作文。

教师应当努力为学生创造一个宽松自由的良好环境，开辟多种与学生沟通的渠道，开掘他们创作的动力之源。

沟通渠道主要有两种。

一是生生小组交流。我们的作文指导课，通常有两个课时。第一课时，通常用来布置作文命题，交代好相关作文的要求后，即可留出一定的时间，让学生四人小组之间展开讨论。学生交流自己对题目的看法，自己想到的人和事，会触发组员打开思路，帮助同学选材构思。水平高的同学可以带动差的同学，积极思考，积极构思。组员有时会围着后进生帮他们寻找写作素材，启发他们哪天发生的事正好切这个题。最后可以抽小组代表发言。

二是师生交流。教师可以在小组讨论的时候，深入其中，倾听他们的对话，给出好的一些建议。悟性好的同学会频频点头示意，对本次作文已胸有成竹。教师要善于观察低头不语的同学，多关注他们，及时询问他们的困难在哪里。在这一环节，教师的关注与参与更进一步促进小组同学之间的沟通，点开同学的写作思路，点燃写作热情。

课间休息时间，如果教师多留一份心，也可尽可能呆在教室里。有一部分同学会主动围着你，进一步说出他们的初步构思，我们可以适当地做一些指导，在第二课时完成的作文效果也会比较好。

每当季节更替，节气转换，师生之间可以说说自己观察到的细节，那么写《春天的赞歌》《秋天的那些美事》就特别有感觉。每当社会上有什么新闻事件的发生，也在课堂上提出来议一议，就有《我家的家风》《亮》（以南海仲裁事件中的爱国话题为内容的）美文被学生创作出来。

通过多渠道的及时的细致的沟通，营造人人都愿积极写作的良好氛围，自然会提高作文质量，减少一些同学常挂嘴边的“没东西写”，“不知道写什么”的“托词”。

三、做好作文评语中师与生的沟通

写评语是与学生做好沟通的非常有效的一个平台。在作文评语中，教师要倾注我们的爱心、耐心，保护他们写作的积极性。教师要避免使用“中心明确，结构完整”等批改套话，以免显得冷漠无情，打击学生的写作热情。套话评语与只批一个分数一样(测试作文除外)，让学生觉得教师没有太用心地阅读他的作品，久而久之，不会用心思打造精品。教师应实事求是地使用一些激励性的中肯的语言，将批改转变成师生之间心与心沟通的一个平台。我们对学生倾注满腔热情往往会感染学生，使学生努力认真地对待写作，创作出意想不到的好作文。相反，冷漠的评语与一个简单的分数，只会让学生心灰意冷。

评语要多样化，个性化，感情化，讲究针对性、启发性、激励性。其中启发与激励是教师与学生之间沟通的最好方法。

学生期望与教师建立平等和谐的师生关系。如果我们以平等的身份参与其中，提出自己的看法，学生就能获得一种启迪，产生再创作的欲望。很快学生就会把修改后的佳作交到你手中。例如，我们可以用商讨性的口吻写：“能否描摹一下说话时的神态、说话者的情绪？”“结尾可否回放一下最美瞬间，既照应题目，又能突出中心？”“能把你母亲责骂你的话如实记录吗？也许你不愿再撕开这个伤口，但写具体对话确实能让文章更有感染力。”这些评语既有针对性又有启发性，让学生愉快接受教师的意见与建议。如果只写“描写不具体，缺乏感染力”，学生看后会对自己很泄气，没有再去修改的热情，也许心里就想“我的水平就这样了，不及格就不及格”，如此恶性循环，作文越来越不愿意写了。

教师也一定不要吝啬褒奖、激励性的语言。因为激励是学生向上的动力。例如，“这篇作文，一改以往的概述的风格，走以情动人的路线，很棒！”“本次作文的成功得力于感人传神的某细节的描写。记住，注重细节描写，是记叙文成功的法宝。你做到了，继续努力！”“本次作文，你独辟蹊径，选材新颖，让你成为班级里又一颗写作明星。”教师要去发现学生作文中的每一个优点，每一次的进步。哪怕只是把字写得端正一点，把作文写得比以前长了一点，都应受到鼓励。当然，鼓励应建立在实事求是的基础上，并且适当提一点合理的建议，这样才能真正促进学生整体水平的提高。否则，不切实际的表扬会让学生觉得你“很假”，“很作”，作文教学的效果会事倍功半。

四、做好与家长的沟通

通过家长会、电话、短信等途径做好与家长的沟通。及时表扬写作有进步的同学，让家长为提高学生作文也出一份力。学生和家长都会为之欢欣鼓舞，这样可以形成良性循环，营造更好的写作氛围。

比如，有一女生写到，在生病的爷爷八十岁生日时，妈妈瞒着亲朋，第一时间不怕脏悄悄换洗爷爷“弄脏”的衣裤，女儿感叹妈妈的善良、细心、孝顺与伟大。家长会上母亲了解了自己成了女儿作文中的主角，很高兴自己不经意间做了女儿的榜样，发现原来自己的言行对女儿的影响有多大，她表示会在以后的生活中更好地做好自己的角色。女儿也通过这次成功的写作，更好的认识了母亲，更爱自己的母亲，也更爱写作了。

还有一学生，因为家长忙于生意，无暇顾及儿子的学习生活，儿子都产生了厌学情绪。但父母只会一味指责儿子成绩下降，从来没有反思过自己。因有了一次教师与家长的电话沟通，家长也做了一些改变，让儿子郁闷的心得以舒展，学习也多了一份积极地心态，多次作文以与家长的关系的改进为素材，写出真情动人的文章。家长会上，我们可以建议家长多站在孩子的角度想问题，改变生活的一些现状，多为孩子设计一下丰富多彩的周末、假期的生活，为增加学生的生活体验提供机会。学生写起作文来自然会更加得心应手，在愉悦的融洽的家庭氛围中体验真情，写出来的文章自然更富有率真个性，精彩纷呈了。如果教师不去与家长沟通，一些学生真的只会做沉迷网络的游戏迷，对生活缺乏热情的“宅人”。无论对什么都没有兴趣没有激情的人，怎么可能写得出好文章来呢？

这届学生中就有一位特别称职的家长，他的儿子其他功课都拔尖，只是语文特差，语文就差在作文上。最怕作文没素材，一节课总是写不出一百字。后来我与家长做了沟通，指出他儿子的作文不好主要就是缺乏生活体验，生活圈子太小。建议他周末安排儿子更多的户外活动，有意拓展生活空间，增加生活体验。结果他就多次带儿子骑上自行车郊游，到农贸市场帮姑姑卖过年时节的土特产等体验活动，去年在一次省级作文征文比赛中以《远方的路》获得二等奖，还有一篇精彩习作《过年的味道》在校报上刊出。从此，他的作文兴趣被激发，水平也大大提高了。

总之，作文的教学是师生之间心灵交流的过程，是师生之间、生生之间、教师与家长之间沟通之后情感撞击的产物。只有积极地做好与学生的心灵沟通，才能调动学生的写作积极性，碰撞出表达真善美的激情与智慧的火花；只有积极地做好与家长的适时的沟通，才能扩大学生的生活舞台，保证学生作文的源头活水，保持学生的写作热情，让学生的作文多姿多彩，真情流露，文采飞扬。

沟通是人与人的交流，是心与心的对话。作文也是一种人与人的交流，是心与心的对话。心灵的沟通本是一杯酣畅的美酒，为什么不去做好沟通，去开启学生的心灵的大门呢？让我们真心去沟通，用一份责任去沟通。在沟通中我们语文教师如果能不惜多奉献一点爱心，我们的作文教学一定会事半功倍，学生作文一定会更真实，更精彩。

仿写也可以出彩

■ 施黎明

近年来高考、中考作文评卷不断加大对套话作文的打击力度，2010年和2011年全国18份高考语文试卷中，分别有10份试卷在作文要求中规定“不得套作”，有些没有明文规定的也在评卷时给予压制。各地中考作文也纷纷跟着高考走，加入“不得套作”的行列。在这种背景之下，许多初中语文教师在平时的作文训练中不敢再指导学生仿写，大有“谈仿色变”之感。甚至有人认为作文不必指导，这样才能写出真情作文来。但笔者认为，初中作文训练不必“谈仿色变”。

一、仿写是现实的需要

仿写不等于套作。

仿写是模仿。古人谓学有“三偷”，浅者偷其字，中者偷其意，高者偷其气。真正的仿写不应只停留在“偷字”这一层面上，而应是“偷意”乃至“偷气”，最终“得意忘形”化为己有。因此，仿写是对他人作品进行内化、吸收后的再创作、再创造的过程。

套作则是抄袭，是学生直接或变相地抄袭别人的作文。前几年高考、中考作文卷中有些考生很喜欢套用烂熟的历史材料，一段苏轼，一段屈原，一段李清照，事先做好准备，临考时就套用现有材料，套用现有结构，然后根据文题在开头结尾略加修改。整篇文章没有作者自己的观点和情感，脱离自己的生活，意假情虚。这种套话作文不能列为仿写。

仿写是现实的需要。

叶圣陶先生认为，写作就是获得完美的原料并把原料写成文字的过程。大部分初中生特别是初一的学生，还不知道怎样写作。不妨先来看看刚入初中的学生谈到写作时的一些真实的感慨：

学生甲 每次写作文我都是刚开始时不知从何下笔，后来搜肠刮肚，绞尽脑汁，好不容易凑足字数勉强上交。

学生乙 我有写日记的习惯，积累的素材也不少，但是，就是写不好作文，看到作文题目就发愁，妈妈说我这是——茶壶里煮饺子：肚里有，倒不出！

学生丙 我最大的问题是每次作文我都不知怎样才能把文章写得中心突出，语言生动。

“积累—理解—消化—运用”，体现了学生写作的一般规律，也说明写作应是有梯度的。中学的起始阶段，作文首先应教给学生的是基本的规范，比如文体的规范、语言的规范、表现手法的规范。学生了解了规范才能更好地把自己的思想表达出来，从而达到创新的目的。而学习规范最有效的办法就是仿写。

套话作文的根源，可能就在于少了规范。因为不知道该如何把自己的所见所闻所感用文字表达出来，所以在高考、中考中只好机械地盲目地照抄照搬别人的习作，东施效颦，生搬硬套了。

其实，不仅初学写作者应从仿写开始，就是著名作家也并不摒弃仿写。唐代的韩愈，曾学《史记》而得《史记》之气；宋代的欧阳修，曾学《史记》而得《史记》之神。他们先后成为继司马迁之后的杰出散文作家。鲁迅《野草》中的《过客》就是借鉴了屠格涅夫《门槛》的写作技法；《狂人日记》就是模仿了果戈理的同名小说《狂人日记》；冰心写《繁星》就是仿照了泰戈尔的《飞鸟集》的形式。知名作家都不摒弃仿写，对于刚学写作的初中生更不应摒弃仿写。

二、仿写不影响创新

作文仿写与创新之间的关系，前人早有精辟的论述。刘纳先生曾说过：“任何一个作家的创作活动都从仿效开始，他们最初的艺术构思总是发轫于从阅读中的启迪。前辈作家的作品对他们走上文学道路起着引领作用，不但开拓着他们的心智，滋润着他们的感受力，而且，常常借给他们一些感情模式和表述模式。古今中外的许多作家的创作实践证明，仿效是一条有可能通向创新的道路，是一种可能实现独创的手段。”胡适先生对此也曾有过论述：“凡富有创造的人必善于模仿，凡不善于模仿的人决不能创造。创造是一个最误人的名词。其实创造只是模仿到十足时的一点点新花样。”从前人的论述中我们可以看出仿写与创新不相悖，在模仿中创新是人的一种艺术本能，所以不必担心模仿会阻碍我们的创造力。笔者在作文教学过程中也体会到这一点。

我们来看两篇学生习作。

一篇是一位八年级学生写的《暑期记忆》。以下是其正文的一部分：

在高楼林立、人头攒动的小城呆久了，来到广袤无垠的大西北，好似长舒了一口气，整个人的身心竟无比轻松。在这里，太阳格外地精神，铆足了劲去散发光和热；黄河像个自由散漫的小孩，吹着口哨儿向前奔去；行驶于平直的公路上，与你竞逐的车辆竟寥寥无几。打开窗，热浪袭来。放眼望去，那全是连绵的群山和茫茫的戈壁啊！于是，情不自禁地喜欢上了这里自由、随意的气息。

饶有兴趣地望着窗外。突然，荒芜的戈壁上惊现一堆堆的干草！莫非……我赶忙将发现告诉了导游。没想到，她“扑哧”一笑，说：“这些‘干草’啊，有个贴切的名字，叫‘骆驼刺’……”

……

望着车窗外看似羸弱得不堪一击的骆驼刺，不得不叹服于它们蕴涵的巨大生命力。

这使我不禁想起一批可爱又可敬的人们：他们放弃大城市优越的工作，来到西北这片广阔却又贫瘠的土地上大展拳脚。上世纪，他们叫“知青”，如今，他们叫“志愿者”。他们不乏社会的支持，却很少得到家人的理解。他们也爱西北的粗犷与豪迈，但更多的是忍受严寒与酷热。他们怀揣着梦想，希望在这片广阔的天空展翅高飞，为此，他们付出了很多，甚至宝贵的青春。可是，在物资相对匮乏，经济比较落后的西北，他们的翅膀略显沉重。有的人，离开了，但更多的，选择坚守。

这是一群可亲可敬的人们！他们就像是骆驼刺，默默地选择坚守，缓缓地吐露芬芳，最后无怨无悔地奉献青春。

感动，来自最诚挚的心底。骆驼刺，在我的暑期记忆里，书写了什么是奉献，诠释了什么是最美的坚守。

车窗外，一株株骆驼刺以傲然的姿态挺立着。它们举着笑脸，摇着巴掌，仿佛在对我说：“青春啊，永远是美好的，可是真正的青春只属于懂得奉献，懂得坚守的人……”

这是学生在暑假时随父母去新疆旅游后写的一篇文章，在写作手法上模仿了学生在七年级时学的张晓风《行道树》托物言志，由实到虚、由物到人的写法，但其内容来源于生活，是独创的，情感也是真挚的，源于内心的。

再来看一节语文公开课上，学生学完郭沫若《天上的街市》后当堂写的一小段诗歌：

我想那缥缈的空中，
定然有幻妙的城堡。
生活在城堡中的人们，
定然都有纯净的心灵。
我想他们此刻，
定然在城堡中欢笑。
不信，
请看那片明星，
是他们眨着快乐的眼睛。

这节诗歌形式上模仿了《天上的街市》，它是仿写的又是创新的。

从两位学生的写作实践中，我们可以看出仿写与创新相对而不相悖。让学生仿写不会阻碍学生的创造思维、影响学生作文的创新、张扬学生作文的个性。

三、仿写训练的注意点

（一）仿写应与课文和阅读训练相结合

如学习朱自清的《春》，可以模仿抓住景物特征多角度进行描写的技巧；学习老舍的《济南的冬天》，可以借鉴运用比喻、拟人修辞描写景物的方法；学习都德的《最后一课》，可以仿效其传神的心理描写。

在进行阅读训练时，也不妨提醒学生注意学习借鉴阅读材料中的一些写作技巧，在自己作文时进行仿写。如指导学生阅读2009年上海市的中考阅读材料《月光启蒙》时，我们可提醒学生学习其散文形散而神不散的特点，学习回忆式文章开头由现实事物引发回忆的写法，运用总领句、过渡句、总结句使行文思路清晰、条理清楚的写法。在阅读《无价的奖赏》一文时，让学生注意模仿其运用环境描写烘托人物心理的写作技法。

（二）仿写的作品不一定单指一篇文章

有人把“仿写”片面地理解为让学生照着某一篇作家作品或学生习作进行作文。其实要真正提高学生的写作水平，应在学生广泛阅读好书的基础上进行。这样，学生就等于请来了很多的老师，在潜移默化中有意无意地就能仿到各家各派的长处，厚积薄发，写起文章来自然是下笔如有神助。另外，仿写最好与作文序列训练结合，但也不要刻意地要求其一定要运用哪种写作技巧，如一定要用倒叙、一定要用排比段的形式等。因为“只有适合的才是最好的”，规定的写作技巧不一定适合每一个学生，这样做往往会限制学生思维，可能会走入“套话作文”的怪圈。

（三）仿写应与背诵相结合

冰心在《谈点读书与写作的甘苦》中说：“我还觉得要想写好文章的人，最好能把词句变成你的精兵，用兵的时候，做到指挥若定，心到笔到，想写什么就能够写得出来，这是不容易的。”这确实不容易。要使词句变成你的精兵，就应对一些精美的文章或其中的一些精彩段落进行背诵，这样文章的表达技巧、语言风格、立意方法就能潜移默化成自己的思维习惯，心中也就有了成功文章的影子可资借鉴，这些成功的因子便被深度迁移到作文中，写作教学就有了起码的精神底子。

总之，我们在进行作文训练时，一方面要教育学生绝不能抄袭，同时也不必“谈仿色变”、摒弃仿写，而是要善于借鉴前人或同龄人的优秀作品来丰富学生的表达技巧。指导学生文有所思，笔有所指，从而让他们做到“我手写我心”，尽可能写出个性鲜明、语言生动、活力张扬、事理深邃的好文章。

类比探究　贵在关联

程美群

纵观近几年中考数学试卷，加大了对几何图形性质探究问题的考查力度，目的是检测学生从探究、证明等活动中表现出来的思维方式、思维水平，以及能否通过观察、归纳、类比等活动进行数学猜想，并寻求证明的思路。其中一类几何探究问题的命题思路为：第一小题是根据图形进行证明；第二小题是考查学生能否借助第一小题的提取的有效信息进行合理地类比，进而合理应用或猜想，并对猜想进行证明；第三小题是由第二小题的基础上进行拓展与延伸，在原题的条件的基础上弱化条件或变换图形，继续探究问题的结论是否成立，或者对前面的结论进一步应用。这类问题能成为学生巩固知识、观察、分析、类比、思考、探究问题，发展能力，掌握思想方法的重要载体。本文就以此类问题进行思考，供大家参考。

一、呈现一类几何探究题

例1：(1)模型：如图1-1，$\triangle ABC$中，$\angle ACB=90°$，$AC=BC$，l是经过点C的一条直线，$AD\perp l$于点D，$BE\perp l$于点E，求证；$\triangle ADC\cong\triangle CEB$.

(2)应用：如图1-2，$\triangle ABC$中，$AM\perp BC$于点M，分别以AB、AC为边，向外作正方形$ABDE$和$ACFG$，过点E、G作射线MA的垂线，垂足分别为P、Q，试探究EP和GQ之间的数量关系，并说明理由.

(3)拓展：如图1-3，$\triangle ABC$中，$AM\perp BC$于点M，分别以AB、AC为边，向外作矩形$ABDE$和$ACFG$，且满足$\frac{AB}{AE}=m$，$\frac{AC}{AG}=n$，连接EG交射线MA于点P，求$\frac{PE}{PG}$的值.

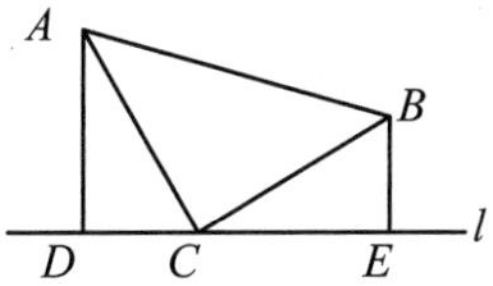

图1-1

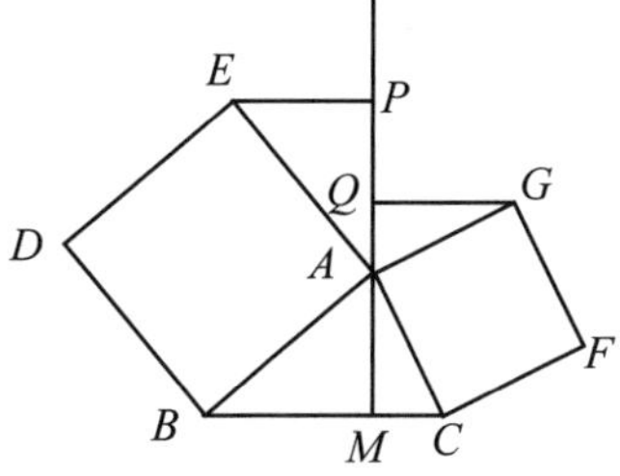

图1-2

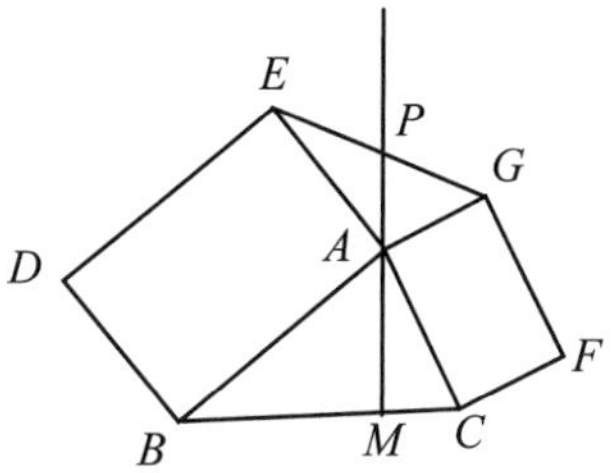

图1-3

分析：对于题（1）可以用“*AAS*”或“*ASA*”来证，很轻松就解决了；对于题（2）需要找到与题（1）的关联点，由两个题（1）的2个非标准放置的“基本图形”构造而成，类比题（1）的证明方法，即$\triangle EPA \cong \triangle AMB$和$\triangle CMA \cong \triangle AQG$，得到$EP=GQ$，在图1-2中要辨别出“基本图形”来，相对于题(1)，对学生能力上的考察是提高了。对于题(3)，一下子还找不出解题思路，怎么办？这时要注意发现哪些条件改变了，哪些没变，抓住变化中不变的特征，类比题（2）的图形，由图1-2想到要对图1-3添辅助线，找到关联点基本图形不变，从而构造“基本图形”，用2次三角形相似可以求出$\frac{PE}{PG}=\frac{n}{m}$。

例2：王老师在组织一次数学教学中，编拟了如下问题：

【原题初探】如图2-1，在四边形*ABCD*中，$AD // BC$，*E*为*CD*边上的中点，连接*AE*并延长交*BC*的延长线于点*F*，求证：$S_{\square ABCD}=S_{\triangle ABF}$.

【变式猜想】如图2-2，在已知锐角$\angle AOB$内有一点*P*，过点*P*任意作一条直线*MN*，分别交射线*OA*，*OB*于点*M*，*N*。小明在将直线*MN*绕点*P*旋转的过程中发现□ABF的面积存在最小值。试问当*MN*满足什么条件时，$\triangle MON$面积最小.

【拓展应用】如图2-3，一块四边形土地*OABC*，其中边长*OA*60米，*AB*边

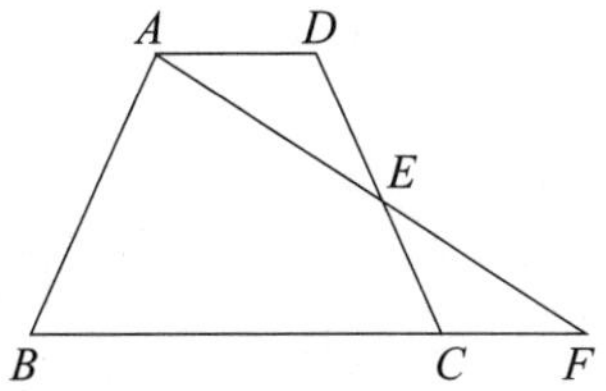

图2-1

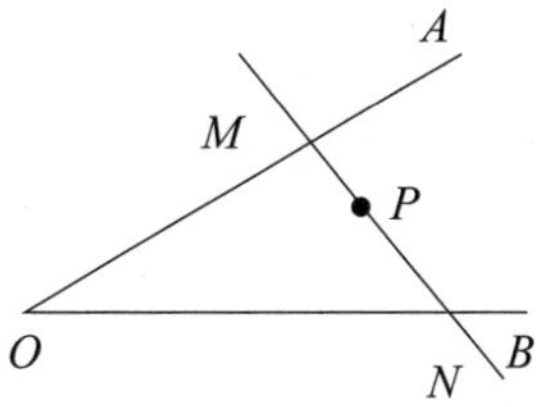

图2-2

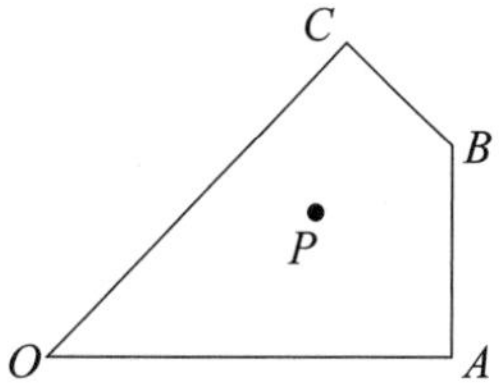

图2-3

长30米，使用测角器测得$AOC45^{\circ}$，$OA\perp AB$，$OC\perp BC$，机井P距离OA，AB均是20米，过机井P画一条分割线将这块地分成两块四边形地块（与四边形土地$OABC$的一组对边相交），试求其中以点O为定点的四边形地块的最大面积.

分析：第一小问证明三角形全等就可以证明结论成立，第二小问就比较难，图形变化比较大，类比跨度大，回归图2-1找关联点，发现“平行+中点”结构，类比结构和证明方法，得到添辅助线的方法，如图2-4或图2-5，得到点P是MN的中点时，$\triangle MON$面积最小，第三小问中由于题目的提示是拓展应用，如何把最小值和最大值联系在一起？从第三小问的条件边长OA60米，AB边长30米，$AOC45^{\circ}$，$OA\perp AB$，$OC\perp BC$，分析该第三小问的条件，可以发现延长OC与AB交于一点E，三角形OAE的面积是固定的，再利用第二小问的结论：当点P是线段MN的中点时，三角形EMN的面积最小，从而得到四边形$OMNA$的面积最大。而由于条件中四边形$OABC$中的三个角和一条边为固定值，很容易画出图2-6，从图2-6中可以发现OC的长也可求，从而与固定的两个角可以确定另外一个三角形OCE面积也是定值，画出图2-7，所以本小题分成两种情况分别算出最大值，再取出两者中较大的那个值。

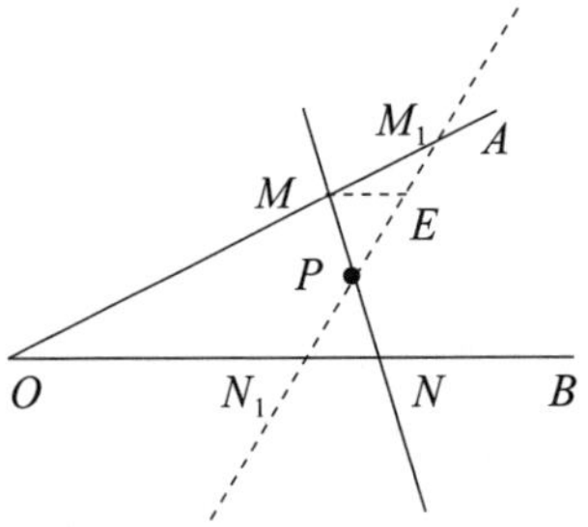

图2-4

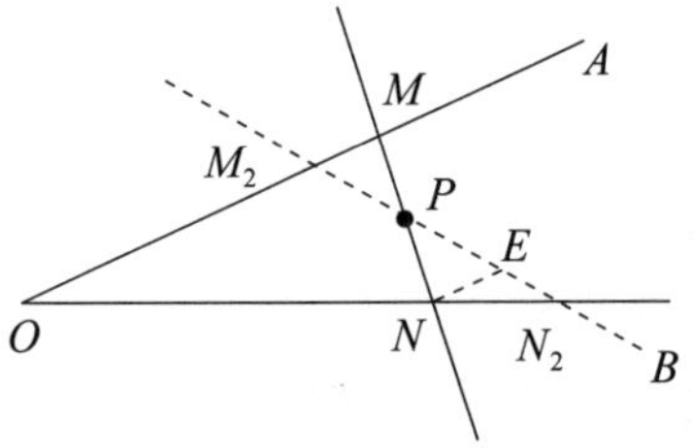

图2-5

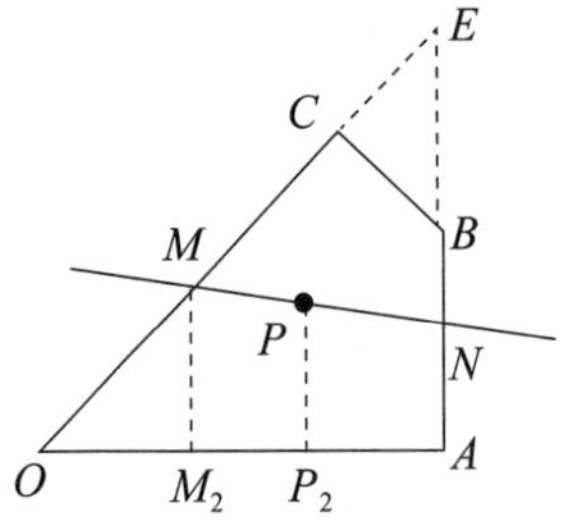

图2-6

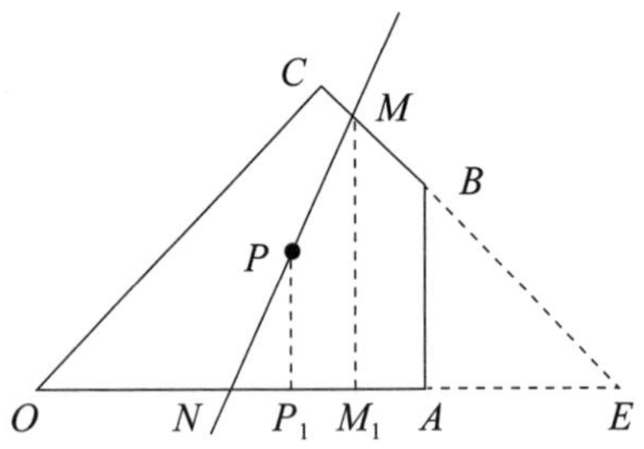

图2-7

通过上面两个例题发现这类几何探究问题都是由3个小题构成，这三个问题是层层递进的小问题，例1、2的第（1）小题都比较简单，起点比较低，但是两个小题都是教材上的例题改编得到的，继而进行不断地开发拓展延伸。而例2的第（2）小题的图形变化比较大，隐藏的条件比较多，特别需要通过观察图形，类比图形和方法，找到小题之间的关联点，从而顺其自然地找到辅助线。

二、分析学生思维障碍点

（一）对探究题的畏惧心理

这些探究题都是居于中考卷的后面几题，难度有点大，学生比较怕。比如例1中的第（3）小题图形相对复杂一点，有部分学生就没有静下心来思考就放弃了，例2中的第（2）小题由于图形变化比较大，很多学生说是看不懂，幸好是猜想，直观上判断一下居然也撞对了，许多学生对这一小题其实一点思路都没有的。

（二）缺乏对基本图形的积累与应用

例如例1的第（1）题的模型就是一个基本图形，对于第（2）小题只要找出两个基本图形就可以解决问题了，而好多学生不会从基本图形出发，虽然表象改变了，而本质没有变化，其实这两道小题就是对基本图形的考察和综合应用。例2的第（1）题的“平行+中点”结构学生也没有发现，从而导致第（1）题与第（2）题脱节，没有关联，思维受阻，无法继续探究。

（三）缺乏对类比题的归纳与思考

有许多学生缺乏分析三个小题之间的关系，根本没有类比的经验，也没有领会三个小题这样设置的目的是什么，单独去解决三个小题，特别是例2的第三小题很多学生都以为用求函数的最值去思考，从而使思维受阻。

三、教学举措

（一）关注基本图形的拓展变化，析出基本图形的本质

教师在教学中注重对“基本图形”的归纳与小结是解决学生对数学害怕的良好策略，因为学生对图形认识不够，重视不够，联系不够，一方面看不到许多几何问题都是由基本图形“搭建”而诞生的，另一方面抓不住基本图形的结构，分析不清基本图形的变式，研究不透基本图形的性质，所以导致不能充分地将“纵横交错”的复杂图形“剥离”成基本图形。所以要教会学生用运动与变化的眼光去观察和研究图形，把握图形运动与变化的全过程，抓住其中的等量关系、变量关系或特殊关系，把握全局，由点到线，逐个解决。比如例1的三个小题要对这个基本图形提炼出图形变中不变的特征“三个垂直”，所以例1的第（3）小题就可以捕捉垂直的个数，AM的两侧已经各有两个垂直了，缺一个垂直就补一个垂直构造基本图形，辅助线就顺其自然地产生了。

（二）类比几何结构特征，抓住图形变中不变的特征

例如在例2中第（1）小问要善于抓住“平行+中点”几何结构的特征，利用类比的思路，将“平行+中点”几何结构的特征进行迁移和类比，易猜想点P是线段MN的中点，而类比第一小问几何结构第二小问少了平行线，所以想到添平行线构造第一小题的几何特征，经过老师的点拨，大多数学生能画出图4或图5，利用第一小题的结论就轻松解决了。

（三）善于归纳几何探究题的解题经验

几何探究题大多是从特殊到一般的思路进行命题的，要善于挖掘第（1）小题的几何结构特征或一些基本图形，第二小题类比第（1）小题的几何结构特征和基本图形，关键要找到小题之间的关联点，抓住题目的本质。

可以精心挑选这类探究题进行专题复习，让学生进一步体会和归纳这类题的通性通法，从而提升学生的分析问题的能力。

四、教学思考

（一）中考试题源于教材，加强对教材的习题例题的研究与开发，有利提升学生的探究类比能力

通过上面两个例题发现这两题都是教材中的例题的改编而来的，在解题思路和方法上具有类比迁移和拓展延伸。是学生把知识转化为能力的良好的载体，这就启发我们教师在平时的课堂教学中，要立足教材，用好教材，不仅要掌握好基础知识，还要学会研究教材，创造性地使用教材。通过改编、拓展延伸、图形变化等等的手段挖掘教材中的例题、习题所蕴含的数学思想，掌握一些解题的技巧，能快速破解中考难题。

（二）重视几何图形的基本图形的教学

有意识重视基本图形的积累，可以从七年级就可以培养学生对基本图形的认识和重视，比如同角的余角相等，等角的补角相等，两点间线段最短等等其他基本图形，还有一些重要的几何结构，有意识地重视会使学生能快速地从复杂图形中分离出基本图形。可以敏锐地发现图形中变化的本质，可以抓住图形变化中不变的特征，做到不变应万变，领悟解题的方法。

（三）几何课堂教学中应引导学生大胆联想

纵观近几年中考数学试卷，加大了对几何图形性质探究问题的考查力度，目的是检测学生从探究、证明等活动中表现出来的思维方式、思维水平，以及能否通过观察、归纳、类比等活动进行数学猜想，并寻求证明的思路。所以以后课堂教学中要有意识地引导学生大胆的联想，变化问题的条件，进行适当地图形变化，探索图形变化中不变的特征，掌握由特殊到一般进行归纳推理，大胆猜想和联想。让学生在观察、实验、类比中大胆联想，多寻找联想的关联点，从而给严密地推理论证打下坚实的基础，提升学生猜想、创新创造的能力。

以写促读，渐进深入

■王春燕

诗歌是高度集中地概括反映社会生活的一种文学体裁，它饱含作者的思想感情与丰富的想象，语言精炼而形象性强。在初中的语文教学中，诗歌可以说是教学难度较大的一种文体。它的高度概括性和语言的精炼都使学生难以理解和把握。近些年来，大家对诗歌教学，多采用以读为主的方法，强调诵读，通过诵读让学生领略诗歌的气势、韵味和情感，陶冶学生的情操。

那么，如何把诗歌精炼的语言读得丰富呢？如何让学生在诵读的基础上深入理解诗歌的内涵，生成审美体验与情感共鸣呢？

在郑逸农教授“非指示性”教学理念的指导下，经过多次课堂教学的实践，笔者认为：“笔谈”法不失为一种可行的方法。

所谓“笔谈”，特指语文课堂中学生在纸上用文字发表见解或交换意见，即用笔表达与交流，包括学生与文本的交流，学生与学生的交流，学生与老师的交流等。而诗歌教学中的“笔谈”法运用，则能够促进学生对诗歌内容的把握，语言的品位和情感的理解，带动学生更好地“读”诗歌。

一、感受式笔谈，读得真切

《毛诗序》中说：“诗者，志之所之也。在心为志，发言为诗。”任何一首诗歌，都是在特定情境下情感的具体表白，表现出作者的喜怒哀乐、悲欢离合。让学生自主诵读，互谈感受，有助于学生把握诗歌的情感基调，建立自己对诗歌的情感基础。

“非指示性”教学理念下的初读感受环节，尊重学生的原始理解，让他们按着喜欢的方式去读诗歌，对于所谈的感受，有三个层级的要求：真诚，细腻，个性化。“真诚”是指表达的感受真实、诚恳，“细腻”是指表达的感受细致、入微（有具体评价的词)，“个性化”是指表达的感受独特、不俗。

例如：笔者在诗歌《雨说》教学中，设计了初读环节：请用一句话写下你读这首诗的感受。

不少学生都能够写出“我读出了这首诗的欢乐、欣喜”这样的感受，而“欢乐、欣喜”，是学生最真诚的感受，恰是把握了《雨说》的情感基调。之后的诵读，笔者便基于这个情感基调，指导学生去读出欢快的语气。

又如《我用残损的手掌》教学中，有学生写下这样的感受：“我读出了家国破损的悲伤，我感受到作者的内心，也像这破损的山河一样支离破碎。”这位同学的表达非常细腻，而且个性化，用笔谈法，把诗歌的情感形象化了。还有学生写道：“这首诗，让我感受到作者对祖国深深的热爱，他把爱的力量，全汇于手掌，在中国的版图上深邃用力地抚摸，来诠释自己的热情。”如此细腻又个性化的表达，直击作者心灵，在与诗歌对话的基础上，也促进了学生之间对于诗歌情感把握的交流。在这样细腻的感受下，指导学生读出作者的痛苦与热爱，有力地加深了学生对于诗歌的情感体验。

唯有静下心来，用“笔谈法”细写，才能让学生把自己内心的感受更真实细腻地表达出来，从而把握诗歌的基调，读出诗歌的情感。感受式笔谈，尊重了学生个体的独特性，也提高了学生的情感感受力。

二、欣赏式笔谈，读得细腻

朱光潜先生说：“诗比别类文学更严谨、更纯粹、更精微。”诗歌与其他的文学性文体不同，它的语言精炼、字少意多，有极强的表现力。我们引导学生读诗，通过对诗的语言鉴赏，可以使学生挖掘读出诗歌的内涵，更细腻地读出诗歌的情感。而欣赏式笔谈法，能有效指导学生找到诗歌的意象，品读诗歌的语言，提高学生语言鉴赏和表达能力。

欣赏式“笔谈”三个层级的要求是：准确、细腻、深刻。“准”指从文中准确找出相关语句；“细”指用细腻的感性语言来表述；“深”指写出自己的理解有深度有个性。

如笔者在诗歌《乡愁》教学中，设计了再读环节：请圈划出触动自己的字、词、句或者小节，进行品读赏析。有学生就圈出了“邮票”“船票”“坟墓”“海峡”这几个意象，并写下：“这四个词分别写出了作者远离母亲、新娘、大陆，体现了一种距离感。”这样的欣赏就很准确地抓住了诗歌的意象。也有学生写道：“我从‘小时候’‘长大后’‘后来’‘现在’这几个时间词发现了乡愁贯穿着作者的一生，体现了乡愁之长。”时间词的赏析便让学生从另一个角度理解了乡愁。此时借机让发言的学生范读诗歌，继而指导全体学生齐读，读出时间上的距离感。通过欣赏式笔谈法的运用，学生对于诗歌的理解更深刻了，反映在诵读上，也读得更细腻深情。

又如《祖国啊，我亲爱的祖国》教学中，设计品析环节：圈划出体现作者痛苦与深爱的词句，并进行赏析。有同学圈出了“破旧”“疲惫”“干瘪”“失修”“深深勒进”几个词，并赏析：“几个形容词，反映了祖国的贫穷、落后、破败，而‘深深勒进’肩膀是一种很痛的触感，体现了作者对祖国这种贫穷落后的现状感到深深的痛苦。”这位同学把文字中的痛苦品析得如此细腻，笔者便请她范读，读出痛苦的感觉，进而请小组或者全班同学齐读，加深对痛苦情感的体会。也有学生圈出了“簇新”“挣脱”“笑涡”“黎明”“喷薄”这些词，并批注：“这些词写出了祖国逐渐摆脱困境，走向希望，体现了作者对祖国的希望和热爱。”此时强调不同的意象代表不同的情感，再穿插背景，再了解背景的基础上，指导学生读出希望和热爱。还有同学找到了反复出现的句子“祖国啊”，并注意到了一并出现的“！”，并批注：“反复出现，表示强调对祖国的情感，语气逐渐加强，情感逐渐加深。”这时便可顺势强调一下反复的作用，并指导学生如何读好反复出现的句子，现场反复诵读，加深对诗歌的理解和体会。

虽然平时的教学大多重视对一些词句的品位与赏析，但往往习惯于让学生口头表达、随堂交流。而口头表达通常是口语化的，碎片式的，而欣赏式“笔谈”法，让学生先组织好语言，互相交流补充，再起来发言，避免了许多学生不动脑筋不愿发言的情况，也让学生在文字的书写中增强了语言组织能力。当然，欣赏式“笔谈”，有时候还是需要方法指导的。如：提示从哪些方面进行赏析，从情感上、修辞上、词句上等等，也可给出例子参照。运用“笔谈”法的赏析，不但能改变“讲得出写不准”的尴尬，也能加深学生对诗歌情感的理解，更细腻的读出诗歌的情感。

三、创作式笔谈，读得深入

王尔德曾说过：“作品一半是作者写的，一半是读者写的。”诗歌的解读必须要建立在个性体验和独特的感悟上，所以，诗歌教学中，要发挥学生的主动性，让学生自己在合理想象的基础上，让一首诗丰满起来。

如：《乡愁》诗歌教学中，笔者设计了“读出情境”的环节：选择一个小节细细读，并展开想象，把脑子里出现的情境写下来。有同学就写了第三小节：“后来啊，你苍白的发丝，你浑浊的目光，一直刺痛着我的心灵。那天，你走的时候，我呆呆的，心像被挖走一半，生生地痛，雨淅淅沥沥地下着，我仿佛看到你依然在我身旁，慈祥地微笑……”阴阳相隔的痛，本来是抽象的，却因为“笔谈”法的运用，赋予了形象的画面，引发了学生的共鸣。此时，学生再读，便读出了诗歌深处的情感。

读诗必要经历这样一个过程：诗人心中之诗——纸上之诗——读者心中之诗。所以鉴赏诗歌首先应进入作者的内心世界，再结合自己的生活经验，感悟诗歌的内涵，品味诗情画意。经过这一环节的教学，同学们大多能结合诗歌内容有所联想和想象。诗歌中的文字，一个一个都立体成故事，此刻读的诗歌，便是丰富的、立体的、更深刻的。

古人云“教无定法”，现代诗歌的教学也一样。虽然现代诗歌的教学，我们一直着力于着力于诵读，但笔者认为，指导学生用“笔谈”法说感受，品语言，拓情境，能更好地引导学生把握意象，欣赏意境，体会情感，培养学生的诗歌鉴赏能力。

写，以静心，以提炼；读，以铺展，以表达。“笔谈”法，让学生真正地走进了诗歌的内核，受到诗歌精神的熏陶，把诗歌读得更好。

四人行，必有我师焉

■胡丽霞

英语新课标明确指出，英语课程既具有工具性又具有人文性特征，英语教学的人文性是指在新课程标准的指导下，根据新的外语教学的教学理念，建立的多元的、开放的英语课程教学方式，侧重满足学生的精神需求，使英语课堂充满生机与活力，让学生在英语学习中体验学习英语的乐趣。新课程英语教学强调了关注学生学习的情感体验，激发学生学习的兴趣，鼓励学生尝试和探索运用多元化的学习方法积极参与课堂教学。

然而，现实却有些差距。以我所在的城区学校为例，我校除招收城区一部分生源之外，也有很大一批学生来自于郊区和农村。我曾经做过统计，在我现在所教的两个班级中，七（3）班共53人，而城区小学毕业的学生有33人，郊区及农村小学毕业的人数为20人，七（4）班共55人，其中城区小学毕业学生为28人，郊区及农村小学毕业的学生为27人。为什么要分析这个数据呢？众所周知，城区小学与郊区或农村小学在英语教育方面存在巨大的差别，前者比较正规，基本都安排专业英语老师上课，加之城区家长从小对英语重视程度较高，会安排孩子参加各种培训班或兴趣班，有部分学生已经学完了新概念英语第一册，甚至第二册，因此，城区小学毕业的学生相对而言英语基础较好；而郊区或农村小学基本为兼职英语老师，专业化程度不高，英语课经常被挪用，因而，这部分学生英语水平较弱，这就导致一个班学生的英语水平参差不齐，距离相差较大。这对任何一位英语老师来讲都是一个巨大的挑战，课堂进度拉快了，基础好的学生跟上了，但基础较弱的同学就落下了；进度放慢了，基础好的同学又觉得老在讲他们会的内容，以致出现厌学情绪，出现了俗语说的：一部分同学吃不了而另一部分同学吃不饱的状况。如果按照传统的课堂教学模式，学生体验不到英语学习的乐趣，更不用说去尝试和探索多元化的学习方法来积极参与课堂了。

面对所遇到的问题，我尝试着在班里组织了四人学习互助小组，我想通过这样一种小组互助合作学习的方式来改变传统的课堂教学模式，改变学生的学习模式，继而解决我们目前英语课堂中所存在的吃不了和吃不饱的现状。

小组合作学习这个概念并不新鲜，但我并不是就简单地把学生分成几个小组，座位的安排我觉得还是大有讲究的。在开展这个活动将近一年后，我们觉得还是有较大效果的。所以我首先介绍一下四人互助学习小组的组成。

一、四人互助学习小组的组成

（一）座位安排

我们的座位安排也和大部分的学校一样，四大组，八小组，但并不像以前一样，单纯按照身高、男女比例等各方面因素排在一起。不同的是，我们对每个小组做了划分，我们把八个小组分为两类：四个学员组，四个师傅组。一、三、六、八小组为学员组，而二、四、五、七为师傅组。顾名思义，师傅当然是各方面表现比较好的同学，而学员则是相对各方面表现相对薄弱的同学。并且我们的安排并不是简单的双数为师傅，单数为学员，而是错开的，那为什么要错开呢？我们主要考虑到两点：

1. 这种安排有利于教师掌控课堂上不同层次学生的学习状况。我们都知道，当学生们做练习，我们在一边巡视时，由于便利的关系，我们会比较关注过道两边的同学，我们的这种位置两条过道刚好是两组学员，两组师傅，这就代表了不同层次学生对知识点的掌握情况，哪些地方容易出问题，师傅会出现哪些错误，学员会犯哪类错误，老师一圈转下来，就可以一目了然。

2. 有利于培养尖子生之间的竞争意识。由于距离上的关系，人总是习惯于和自己附近的人做比较，如果按照双数为师傅，单数为学员，优秀学生就会比较分散。学生尤其是尖子生就会觉得自己是周围同学中最好的，容易使尖子生陷入一种自我满足的情绪之中，固步自封，这对于尖子生来说是相当危险的。而按照我们现在的排法，在第四，第五两组，大量的尖子生集中到一起，每次测验，考试无形中都会和身边的同学做比较，形成强烈的竞争意识。我们班就有一位典型的男生，刚进入初中，就发觉这孩子特聪明，学习上非常轻松，但对自己要求很低，容易自我满足，每次考试，不管成绩好坏，都是笑眯眯的，当然，以心理学的角度看是心理素质好，而对于学习管理者来说，却是最难对付的，但自从实施四人学习互助小组之后，他自己成了师傅，而周围则是几个实力和他相当的女生，我就一直灌输这样的观念，输给别人不要紧，要是输给了周围的女生，那你的学员可要看不起你啊。不断地灌输之后，这位同学有了一个明显的改变。并且，我们的位置实行两周轮换一次，而2，4，5，7小组为师傅是不变的，也就是说每位师傅都有机会和其他优秀的同学坐在一起，一旦在班里形成一种你追我赶的班风，那老师的工作就轻松多了。

（二）师傅和学员的划分

那我们不断讲到师傅、学员的概念，那么，我们到底怎样划分师傅和学员呢？划分时，我们要综合考虑每个同学的智力水平、学业成绩、认知基础、学习习惯、心理素质等各方面因素。以我所带的这届学生为例，全班共56名同学，我分成了五档，一档为最优秀，最拔尖的8名同学，二档为8名比较优秀的同学，三档8名表现良好的同学，四档为8名班里表现比较一般的同学，而五档则是班里相对来讲稍微落后的同学，共24名。这里的归类不存在成绩歧视，只不过为下面分组做准备。我们把一、二、三档24名成绩较好的同学作为师傅，而四档的八名同学则互为师傅（两人成绩不相上下，相对而言，各有自己的优势学科，理科上A为师傅，B为学员；而文科上则是B为师傅，A为学员），五档的24名同学则全部为学员。安排座位时，先安排师傅组，先把最优秀的8名同学排入4个师傅组，每组2名，以此类推，分别排好优秀，良好的同学，所以大家可以看到，4个师傅组中，每个组都分别包含2个最优秀，2个比较优秀，2个良好的不同层次的学生，然后再加入一个中等水平即四档的同学，这就保证了每个组优势资源上的均衡。当然在排师傅的过程中，还是要考虑其他的要素，比如身高，男女比例，纪律搭配，合作度等等。等到排好师傅，我们再24名学员排进去（也要考虑其他因素）。这样，我们就完成了四人学习互助小组的第一步。

当然，在四人小组组建的过程中，我们要对学生进行心理调节。有些同学因为自己是师傅，洋洋自得，看不起学员，对学员颐指气使；而有些学员则会觉得自己是学员，是属于班里比较差的同学，也会有一定的自卑情绪。所以，分好师傅和学员之后，我们也对所有的师傅学员分别用了一节课时间来做思想工作，明确指出师傅学员的划分只不过是为了促进学习上共同进步。通过这种方式，师傅学员能实现双赢，对于师傅来讲，帮助学员有助于自己知识点的巩固，理清思路，还能提高能力；对于学员来说，分组意味着老师希望你能更进一步，要抓住学习的机会，不仅如此，我们也对师傅和学员也提出了各自的要求。经过做工作，大部分同学尤其是学员的心态能转变过来，能认识到老师的用心。当然，极个别同学还有一些想法的话，还需要做一对一的辅导。

（三）分组

排好位置后，我们再把整个班分成14个互助小组，为了称呼简便，我们称其为A1，A 2，A3，B1，B2，B3，C1，C2，C3，D1，D2，D3，E，F（各小组名称也可以由各小组成员讨论决定，更有意义，具体分法看表格）以A1小组为例，大家看到每个小组都有2位师傅，两个学员，这样的方式，可以让课堂更灵活了，既可以组成2人的学习小组，由每个师傅带领自己的学员进行学习，也可以组成4人小组共同进行讨论，必要时还可进行分层练习，即四人小组中2位学员共同学习基础知识，而2位师傅则可共同对一些难题进行探究。

当然，四人学习互助小组的组建只是第一步。如何管理好四人小组，如何激发和维持师傅学员的积极性，如何考核和评价师傅和学员的表现则更为重要，如果没有后续的管理和评价，那么我们的四人学习互助小组最终也是水中月，镜中花。

二、四人学习互助小组的管理考核与激励

（一）在学生的思想意识上加强引导，使学生形成荣辱与共的意识

四人学习互助小组刚组建时，学生都有一种新鲜感，尤其是师傅，每个人都有一种好为人师的心理，我们就要抓住这关键的有效期，不断地对学生进行思想意识的强化。这段时间我对学生说得最多的一句话就是：学员基础的知识点没有落实，没有进步，师傅是不好意思的。在平时学生自习过程中，我也会有意识地对学员进行一些基础知识的抽测，如果学员过关了，师傅学员一起表扬；如果没过，我通常不会直接批评（过多的直接批评会影响师傅学员关系），只是盯着师傅看，大部分的师傅都会低下头，红着脸，能认识到自己做得不够。通过平时不断地强化，我们班里四人小组中，团体观念和合作意识都比较强。

（二）在实践中加强捆绑式管理

1.课堂上加强捆绑式管。在课堂上，当老师提出问题后，如果是基础的知识点，只有师傅举手回答，而学员不会，那么，老师绝不会找这位师傅回答，必须是师傅学员都举手，才有资格回答问题。这样，就要求师傅必须教会学员。这种连带关系，在一定程度上促进了师傅学员之间的交流，调动了师傅的积极性。当然，也会出现一种现象那就是师傅为了省力，直接把答案告诉学员，这就需要教师在课堂上多观察，多引导。

2.作业管理上加强捆绑式管理。在作业管理上，以前我们的做法是直接以纵向小组为单位，人多不容易检查。现在以四人小组为单位上交，前排师傅负责语文、数学，后排师傅负责英语、科学，各小组收齐后上交课代表，未收齐课代表有权拒收本组作业，相当于一人未交作业，其他三人也不得上交，并要进行登记扣分，与期末评优直接挂钩，这样一来，就由以前老师催着交作业，变成了同学之间互相监督，催促。并且这样的作业管理模式更灵活，可以是四人小组收，也可以按照纵向的七人小组收来分别检查师傅或学员的作业，甚至有时候可以老师改学员作业，学员改师傅作业的形式。

3.诊断性测试后加强捆绑式管理。每次诊断性测试后，我们要对每个小组进行平均分的计算，对平均分较高的小组或名次上较大的小组进行大力表扬。怎样判断该小组有无进步呢？位置换好之后，我们会计算各组平均分及名次，学习委员做好登记，此后的测验以此为基准，所以，每进行一次考试，我们的学生拿到试卷后，第一个要关注的是自己的成绩，接下去就是关注同组其他三个同学的分数，他们最开心的时候就是当小组平均分超过其他小组时，如果某次考试小组平均分不好，某个拉后腿的同学也会觉得不好意思。

（三）实施动态管理

当然，在实践过程中，师傅学员的搭配并不是固定不变的，我们实行了动态管理，我们可以结合学生上课时的默契度和平时的诊断性测试所反映出来的情况，对师傅学员进行调整。对于表现好的，学习有进步的学员，可以调整为师傅（学生学习的积极性大大提高），反之，师傅也可以调整为学员；或者有些师傅学员因性格，脾气不和而产生摩擦，也会进行调整等等。这个学期，学生之间比较熟悉，对于四人互助学习比较熟练，我实行了由师傅自由挑选学员的措施。实行自主选择，大大激发了他们的积极性。当然，自主选择一般都会选择自己关系比较好的。关系比较好的坐一起，有利有弊，利在于同学之间比较了解，主动性强，积极性高；弊端在于纪律上有待加强，对于此类学生，加强引导和管理。当然，也会出现学员没有师傅要或是两个师傅要一个学员的情况，所以自主选择和老师安排要相结合，真的有些表现不好没有师傅要的同学，可以先放一放，以此作为警示（每个人都需要有归属感）。

（四）激励措施

除了做好日常的管理工作，还要有相应的激励措施来调动学生的积极性。我们采用了以下措施：

1.当堂激励法。为了激发学生的学习热情，引导课堂教学朝着理想的方向转变，要求老师在课堂上善于鼓励表扬，对学生的优点点评到位，学生体验到了成功的愉悦，课堂上会一直处于亢奋的状态。尤其是基础比较薄弱的同学，受表扬几率小，适当的表扬会极大地增强他们的自信心，所以在课堂上我表扬最多的是学员，当学员表现好的时候，才表扬师傅。

2.评优激励法。我们规定：在每个学期期末的评优活动中，如果四人小组考核处于班上倒数，并和其他小组拉开较大差距，那这一小组里的师傅，学员不管自身再优秀，也取消评优资格，这就把小组里的四人紧紧地捆在一起。除学校里的期末评优活动外，班里每次考试，也进行评优活动，当学员进步达到5到10名时，就能被评为好学员，师傅也被评为好师傅，当学员进步达到10到15名时，就能被评为优秀学员，师傅也被评为优秀师傅，当学员进步达到15名以上时，就能被评为特级学员，师傅也被评为特级师傅。师傅自己取得进步时，也能获得相应奖励。进步名单在班里公布，并颁发奖状，由老师电话通知家长。

以上内容其实更大程度上是从班主任这个角度对四人学习互助小组进行了介绍，那我们的英语课堂是如何运用四人学习互助小组这种形式的呢？

我们先看一组数据：全国教育心理学研究发现，不同的教学方式产生的教学效果是大不相同的。学生对所教内容记住的平均率为：教师讲授：5%，学生阅读：10%，试听并用：20%，教师演示：30%，学生讨论：50%，学生实践：70%，学生教别人：95%。而在我们现实的传统教学中，我们用的最多的则是教师讲授这种方式，这就导致了在课堂上老师讲得筋疲力尽，学生听得昏昏欲睡。我们经常听到或自己也经常说：这么简单的问题，讲得这么多次还没记住，上课都在干什么呢？我想，出现这种现象的原因其实就在于按传统的教学方式，课堂中最积极，有动力的只是老师，而大部分的学生没有学习的积极性和主动性，效果当然差，这就好像是我们所乘坐的普通列车，这种列车能够前进所依靠的是前面机车的牵引，而后面的车厢本身并不具有动力，所以这种列车速度只能维持在100多公里左右，速度要提上去就很难了。而现在的动车则采用了不一样的原理，它把动力装置分散安装在每一节车厢，运行时，不光机车带动，车厢自己也会跑，速度自然就上去了。我们把四人互助学习小组运用于英语课堂，从最简单的音标教学开始，再到后来的词汇教学，乃至于现在的文本教学，我们努力改变我们的教学方式，使老师拼命教变为学生自己主动教，学生自己主动学。那么在课堂教学中我们具体是怎样做的呢？

三、四人互助小组在英语课堂中的运用

（一）音标教学

我们知道，音标的认读是英语学习中最为基础的，学好了音标，以后学单词，记单词就能起事半功倍的效果。所以当这届学生刚进入初中时，我就着手准备音标的教学，以往，音标的教学不外乎是老师带读，学生跟着鹦鹉学舌，老师累，学生烦，效果差。该会的老早会了，不会的带来带去还不会。而这届学生我就采用了四人互助学习的方式，我带读过两三次之后，基本上每个四人小组都至少有一个师傅会了（基础较好，接受能力强），就由会的师傅带学员一起学习，对于师傅来讲，很乐意做老师，对于学员来说，学生之间的教更乐于接受。并且有的师傅能想出比较新颖的教法，让学员很快记住读音。那么，这时，老师的任务是什么？我们的任务就是全班巡视，对学生进行指导、纠正、检查和鼓励。

（二）词汇教学

对于词汇教学，一般来讲有两种途径：一是直接教学法，即以词汇教学为教学目标，对词的结构、意义和用法进行分析、讲解和操练。其优点是效率比较高，不足之处是学生从语境中猜测词义的机会较少。二是间接教学法，即通过阅读、听说等活动，间接地达到扩大词汇量的目的。其优点是学生可以从多种不同的语境中学习词汇的意义和用法，缺点是不够集中，效率较低。我们在平时的教学过

程中，用得最多的其实是两种相结合的方法。教授新词汇前，我们一般要求学生做好预习工作，对于单词的预习，我们的要求是自己尝试着根据音标读出词汇，有碰到比较难读出来的单词，要做好记号(第二天早自习检查)。在课堂上，我先给学生一定的时间以四人小组合作形式学习单词，也提出一定的要求：作为师傅，自己要先解决单词的读音，要当场记住单词，并且要教会学员所有的单词的读音，如果碰到较难拼的单词，和小组里同学一起解决，真的解决不了，再问老师；而对学员的要求，则是要解决读音问题和简单词汇的拼写，之后，教师再检查学生的学习效果，我一般会在屏幕上展示每个单词的音标(不展示拼写和意思)并且不按书上的顺序，不同时出现，每展示出一个音标，先让学员根据音标朗读，再让师傅说出拼写及汉语意思，再由学员带领全班朗读单词，目的是增强学员的自信心(做老师)，消除死角。当然，有的老师可能会提出这样太浪费时间了，如果是自己教的话，时间要省多了，确实，从时间上来讲，按传统的上法要省多了，我记得刚刚采用这种方法上课时，一个单元的单词就整整花了我25分钟时间，但从长远看，如果老是老师包办代替学生学，学生永远学不会自己学单词，你就一直得教单词，而采用后者，虽然刚开始用的时间较长，但让学生学会学习后，你就省力了，现在学单词这个环节就比较快，学生也比较习惯这种上课方法，每个人该做什么一清二楚。

（三）文本教学

至于文本教学，我们以新标准英语(新版)七年级下册第十模块第二单元为例。我们既要注重阅读能力的提高，也注重知识点的落实。本模块是本册书学习一般过去时的最后一个模块，侧重于实义动词一般过去时的特殊疑问句，而第二单元则以Betty King写给她奶奶的一封电子邮件为主线，描述了她在巴黎三天的度假生活。在教学技能目标方面，通过本单元的学习，学生要能学会在阅读时抓住文章的五要素，即：when，where，who，how，what to do，并能运用于自己的写作过程中。所以在整节课的活动中，都围绕着五要素来进行。

Step 1：Revision

第一个环节，让学生两人进行问答，通过谈论去年的假期来复习第一单元所学的内容。在这个环节中，没有采用以往经常用的师生对话模式，这样能够让全体都参与进来了。一开始上课就要让每人都参与，而如果采用后者，即师生对话式，则只是少数同学和老师的对话，而大部分同学没有事做，如果刚上课就是少数人参与，接下来就难以面向全体了。而后在抽两三个同学和大家分享他的假期生活。

Step 2：My holiday

了解了部分同学的假期之后，以“Do you want to know my holiday?”过渡来介绍自己的假期，提示让学生找出文中的一些信息，如时间、地点等等，让学生初步感知五要素，为下文的教学打下基础。

Step 3：词汇

见词汇教学

Step 4：Fast reading

个人独立进行，阅读课也需要让学生自己静下来学习，问题的设计目的在于找出文中的难点：几个风景名胜的读音。

Step 5：Paragraph reading

如果说前面是泛读，让学生对课文有个初步的感受，那么这部分就是精读文章，全文共分五段，每段可采取不同的学习方式，简单的可以让学生独立学习，稍难的可以采用四人小组共同学习的方式，并且要提示学生注意阅读中的叙事五要素，必须注意哪些语言点，小组中要形成一个共同的结论，学完之后，选一个同学代表小组发言。我们以第一段为例：在学生学完之后，可抽一个学员朗读，完成表格（掌握五要素）各个小组发言，你们组觉得哪些是必须要掌握的知识点，带上相关知识点的习题。老师补充。

Step 6：Check the true sentences

为使学生从整体上把握整篇文章，做一些相关的判断正误，填空等题型。

Step 7：Writing

学完了整篇课文，完成了输入的过程，接下去就是要使学生输出。根据所给的资料，谈谈Lingling和Daming 的假期。采取师傅一组，学员一组的两人学习模式，当然对师傅和学员提出不同的要求，学员完成最基本的作文，尽量少出错，结构完整，必须包含所有内容。师傅则要求进行适当发挥，加入好词好句，尽量使文章完美。完成后分别讲评。对于写得好的师傅学员进行表扬，张贴。

在整节课的过程中，真正老师讲的时间是很少的，大部分的时间用于学生的四人互助学习或是独立学习，老师只有在学生出现问题时才进行讲解，起的只是引导的作用，真正把课堂还给了学生，使英语课堂真正具有了人文性。

爱的主题作文教学策略探究

■ 胡耀珍

爱就像空气，每天都在我们身边，却因其无影无形而常常被我们忽略。当今许多青少年学生已经习惯于接受别人对自己的关怀与呵护，普遍缺乏对爱的感受能力。在他们看来，父母、老师的所为都是理所当然的，应该心安理得地享受，于是也就不知付出、不懂回报了。所以，在青少年成长过程中，爱的教育非常重要，我们的素质教育首先就应该是爱的教育。教育的任务首先不在于教会受教育者多少知识和本领，它最基本的任务是教他们如何去发现生活世界中的真诚、善良的魅力，教他们用一颗真诚的心去融入社会、理解他人、关爱生命。“没有爱的教育就像池塘里没有水一样，不成其为池塘。”（夏丏尊）语文学科应该给予学生更多“人”的关怀，创造情境让学生更多地体验爱、感悟爱、表达爱，而作文教学是实现这一目标的最重要的途径和手段。《全日制义务教育语文课程标准》就提出，语文写作教学“应贴近学生实际，让学生易于动笔，乐于表达，应引导学生关注现实，热爱生活，表达真情实感”。在初中作文教学中，我们通过以下途径进行爱的主题作文教学策略探究。

一、记录成长的故事，感受亲友博大的爱

每个生命在成长的过程中都会获得友情、亲情、爱情的滋润，都会因此而情深似海、情重如山！但正是因为生活在爱的包围圈中，“不识庐山真面目，只缘身在此山中”，许多学生忽略了身边的爱。他们的作文选材往往范围狭窄、内容单薄、缺乏真情实感。写妈妈总是“半夜送我去医院”；写同学总是“我”误解了他，而他关键时刻不计前嫌，向“我”伸出援助之手；写老师，要么半夜批改作业，要么雨中送“我”回家，要么给病中的“我”补课……写事，总是“捡钱”“让

座”“修桌凳”等“英雄所见略同”的作文现象，究其原因是多方面，但最根本的原因是当今初中生对生活、对周围给予你关怀、给予你爱的人缺乏感受。少了一颗感受爱的心，就少了敏锐观察生活、感受生活的能力。所以，在我们的作文教学设计中，专门设置了“记录成长故事”的环节，在日记、周记中回顾自己成长中的点点滴滴，并利用语文的综合实践活动课，讲述成长中的故事。这样，既为作文练笔积累素材，更是通过这种形式唤起他们对爱的认识，让他们能用情去观察生活、思考生活、体验生活，以提高他们的作文水平，让他们写出有真情实感的作文。

例如，在七年级上册第一单元写作·口语交际·综合性学习《这就是我》的教学中，我们通过“读父母的信”“才艺展示”“创作交流”等教学环节的设计，期望学生能够理解父母的心，懂得父母的爱，并且通过父母的眼睛了解自己的优点和不足，从而能够正确认识自我，展现自我风采，树立信心，培养乐观积极的人生态度。课前，教师先写了《致家长的一封信》，态度诚恳，感情真挚，要求家长写一封信给孩子，能够正确认识孩子的优点和不足，挖掘生活中孩子的闪光点，看到孩子存在的不足，完成父母和孩子的精神交流，让孩子能够读懂父母的心，从而正确认识自我、完善自我。授课时，PPT播放歌曲《懂你》，并打出小诗：“花朵感谢春天，你给我阳光雨露，和一整个开放的季节；果实感谢大地，你给我等待和期望，还有永远的温暖怀抱。我只想感谢你，我的宝贝，因为你，花朵开放，果实芳香，四季都有阳光。”让学生在创设的温馨氛围中读父母的信。全体学生在静心品读父母的信中，了解父母眼中的自己，体会父母的拳拳爱心、殷殷希望，以及自身存在的不足。接着请学生把信中最打动自己的话语读给大家听，和大家一起感受父母的爱，并审视自我，向同学实事求是地介绍自己，记录自己的心情。最后，通过“我型我秀”“猜猜他(她)是谁”等互动环节，加深同学们彼此及自我的认识。通过这几个环节的交流，学生更正确地了解了自己。于是就指导学生写一篇600字的文章《这就是我》，要求：全面、充分地介绍自己，要突出特长、个性。

这次活动，深深地触动了学生的心灵，许多学生是抽噎着读完父母的信。所以说，这一次展示自我、认识自我的过程，更是一次感受爱、接受爱、沐浴爱、抒写爱的过程。

二、领略文学作品中爱的描写，激发学生创作表达的欲望

我们的语文教材如一部百科全书，包容了古今中外人类的观念体系、知识体系、行为方式的体系，具备了丰富的人文教育素材，当然也具备了对学生进行爱的教育的素材。教材中有大量直接阐释生命、敬畏生命、呼唤热爱生命的课文，如《敬畏生命》《热爱生命》《紫藤萝瀑布》《假如生活欺骗了你》《谈生命》；有些带有传记性色彩的课文，展示了主人公对生命对事业的追求和热爱，如《音乐巨人贝多芬》《邓稼先》《我的信念》；那些极力表现亲情、友情的课文，更有助于对学生进行亲情教育，如《散步》《背影》《爸爸的花儿落了》《羚羊木雕》等等。这些作品为学生提供了丰富的感受生命意义、感受爱的内容，我们在阅读能力培养的层面上学习这些作品之外，还在以“爱”为主题的写作课上重新利用它们，引导学生精读作品中关于爱的细致描写，解读文本，解读生命，领悟爱的意义，树立正确的人生观。同时，我们还把教材之外的一些同主题的作品也补充推荐给学生，并加以充分利用。此外，我们还充分调动学生的积极性，让他们收集这类作品，写赏析或读后感，让其在“工作中”感受爱的意义。

例如，朱自清的《背影》中最感人的一幕“父亲是一个胖子，走过去自然要费事些……他用两手攀着上面，两脚再向上缩；他肥胖的身子向左微倾，显出努力的样子，这时我看见他的背影，我的眼泪很快地流下来了”时，我们引导学生通过动词的比较替换，并结合全文揣摩父子的心境，让学生沉醉于这种父子深情的情景来体会文章蕴含着的真挚、深厚而朴实的亲子之情。然后再指导学生习作《妈妈的________》，“________”填身体的某个部位，学生由于在课上有了这种情感领悟，所以就写出了很感人的文章。

又如，鲁迅的《阿长与山海经》，塑造了一个长相粗陋、爱搬弄是非、不拘小节、愚昧，但淳朴、善良，关键时刻能竭尽全力帮助别人的女佣阿长。作者用极平淡的语言描绘了这样一个真实的一如生活原样的人物，字里行间闪烁着压抑不住的情感——对善良的普通人的热爱和赞美。通过教师充满感情的泛读，绘声绘色的讲述，配以手势、眼神、表情的作用，让学生去认识人物形象，激起学生爱的情感，帮助他们领悟生活中爱的真谛。紧接着，让学生想想自己周围是否有这样有缺点但优点更多的人？有就把他写下来。此时，学生思维积极活跃，写出来的文字当然情真意切。

三、了解自然的意义，抒写对自然万物的热爱

美好的自然是人们生活的基本保障，保护好生存环境，其实就是关爱人类自己，自然受到破坏时，遭受到更大惩罚和灾难的必定是我们自己。一个懂得关爱自然的人，将是一个有责任心的人，因为他们的目光不仅仅局限在对自己的爱、对家庭的爱上，他还会把大家的利益放在首位，去关爱他人的生活，把大家的幸福当作自己的责任；一个懂得关爱自然的人，也将是一个善良的人，因为在他眼里，一草一木山山水水都值得尊敬；一个懂得关爱自然的人，还将是一个幸福的人，塞·约翰逊就说，背离自然也即背离幸福。关爱自然的人与大自然和谐相处，天人合一，所以他是幸福的。

关爱源于了解。只有让学生了解了自然对社会和个人的重要性，才可能使他们自觉产生关爱环境的各种行为。所以，我们经常引导学生去学习与自然环境有关的各类知识。例如，推荐学生阅读《十万个为什么》自然卷；我们还和学生一起开展环保知识竞赛，在竞赛中增长知识和兴趣；我们还和学生一起观看与自然有关的专题片，使他们了解大到整个地球、小到社区或村庄的实际情况，从而培养他们形成自觉保护环境的意识和行动。当人们走进电影院观看电影《阿凡达》的时候，我们及时从网上下载了影片，让学生在教室里观看，影片向我们揭示了一条生存法则——热爱自然，融入自然，你才有永恒的家园。从学生的观后感中，我们发现他们已懂得了这个道理。“能量是循环的，我们从大地获取的，最终又献给大地！”这是影片里的一句话，多次在学生的观后感中出现。我想，影片给学生带来了巨大的震撼，他们已经像纳威人一样怀着一颗感恩的心去面对给他们生存之所的大地了。

在引导学生学习与自然有关的知识的基础上，要求学生回家写一周观察日记，认真观察一周内自己家的生活方式，了解家庭生活的哪些方面与爱护环境相关，记录自己和家庭其他成员的相关行为，并对此进行评价，提出更有效节约资源的建议。通过这类活动让学生亲身感受到爱护自然的价值，并指导他们及时写好环保活动感想或小结。显而易见，学生通过自己的亲身体验与认真思考，表达了对环保的深刻认识与积极态度，抒写了对自然万物由衷的热爱，这哪里是凭空喊几句口号所能比的呢？

西晋的陆机在他的《文赋》里说：“遵四时以叹逝，瞻万物而思纷，悲落叶于

劲秋，喜柔条于芳春。”日月星辰、风云雷电、雨雪霜雹、花单树木、飞禽走兽、山川河流、四季风光、赏心悦目的自然景观既能陶冶人的情操，产生美好的情感，也能使人产生创作的冲动。在感受自然的活动中，同学们通过对自然的探究，不时有新鲜的感觉，因而不时有美的发现和美的体验，且产生一种强烈的表达欲望，教师稍加点拨，学生便欣然落笔，往往能写出极好的文章。例如，生活中“小到卑微，在乡间小路上或许随处可见”的牵牛花，给了我们的同学许多美与爱的感触，有同学在《良师》中赞叹：牵牛花教给我智慧，牵牛花教给我勤奋，牵牛花教给我坚强；有同学在《春天里》通过对牵牛花细致地描绘，悟到了人生应该不断奋斗的人生哲理。

四、感受生活中的人情之美，抒发对人类社会的热爱

生活中，一个时刻能感受到人情之美，并心存感激的人，经常可以体会到生活的馈赠，心中会充满着对社会的热爱，对生活的满足。这样的人，他的生活是快乐的，在提倡合作的当今社会，他也极可能是成功的。而这种感恩之心，这份对社会的热爱，是我们语文老师可以通过课堂教学对学生进行有效的启发的。

围绕“爱”的主题，我们分成两个板块进行交流、讨论。第一个板块，列举你所知道的震撼人心的爱。学生有的谈巴菲特、盖茨、索罗斯、戈登·摩尔等世界顶极慈善家的善举；有的谈抵抗外侮、杀敌报国的战争中所涌现的民族英雄；有的谈“汶川地震”“舟曲泥石流”等灾难中所体现出来的人间大爱…… 第二个板块，列举身边像空气一样平凡普通而不可或缺的爱。在做第一个板块的时候，学生所掌握的材料比较充分，交流起来比较顺畅。在做第二个板块的时候，学生交流起来很不顺畅。我们就采取一些措施进行进一步的启发和引导。一、设置一些题目，以问卷调查的形式进行启发；(“父母下班了，你会向他们问候一声并为他们倒杯茶吗？你放学回家所遇到的情况是怎样的？”“父母的生日或节日，你会为他们送上礼物或祝福吗？你过生日时他们是怎样对待你的？”“在公交车上，你给别人让过座吗？你经常看到让座的事吗？”“在你遇到困难时，父母是否总是支持鼓励着你？”“你接受过陌生人的帮助吗 ？你向陌生人提供过帮助吗？”……）二、给学生限定一个时间，让他们对身边的爱用眼睛去观察，用耳朵去聆听，用心灵去体会，并写成观察日记，一段时间以后，让他们在语文课上交流彼此的观察日记，选出优秀的观察日记编辑成册，这种以“爱”为主题学生的作品，集中体

现出了他们对爱的全新的理解，字里行间都流露出了真善美。例如，在《温暖》的作文中，有位同学抓住了这样一个场景进行描述：电梯间，一位女孩为了不吵醒旁边婴儿车上熟睡的婴儿，迅速按下手机的“拒听”键。一个小小的动作，却深深地触动小作者敏感的心灵，“我似乎被电流击中似的，直直地愣站着。一股暖流又如海浪般奔涌而来，驱走了我心头的寒意，我霎时觉得眼中充满了一种温润的液体”。这样的作品，无论是从写作训练的角度看，还是从思想教育的角度看，无疑都是值得好好珍藏的一笔。

爱的情感是在生活中生成和培养的，爱的主题作文教学策略就是把生活引进课堂，指导学生善于观察、思维、感受，从纷繁的生活中发现、捕捉、提炼爱的写作素材。即用生活的观念指导作文，用生活的色彩装扮作文，用生活的情感营养作文，指导学生抒写真情实感，感受生活中爱的真谛。

呈现精彩　凸现亮点

■徐芳芳

作文和做人一样，是个长期修炼的过程。阅读积累对作文来说，是最根本、最重要、最有效的“大技”。大量的阅读积累，可以培养学生良好的语感，丰富词汇，促进学生正确的、形象的表述。同时，作文又是一种开放的、千变万化的活动，外部知识转化为自己的能力有很长一段路要走。这时就需要我们教师在这内化的过程中加以有效的引领，重视学生阅读时“心灵的发现”，并且努力把“发现”的精彩融汇于自己的写作中，打造出作文的亮点。

一、雕琢语言的精彩，让细节耐人寻味

“习作是生命本身体验的一种自然流露”，唯有真正地关注生活，真切地体验生活，抒发真情的作文才能拨动读者的心弦。但是在现实的作文实践中，我们却常常发现学生作文的选材确实是曾经打动过自己的亲身经历，写的是自己熟悉的人或事，诉诸文字时却显得干涩无味，究其原因就是缺少细腻的描写。列夫·托尔斯泰说“艺术起于至微”，“至微”即细节，细节描写可增强文章的真实性、生动性，使人物更丰满，景物更动人，叙述更真切。而善于阅读，精心积累的同学就可以很好借鉴语言表达的方式方法，雕琢自己作文的语言，让细节耐人寻味。

学生在生活中接触最多、最深入的就是教材，课文是一个巨大的语言库，只要善于去品，善于去淘，对写作是大有裨益的。如七年级上《走一步，再走一步》中描写“我”的心理活动的语句以及爬下悬崖的动作描写都是非常精彩，于是一学生在《再走一步》中这样借鉴：

周六下午，我同爸爸妈妈在紧张的工作与学习后决定去攀岩场吸几口刺激新鲜的活力。一路上太阳精神抖擞，红光四溢，把整个世界照的通亮。那颗近似沉静

的心终于恢复了元气，在沸腾的热血中快活地跳跃起来。……不知在几步轻松之后，腿便一点点加重了，由手指传来的酸痛一点点在全身泛滥，使出全力，努力把右脚再往上一步，左脚似乎已经无法攀上稍远处的落脚点，整个人无力地依附在无边的岩层上，只听见自己的心在瘦骨嶙峋的胸腔里咚咚直跳，我欲向上而不得，欲放弃而不甘心，任凭恐惧与无奈将我一点点裹挟。……“加油啊，坚持着走一步，再走一步，成功就在前方！”爸爸坚定的话语让我重新鼓起勇气，对，我能办得到的，往酸酸的胸腔里努力吸入空气，把全部力量汇聚到右脚，奋力往上一蹬，终于把左脚抬上了支撑点。“来，再走一步，先深吸一口气，放轻松，想像自己就是一只飞向蓝天的鸟儿，跃身，向另一个支撑点出发！”我跟着爸爸所说的，尽量使身体一点点放轻松，小心翼翼地把手移到另一个支撑点，牢牢地扣住了，我的信心大增，迅速地把脚跟上，办到了，一丝丝喜悦和自豪泛上心头……

这位同学在作文中丢掉了动作的“笼统性”，将攀岩的这个动作分解成“一连串”的动作，这样的细节就给了作者以历历在目的真切感！动作不只是“动一下”，动作里是有感情的，如史铁生《秋天怀念》中母亲“悄悄地躲出去”，“偷偷地听着我的动静”，“又悄悄地进来”“看着窗外树叶刷刷拉拉地飘落，挡在窗前”这些细微的动作都是母爱的体现，在阅读中我们老师要善于引领揣摩，鼓励学生学以致用。

细节，靠的是一颗心，把心放进去，才有细节，有了细节的感受，才有作文的精彩。在平时的阅读中我非常注重学生在阅读中的积累，一再强调，如果你在阅读中发现作家写的细腻感受你也曾有过，却没有他们的精彩，那一定要及时摘录并运用。如一生在写《那儿，__________》，第一时间想到了之前母亲带他游玩“古堰画乡”时的情景，有感而发写了《那儿，真美》，第一稿的片断：“走到湖前，让我不敢相信水竟是如此清澈见底，泛起道道波纹，使我感受到生命流动的美好。‘舟性碧波上，人在画中游’坐在船头，湖水的颜色变得像块绿宝石，在太阳的照射下变得发清发亮，坐在船尾的我不惊感叹：这儿真美！”原本是真心喜欢的地方，但用文字表达的时候，便少了一点美的韵味。于是我就推荐该生去读读丁立梅的《遇见》，阅读后的修改稿是这样的：“我们慢悠悠地走向码头，一湖的清水，像守望的明眸，蓄着一往深情，在镇中心潺潺、缓缓地把我们迎上船。坐在船上放眼看去，湖水的颜色变得像块绿宝石，在太阳的照射下变得愈发清亮了。坐在船尾的我，忍不住轻弯下腰，小心翼翼地轻淘一掌心的水，一掬起，清冽的水迅速从我的指缝间跌落，每一滴，仿佛都带着清甜，心不由得随之愈加欢快了。山风一袭一袭地吹过，湖边的芦苇丛中生起了袅袅轻烟，顺带飘来的是草的清香、花的清香、叶子的清香。这么美丽的地方，这样精彩的时光，好似是用来成仙的，今天我却遇上了——”我们常说“一切景语皆情语”，看到的景和物，会随心而起伏，而欣喜，而叹息，能在细腻的描写中捕捉住自己内心的感觉，作文的天地就宽了，文字也就有生气了。

孔子云：“言之无文，行而不远。”呆板、空洞、乏味的语言永远不能令文章富含生命力。因此在阅读中，我们老师要善于引领孩子做一个阅读的有心人，发现语言的精彩，一边阅读，一边记录自己没有想到的句子，自己描述不精致的句子，然后将别人的精华得当地“借”进自己的作文中，文采自可斐然。

二、梳理构思的精彩，让结构别有风味

作文中不仅要“言之有物”，更需要“言之有序”，在整个写作过程当中，谋篇布局是不可或缺的一个重要环节，作文的谋篇布局可以说是文章的骨架，巧设计、妙安排的文章结构不仅可以弥补故事的不足，更可以给文章锦上添花。但在现实生活中好一部分的学生在作文时是脚踩西瓜皮，想到哪里就写到哪里。这就需要我们老师在阅读中带领学生梳理文章构思的精妙，学会打造自己作文的结构。

如一生阅读了《阳光地带》后在一篇书写友情的作文《我在》中也采用了点面结合的结构形式，作文中用细腻的笔触描述了自己在考试中来不及完成而沮丧低落时，朋友及时地出现：

她没有多问我什么，只是手臂利落地搭上我的肩，对我说：“没事，失败总是有的，你还有我，我在！”我抬头对上那饱含信任的目光，你说的“我在”反复在我耳边回响。我在，多么熟悉的两个字：当我酿成大错，心底的不平静如同潮水般暗流涌动、惊慌得无措时，你说过；当我和母亲吵架，一气之下，夺门而出，在街上四处游荡，眼中不自觉汪上一汪水、害怕得彷徨时，你说过；当我与同学闹矛盾，心中困顿，像一只被锁在笼子里的困兽、想找人倾诉时，你说过……原来，你和我之间已有了这么多回忆，原来，无论何时，都是有你陪伴在身边。

仿照《阳光地带》用并列的句式这么一写，友情就变得更动人，内容也显得更厚实了！

我们经常强调，阅读的文章都是写作的范本，若要改变作文叙述中的平铺直

叙，平淡乏味，可以好好地借鉴课文《爸爸的花儿落了》《心声》《羚羊木雕》等，学着运用插叙的手法，可以使文章显得波澜起伏。如若是写人的文章，那一定要好好地揣摩揣摩《王几何》《闻一多先生的说和做》《音乐巨人贝多芬》等，学会抓住特点，选取典型事件把人写活。当然在生活中，学生课外阅读接触较多的是同龄人的优秀作品，这些文章的结构也可以加以借鉴，比如并列式、递进式、片断式等。如《做你的学生真幸福》这篇作文中，该生打造的结构就“别有风味”：开头“师生是一首歌，真诚是词，依赖是曲，理解尊重是主节拍”，紧接着三段的开头分别是“心灵一颤，勾出情之韵”“生活一舞，划出美之弧”“叮咛一声，点亮心之灯”，结尾是“师生情是一条路，美好是平坦，指责是坎坷，无私深邃是路基……”如此巧妙的构思怎能不让人眼前一亮，怎会不为之拍案叫绝。

阅读是智慧的水分和阳光，阅读是作文的魔法杖。好的作品中本身就包含着高超的写作技巧，精彩的构思，阅读过程就是让学生学习写作技巧的过程。一边阅读，一边思考，一边实践，相信独具特色的结构一定可以让文章获得更多人的青睐。

三、挖掘立意的精彩，让主题意味深长

“意犹帅也”“千古文章意为高”，这就是说主题、立意是文章的统帅、灵魂，是一篇文章的根本，是文章深度、底蕴的体现。也就是说，写作从来不仅仅是文字的事情，它更是思想认识上的事情。文字所到之处就是一个人的思考所到之处。阅读的意义不仅可以让孩子具有良好的语言文字能力，更能丰富孩子的心灵世界，提高他们的认识水平，提升学生作文的“深刻性”。

如一生在《怀着一颗感谢心》中叙述自己原本在老师严格要求作文一节课完成，而且要字体清楚，语言流畅的做法叫苦不迭，甚至反感，但在一次老师外出学习，作文可以拖延至周末时，才发现自己拖拖拉拉一下午的时间，依旧效率低下时念起老师的好，她在结尾处就巧妙地借鉴了曾经阅读课推荐过的俞敏洪老师的《有人逼你是一种幸福》中的立意，她这样写道：“雨停云散的时候，我终于拼完了一篇作文，看着生硬的语句，不禁想念起先前被老师逼着写作文的时候，老师“逼”着，纵然满心不乐，但写出的作文大都不错，也从没有举棋不定的时候。想起一个作家曾说过：有人逼你是好事，我抬头看天，有所领悟——有人逼你是好事，在被逼着的时候，也会逼走胆怯，逼走懒惰，逼走犹豫，逼走平凡，逼出自信，

逼出刻苦，逼出果断和精彩。有人逼你是好事，我们真应怀颗感谢的心感激在我们偷懒时挥着鞭子逼我们前进的人；有人逼你是好事，在人生长路上，被人逼着反而能走得更远。我于是不再抵触他人对我的鞭策和逼促，而是怀着一颗感谢心奋进前行！”这样的主题自然在一大堆浅显而相似的感谢中脱颖而出！再如一女生叙写自己在体育中考前拼命练习篮球，且越挫越勇的经历，她结合自己在《智慧行囊》一书中摘录的意韵深刻的哲理句挖掘了这样“意味深长”的主题：坚持，是这个世界上最厉害的武器。能战胜一次挫折的是勇者，有胆量战胜一百次挫折的是伟人。向目标出发的过程中难免挫折，难免摔倒，但勇于拼搏，勇于超越自我，抱定必胜的决心继续前行的人，一定可以披荆斩棘，收获精彩。结尾处巧妙化用点题，瞬间提升了作文的境界。

平时的作文中以老师为素材的不在少数，但喜爱阅读的这个学生记叙自己在一次测试中因为前两大题几扣了十多分而被老师叫去当面订正时，却发现后面的计算题也明显错误了，恰巧老师还未批阅，手不由自主地往后边移动时，老师及时地提醒和默默地包容这一事情时，她没有止步于对老师的感谢，而是结合《时文选粹》中《为我收藏的那粒盐》的主题，细致地写道：学生犯的错误，以为会像一粒盐，永久在岁月中溶解，没人再注意，没有计较，也没有人记得。其实，这粒盐，原本并没有溶化，只是老师怕硌疼了我们，悄悄地收藏。原来，那些随记忆逝去的错误都被收藏在心底，老师的收藏维护了我的尊严；我的收藏，换来了一颗不再犯这种错误的心。这样富有思辨的文章马上会让人眼前一亮。

敏感的人，能写出内心的温度；思辨的人，能写出内心的深度。作家的本领在于用小事、琐事，写出别人看不到的意味。而阅读可以倾听众多智慧语言，分享无数思考成果，让学生在阅读积累中智慧晋级，更好地发展学生的思维，润物细无声地滋润着他们思辨的潜能，学生手中的笔也可在不知不觉中开出芬芳的花朵。

王尚文老师曾说过：“怎样学习？光看不行，非读不可；光读不行，还得靠背，通过背把它记熟记牢，把别人想的内容和思路，说与写的材料和条理一一印入自己的心田，在不知不觉中流向你的舌头和笔尖。”通过阅读积累提升作文是润物无声的滋润过程，不能立竿见影，这就需要努力激发孩子的学习兴趣，让学生爱上阅读。此外，还要注意引导优秀的阅读，有效阅读，和学生一起发现文章的精彩，打造作文的亮点。

测评探究

九年级阶段性英语测试的问与答

■吕　燕

一、从测试看问题

九年级阶段性测试是检测九年级学生阶段性学习状况的重要方式之一，测试结果可以让学生对自己所掌握的知识进行评估，可以达到查漏补缺的效果，同时可以让教师进行反思和调整教学策略以及制定教学计划提供参考。目前，在大环境的教育方针的指导下，如何达到轻负担高效率，如何使试卷与测试目的相结合，以有效反映教学状况值得关注。当前，英语阶段性测试仍存在一些问题，等待解决。

1.在英语测试中，客观题占主导地位。在现在的中学英语阶段性测试中，对语言知识的考查仍以客观题为主。120分的试卷，其中客观题就占有80分的分值，导致英语考试时，很多差等生只用几分钟的时间就快速解决客观题，然后就无所事事地等待收卷时间。这样就造成考试的检测目的的不真实性。同时，由于阶段性测试考查的知识点有限，不少学生在做题目时不用看题干，便可以直接根据学过的知识作出选择。以下是基于外研社九年级上Module 6设计的阶段性测试中的一道单项选择题：

Reading good books for a few hours every day can make a ________ to children.

A. problem　　B. difference　　C. product　　D. harm

本题的测试目的在于让学生根据语境“每天看几个小时的好书会对孩子有影响”，推出答案是make a difference to sb的词组。由于这个词组是这个模块的重点，所以很多学生利用阶段性测试的命题特点就能够猜出来，所以有时候客观题并不能真正地反映学生对语言知识的掌握程度。

2.听力播放过程中的一些轻重读问题。由于学校现在购买了美式发音软件，在播报一部分听力时，重点地方未能重读，反而轻描淡写地带过，导致很多学生抓不住关键词而失分。

3. 部分命题欠妥当。为了能够节约时间，在命题阶段性测试时，采取一人命题并且自己检查、勘误并校正。如果不认真校对的话，试卷中就会出现语言与测试内容的重复现象。比如单项选择中第23与29题的重复：

(　　)23. — I think it wasteful to throw away paper and metal.

—__________.

A. I agree with you　　　　B. It doesn't matter

C. You are really kind.　　　　D. No wonder it looks real

(　　) 29. — I think __________ necessary for everyone to do something to help protect the environment.

—I agree with you.

A. it　　　B. that　　　C. this　　　D. its

其实23题的题干中已经给出29题的答案，那么细心的同学就有可能不需要看题目就能直接给出答案了，这样就较难判定学生是否真正具备相应的语言运用能力。

二、阶段性测试，命题是关键

如何有效地检测学生在短时间内的学习效果，命题是重中之重。因此在命题时，我们严格按照课程标准原则进行。课程标准是进行教学、评估教学成绩和测试命题的依据，即我们所说的“依标据本”，而“课标”中所规定的目标和要求是研究测试目的的立足点。因此，中学英语命题，既要有语言知识及文化意识的测试，又要有语言技能的综合测试，为符合此目标和要求，英语命题就必须遵守教学规律及人性的发展，把握以下三个最为关键的命题原则：

（一）科学性原则

英语试题的科学性原则，主要体现在三个方面：一是检测的内容不能有错误；二是检测的形式要合理；三是检测的结构要恰当。要避免出现内容错误，最主要的是不能出“模棱两可”的题。之所以会出现“模棱两可”的现象，其原因主要有三：

1. 忽视了在题干中提供必要的限制条件。

2. 只注意了某些“旧的”语法规则而忽视了语言发展的新信息。

3. 把某些目前仍处在争论之中的语言现象片面地看作是“规则”，而忽视了这些内容尚无定论这个事实。

其次是只注意了语境，但没有注意其语言的真实性、交流性和实用性。

检测形式的合理是根据其目标，针对综合运用语言能力的培养来设计它的形式，构建一个能实现其教学目标的相对稳定且可调的动态模式。

检测结构的恰当是在对目标及要求的分析下，确定所要考查的范围，根据其范围划分出要测试的几个主要方面。然后按照这几个方面划定出要测试的几个部分，同时划分出各部分间的比例。考试的性质能否体现，目标能否达到，往往就反映在各部分的比重上，通过它的反拨效应，直接左右着教学的发展方向。最后是根据考试时间确定其总题量。

（二）目标性原则

中学英语教学最主要的目标是培养学生的综合语言运用能力，它是在语言技能、语言知识、情感态度、学习策略和文化意识等基础上发展起来的能力，它主要包括语言能力、语篇能力和语用能力。因此英语命题的目标主要应体现在以下几个方面：

1. 语言知识的识记能力。教学中，我们常说不要“死记硬背”，但这并不是说什么都不要记，什么都不要背，只是不要“死”记“硬”背而已。可以设想，如果学生不读不记英语单词、语法、句型，那如何能掌握单词的含义、词语的固定搭配及句型的用法呢？为了检测学生对词汇、语法、句型、话题的识记能力，试题中应适量体现这方面的内容。

2. 所学知识的领会能力。学生课堂上虽然“听”了不少的知识，但并非都能领会、理解。因此设计试题时就应该有针对性地安排一些检测领会能力的内容。如：同义句转换。

3.学习策略和文化意识的实践能力。教师教学中，应该培养学生良好的学习习惯并形成适合自己的学习策略，激发学生接触异国文化，帮助学生开阔视野，提高跨文化交流能力。为此设计试题时就应该选择一些检测英语国家的文化知识（历史地理、风土人情、传统风俗、生活方式、文学艺术、行为规范和价值观念等）及学法的内容。

4.综合运用语言的能力。着重检测学生的综合语言技能和语言应用能力，同时渗透情感、策略和文化的考查，力争科学、全面地考查学生高中阶段所具有的语言水平和根据所学知识灵活解决问题的能力。

（三）发展性原则

发展性原则包括命题内容及形式的可变性及学生终身学习的策略性，形成自主学习的能力。同时英语是一门语言文字学科，它随着时代及经济的发展而不断发展变化，出现新的语言理解的情况，命题时必须考虑到语言的发展性以及形式的调控性。（中考英语命题的依据与原则）

二、阶段性测试的各方面分析

（一）九年级英语阶段性检测质量分析报告

1.考试情况分析。本次考试试卷含听力，满分120分，考试时间为90分钟。所参加学生50人，均分78.72分，及格人数为33人，及格率为66%，最高分114分，最低分20分。110—120分4人，102—109分13人，72—101分16人，0—71分17人。

2.试题分析。本套试题总分120分，笔试100分，20分听力。题型有听力题、单项选择题、完形填空、阅读理解、词汇填空、任务型阅读、书面表达七种题型。试卷难易程度偏难，其中听力题、完形填空和阅读理解有一定难度。而作文始终是学生答卷的一个难点。

（二）各题得分情况的分析

1.听力题。听力测试旨在考查学生对口头语言的理解能力。68%的同学能够做全对，剩下的同学有各方面的错误。原因有以下几点。听力材料虽然比阅读材料容易很多，除了可能会出现一些陌生的人名、地名外，基本没有超标词汇。但学生仍反映部分听力较难：首先，对考生而言，听力录音不像阅读材料可以“回视”，听的内容通常无法“回听”。其次，口语在结构上不如书面语严谨，口语中常伴有省略、重复、停顿、自我纠正等现象。再者，听力测试不仅考查考生在连续的语流中听音辨音的能力，而且还在语言使用的场景中融入词汇、句型、语法等。

另外，命题人还会有意设置干扰陷阱，增加试题难度。如听力的最后一题。

A. A student　　B. A teacher　　C. A doctor

文章中未提及讲话的人是谁，需要考生通过理解来判断是A teacher，因此要答对此题，必须在听懂整篇短文的基础上。

2. 单项选择。单项填空题旨在考查学生对语言知识掌握情况，但是命题者不是孤立地考查学生对语言知识的识记能力，而是考查学生在真实情景中正确、合理使用语言的能力。本次考试，一个班50位同学只有5位同学能够达到全对。命题者通过设置不同的语境，充分体现了语法是为交际服务的地位。为了丰富语境，命题者将语言知识放在一个有意义的情景中进行考查，使语法知识的测试也注意到了语言的真实性、趣味性和实践性，体现了语言的交际功能。比如

If Mg ______ in O_2, we _____MgO, and it_______ chemical change.

A.will burn, get, calls　　B.burns, will get, called

C.will burn, can get, is calling　　D.burns, will get, is called

命题者将if引导的条件状语从句，放在一个化学反应式中来考察，既增加了趣味性又体现了实践性。

3.完形填空。完形填空是考查英语语言知识及语言综合运用能力的考题侧重检测学生的阅读理解能力，既要通读理解全文，考虑全文的结构和意义，获得整体印象，又要考虑词、语法、习惯用法等，往往是考生比较头痛的。由于学生解题时没有仔细读完全文，不善于分析，没能进行综合判断，造成丢分过多。

4.阅读理解。此题检查学生是否具备根据上下文猜测词意，进行推理等思维活动，识别、选择、归纳所提供的信息，探索语篇的表层和深层含义的阅读能力，从而达到获得正确的语言信息的目的。但由于部分学生语言知识缺欠较大，没有掌握所学词汇的词义、用法及搭配；同时由于阅读训练少，造成对文章的细节连贯能力相应较差。语言结构知识少，造成理解困难。不能够通过上下文做出正确的判断与选择。今后要利用好课本这一内容，培养学生各种阅读技巧，阅读方法，积累阅读量，从而提高学生的阅读能力！

5.词汇。本题分两部分，其中根据内容和所给中文提示的题目，但也有个别学生丢分，失分的原因主要有二,一是审题不清，一部分同学只写出了单词，没有用词的正确形式，二是学生单词掌握很少，不会书写；对前者，一方面是提醒其审清题意，仔细作答，另一方面尽力消除思维定势；而对后者，我认为主要是加强补差工作，采取个别辅导、任务辅导的方法，要求有计划地读、记、背、写。主要措

施：（1）多读，要求学生每天自己指定任务，读、记并能写出几个代表性的单词；（2）在平时的听写环节中，尽可能报英文，学生写中英文；（3）让学生跟录音朗读、复述，注意培养学生的语音语调。学生对于句子的本身的意思或者说对它的用法理解得不够透彻。只是根据自己片面的理解去做题，这个问题在平时的教学中我也一再提醒并强调过。然而从这次考试中可以看出有的学生并没有真正地引起注意。在单词的正确形式上，在以后的教学中还要多练。

6.任务型阅读。此题主要考查学生对单词在语境中的含义，然后区分其词性再进行选择，对学生的猜词能力以及辨别技能要求很高。

7.书面表达。九年级的书面表达其实还未达到很难的程度，一般作文都会给出很多细节或主要信息，只是在流畅度和句与句的衔接上提高了要求。在今后的教学中，应着重梳理学生的写作思路，做好正确的引导和梳理，对能表达清意思的同学要求他们能增加课外阅读量，增加好词好句的运用，提高闪亮点；而对学习有困难的学生，还得从课本的基本背诵开始，先解决句的问题，然后逐步提高要求，连句成文。通过卷面分析，在教与学中有以下问题：

学生未能很好地掌握基本词汇和短语；在教学过程中未能落实一些词汇的搭配形式及其用法的差异；学生对语法课存在一定的排斥，未能灵活有效地落实其用法；学生总体上欠缺对英语的综合运用能力；平时，学生未能很好地将阅读材料利用起来，导致知识面狭隘；学生缺乏答题技巧，经常乱猜；学生学习习惯不好，书写潦草。

四、测试后的策略调整

针对上述的一系列考试问题，现准备在今后的教学和备课中进行调整，以学生为中心，以提高教学质量为目的，为此，准备了一些策略：

1.在早自修的时候，强调学生大声朗读，注重培养学生的说英语的能力。

2.在上课中，对一些话题，进行积极引导，重视学生听力训练和口头表达能力训练。

3.在练习中，重视语法项目的专项训练，让学生举一反三，灵活运用。

4.平时在课堂中，每节课做五到十个翻译题，培养学生的综合运用知识的能力。

5.多为学生收集一些好的阅读材料，增大他们的阅读面，以提高英语阅读能力。

6.在写作方面，重视学生的书写习惯，鼓励学生用好词好句，进行优秀论文评选活动来增强学生的写作热情。

五、测试后的评价与反思

测试后，学生、家长、老师、学校会对结果进行评价。对学校来说，考试结果是衡量教师教学水平的参考；对教师来说，考试与他们教学的相关性影响他们的决策；对学生来说，测试的过程与结果影响他们的学习态度；对于家长来说；测试结果是反映子女学习情况的重要根据。

每次测试结束后，学校会召开试卷质量分析会议，通报学科成绩、优秀率、合格率等，通过比较分析总结本阶段的教学情况。评价试卷质量的高低可以采用多种方式，如数据分析、学生访谈、问卷调查等等。

1.针对一个或者多个题目进行测试结果总结。通过对各个数据的分析，同时建立相应的数据库，可以为以后学生的发展提供依据。数据资料库应包含试卷中各小题的得分情况和错误类型，通过处理和分析各小题的得分和失分信息，综合评价试卷的效度和信度。教师在考试结束后有必要进行数据统计，计算出各小题的正确率和干扰项的错选率。若试题中某干扰项的选择率偏高，教师除了查找学生在掌握和运用知识方面存在的问题外，还有必要反思平时教学过程中的教法与学法。

2.学生反馈意见。通过考试，学生们对自己薄弱的环节会有一定的印象，因此在考试后及时进行问卷调查分析显得十分重要。当然，最直接的方式是通过对学生进行问卷调查，根据调查结果，可以分析出考试以及平时教学过程中存在的问题，同时进行及时调整。可以通过抽取测试成绩位于好、中、差三个档次的若干学生，听取他们对于本次考试的评价和建议。调查问卷如下：

（1）首先，通过考试，你认为这次考试难易度是_______。

A.偏高　　B.适中　　C.偏低

（2）你最喜欢什么题型（　　），这次考试中得分最高和最低的题型分别是什么？

最高_____　　分数_____

最低_____　　分数_____

（3）你认为本次试卷中最让你头疼的题目有吗？

A.有，如_____　　B.没有　　C.不清楚

（4）你觉得客观题答案有模棱两可的现象吗？

A.有，如_____　　B.没有　　C.不清楚

（5）试题与平时学习的内容相吻合吗？

A.完全吻合　　B.基本吻合　　C.不太吻合

（6）你在答题时按照什么原则_____

A.先易后难　　B.先难后易　　C.顺序

（7）你在哪方面还需要努力？

A.知识和能力　　B.策略和方法　　C.细心程度

（8）你最擅长的题型是什么？

A.听力　　B.单项　　C.阅读　　D_________

（9）你在本次考试中发挥出应有的水平了吗？

A.超水平　　B.差不多　　C.比平时更差

（10）通过这次考试，你的收获与不足是什么____。

3.备课组的交流与反思。每次考试之后，备课组或教师之间就会进行经验交流，相互促进，相互提高。语言测试是衡量外语教学成效的主要手段，也是外语教学过程的重要组成部分。二者相互联系，相互影响。测试既为教学服务，又直接影响教学。阶段性考试的结果，是一个阶段内教师教学水平以及学生获取知识量的体现。通过教师间展开备课组论坛，开展授课经验以及答题技巧交流会，集思广益，充分发挥自身的优势，提出独到的见解，在不断的交流学习、实践反思中进步。

初中数学一元一次方程教学透析

■姚育红

在初中数学教学中，一元一次方程是重要的教学内容，数学教师应努力培养学生加强对方程的认识，培养他们独立思考问题的能力。在具体的教学中教师应结合教学内容及教学目标进行一元一次方程概念的讲解，增强学生对方程的了解，学会正确的解题方法，使其能够主动运用方程解决各种问题。现综合多年的初中数学教学经验将一元一次方程的教学应用浅析如下：

一、解读一元一次方程的教学内容及教学目标

（一）解读教学内容

初中数学教学大纲将一元一次方程安排在初中一年级上册教学，其内容主要包括一元一次方程的概念，方程的解，以及求解“一元一次方程”。一元一次方程是初中阶段方程的基础，也是初中生学习方程知识的起始课程，在人们的认识中发挥着重要的作用，对以后的数学学习有着重要的意义。而教材中所提供的教学内容与生活紧密相连，涉及生活各方面，反映出了社会上的热点问题，比如说“神舟七号登月”，可以根据神舟七号在月球上遇到的压力测算它的上升高度，也可测算它失重的状态，这样根据实际问题引出方程式，并且对方程进行归纳整理，根据一元一次方程的定义，确定范围，求出方程的解，能够拓展对一元一次方程的了解，有利于学生自主学习数学知识，进一步学会应用。

（二）分析教学重、难点

该部分教学知识的难点为方程的主要内容概念及检验方法。通过学习一元一

次方程，应让学生了解以下知识点：首先需要了解一下方程的概念和知识点，根据所学内容进一步观察思考概括及归纳，进一步培养了学生的高度概括能力并且能够更好地了解一元一次方程的意思。其次让学生自主学习，理解方程的意思，进一步了解一元一次方程的数量关系，让学生学会在阅读中思考问题，根据相关意思列出对应的方程。最后了解方程的解的概念，使方程从一般到特殊，进一步培养学生的理解能力和实际做题经验，学生可以自学一元一次方程的解，了解解的条件，从一般到特殊进而提高学生的解题能力和培养学生独立思考的能力。

二、一元一次方程的具体应用

（一）一般应用题的应用

在初中数学中，应用题主要包括行程问题、工程问题、利润问题，在解决这类问题时要将繁杂的问题简单化，弄明白知识点间的内在关系，掌握好解题方法及步骤，以培养学生的思维能力和逻辑推理能力，从而找出它们之间的本质联系，进一步补充说明，学生明白了解题思路，什么复杂的应用题也都可以找出规律，任何问题都不在话下，根据掌握的公式，解决需要解决的问题，提高自身的能力，能够独立思考、独立解决问题。例如这样一道应用题，甲乙两人分别从相距60千米的两地同时出发相向而行，甲每小时走7千米，乙每小时走8千米，问：二人几小时后相遇？我们可以这样分析：出发时甲乙两个人相距60千米，以后两人的距离每小时都缩短(7+8)=15（千米），就是两个人的速度之和，所以说60千米有几个10千米就是几个小时相遇。这时就可以将相遇的时间设为x，根据题意列方程为$(7+8)x=60$，解出$x=4$，即两人相遇的时间为4小时。

（二）对应用题进行改编

在应用题教学中教师应指导学生对问题进行具体的分析，对原有应用题进行改编，激发学生努力开动脑筋，进行独立的思考。比如说这样一道应用题，原题是这样的：一个生产队有早稻田500亩，共收稻谷350000斤，平均亩产多少斤？这是求平均数的基本问题，通过启发又可以发现如果总量没有直接告诉我们，那么可以先求出总产量，这道题又可以改编成这种形式，一个生产队有早稻田500亩，分两组收割，第一组收稻谷180000斤，第二组收170000斤，那么可以提问平均亩产多少斤？因为方程的形式并不是一成不变的，学生可以在已知应用题的基础上进行进一步改动加工，变出一道新的应用题，这样学生就可以在旧知识的基础上得到新的东西，拓展思路开阔视野，激发潜力，对应用题有一个新的认识，更能深刻把握应用题，提高学习应用题的浓厚兴趣。

（三）鼓励学生解放思想，提倡一题多解

初中应用题能够培养学生分析问题、解决问题的能力，不同的解题方法会培养学生对问题的分析能力，在分析的基础上得出合理的解题步骤，从而不再束缚解题思想，这样更能进一步培养学生的独立思考能力。从不同的角度出发去寻找问题的最多解，让学生在不同的解法当中获得了启发，作为老师应该及时鼓励学生，让学生继续钻研，这样的方法可以提高学生分析问题、解决问题的能力，真正达到了一元一次方程的目的。

三、小结

在初中数学教学中进行一元一次方程教学是非常必要的，通过加强学习使学生对一元一次方程有一个全面的了解，尤其在解应用题的过程中用方程的思想去考虑，可提高学生分析问题的能力，学生可将自己的方法提出来，用一元一次方程解决实际问题，这是一种很有效的方法，在教学的时候并不是立刻就能看出效果的，需要学生长久地去努力，时间长了，学生的分析能力、推理判断能力就会有一个逐渐地提高，通过一元一次方程的了解，我们可以独立思考一些实际问题，学生的智力也会进一步提高。因此，一元一次方程教学在初中数学教学中是非常重要的，教师应引起重视，想方设法激发学生运用方程解决问题的思想，从而将较复杂的数学问题转化为简单的问题。

让每位学生都成为“命题人”

■夏晓君

2011版初中思想品德新课标中关于“课程资源开发与利用建议”中规定“鼓励和指导学生参与课程资源的开发，重视对学生自身资源的开发，使学生的参与过程和生活体验成为课程资源的重要组成部分”。如何提高学生参与课程资源开发的积极性，如何使学生成为课程资源的参与者与开发者，如何使作为课程资源之一的作业练习成为学生喜欢完成的学习任务，是值得我们重视与思考的问题。

近年来的中考命题在设问上越来越灵活、越来越综合，给考生与教师以“情理之中、意料之外”的感觉。中考命题的质量与创新度也得到了研究者与一线教师的肯定与认可。在近两年的思想品德教学中，我不断尝试让学生做“命题人”。促进学生换位思考，从“答题者”变为“命题人”。面对试题我们从“无从下手”到“轻车熟路”，师生都获得了进步与成就感。

一、有探索，才有发现

苏霍姆林斯基说过：“人的内心里有一种根深蒂固的需要——总想感到自己是发现者、研究者、探寻者。在儿童的精神世界中，这种需求特别强烈。”初中阶段的学生处于儿童与成人的过渡期，这种需求更加强烈。可是，繁重的教学任务和升学压力往往让九年级的思想品德教师采用的是传统的教学方法，如“满堂灌”或“填鸭式”等等，课后再用“题海战术”来巩固新知或复习旧课。然而，这些为完成教学任务而采用的教学方法必然会导致许多学生对学习渐渐失去兴趣，甚至产生厌学情绪。如果在思想品德教学中能满足学生的这种“总想感到自己是发现者、研究者、探寻者需求”，相信学生的学习自主性与学习效率会提高许多，甚至会产生事半功倍的效果。

我曾经在一次培训中听到这样一句话："人人参与有价值的练习，人人都能获得必需的练习，不同的人在练习中得到不同的发展。"合适的练习设计，直接关系到我们一堂课的教学效果。练习作为学生一项经常性的实践活动，它不仅是巩固知识、运用知识、训练技能技巧的手段，而且还是促进学生智力发展和能力培养的不可缺少的重要手段。在巩固新知或复习旧课环节时，我们不妨放手给学生角色转换的机会，让他们自己当当"命题人"，放飞思维吧。

二、会提问，才会解题

不同的教学阶段，我们要完成的教学目标有所不同，侧重点也不一致，在不同的教学阶段，应该采用不同的命题形式，这样能起到事半功倍的效果。

（一）巩固新知阶段——"请君入'问'"

适用阶段：七、八、九年级的新课教学

我们许多思想品德教师往往对讲授新课环节比较重视，却忽视了巩固新知的重要性。巩固新知不仅仅指布置课后的书面练习，更重要的是学生对"新知"的"内化"过程，即学生自身主动地对所学知识进行思考并掌握。在教授新课期间的作业布置环节，我采取的"我是命题人"活动往往是请学生根据所学知识寻找相关素材（如能采用当前国内外的时政热点更佳），命制出三道以上的材料分析题或单选题，并且由"学生评委组"评选出"最佳命题"予以表彰，同时对设问不科学、答案不准确的"命题"进行修改，要求他们把修改意见用红笔写在命题下方，以便命题人能意识到自己命题的不足，这样一来使学生们在三问三答中巩固本节课的新知，我把这样的命题方式称为"请君入'问'"。也就是说，我采用的"请君入'问'"活动的流程概括起来就是：

1.教师授完新课，对本次新课的知识点最后做归纳小结。

2."命题人"依据新课的知识点寻找相关材料。

3."命题人"根据自选材料命题，包括设问、答案。

4."评委组"认真评审批阅，评选出"最佳命题"，并对部分命题提出修改意见。

5.教师在下个课时在任教班级里反馈，做出表扬、提出建议。

如在八年级下册的《人人享有人格尊严权》的教学过程中，我布置的"我是命题人——请君入‘问’”任务是用真实新闻或旧闻素材来对应当天所学的知识点，自己设问并给出答案。八(3)班郑砚好同学上网搜索了一条相关新闻:“青海省的刘先生在超市购物时，明明交了钱，结果因为超市方的疏忽，被当贼给办了，还遭到了工作人员的搜身。”郑砚好同学根据自选的材料设计的命题如下:(1)超市侵犯了刘先生的什么权利？(2)该权利主要表现为哪几个具体的权利？(3)如果你是刘先生，为了维护自身合法权益，正确的做法是什么？ 在设问下方，郑砚好同学写上了自己的命题答案:(1)人格尊严权;(2)该权利具体表现为名誉权、肖像权、姓名权和隐私权等;(3)当公民的名誉权受到非法侵害时，公民可以依法向人民法院提起诉讼，要求侵害者停止侵害、消除影响、恢复名誉、赔礼道歉，如因非法侵害造成财产和精神上的损害，可以要求赔偿损失。“评委组”在评审过程中认为此命题设问不够具体、不够针对性，容易使答题者产生不同答案。比如，“(1)超市侵犯了刘先生的什么权利？”的答案可以回答“名誉权”，而“(2)该权利主要表现为哪几个具体的权利？”可以回答为“名誉利益支配权和名誉维护权”，这样一来，这两道小题就有了截然不同而且也是正确的答案了。因此“评委组”对该命题进行了修改，使第一小题的设问更具体些，就不会产生两组截然不同的答案了。他们用红笔在命题下方写上了“评委组”的修改意见:建议“(1)超市侵犯了刘先生的什么权利？”修改为“(1)超市侵犯了刘先生人格尊严权中的哪一具体权利？”这样答案就比较唯一了，不会产生歧义。

八(4)班应琥犇同学他搜索到的相关素材是:“未经授权，沈阳某服装市场一老板擅自用香港影视明星陈小春肖像进行服装宣传，结果被陈小春告上法庭。”据此素材，应琥犇同学的设问如下:(1)“擅自”一词说明该老板侵犯了陈小春的哪一人格尊严权？(2)法律上如何界定该权利是否遭受侵害？(3)以下行为不属于侵权的是(　　)A.某挂历厂擅自印制了某女星作为挂历图片　B.警方在全国范围内发布某罪犯的头像进行通缉　C.某同学的照片被同学们当成靶子射击　D.某明星的头像被PS成乌龟 。答案如下:(1)肖像权(2)《中华人民共和国民法通则》第一百条规定:公民享有肖像权，未经本人同意，不得以营利为目的使用公民的肖像，否则属于侵犯肖像权。(3)B。经过“评委组”审议，一致推选应琥犇同学的命题为“最佳命题”。“评委组”给出的评审意见为:设问科学，答案严谨，既不超纲，也不局限于书本知识，推荐为“最佳命题”。在“评委组”评审完后的第二天，我就在我任教的两个班都宣读了应琥犇同学的这一命题，既表扬了他，也对上节课的知识做了一次复习，同时也为新课的“导入”教学做好了准备，可谓“一举多得”啊！

（二）综合复习阶段——“刨根问底”

适用阶段：九年级的中考复习、冲刺阶段

到了中考复习阶段，我们的任务是要帮助学生把握中考脉搏，紧跟中考方向，从课程的全局着手，指导学生查漏补缺。因此，与“请君入‘问’”由学生寻找新闻素材并进行命题不同的是，我自己上网搜索当前的热点新闻、重大时事等材料要求学生命题。由于重大时事热点问题贴近生活实际，材料生动、具体，时代特色鲜明，因此能够活跃课堂气氛，增强课堂教学的感染力，从而满足不同学生的心理需求，极大地激发了学生的学习兴趣与命题兴趣，并促使学生实现了从“两耳不闻窗外事，一心只读圣贤书”向“国事、家事、天下事，事事关心”的转化。展示完素材后，我要求他们依据材料“刨根问底”，比比“谁挖得最多，挖得最深，挖得最新”。我往往在屏幕上展示出材料、文字、图片或视频等，要求同学们在有限的材料里，用敏锐的嗅觉挖掘出材料中所隐含的信息，并提出设问，命题范围越广越好，角度越新颖越好。我要求每位同学至少三题，试题范围为中考范围——地理、历史、心理健康与道德教育、法律教育、国情教育、乡土教材等，请学生在五分钟内（课堂时间有限）完成设问和答案一并上交。我和“评委组”把学生交上来的命题逐一批阅，把认为较好的题目和命题人抄在备课本上，以便我下节课可以在班级里反馈，并且由全班同学一起投票评选出“最佳创新命题”。综上所述，我采用的“刨根问底”活动的流程概括起来就是：

1.教师完成本课时教学。

2.教师展示命题的材料。

3.“命题人”根据所给材料命题。

4.“评委组”认真评审批阅，评选出“最佳创新命题”，并对部分命题提出修改意见。

5.教师在下个课时在任教班级里反馈，做出表扬、提出建议。

如在2013年3月26日，我在屏幕上播放了视频（我自己已经事先编辑过并配上字幕）：3月25日，在坦桑尼亚（非洲）进行国事访问的中国国家主席习近平，在尼雷尔国际会议中心发表主旨演讲。他说中国仍有1.28亿人口生活在贫困线以下，要实现全体国民的富裕仍然有很长的路要走，要付出长期的艰苦努力。习近平提到，我们要实现全国进入现代化，那就是把世界上的发达国家人口增加一倍。让13亿人过上富裕日子还很漫长。他强调，无论中国发展到什么地步，“中国永远把非洲国家当患难之交”。基本上大多数学生在观看完新闻后就马上动笔命题，五分钟后都能上交，但命题质量参差不齐。有些同学成绩相对落后，命题也较直接、简单，如“坦桑尼亚位于中国的什么方向？”“从材料中可以看出当前中国的基本国情是什么？”等，对此类命题我以鼓励为主，但不提倡每次命题都采用类似角度，因为这样的角度出多了会产生“惰性”，思维得不到创新。有些同学的命题还是经过深思熟虑的，如八(3)班胡斯禹同学有一个命题是这样的：“‘中国仍有1.28亿人口生活在贫困线以下，要实现全体国民的富裕仍然有长的路要走，要付出长期的艰苦努力’说明中国仍处于社会主义的哪一发展阶段？为超越此阶段，我国曾经出现过什么失误与挫折？”还有八(4)班朱宇奥同学的命题：“‘中国永远把非洲国家当患难之交’一句话说明中国有怎样的大国形象？坚持怎样的外交政策？该政策是以什么原则作为基础的？”另外八(3)班杨承硕的命题是：“要实现全民富裕，说明我们坚持什么根本原则？我们的家乡有许多私营企业，这些企业为国家的经济做出了重大贡献，要求我们坚持怎样的基本经济制度？”等等。这些命题从新闻素材出发，基于素材，回归教材，命题人在命题的同时也是再复习的一个过程，比单纯地完成教师布置的熟读记背任务要有积极性得多，也印象深刻得多，同时“绞尽脑汁”出一道创新命题对命题人本身的思维也是一种开阔。

三、做，然后知不足

经过两年多的教学实践，我发现“我是命题人”教学活动虽然取得较大进展，也取得较大成效，但在实施操作过程中存在较多问题。

1.“评委组”评审工作与自身学习时间之间的矛盾。“评委组”成员其实是由班级中的同学组成的，不同学习阶层的同学都有，一个班级六位“评委”，而他们得抽出课余时间完成“评审”工作，势必影响到他们的课间休息时间，有时还会影响到其他科目的学习时间。但如果“评委”由教师本人担任，这又类似于老师批改作业，失去了“命题人”这个角色的积极性。这是一个矛盾，有待解决。

2.教师反馈的时间与数量受时间限制。对巩固新知阶段时的“请君入‘问’”进行的反馈既是为了对此环节对应的知识点的一次归纳复习，也是对新课的一种新的“导入”形式；而对“刨根问底”所进行的反馈是对热点新闻蕴含信息一次深入挖掘，“命题人”从各个初中三年的教学板块范围内进行设问，范围广、角度多、创新的题目也较丰富，换句话说即“含金量较高”。而每节课我们教师都有预定的教学内容，因此，我们的反馈环节往往为了给当堂课节约时间，就选择其中的几道题匆匆而过，点到即止，浪费了许多“智慧成果”，也打击了部分“命题人”的积极性。

古希腊智者学派的代表人物普鲁塔戈拉说：“头脑不是一个要被填满的容器，而是一把需要被点燃的火把。”但愿我就是点燃火把的那一束微弱的火苗，能让我们的学生在学习过程中不断产生思维的火花，让学生在思考中掌握知识，提高学科思维能力，从而促进学生的全方位的发展，相信这也是每位教育者的终极目标吧！

浅谈“多题归一”在初中数学复习课中的应用

■应海燕

绝大多数学校在一番紧锣密鼓后，初步完成第一轮的复习，如何有效开展第二轮的复习摆在每个初三备课组面前，需要集中智慧，提升第二轮复习效率。

传统的复习课通常采用问答，组织学生做、听、讲，提纲式的知识罗列，割裂了知识之间的联系，没有形成一个整体的知识框架，显得零散、不系统。这种传统复习方式，处于一种尴尬的境地，表现为：教师——这块知识讲了多少遍，不会的还是不会；学生——一听就懂，一放就忘，一做就错，导致教学效率低下。对一些“质同形异”的题目，要善于指导学生摒弃表面因素，抓住本质的特征，既能沟通知识之间的纵横联系，同时对培养学生的创造思维效果甚佳。本文就如何在中考数学复习中进行“多题归一”的教学略举几例。

一、两点之间线段最短的应用

【引入】古罗马有一位将军，他每天都要从营地A出发，到河边给马饮水，再到河岸同侧的指挥所B处开会。他经常想一个问题：应该沿怎样的路线行走才能使路程最短？请你帮他想一想，并画出最短的路线。

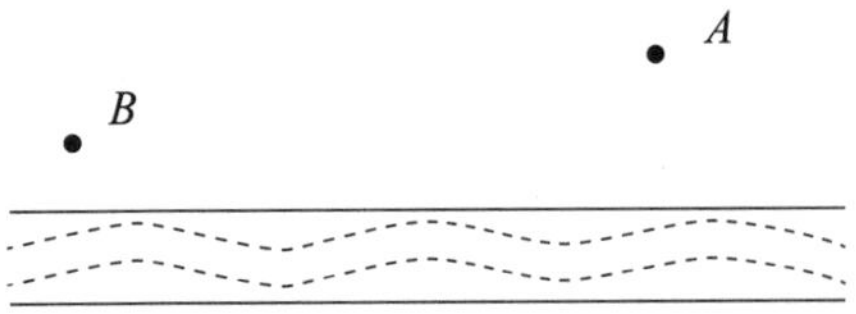

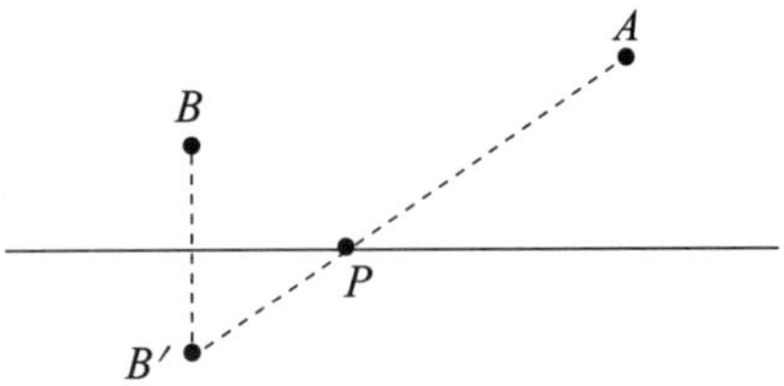

上题要用到的基本知识是两点之间线段最短，这是数学的基本公理，可谓人尽皆知，但一旦要运用它来解题，学生往往一脸茫然，不知从何做起。上题其实体现了数学建模思想，本质上是要培养学生灵活运用数学知识解决实际问题的能力。

变式1：（背景为直角坐标系）如图1，一束光线从y轴上的点$A(0，2)$出发，经过x轴上点C反射后经过点$B(6，6)$，则光线从点A 到点B所经过的路程是（　　）

A.10　　B.8　　C.6　　D.4

变式2：（背景为等腰三角形）如图2，已知在等腰$\triangle ABC$ 中，$\angle ABC=120°$，P是底边AC上的一个动点，M、N分别是AB、BC的中点，若$PM+PN$的最小值为2，求$\triangle ABC$的周长.

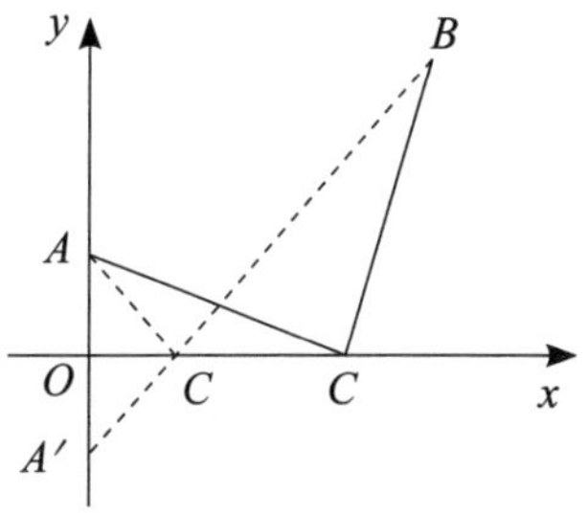

图1

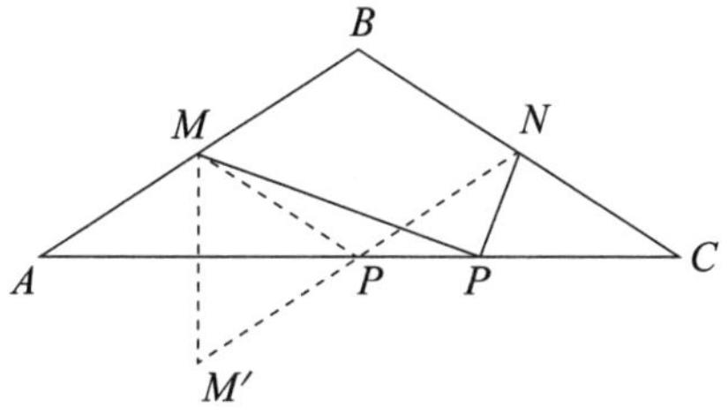

图2

变式3：（背景为正方形）如图3，正方形$ABCD$的周长为8，点E是线段AB的中点，点P是对角线AC上的一个动点，求$PE+PB$的最小值.

变式4：（背景为菱形）如图4，点P是边长为1的菱形$ABCD$对角线AC上一个动点，M、N分别是AB，BC边上的中点，$PM+PN$的最小值是（　　）

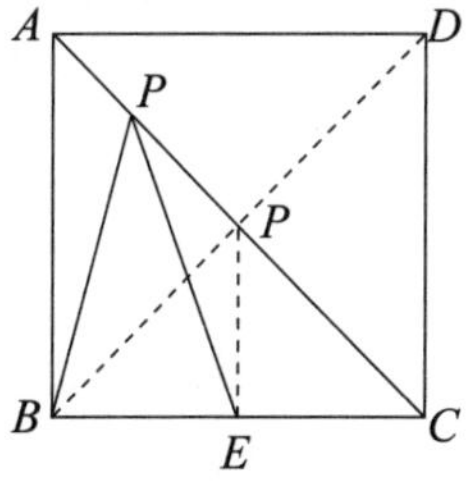

图3

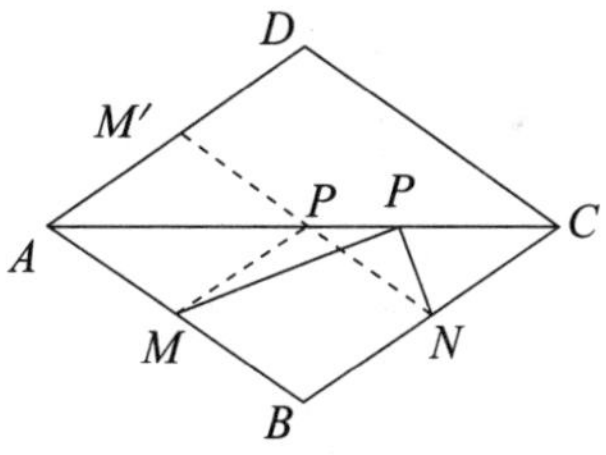

图4

变式5：（背景为圆）如图5，AB是$\odot O$的直径，OC是$\odot O$的半径，$OC\perp AB$，$OC=1$，点D在圆上，弧$AD=2$弧DC，点P是半径OC上的一个动点，那么$AP+PD$

的最小值是(　　)

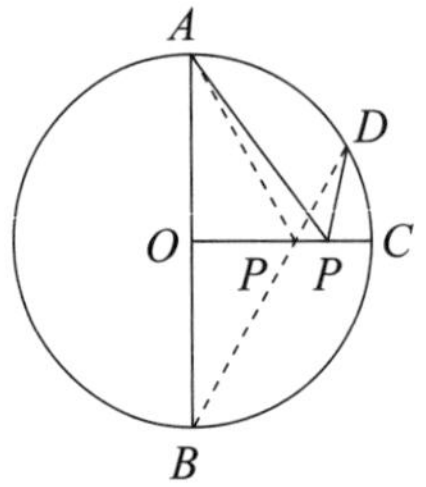

图5

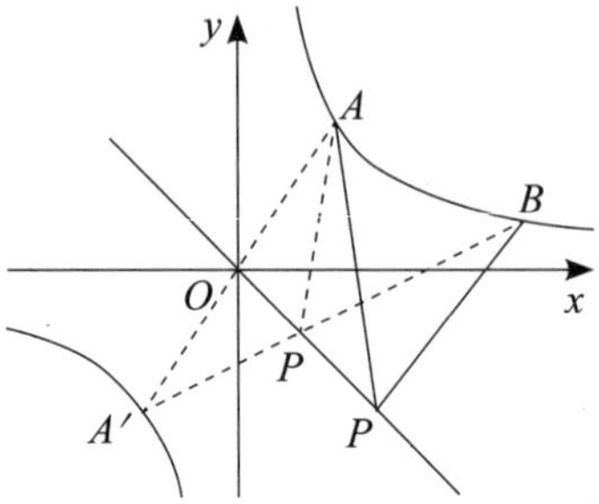

图6

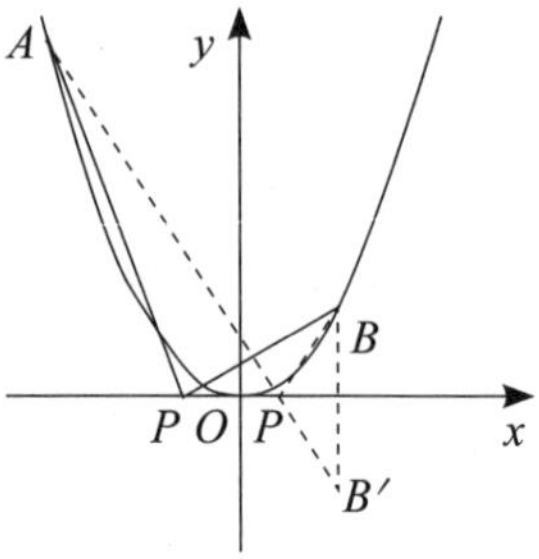

图7

变式6:(背景为双曲线)如图6,在反比例函数$y=\dfrac{6}{x}$上有两点$A(3,\ 2)$,$B(6,\ 1)$,在直线$y=-x$上有动点P,那么当$PA+PB$最小时,求P点的坐标.

变式7:(背景为抛物线)如图7,已知点$A(-4,\ 8)$和点$B(2,\ n)$在抛物线$y=ax^2$上.求a的值并在x轴上找一点P,使得$AP+BP$最短,求点P的坐标.

【概括与归纳】(1)引导学生找到对称轴和三个点,三点在同一直线上时就是最短路线.(2)以上求最短路线的问题都要求学生能把不同的问题抽象为同一类型,即构建数学模型.

二、几何探究——一道翻折问题的设计

【引入】如图,在Rt△ABC纸片中,∠B=90°,∠ACB=30°,AB=1,点D在边BC上,将△ACD沿直线AD翻折得到△ADC',AC'与边BC交于点E.若$C'D\perp BC$,则CD的长是__________.

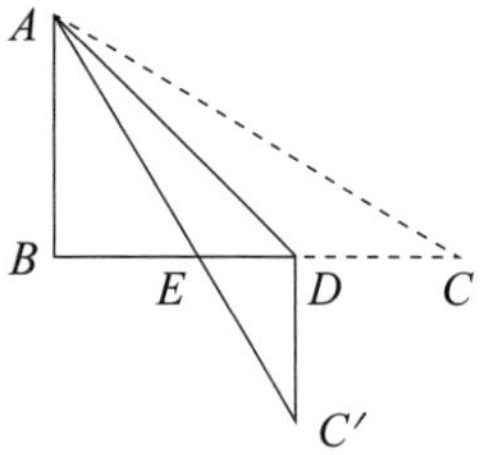

解题思维点拨:先依据直角三角形30°的性质求得AC的长,再求得BC的长,然后由翻折的性质可知:∠ADC=∠ADC'=135°,然后计算得∠ADB=45°,最后求解即可.

【设计意图】从学生已有的经验出发,问题的起点较低,学生容易入手,降低学习的难度,激发学习兴趣。

变式1:如图,在Rt△ABC纸片中,∠B=90°,AB=3,BC=4,点D在边BC上,将△ACD沿直线AD翻折得到△ADC',AC'与边BC交于点E.若△DEC'为

直角三角形，则CD的长是____________.

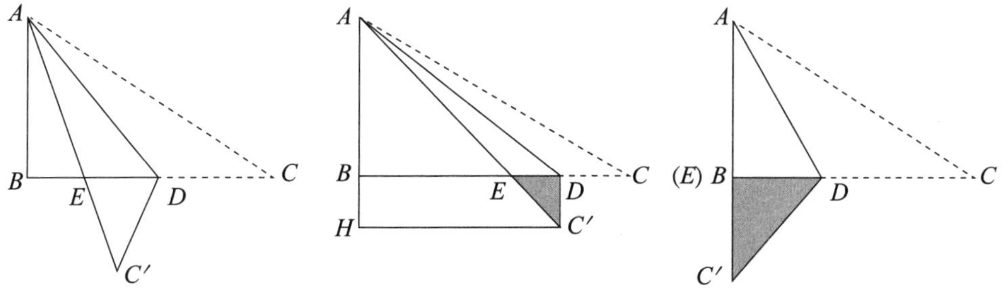

解题思维点拨：先依据勾股定理求得AC的长，然后由翻折的性质可知：$AC'=10$，$DC=DC'$，接下来分为$\angle EDC'=90°$ 和$\angle DEC'=90°$，两种情况画出图形，设$DC=DC'=x$，然后依据勾股定理列出关于x的方程求解即可.

【设计意图】从静到动，对学生解决问题的思维要求有所提升，学生不容易考虑周全，这样的问题情境可以激发学生的求知欲望；由于图形位置的不确定性，引发了需要按一定的标准来讨论解决这个问题的必要性，学生对分类标准有了初步的认识。

想一想：已知直角三角形的三个顶点，常以什么为分类标准？

【点评】通过变式1及时把画图所得的具体探索结果，上升到一般方法的层面，知识由感性认识归纳为理性认识。同时问题的指向性体现教师在课堂教学中的引导作用，学生紧紧跟随教师的引导，从一个内容转向另一个内容的探索。

变式2：如图，在Rt$\triangle ABC$纸片中，$\angle B=90°$，$AB=3$，$BC=4$，点D在边BC上一点，$DE\parallel AB$交AC于点E，将$\triangle CDE$沿DE翻折得到$\triangle C'DE$，若$\triangle AC'E$为直角三角形，则CD的长是____________.

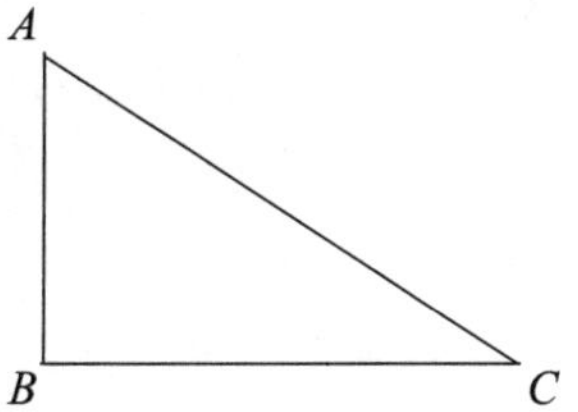

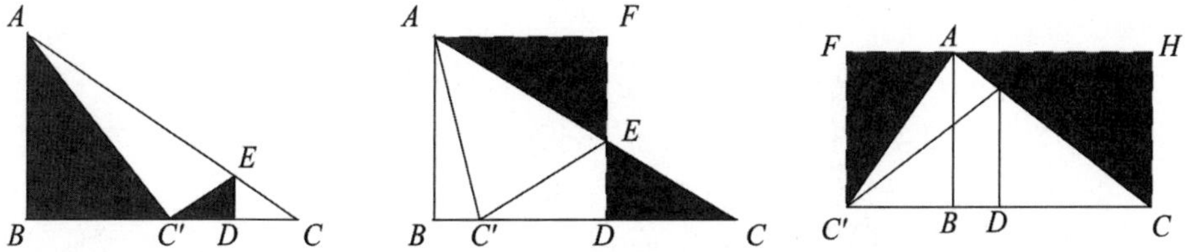

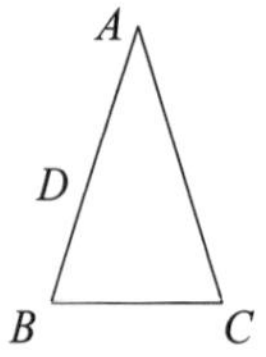

解题思维点拨：由于△$AC'E$的直角顶点没有明确，因此要分三种情况来分类讨论：(Ⅰ)若∠$AC'E$=90°(Ⅱ)若∠AEC'=90°(Ⅲ)若∠EAC'=90°；再按上面的三种情况构图列式求解。

变式3：如图，已知△ABC纸片中，$AB=AC=15$，$\cos\angle A=\frac{4}{5}$，点D是边AB上一点，$AD=10$，点E是边AC上一点，将△ADE沿着直线DE翻折得到△$A'DE$，△$A'DE$的一条边(折痕DE除外)与AC垂直，则AE的值是__________.

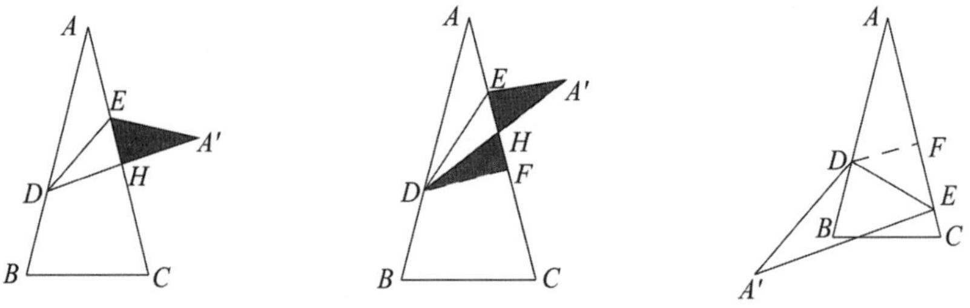

解题思维点拨：由于△$A'DE$的一条边(折痕DE除外)与AC垂直，哪边没有明确，因此要分两种情况来分类讨论：(Ⅰ)若$A'D\perp AC$(Ⅱ)若$A'E\perp AC$；再按上面的三种情况构图列式求解.

【点评】本题考查了解一元二次方程、勾股定理、解直角三角形、直角三角形的性质等知识点，综合性比较强，有一定的难度. 属于运动型与存在型的综合性问题，注意要弄清动点的运动过程，进行分类讨论计算. 课堂进行到此，学生思路已然打开，大脑处于兴奋阶段，不仅把学生的思维引向更纵深的高层次，实现了“形”与“数”的有机的结合；教师在讲解过程中对学生渗透了数学中分类思想、方程思想、数形结合思想，思维含量很高.

理一理：1.折叠问题的本质是什么？由折叠可得到哪些结论？

2.折叠中求长度的问题常化归与转化什么问题？构造什么图形？列方程的途径有哪些？

3.已知直角三角形的三个顶点，常以什么为分类标准？

4.在本节课的学习中，主要运用了哪些数学思想？

(分类讨论思想+数形结合思想+方程思想)

教学反思：从以上的各个环节可以看出，对翻折后形成的三角形是直角三角形的分类与构图，不仅让学生明晰于一类题型的解题思路、方法和技巧，也提升了教师自身研题和教学的能力。我们虽然反对“题海战术”，但不应轻视数学解题研究，尤其是对学生困惑问题的研究，我们要把解题上升到研题、编题，培养学生的建模能力，让学生知其然而知其所以然。

三、反比例函数综合题

【引入】如图，$\triangle P_1OA_1$，$\triangle P_2A_1A_2$，$\triangle P_3A_2A_3\cdots\triangle P_nA_{n-1}A_n$都是等腰直角三角形，点$P_1$、$P_2$、$P_3\cdots P_n$都在函数$y=\dfrac{4}{x}$（$x>0$）的图象上，斜边$OA_1$、$A_1A_2$、$A_2A_3\cdots A_{n-1}A_n$都在$x$轴上.

（1）P_1点的坐标为________；（2）求A_1、A_2点的坐标；

（3）猜想A_n点的坐标.（直接写出结果即可）

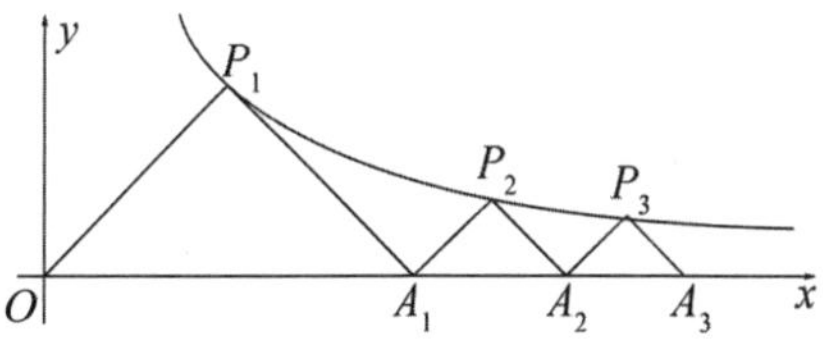

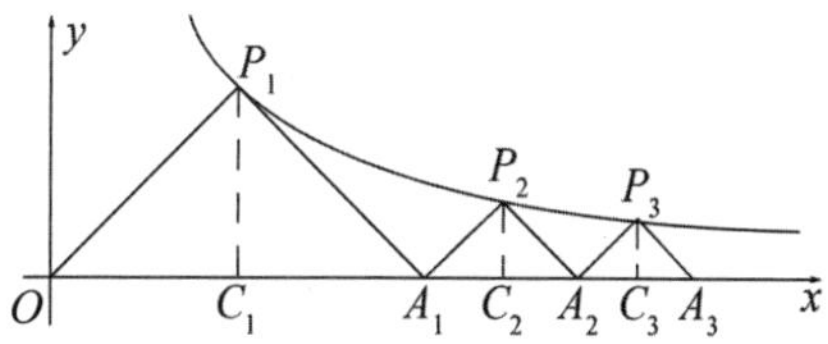

考点：反比例函数综合题。

专题：代数几何综合题。

解题思维点拨：

（1）首先根据等腰直角三角形的性质，知点P_1的横、纵坐标相等，再结合双曲线的解析式得到点P_1的坐标是（2，2），则根据等腰三角形的三线合一求得点A_1（4，0）；

（2）过点P_2作$P_2C_2\perp OA_2$于点C，设$A_1C_2=a$，根据等腰直角三角形的性质表示出P_2C_2的长度为a，然后表示出点P_2的坐标$(4+a, a)$，再把点P_2的坐标代入反比例函数解析式，解方程$a(4+a)=4$得到a的值，从而得解A_2（$4\sqrt{2}$，0）.

（3）根据A_1（4，0）、A_2（$4\sqrt{2}$，0）、A_3（$4\sqrt{3}$，0）点的坐标特征即可推而广之得A_n（$4\sqrt{n}$，0）.

【点评】本题是对反比例函数的综合考查，等腰直角三角形的性质，解一元二次方程，难度不大，作出辅助线，表示出点P_1、P_2的坐标是解题的关键，问题的起点较低，学生容易入手，这样的问题情境可以激发学生的求知欲望。

【类比探究】如图，$\triangle P_1OA_1$，$\triangle P_2A_1A_2$，$\triangle P_3A_2A_3\cdots\triangle P_nA_{n-1}A_n$都是等边三角形，点$P_1$、$P_2$、$P_3\cdots P_n$都在函数$y=\dfrac{k}{x}$（k>0）在第一象限图像上的点，边$OA_1$、$A_1A_2$、$A_2A_3\cdots A_{n-1}A_n$都在$x$轴上，点$A_1$的坐标为（2，0）.

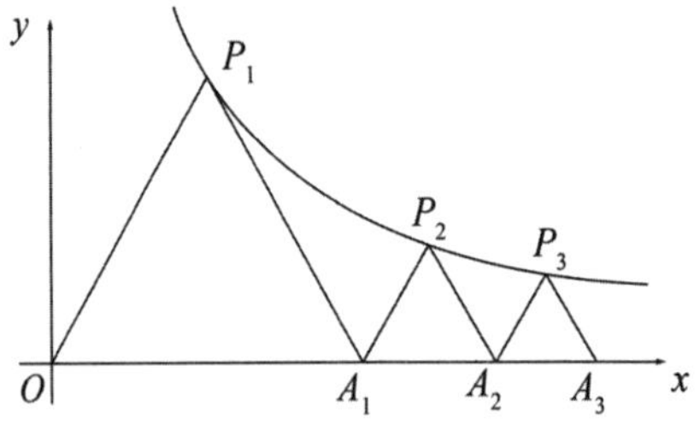

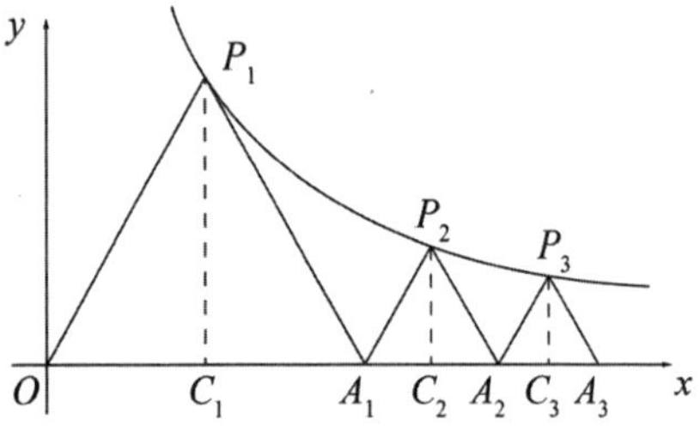

（1）直接写出点P_1的坐标；（2）求此反比例函数的解析式；

（3）求A_1、A_2点的坐标；（4）猜想A_n点的坐标.（直接写出结果即可）

解题思维点拨：

（1）根据等边三角形的性质从而得到点P_1的坐标（1，$\sqrt{3}$），再利用待定系数法求反比例函数解析式列式计算即可得解；

（2）过点P_2作$P_2C_2\perp OA_2$于点C，设$A_1C_2=a$，根据等边三角形的性质表示出P_2C_2的长度$\sqrt{3}$，然后表示出点P_2的坐标（$2+a$，$\sqrt{3}\,a$），再把点P_2的坐标代入反比例函数解析式，解方程$\sqrt{3}\,a(2+a)=\sqrt{3}$得到$a$的值，从而得解$A_2$（$2\sqrt{2}$，0）.

（3）根据A_1（2，0）、A_2（$2\sqrt{2}$，0）、A_3（$2\sqrt{3}$，0）点的坐标特征依次类推得A_n（$2\sqrt{n}$，0）.

【设计意图】类比探究，提升难度，培养学生的探究精神，有利于学生熟练掌握在解决有关线段长度或点坐标问题时，常用列方程来解决，让学生体会方程思想。

【点评】本题是建立在上题的基础上，从等腰直角三角形到等边三角形改变的情况下，解题时要有“回头看”的意识，建立新与旧、已知与未知的联系，有助于学生关注问题或概念的不同方面，让他们觉得有新的理念出现，因而加深对题意的理解，方法的熟练掌握。

理一理：对于这种题，我们应该找到什么是关键点？

对于这种题，我们应该抽象概括它的本质特征，在解决有关线段长度或点坐标问题时，常用列方程来解决，让学生体会方程思想，将其数学化、形式化，形成数学模型。

【拓展应用】

在直角坐标系xOy中，等边△AQP的顶点A、Q在x轴上，点P在反比例函数$y=\dfrac{k}{x}$（$k>0$）的图像上.

（1）当点A与原点重合，且等边△AQP的边长为2时，求反比例函数的表达式；

（2）当A点坐标为（1，0）时，点P在（1）中的反比例函数图像上，求等边△AQP的边长；

（3）若A点坐标为（t，0），在（1）中的反比例函数图像上，若符合题意的正△AQP恰好有三个，求t的值.

（4）若A点坐标为（t，0），在（1）中的反比例函数图像上，若符合题意的正△AQP恰好有四个，求t的取值范围.

【设计意图】从静到动，对学生的思维是一大跳跃，一大挑战，同时分类讨论有助于提升思维的严谨性。

解题思维点拨：（1）如图，过P作$PN\perp AQ$于N，求出点P坐标即可解决.

（2）如图，由于△PAQ位置没有明确，因此要分两种情况来分类讨论.过P作$PN\perp AQ$于N，设△PAQ的边长为，得到$P(1+a,\sqrt{3}a)$或$(-1-a,-\sqrt{3}a)$再用待定系数法即可解决问题.

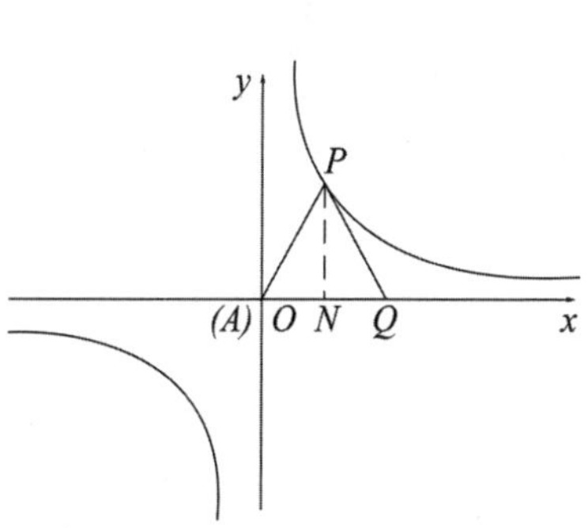

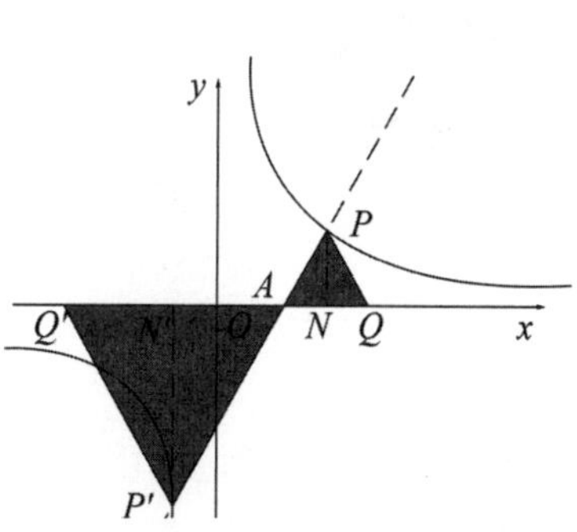

(3)如图，$\triangle P''AQ''$ 是等边三角形，当直线 $P''A$ 与双曲线 $y=\frac{\sqrt{3}}{x}$ 只有一个交点时，符合题意的正 $\triangle PAQ$ 恰好有三个，关键方程组，利用判别式即可解决.

(略解) $\because$ 直线 $P''A$ 的解析式为 $y=-\sqrt{3}x+\sqrt{3}t$，

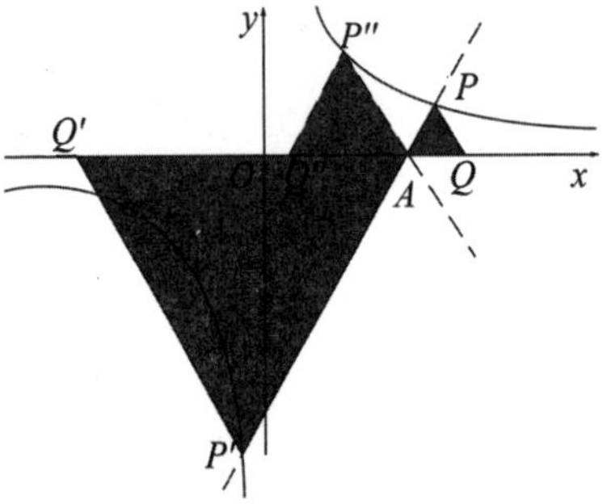

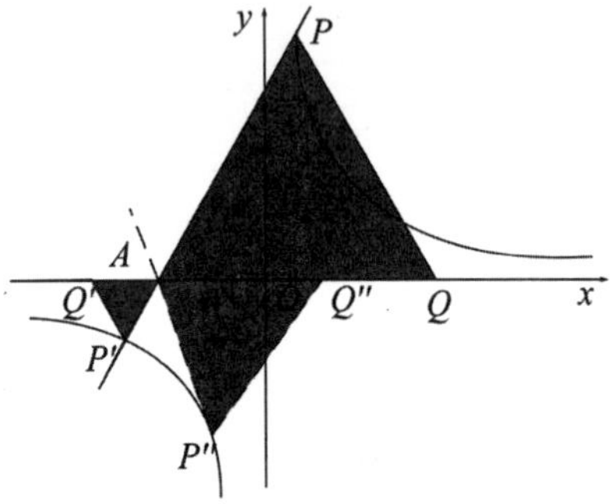

由 $\begin{cases} y=-\sqrt{3}x+\sqrt{3}t \\ y=\frac{\sqrt{3}}{x} \end{cases}$ 消去 y 得到 $x^2-tx+1=0$，由题意 $\Delta=0$，$\therefore t^2-4=0$ $\therefore t=\pm 2$.

(4)如图，当直线 $P''A$ 与双曲线 $y=\frac{\sqrt{3}}{x}$ 只有两个交点时，符合题意的正 $\triangle PAQ$ 恰好有四个，关键方程组，利用判别式即可解决.

(略解) $\because$ 直线 $P''A$ 的解析式为 $y=-\sqrt{3}x+\sqrt{3}t$，

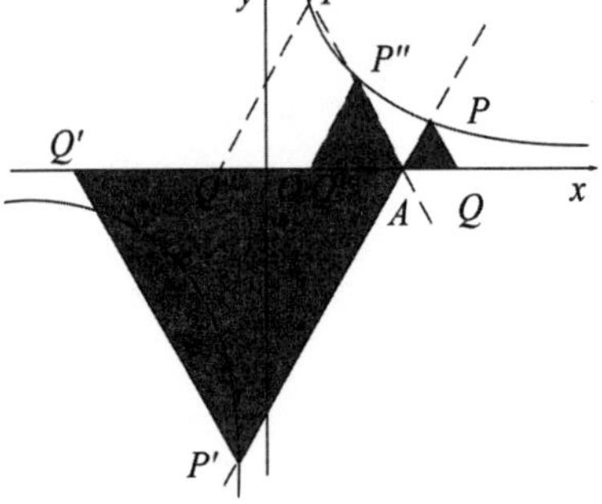

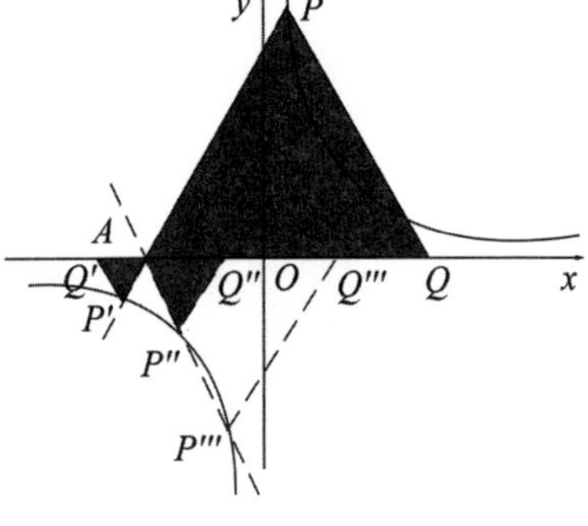

由 $\begin{cases} y=-\sqrt{3}x+\sqrt{3}t \\ y=\frac{\sqrt{3}}{x} \end{cases}$ 消去 y 得到 $x^2-tx+1=0$

由题意$\Delta>0$，$\therefore t^2-4>0$ $\therefore t>2$或$t<-2$.

【点评】本题考查反比例函数综合题、一次函数、方程组、根的判别式等知识；解题的关键是灵活应用这些知识解决问题，学会利用方程组确定两个函数图象交点问题。

【小结】

1.在本节课的学习中，主要学了什么?

2.在本节课的学习中，主要运用了哪些数学思想?

(分类讨论思想+数形结合思想+方程思想)

从以上的例析中可以看出，在教学中不但要培养学生一题多解的能力，还应积极培养学生多题归一的能力。多题归一的训练，可以提高学生的发散思维能力、划归迁移思想能力和思维的灵活性，更重要是培养聚合性思维的重要途径。多数习题，虽然题型各异，研究对象不同，但问题的实质相同，若能对这些“形异质同”或“形近质同”的问题归类分析，抓住共同的本质特征，在中考数学教学复习中，教会学生“巧妙建模，多题归一”悟本质，掌握解答此类问题的规律，就能触类旁通，达到举一反三、事半功倍的教学效果，从而摆脱“题海”泛舟的苦恼。

中考规律探索型问题类型剖析

■程红妹

探索是人类认识客观世界过程中最生动、最活跃的思维活动，探索性问题存在于一切学科领域之中，在数学中则更为普遍。在一定的条件状态下，需探索发现有关数学对象所具有的规律性或不变性的题目即为规律探索型问题。规律探索型问题往往内容丰富，构思新颖，立意深刻，形式灵活，可以在中考题中任何一种形式出现，规律探索是反映了由特殊到一般的数学方法，同时能考查学生的分析、归纳、抽象、概括能力，因此，它成为近几年中考试题的命题热点。下面本人对规律探索型问题的一些常见形式及解决方法提出一些自己的看法。

一、一次函数规律

此类题型的规律特征是在一列数中前后两数之间的差为等差，如差为3，则用n表达的规律中必含有$3n$，规律的表达式实质是一次函数的关系式，这是中考中最常见的一类规律题。

例1：观察下列一组数：$\frac{1}{2}$，$\frac{3}{4}$，$\frac{5}{6}$，$\frac{7}{8}$，……，它们是按一定规律排列的. 那么这一组数的第n个数是____________.

【答案】 $\frac{2n-1}{2n}$

分析：此题中各分母看成一列数，不难看到前后两分母都相差2，则分母规律中含有$2n$，各分子也相差2，因此分子规律中也含有$2n$，可用一次函数解析式的求法来确定规律，当然此题中分子与分母始终相差1，因此也可求得分母规律后，根据分子与分母的关系来表示分子中的规律。

例2：如下图是小明用火柴搭的1条、2条、3条“金鱼”……，则搭n条“金鱼”需要火柴________根.

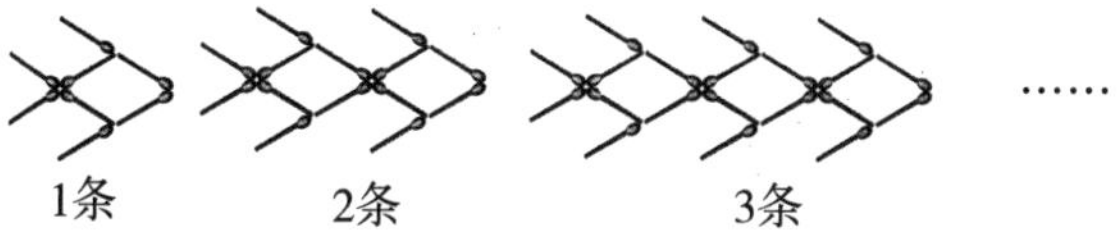

【答案】 $6n+2$

分析：此题中的规律隐含在图形中，观察图形不难发现一条金鱼时需8根火柴，后面每多一条金鱼就得加上6根火柴，即出现了各数量间相差6，因此含$6n$，为一次函数规律。

二、二次函数规律

此类题型的规律特征是在一列数中前后两数之间的差为非等差，但差呈现一定规律性，如差为自然数列，奇数列，偶数列等等，则用n表达的规律中必含有n^2，规律是二次函数的关系式。

例3：有一组数：2，5，10，17，26，……，请观察这组数的构成规律，用你发现的规律确定第8个数为________，第n个数为________.

【答案】 65　n^2+1

分析：不难发现这列数中前后两数之间的差为3，5，7，9，……，差为奇数列，因此规律是含有n^2的二次函数关系式。

例4：将一些半径相同的小圆按如图所示的规律摆放：第1个图形有6个小圆，第2个图形有10个小圆，第3个图形有16个小圆，第4个图形有24个小圆，……，依次规律，第6个图形有________个小圆.

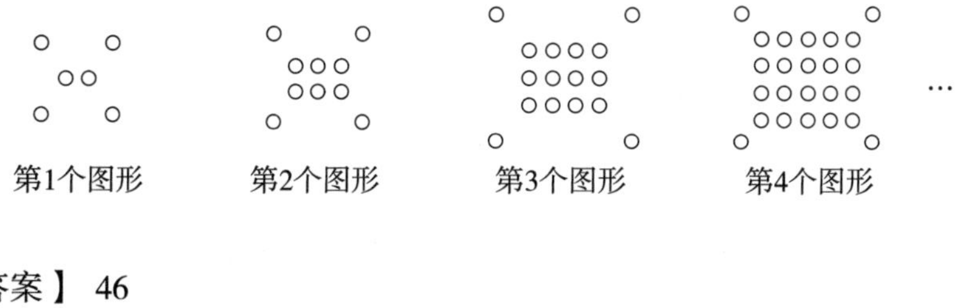

【答案】 46

分析：此题中呈现的规律是前后两个图形中圆的个数的差为4，6，8，

10,……，差为偶数列，因此规律是含有n^2的二次函数关系式。此规律可以用二次函数的待定系数法求出。当然此题也可以直接从图形中寻找规律，因为题目中出现图形，而图形中往往隐含了规律，不难看到每个图形外围都有4个小圆，里面是$n(n+1)$个，因此第n个图形有$4+n(n+1)$个。

三、拆项相消

此类题型的规律特征是通过拆项，得到一些可以相互抵消的项，通过抵消，一个较长式子的运算到最后结果往往只剩下首项和末项，因此结论也就不难得出了。

例5：观察下列各等式：$\frac{1}{1\times 2}=\frac{1}{1}-\frac{1}{2}$，$\frac{1}{2\times 3}=\frac{1}{2}-\frac{1}{3}=\frac{1}{3\times 4}=\frac{1}{3}-\frac{1}{4}$，…

根据你发现的规律，计算：$\frac{2}{1\times 2}+\frac{2}{2\times 3}+\frac{2}{3\times 4}+\cdots+\frac{2}{n\times(n+1)}$ __________.（n为正整数）

【答案】 $\frac{2n}{n+1}$

分析：根据题目提供的等式的特征，先把每一项中的分子2先提取，再进行拆项，即$\frac{2}{1\times 2}+\frac{2}{2\times 3}+\frac{2}{3\times 4}+\cdots+\frac{2}{n\times(n+1)}=2[(1-\frac{1}{2})+(\frac{1}{2}-\frac{1}{3})+(\frac{1}{3}-\frac{1}{4})+\cdots(\frac{1}{n}-\frac{1}{n+1})]=2(1-\frac{1}{2}+\frac{1}{2}-\frac{1}{3}+\frac{1}{3}-\frac{1}{4}+\cdots+\frac{1}{n}-\frac{1}{n+1})=2(1-\frac{1}{n+1})=\frac{2n}{n+1}$

四、循环规律

此类题型的规律特征是呈现循环，然后根据几个一循环，计算出所求的式子或图形等是循环中的第几个，就可得出答案，

例6：观察下列图形，并判断照此规律从左向右第2007个图形是（　　）

【答案】 C

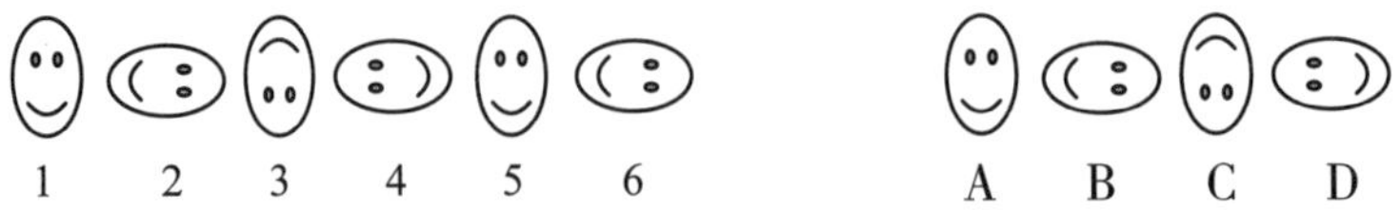

分析：由图形可知，第5个图形与第1个图形相同，因此4个图形构成了一个循环，而2007除以4余3，由此可知第2007个图形是循环中的第3个，所以答案为C。

例7：有若干个数，依次记为a_1，a_2，a_3，…，a_n，若$a_1=-\frac{1}{2}$，从第2个数起，每个数都等于1与它前面的那个数的差的倒数，则a_{2005}____________.

【答案】 $a_{2005}=-\frac{1}{2}$

分析：要求出a_{2005}的值只要找到循环规律即可，由题意依次计算得出$a_1=-\frac{1}{2}$，$a_2=-\frac{2}{3}$，$a_3=3$，$a_4=-\frac{1}{2}$，$a_5=\frac{2}{3}$，…，的值，观察计算结果可以看到a_1与a_4结果相同，规律是三个一循环，2005除以3余1，从而a_{2005}是循环中的第一个，因此$a_{2005}=-\frac{1}{2}$。

例8：如图，在直角坐标系中，已知点$A(-3,0)$，$B(0,4)$，对$\triangle OAB$连续作旋转变换，依次得到三角形①、②、③、④…，则三角形⑩的直角顶点的坐标为____________.

【答案】（36，0）

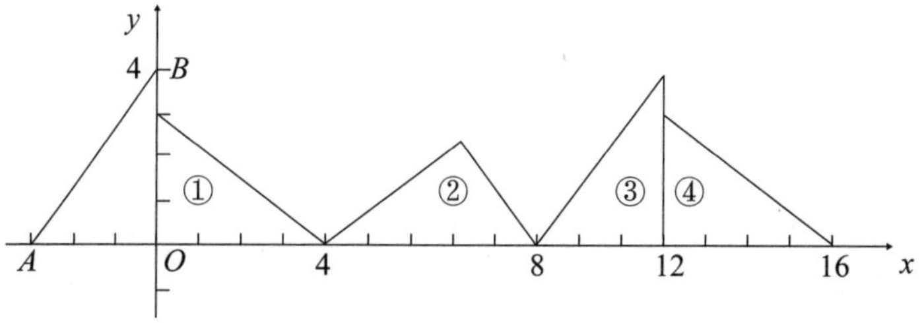

分析：此题亦是循环规律，规律隐含在图形中，观察图形可以看到图形①与图形④方向一致，因此是三个图形构成一循环，而图形①的直角顶点到图形③的直角顶点的距离是12，图形③与图形④的直角顶点是同一点，因此三角形⑩的直角顶点的横坐标是3×12=36，所以三角形⑩的直角顶点的坐标为（36，0）。

五、斐波那契数列

斐波那契数列的规律是从第三个数起，每个数都是它前面两个数的和，根据此特征求数列中的数。

例9：科学家发现：植物的花瓣，萼片，果实的数目以及其他方面的特征，都非常吻合一个奇特的数列——著名的斐波那契数列：1，1，2，3，5，8，13，21，……，仔细观察以上数列，则它的第11个数应该是____________.

【答案】 89

分析：根据前两数的和就是后接的那个数的值，依次往后算就可得出第11个数是89。

六、等比数列

此类题型的规律特征是在一列数中后一个数与它前一个数的比是一个定值，即这列数是等比数列。（图形中体现为一个基本图形的放大与缩小。）

例10：图中的螺旋形由一系列等腰直角三角形组成，其序号依次为①、②、③、④、⑤……，则第n个等腰直角三角形的斜边长为____________.

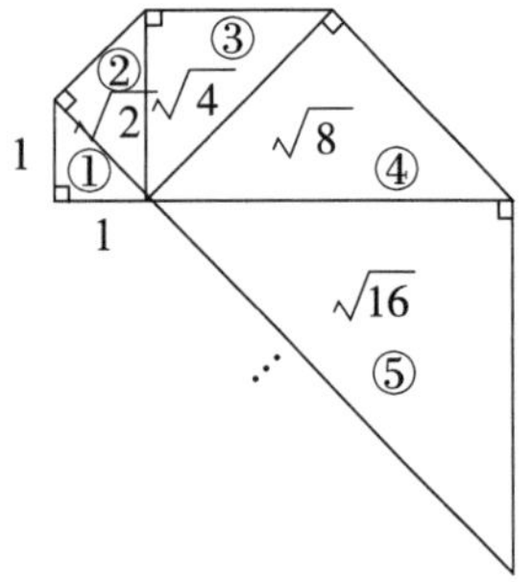

【答案】 $(\sqrt{2})^n$

分析：观察图形可以发现三角形①的斜边长为$\sqrt{2}$，三角形②的斜边长为$\sqrt{4}=(\sqrt{2})^2$，三角形③的斜边长为$\sqrt{8}=(\sqrt{2})^3$由此可得出第n个等腰直角三角形的斜边长为$(\sqrt{2})^n$。

七、符号的规律

此类题型的规律特征是在一列数中各数的符号存在一定规律，当数列符号以正、负为一个循环时可用$(-1)^{n+1}$表示第n个数的符号，当数列符号以负、正为一个循环时可用$(-1)^n$表示第n个数的符号。

例11：有规律排列的一列数：1，−2，3，−4，5，−6，7，−8，……，它的每一项你认为可用怎样的式子来表示？

【答案】 $(-1)^{n+1}n$

分析：把此数列拆成两部分来看，一部分是各数的绝对值，不难看出此时是一个自然数列，另一部分就是各数的符号变化，因为是正、负为一个循环，所以可用$(-1)^{n+1}$表示符号的变化，因此答案是$(-1)^{n+1}n$。

例12：一组按一定规律排列的式子：$-a^2$，$\frac{a^5}{2}$，$-\frac{a^8}{2}$，$\frac{a^{11}}{2}$，$\cdots$，$(a\neq 0)$则第n个式子是________（n为正整数）.

【答案】 $(-1)^n\frac{a^{3n-1}}{n}$

分析：此题中数列的规律可拆成三部分，分子变化的规律，分母变化的规律及符号变化的规律，分子中的a的次数是一次函数$3n-1$，分母是一个自然数列，而符号是以负、正为一个循环，可用$(-1)^n$表示第n个数的符号。所以答案为$(-1)^n\frac{a^{3n-1}}{n}$。

八、拆分基本图形

此类题型的规律特征是从复杂图形中拆分出基本图形，从基本图形的数目变化中探求出规律。

例13：观察下列各图，寻找对顶角（不含平角）：

（1）如图a，图中共有________对对顶角；

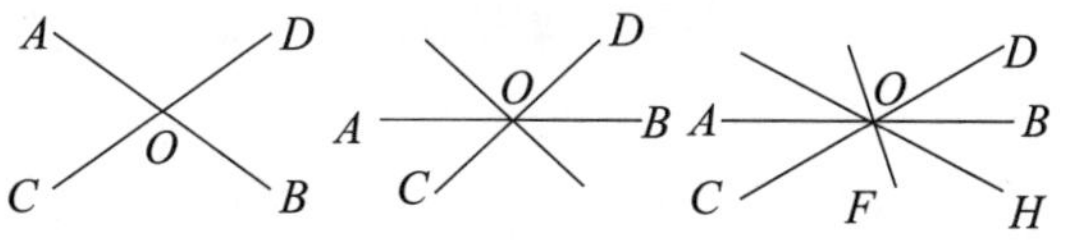

图a　　图b　　图c

（2）如图b，图中共有________对对顶角；

（3）如图c，图中共有________对对顶角；

（4）研究（1）~（3）小题中直线条数与对顶角的对数之间的关系，若有n条直线相交于一点，则可形成________对对顶角；

【答案】（1）2（2）6（3）12（4）$n(n-1)$

分析：题中图a不难直接数出共有2对对顶角，图b，图c的对顶角数量若也是拿来直接数的话容易重复与遗漏，易出差错。若把图a看成基本图形，因为图b中共有3条直线相交，共可拆分出$\frac{3\times2}{2}=3$个图a这个基本图形，因而有$3\times2=6$对对顶角。图c中有4条直线相交，共可拆分出$\frac{4\times3}{2}=6$个图a这个基本图形，因而有$6\times2=12$对对顶角。若有n条直线相交于一点，共可拆分出$\frac{n(n+1)}{2}$个图a这个基本图形，因而有$\frac{n(n+1)}{2}\times2=n(n-1)$对对顶角。

九、不同角度看数表（式）

此类题型的规律特征是题目以数表（式）形式出现，规律隐含在数表（式）中，可以从不同方向看数表（式）来找规律，如横向看，竖向看，斜向看数列探求规律，或者是从数表（式）的某一部分，如取出数表中呈三角形位置的3个数，呈四边形位置的4个数等形式，通过某一部分数之间的联系来探求规律。

例14：观察下列顺序排列的等式：

$9\times0+1=1$，

$9\times1+2=11$，

$9\times2+3=21$，

$9\times3+4=31$，

$9\times4+5=41$，

猜想：第n个等式（n为正整数）应为________.

【答案】$9(n-1)+n=10n-9$

分析：从竖向看左边第1个数都是9，第2个数是$n-1$，第3个数是n，右边是上下两数均相差10，横向看是$n-1$个10加1，因而可以表示为$10n-9$。

例15：观察数表

-1

1　-1

1　-2　1

1　-3　3　-1

1　-4　6　-4　1

1　-5　10　A　5　-1

1　-6　15　-20　15　-6　1

根据表中数的排列规律，则字母A所表示的数是____________.

【答案】 -10

分析：从斜方向看A所在的一排数是，1 、-3、6、A、15.而这个数列之间的差是奇数列，符号是正负循环。因此很快可得出答案是-10。

例16：观察表一，寻找规律．表二、表三分别是从表一中选取的一部分，则$a+b$的值为__________.

0	1	2	3	…
1	3	5	7	…
2	5	8	11	…
3	7	11	15	…
…	…	…	…	…

表一

11
14
a

表二

11	13
17	b

表三

【答案】 37

分析：表一中呈现的规律横向看时是第n行前后两数的差为n，竖向看时第n列上下两数的差为n，表二中竖向看上下两数差为3，因此$a=17$，表三中横向看可以看成是第2行与第3行中的一部分，因此$b=17+3=20$，也可以竖向看成第6列和第7列的一部分，因此$b=13+7=20$。

综上所述，规律探索型问题类型众多，但我们如果能熟悉各种题型本质特征，那么我们就能以不变应万变，实现以规律解决规律探索型问题。

立足反比主体，巧用相似变化

——一道试题的多解思考及展望

■裘依玲

反比例函数是初中数学三大函数之一，三种函数各有千秋，而反比例函数参数唯一，图像中可以构建与参数有关的图形，使得反比例函数的灵活性和容纳性较强。以反比例函数图像为主体进行的图形变化可易可难，留给学生的创造空间大，对其能力要求也比较高。如果能够巧用相似变化，结合参数运算，对于解决一部分反比例函数问题有较大的帮助。笔者通过对一道初三月考题的多解分析，探索反比例函数与相似变化在解题中如何相辅相成，从而解法自然生成。

一、原题呈现

如图，点C在反比例函数$y=\frac{1}{x}$（$x>0$）的图像上，$CB\perp x$轴于点B，延长BC至A，使得$AC=BC$，连结BD，OC交于点E，随着点C的横坐标的增大，图中阴影部分面积S_1+S_2的大小变化情况是（　　）

A.一直减小　　B.一直不变

C.先减小后增大　　D.先增大后减小

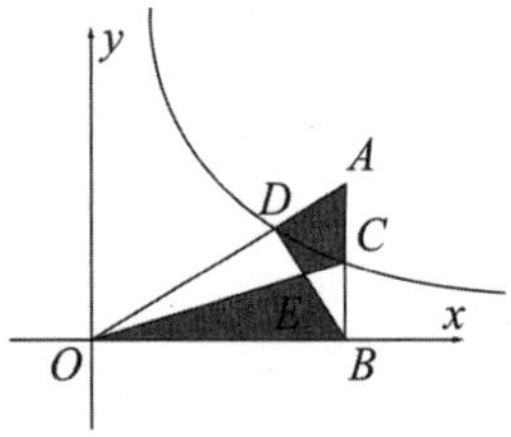

图1

二、背景分析

该题选自初三一份月考试卷选择题第10题，正确率不高，很多学生并不能够准确判断出阴影部分面积的变化情况，大部分学生采取直观猜测的方法，选取2至3个点C的位置，构造图像，通过观察推断图形面积不变，或者再通过直接测量，求出面积，进而判断，能够准确分析证明出阴影部分面积变化情况的学生不多，并且所花时间也较长。作为一个选择题，不需要精确地计算出其面积，但是在解决该题的过程中，依靠反比例函数构建参数，再运用相似的比例关系，使得阴影部分面积顺理成章求出，所以下文在求解过程中就直接精确地将阴影部分面积算出，使得探索更加深入，而不浮于表面推测。

三、试题分析求解

该题在反比例函数图像上构建了直角三角形，并考察两个图形面积的变化情况。反比例函数图像信息单一，通常涉及反比例图像上的点与原点构造的直角三角形的面积公式：$S=\frac{|k|}{2}$，这里我们可以得到$S_{\triangle COB}=\frac{1}{2}$，而由题目所给$AC=BC$的条件，通过等底同高可知$S_{\triangle AOC}=S_{\triangle COB}=\frac{1}{2}$，所以$S_{\triangle AOB}=1$。然而，光靠这些结论还无法判断阴影部分的面积变化，我们必须进一步构造辅助线，来探索阴影部分面积或者空白部分面积变化情况。

（一）巧连辅助线，相似得面积

由于点D与点C都在反比例函数上，为了使可用信息更多，可以过点D构造垂线，交线段DF于点G，交x轴于点F，此时空白部分的$\triangle ODE$被划分成了$\triangle ODE$与$\triangle DGE$，因为$DF \parallel AB$，所以图形当中出现了几对相似三角形：$\triangle ODG \backsim \triangle OAC$，$\triangle OGF \backsim \triangle OCB$，$\triangle DGE \backsim \triangle BCE$，$\triangle DOF \backsim \triangle AOB$由此可得$\frac{DG}{AC}=\frac{OG}{OC}=\frac{GF}{CB}$，因为$C$是$AB$的中点，所以$G$也是$DF$的中点，从而又可以得到另两个三角形的面积，即：$S_{\triangle DOG}=\frac{1}{2}S_{\triangle AOC}=\frac{1}{4}$，$S_{\triangle GOF}=\frac{1}{2}S_{\triangle COB}=\frac{1}{4}$。以上利用反比例函数性质和相似知识求解的这些三角形面积使我们探求阴影部分面积的变化规律更进了一步，接下来，我们自然想到，证阴影部分面积的变化情况，可以通过直接证，也可以通过间接证。不管哪种证法，光已知和利用图形相似求得的条件还

不够，然而，图形上我们已经无法再得到其他条件，这时候就需要利用反比例函数这个主体去设参数，利用点的坐标计算进而探究。

（二）参数辅助，定点定线求比值

该题已知反比例函数为$y=\frac{1}{x}(x>0)$，我们可设反比例上C点坐标为$(t,\ \frac{1}{t})(t,\ 0)$，则B点坐标为$(t,\ 0)$由于$AC=BC=\frac{1}{t}$，所以A点坐标为$(t,\ \frac{2}{t})$。由上面的探讨可知，D点对于阴影部分和空白部分的面积探索至关重要，所以，需要利用交轨法将D点坐标用参数t表示出来。点D是线段OA与反比例函数的交点，易求线段OA所在直线的解析式为$y=\frac{2}{t^2}x$，则方程$\frac{2}{t^2}x=\frac{1}{x}$的正数解即点$D$的横坐标，所以$D$点坐标为$(\frac{\sqrt{2}}{2}t,\ \frac{\sqrt{2}}{t})$，由此可知点$G$与点$F$的横坐标为$\frac{\sqrt{2}}{2}t$。如果求出点$G$的纵坐标，就可以得到$\triangle DGE$与$\triangle BCE$的相似比，从而得到面或者边之间的一些关系，所以我们不妨求出直线OC的解析式，即$y=\frac{1}{a^2}x$，将$x=\frac{\sqrt{2}}{2}t$带入，可得$y=\frac{\sqrt{2}}{2t}$，所以点G的坐标为$(\frac{\sqrt{2}}{2}t,\ \frac{\sqrt{2}}{2t})$。这样，图像上几个基本点的坐标都用参数$t$表示，我们就可以由点得到线段长，进而去确定面积。由点D和点G的坐标可以表示出线段$DG=\frac{\sqrt{2}}{2t}$，由点C和点B的坐标可以表示出线段$CB=\frac{1}{t}$，从而$\triangle DGE$与$\triangle BCE$的相似比为$\frac{\sqrt{2}}{2}$，面积之比为$\frac{1}{2}$。由点D和点A的纵坐标，也可知$\triangle DOF$与$\triangle AOB$的相似比为$\frac{\sqrt{2}}{2}$。

（三）解法一：等积转换，比例关系证不变

观察可发现，阴影部分由三角形和四边形构成，通过上面的探究，我们可以得到图中一些线段之间的比例关系，那么能否对阴影部分进行分割，再利用比例关系证明面积不变呢？三角形的分割比较困难，我们可以对四边

形进行分割，连结点A和点E，这时候四边形被分成了$\triangle ADE$和$\triangle ACE$，如图2，由于C是线段AB的中点，所以根据等底同高可得$S_{\triangle ACE}=S_{\triangle BCE}$，那么$S_{\triangle BOE}+S_{\triangle ACE}=S_{\triangle BOE}+S_{\triangle BCE}=S_{\triangle BOC}=\frac{1}{2}$，这样，只需要再证明出$\triangle ADE$的面积不变，即可证明出阴影部分面积不变。

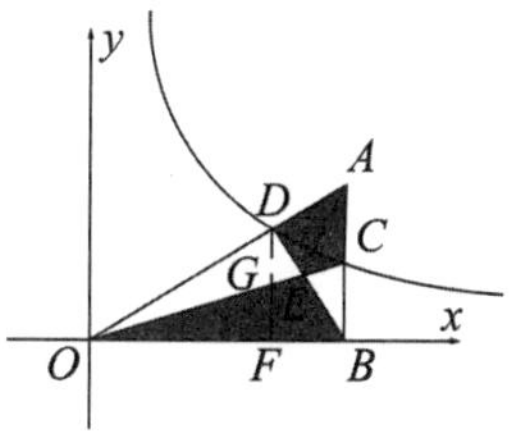

图2

要将$\triangle ADE$的面积求出来，必须知道三角形的底和高，用参数t来表示非常繁琐，那么我们可否利用比例关系来得到$\triangle ADE$与某个定面积的三角形之间的面积关系，从而得到$\triangle ADE$的面积也是一个定值呢？这就需要上面求出的一些比值了。$\triangle DOF$与$\triangle AOB$的相似比为$\frac{\sqrt{2}}{2}$，那么$\frac{OD}{OA}=\frac{\sqrt{2}}{2}$，所以可推得$\frac{AD}{OA}=\frac{2-\sqrt{2}}{2}$，$\triangle DGE$与$\triangle BCE$的相似比为$\frac{\sqrt{2}}{2}$，那么$\frac{DE}{BE}=\frac{\sqrt{2}}{2}$，所以可推得$\frac{DE}{DB}=\frac{\sqrt{2}}{\sqrt{2}+2}$。假设过点$E$作的$AD$边上的高为$h_1$，过点$B$作的$AO$边上的高为$h_2$，根据相似可以得到$\frac{h_1}{h_2}=\frac{DE}{DB}=\frac{\sqrt{2}}{\sqrt{2}+2}$，所以$\frac{S_{\triangle ADE}}{S_{\triangle AOB}}=\frac{AD}{AO}\cdot\frac{h_1}{h_2}=\frac{2-\sqrt{2}}{2}\cdot\frac{\sqrt{2}}{\sqrt{2}+2}=\frac{\sqrt{2}-1}{\sqrt{2}+2}$，因为$S_{\triangle AOB}=1$，所以$S_{\triangle ADE}=\frac{\sqrt{2}-1}{\sqrt{2}+2}=\frac{3\sqrt{2}}{2}-2$，再加上另外两个阴影部分面积$\frac{1}{2}$，就可以算出阴影部分面积为$\frac{3}{2}\sqrt{2}-\frac{3}{2}$，所以，随着点$C$的横坐标增大，阴影部分面积一直不变。

（四）解法二：参数相消，间接证不变

要证阴影部分面积不变，还可以通过间接证明空白部分面积不变，而空白部分可以看做是三个三角形组成，其中$S_{\triangle DOG}=\frac{1}{4}$，那么只需要证明$\triangle DGE$和$\triangle BCE$的面积之和为常数即可。由前面得到$\triangle DGE\backsim\triangle BCE$，且相似比为$\frac{\sqrt{2}}{2}$，由面积之比为相似比的平方可得$\frac{S_{\triangle DGE}}{S_{\triangle BCE}}=\frac{1}{2}$，所以只需证明出其中一个三角

形面积不变即可。我们可以选取证明△BCE的面积不变，因为选取$BC=\frac{1}{t}$为底更简洁方便，这时，问题就变成了如何求出底边上的高线。如图3，过点E分别构造边BC和DG上的高记为h_1和h_2，由高之比等于相似比可得$\frac{h_1}{h_2}=\frac{\sqrt{2}}{2}$，所以$h_2=\frac{\sqrt{2}}{2}h_1$，又因为$h_1+h_2=BF=t-\frac{\sqrt{2}}{2}t$，所以代入可表示出$h_1=\frac{2-\sqrt{2}}{2+\sqrt{2}}t$，那么就可以得到$S_{\triangle BCE}=\frac{1}{2}\cdot BC\cdot h_1=\frac{1}{2}\cdot\frac{1}{t}\cdot\frac{2-\sqrt{2}}{2+\sqrt{2}}t=3-2\sqrt{2}$，则$S_{\triangle DGE}=\frac{1}{2}S_{\triangle BCE}=\frac{3}{2}-\sqrt{2}$。这样，空白部分的面积为一个定值，所以阴影部分的面积自然也是一个定值。

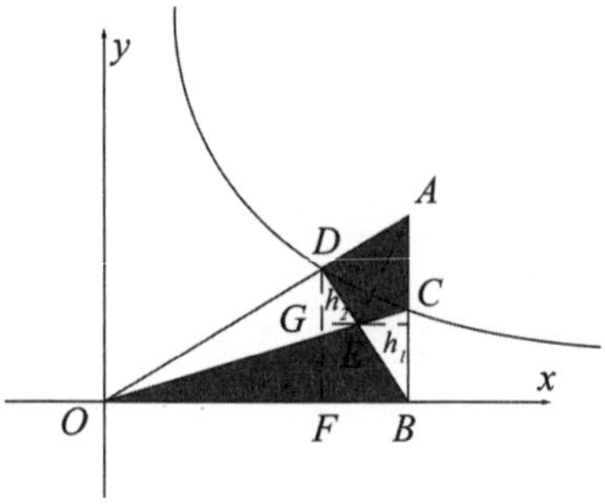

图3

（五）解法三：利用面积关系构建方程，间接证明

该种解法和解法二相比更巧妙地利用了图形中一些面积关系，而不是直接求解，我们可以设$S_{\triangle DGE}=a$，$S_{四边形GFBE}=b$，则可知$S_{\triangle BCE}=2a$，如图4，因为$S_{梯形GFBC}=S_{\triangle BOC}-S_{\triangle FOG}=\frac{1}{2}-\frac{1}{4}=\frac{1}{4}$，$S_{梯形GFBC}=S_{四边形GFBE}+S_{\triangle BCE}=b+2a$，所以可得$b+2a=\frac{1}{4}$；又因为$S_{\triangle DBF}=S_{\triangle DOB}-S_{\triangle DOF}=\frac{1}{2}\cdot t\cdot\frac{\sqrt{2}}{t}-\frac{1}{2}=\frac{\sqrt{2}}{t}-\frac{1}{2}$，$S_{\triangle DBF}=S_{四边形GFBE}+S_{\triangle DGE}=b+a$，可得$b+a=\frac{\sqrt{2}}{2}-\frac{1}{2}$。由以上两个方程可以解出$a$的值，从而空白部分的面积就可以唯一确定了。

四、题后反思及展望

由以上解题过程和方法可以看出，以反比例函数为主体的动态图形变化灵活多变，涉及的不仅仅是反比例函数中的性质，还需要巧妙地运用相似以及能够熟练运用参数来求解。当题目中不需要求出具体面积时，可以利用相似中的比例变换推测出图形变化情况，当需要具体求出一些面积时，我们就要能够运用参数表示出反比例上的点，从而利用已知条件求解。学生在解决此类问题时会遇到几个问题：1.不知道如何构造辅助线，不敢大胆尝试构造辅助线；2.不会设参数解决此类问题；3.带参数的运算容易混淆，导致思路混乱，得不到需要的点的坐标；4.对相似三角形敏感度不高，无法利用相似得到面积关系；5.反比例函数中的基本性质不熟练，无法运用。所以笔者将该题中的三种解法与学生共同进行了探讨，旨在培养他们观察图形，寻找关系，以及运用参数进行运算的能力，这对于他们解决同种类型的问题也提供了较大的帮助，能够培养他们尝试在反比例函数中连结辅助线，构建参数，并利用图形的相似去解决问题的意识。当学生在一次次探索中慢慢体会和应用以函数为主体，相似辅助的方法思路后，很多函数问题的解法就能够自然生成了。

变式教学在数学专题复习课中的应用

■李　娃

一、图形变式

同一类型的题目，学生做一两次未必印象深刻，很多时候，只要改变题目的图形背景，学生就会感觉无从下手，而以图形变化题组的形式进行一系列的变式教学，往往能使学生从模仿中进行学习，进而归纳整理，最后形成处理问题的方法。下面是最值问题专题复习课的设计：

书上原题：在l上作点P，使$PA+PB$最小. 由生独立完成并总结画法.

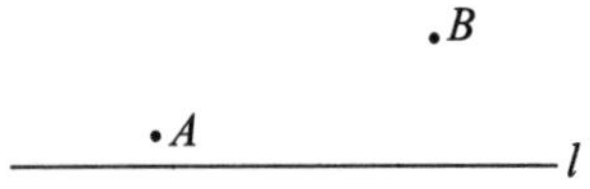

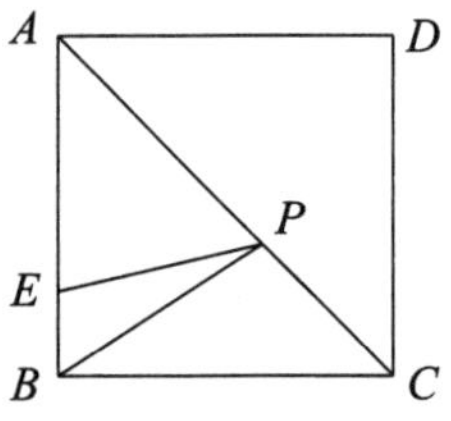

图1

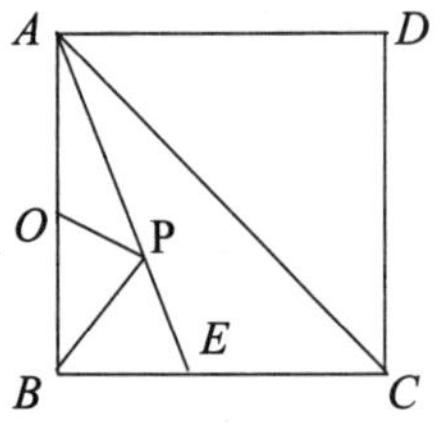

图2

变式1：如图1，正方形$ABCD$中，点E在AB上，$AE=6$，$BE=2$，点P在对角线AC上运动，则$PE+PB$的最小值为__________.

变式2：如图2，正方形$ABCD$的边长为6，$\angle BAC$的平分线交BC于E，P、Q分别是AE、AB上的动点，求$PB+PQ$的最小值.

变式3：如图3，矩形$ABCD$中，$AB=6$，$BC=8$，$\angle BAC$的平分线交BC于E，P、Q分别是AE、AB上的动点，求$PB+PQ$的最小值.

变式4：如图4，$\angle AOB=30°$，点M，N分别是射线OA，OB上的动点，OP平分$\angle AOB$，且$OP=6$，求$\triangle PMN$的周长的最小值.

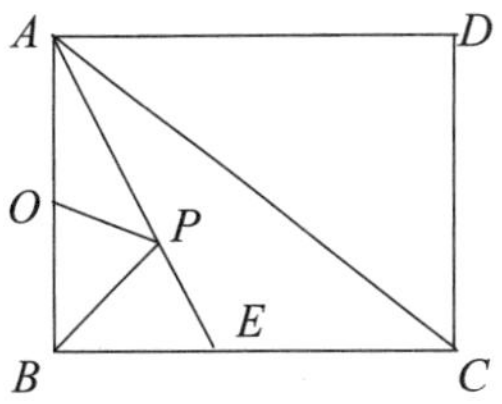

图3

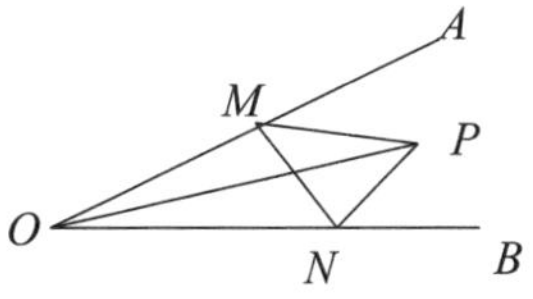

图4

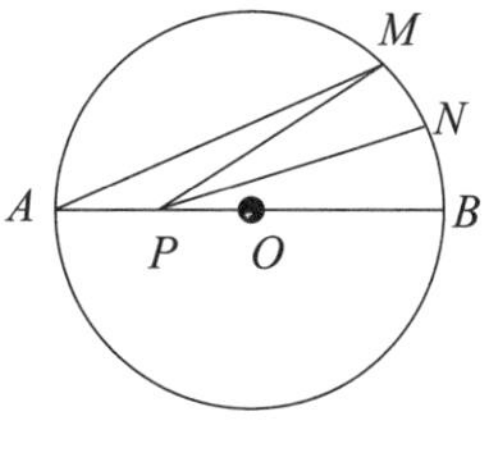

图5

变式5：如图5，AB是⊙O的直径，$AB=8$，点M在⊙O上，$\angle MAB=20°$，N是弧MB的中点，P是直径AB上的一动点，若$MN=1$，求△PMN周长的最小值.

变式6：如图6，已知抛物线$y=-x^2+4x+2$与x轴交于A，B两点（A在B的左边），与y轴交于C点，顶点为D，对称轴为l.（1）在对称轴上是否存在一点P，使△PCA的周长最小？若存在，求出这个最小值.（2）点C关于l的对称点为E，是否存在x轴上的点M，y轴上的点N，使四边形$DNME$的周长最小？（图7）若存在，求出这个最小值.

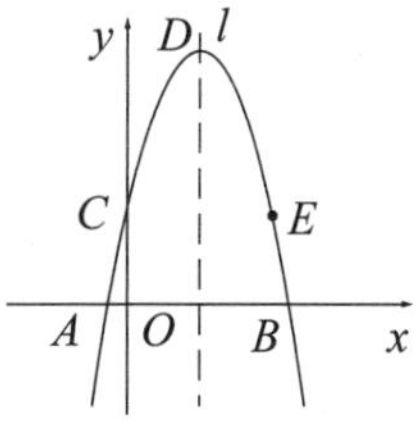

图6

通过从直线到正方形再到长方形、角、圆，最后到抛物线，图形背景不断变化，但万变不离其宗：就是做对称。最后，可由学生自己总结出解决此类问题的方法：作对称点；要点：以动点所在的直线为对称轴；多个动点转化为一个动点。通过这一系列的变式教学，学生印象深刻，牢牢掌握了这种方法。

二、由易到难

在专题复习课中应用变式教学，须遵循由易到难的原则。易，是为了让学生掌握基本要领，由易到难，应当循序渐进、层层递进，让学生有章可循，让不同层次的学生都学有所得，也给学生预留广阔的发展空间，达到深刻理解数学本质的目的。下面是三角形的内接矩形有关问题的专题复习。

原题：（九年级上数学书149页）如图7，有一块三角形余料ABC，它的边$BC=120$mm，高$AD=80$mm. 要把它加工成正方形零件，使正方形的一边在BC上，其余两个顶点分别在AB、AC上. 问加工成的正方形零件的边长为多少mm？

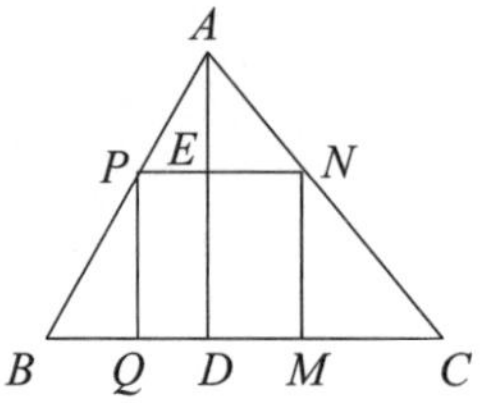

图7

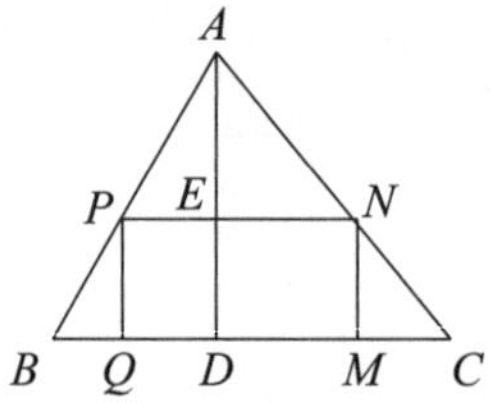

图8

变式1：如图8，将原题中“正方形$PQMN$”改为“矩形$PQMN$”．问矩形的长和宽分别为多少时，所截得的矩形面积最大？最大面积是多少？

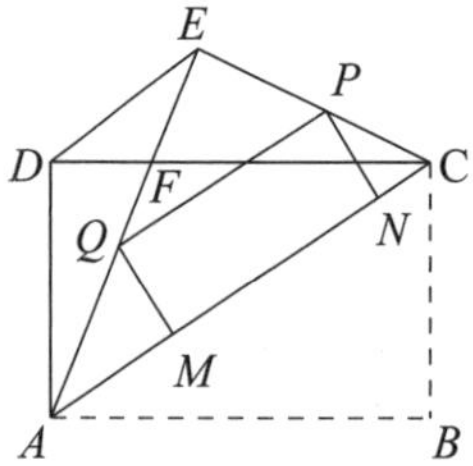

图9

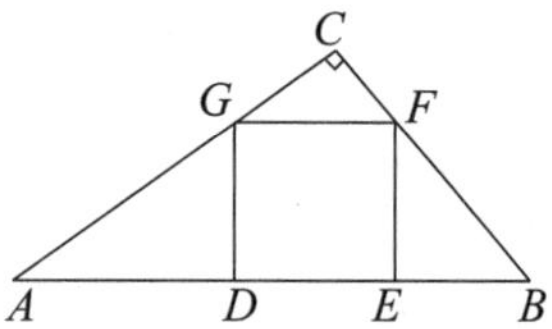

图10

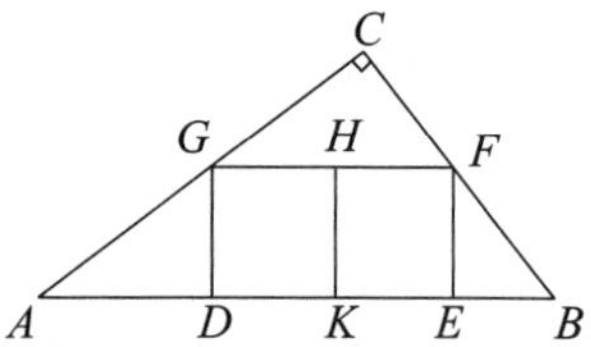

图11

变式2：如图9，矩形$ABCD$中，AB=4，AD=3，把矩形沿直线AC折叠，使点B落在点E处，AE交CD于点F，连接DE. 若P为线段EC上一动点，过点P作$\triangle AEC$的内接矩形，使其定点Q落在线段AE上，定点M、N落在线段AC上，当线段PE的长为何值时，矩形$PQMN$的面积最大？并求出其最大值.

变式3：在$\mathrm{Rt}\triangle ABC$中，$\angle ACB=90°$，$AC=4$，$BC=3$.

（1）如图10，四边形$DEFG$为$\mathrm{Rt}\triangle ABC$的内接正方形，求正方形的边长.

（2）如图11，三角形内有并排的两个相等的正方形，它们组成的矩形内接于$\mathrm{Rt}\triangle ABC$，求正方形的边长.

（3）如图12，三角形内有并排的n个相等的正方形，它们组成的矩形内接于$\mathrm{Rt}\triangle ABC$，求正方形的边长.

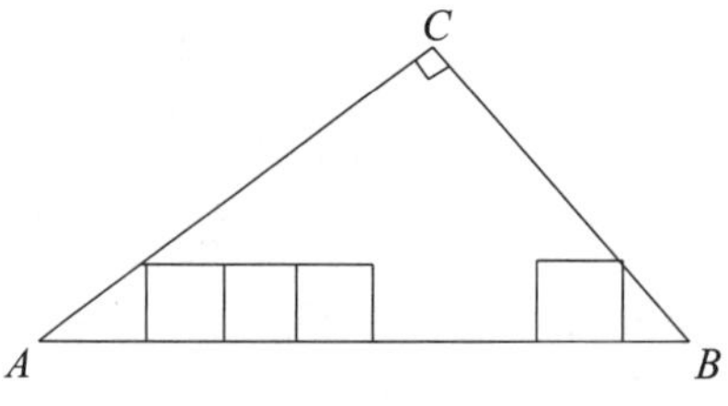

图12

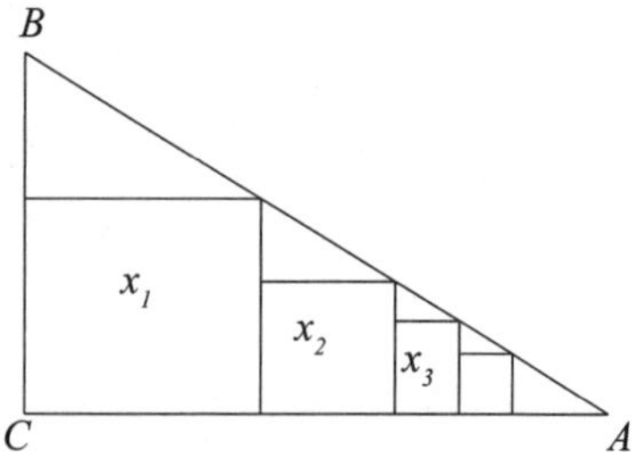

图13

(4) 如图13，把边长分别为x_1，x_2，x_3，……，x_n的n个正方形依次放入△ABC中，则第1个正方形的边长x_1=__________；第n个正方形的边长x_n=__________（用含n的式子表示，$n \geqslant 1$）.

(5) 如图10，动点G（与A，C不重合）在AC边上，$GF \parallel AB$交BC于F. 试问在AB上是否存在点P，使得△GFP为等腰直角三角形？若存在，求出GF的长.

变式4：△ABC是一张等腰直角三角形纸板，∠C=Rt∠，AC=BC=2.

(1) 要在这张纸板中剪出一个尽可能大的正方形，有甲、乙两种剪法（如图14），比较甲、乙两种剪法，哪种剪法所得的正方形面积大？请说明理由.

(2) 图14中甲种剪法称为第1次剪取，记所得正方形面积为s_1；按照甲种剪法，在余下的△ADE和△BDF中，分别剪取正方形，得到两个相同的正方形，称为第2次剪取，并记这两个正方形面积和为s_2（如图15），则s_2=__________；再在余下的四个三角形中，用同样方法分别剪取正方形，得到四个相同的正方形，称为第3次剪取，并记这四个正方形面积和为s_3（如图16），继续操作下去……，则第10次剪取时，s_{10}=__________；

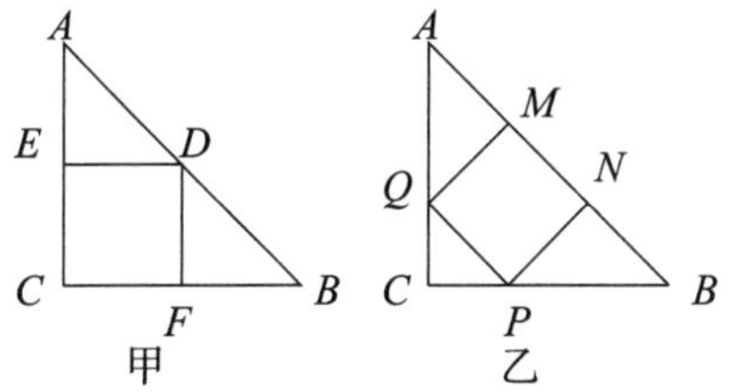

图14

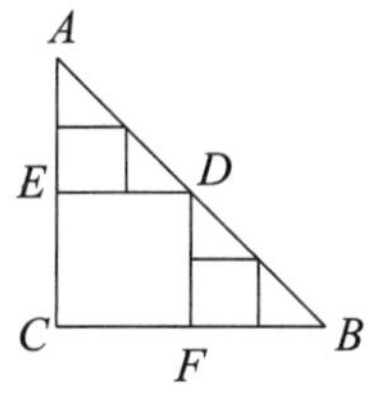

图15

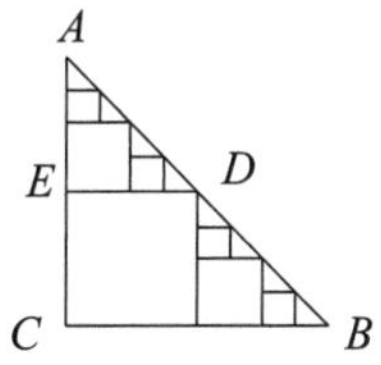

图16

(3) 求第10次剪取后，余下的所有小三角形的面积之和.

变式5：如图17，△ABC中，AB=BC=10，AC=$4\sqrt{5}$，D为边AB上一动点（D和A，B不重合），过D作$DE \parallel BC$交AC于E，并以DE为边向BC一侧作正方形$DEFG$，设AD=x.

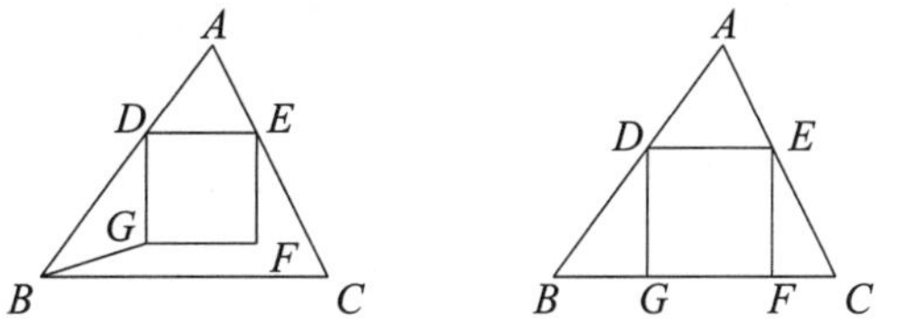

图17

(1) 请用x的代数式表示正方形$DEFG$的面积，并求当边FG落在BC边上时的x的值；

（2）设正方形$DEFG$与$\triangle ABC$重合部分的面积为y，求y关于x的函数；

（3）点D在运动过程中，是否存在D，G，B三点中的两点落在以第三点为圆心的圆上的情况？若存在，请求出此时AD的值，若不存在，则请说明理由.

从一个内接正方形到多个内接正方形，再到多个内接矩形，进行了从易到难的变式，而在这一系列的变式中，学生也掌握了解决这一问题的利器：相似三角形的对应高的比等于相似比。

三、以静制动

在数学中，经常碰到运动的问题，而解决运动后不同位置形态的问题，方法往往与初始位置时一样，所以，我们常常可以以静制动，以不变应万变。下面以旋转为例进行例谈。

原题：如图18，四边形$ABCD$是正方形，G是CD边上的一点，以CG为一边向右作正方形$CEFG$，连结BG，DE. 求证$BG=DE$.

变式1：猜想BG与DE的位置关系并证明.

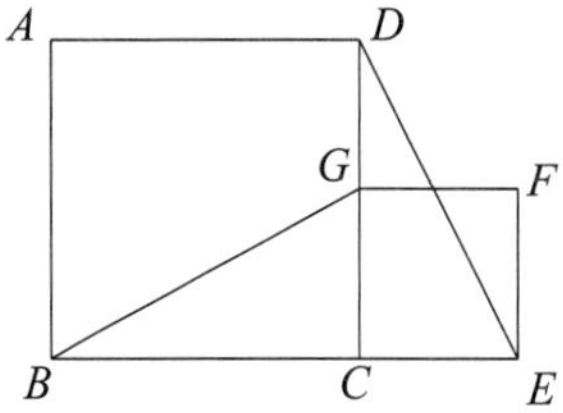

图18

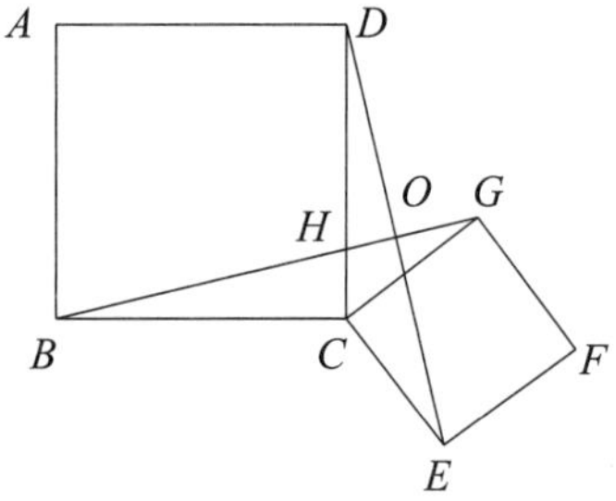

图19

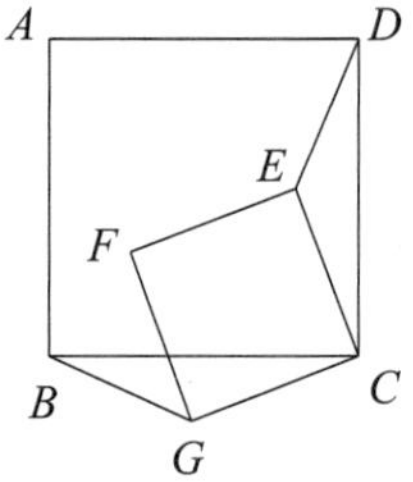

图20

变式2：将图18中的正方形$CEFG$绕着点C按顺时针（或逆时针）方向旋转任意角度，得到如图19、如图20的情形. 请你判断BG与DE的数量与位置关系是否仍然成立，并证明你的判断.

变式3：将原题中正方形改为矩形（如图21—23），且$AB=a$，$BC=b$，$CE=ka$，$CG=kb$（$a\neq b$，$k>0$），BG与DE的数量与位置关系哪些成立，哪些不成立？若成立，以图22为例简要说明理由.

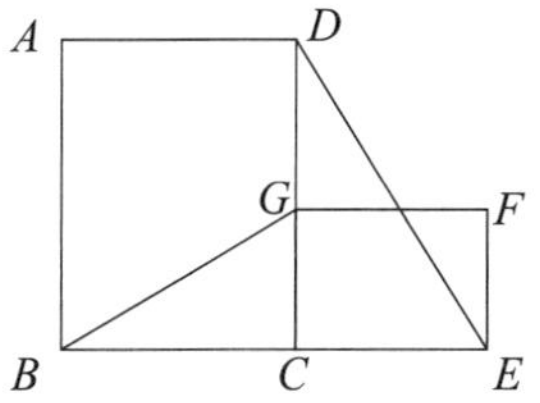

图21

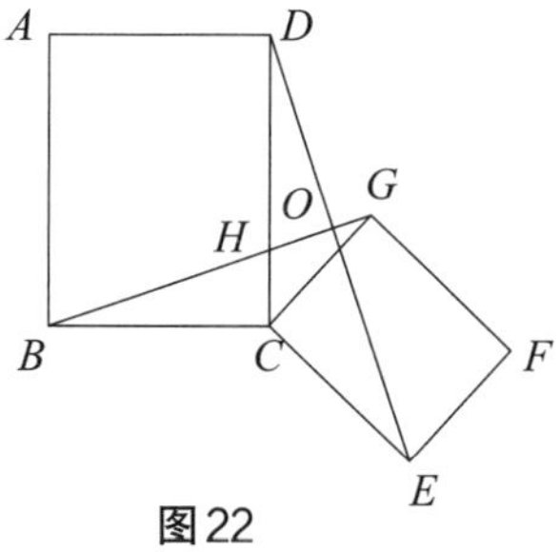

图22

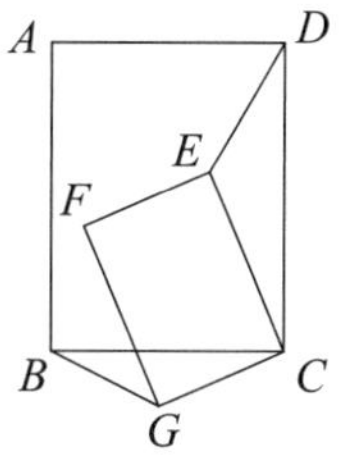

图23

变式4：设正方形$ABCD$的边长为$2\sqrt{2}$，正方形$CEFG$的边长为2，如图19，当点G恰好落在线段DE上时，请你帮他求出此时BG的长. 线段DE与线段BG相交于点O，求出$\triangle GOE$与$\triangle BOD$面积之和的最大值，并简要说明理由。

不管旋转到什么位置，解决这个问题的方法都是全等，而从正方形变成更一般的矩形，则两个三角形从全等变成相似，方法都与图18这种初始位置类似。

四、以点带面

专题复习课很难做到面面俱到，涵盖所有的复习内容和知识点，但我们可以尽可能多地在这个专题中解决跟这个专题有关的问题，这就需要对示例进行不断地变式，把这类问题串成一条线，争取会一题之后会一片。下面是二次函数中的面积问题示例：

原题：如图24，抛物线$y=x^2-2x-3$与x轴交于A，B两点（A在B的左边），与y轴交于C点，顶点是D点. 求A，B，C，D的坐标，并求$S_{\triangle BCD}$.

变式1：求四边形$OCDB$的面积.

变式2：如图25，P在直线BC下方的抛物线上，设P的横坐标为a，请用含a的代数式表示$\triangle BCP$的面积S.

变式3：P在直线BC下方的抛物线上，求$\triangle BCP$的面积S的最大值，并求此时P的坐标.

变式4：P在直线BC下方的抛物线上，求四边形$OBPC$面积的最大值，并求此时P的坐标.

变式5：P在直线BC下方的抛物线上，求$\triangle BCP$的面积$S=2$时P的坐标. $S=3$时呢？

变式6：P在直线BC下方的抛物线上，求$S_{\triangle BCP}=S_{\triangle BCD}$时$P$的坐标.

变式7：P是抛物线上的点，求$S_{\triangle BCP}=S_{\triangle BCD}$时$P$的坐标. $S_{\triangle BCP}=\frac{1}{2}S_{\triangle BCD}$时呢?

变式8：当这条平行线往下移动时，它与BC的距离变大，则$S_{\triangle BCP}$变大，何时$S_{\triangle BCP}$最大？你能用几何的方法求它的最大值和此时P的坐标吗？

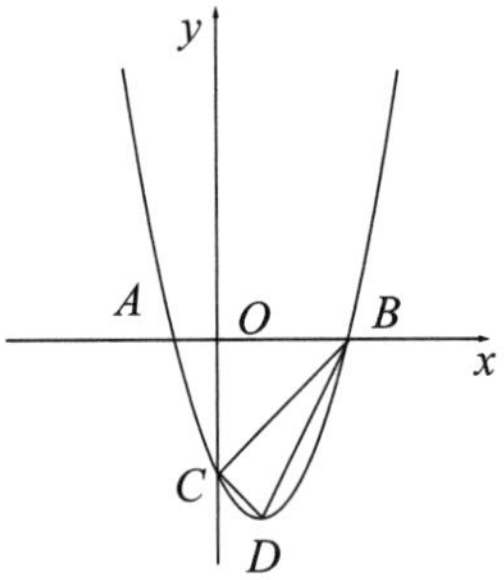

图24

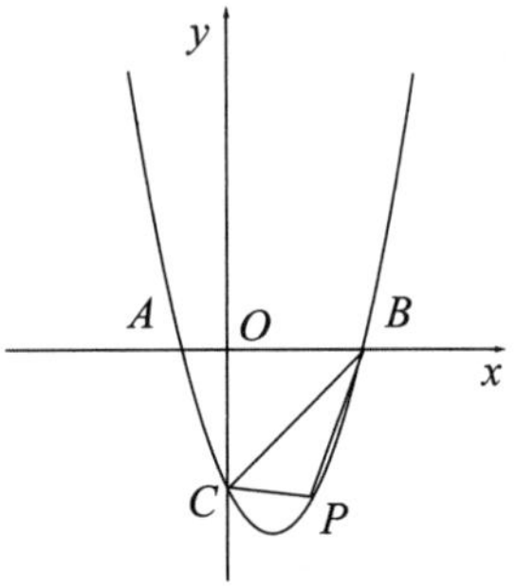

图25

经过这节专题复习课，学生基本上能解决与二次函数有关的面积最值、面积相等、面积关系等问题，也掌握了解决这类问题的不同方法：割补法、关系式法、作平行线法。

五、推陈出新

推陈出新的变式教学，是以常规常见题型出发，通过变式向学生提出新的问题，这种教学方法可以促使学生的思维向多层次、多方向发散，充分调动学生的积极性。

原题：八年级下数学书127页。如图26，在正方形$ABCD$中，E，F分别是BC，CD上的点，$BF\perp AE$. 求证：$BF=AE$.

变式1：如图26，在正方形$ABCD$中，E，F分别是BC，CD上的点，$BF=AE$. 求证：$BF\perp AE$.

变式2：如图27，在正方形$ABCD$中，E是BC边上的点，F，G分别是CD，AB上的点，$GF=AE$. 求证：$GF\perp AE$.

变式3：如图28，在正方形$ABCD$中，E，H分别是BC，AD上的点，F，G分别是CD，AB上的点，$GF=HE$. 求证：$GF\perp HE$.

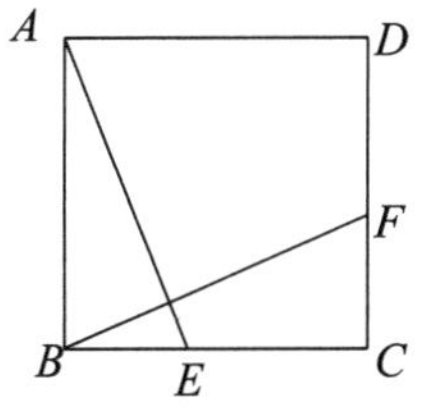

图26

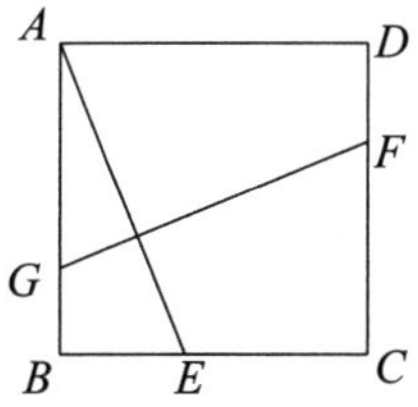

图27

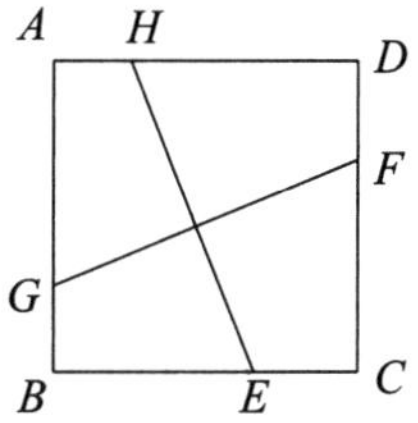

图28

变式4：如图29，正方形$ABCD$中，AB=4. 点E为射线CB上一点，F为AE的中点，过点F作$GH\perp AE$分别交边AB和CD于G，H.

（1）若E为边BC的中点，则GH=________；$\frac{GF}{FH}$=________；

（2）若$\frac{BE}{EC}=\frac{1}{5}$，求$\frac{GF}{FH}$的值；

（3）若$\frac{BE}{EC}=k$，$\frac{GF}{FH}$=________.

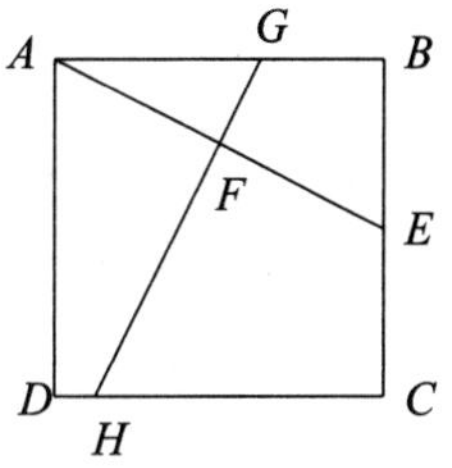

图29

原题本来是一道常规题，变式4把这道题的思维推向了一个新的高度，不失为一道新颖的好题。

在专题复习课中适当的应用变式教学，能起到事半功倍的效果，当然，在这个过程中，如何把握这个度，还是需要一个反复实践的过程。

节外生枝，意外收获

——一道“错题”引发的思考

■陈征萍

苏霍姆林斯基说过：“教育的技巧并不在于能预见到课的所有细节，在于根据当时的具体情况，捕捉一些有价值的细节，巧妙地在学生不知不觉之中作出相应地调整和变动。”课堂教学是师生、生生之间的相互碰撞、相互探讨、相互接纳、获得知识的过程，是一个复杂的、多层次的、师生全方位互动的过程。作为具有主观能动性的人，是一个个生动的生命体，由于知识、经验、思想和参与的兴致等不同，往往使课堂教学呈现丰富性、复杂性和多变性。在教学过程中，他们的行为、思想在课堂中相互作用，往往会产生一些有意义的意外，这种意外而来的资源来自于课堂本身，具有真实性，是学生参与的结果，对于学生来说有着天然的联系和亲近感，对于学生来说参与性强，感触最强烈，比一般的教材资源更加容易接受和理解。因此及时捕捉这种在课堂教学中意外而来的最有价值的教学资源，并有效的利用起来，课堂教学会充满生命活力，课堂也会更精彩。以下是笔者结合自身教学过程中对课堂“节外生枝产生的教学资源”研究的一些思考与体会。

一、案例简述：课堂教学中节外生枝

（一）原题展示，教师讲解常规解法

结束九年级数学“圆的性质”这一节课后，我给学生上了一节习题课，其中有这样一道习题：如图1，⊙O的弦AB平分半径OC，交OC于点P，已知PA，PB分

别是方程 $y^2-14y+24=0$ 的两根，则⊙ O 的半径为（　　）

（A）$8\sqrt{2}$　　（B）$6\sqrt{2}$　　（C）$4\sqrt{2}$　　（D）$2\sqrt{2}$

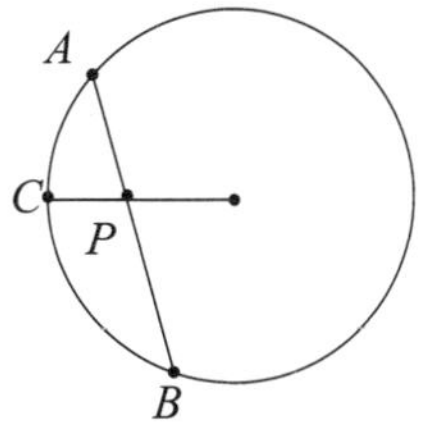

图1

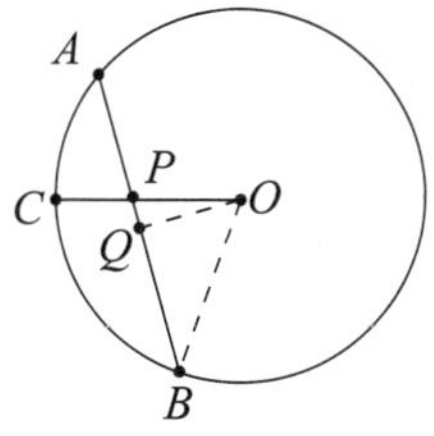

图2

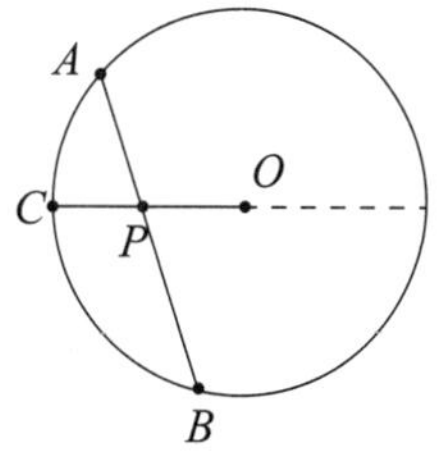

图3

我按照事先准备好的解法讲解：过 O 作 $OQ \perp AB$，垂足为 Q，连结 OB（图2）。方程$y_2-14y+24=0$的两根分别$y_1=2$，$y_2=12$，即有 $PB=12$，$PA=2$，所以 $AB=PA+PB=14$. 因为 $OQ \perp AB$，所以 $AQ=BQ=\frac{1}{2}AB=7$，$PQ=AQ-AP=5$.

根据求弦长常用方法，利用垂径定理构造直角三角形。设⊙ O 的半径 r，则 $OB=r$，$OP=\frac{1}{2}r$. 在 Rt△OPQ 中，$OQ^2=OP^2-PQ^2=(\frac{1}{2}r)^2-25$；在 Rt△$OBQ$ 中，$OQ^2=OB^2-BQ^2=r^2-49$，所以 $(\frac{1}{2}r)^2-25=r^2-49$，解得 $r=4\sqrt{2}$，答案选 C。

（二）学生解法节外生枝，教师沉着应对

这时有位学生突然站起来说："老师，我刚才把你题目中的方程 $y^2-14y+24=0$ 写成了 $y^2-11y+24=0$，怎么解出来的半径跟你的答案是一样的，我的解题思路也完全跟你的一致。"

这下，班级里讨论开了，学生分成了两个派别，一派支持我的，另一派支持这位学生的。我也陷入了深思，怎么会出现这种情况呢？我事先根本没有考虑过这种情况，怎么办？如果不解释，学生思维的积极性就会受到打击。于是我首先对这位学生的解法给予了肯定，再和学生作进一步探究。

假定这位同学的解答是对的，也就是说题目已知条件中二次方程的一次项系数可以取别的值，或者说平分半径 OC 的弦 AB 的长度可以变化，那么 PA，PB 是否可以为任意长度吗？于是学生又顺着我的思路开始思考这个问题，过了一会，有学生指出 PA，PB 不可以为任意长。他的解答如下：

如图3，延长 CO 交⊙ O 于 D，设⊙ O 的半径为 r，则 $PC=\frac{1}{2}r$，$DP=\frac{3}{2}r$，因为 PA，PB 是方程 $y^2+ay+24=0$ 的两根，由根与系数的关系知 $PA\cdot PB=24$。由三角形相似可知 $PA\cdot PB=PC\cdot PD=24$，所以 $\frac{1}{2}r\times\frac{3}{2}r=24$，解得 $r=4\sqrt{2}$。

由此解法可以看出⊙的半径 r 与方程 $y^2+ay+24=0$ 的一次项系数无关，而只与常数项有关，也就是说，只要求 PA，PB 满足 $PA\cdot PB=24$。

（三）师生共同挖掘，错题破土而出

接着我灵光一闪，大胆提出一个新的问题，那么是不是方程 $y^2+ay+24=0$ 中的一次项系数可以为任意实数呢？如果不是，那么一次项系数的取值可以是哪些数呢？学生又讨论开了。对于不这个问题还是比较简单的，过了一会儿，通过合作讨论，学生大致形成了一致意见：一次项系数不能为任意实数，它有取值范围的限制，解答如下：

设 PA，PB 是方程 $y^2+ay+24=0$ 的两根，则 PA，PB 必须满足 $\Delta\geqslant 0$，$0<PA+PB<2r$，$PA\cdot PB=24$.

解得 $-8\sqrt{2}<a\leqslant -4\sqrt{6}$.

由此发现，原题的方程 $y^2-14y+24=0$ 中，一次项系数不在这个范围内。这样，我在找的题目中出现了错误，那么题目究竟错在什么地方呢？

学生又陷入思索中，又过了一会，有同学站起来解答了这个疑问，解答如下：方程 $y^2-14y+24=0$ 的两根为 $PB=12$，$PA=2$，弦 $AB=PA+PB=14$，而此题中⊙ O 的直径 $2r=8\sqrt{2}<AB$，因为直径是圆中最长的弦，所以这是不成立的，至此同学们恍然大悟。

二、课后几点思考

（一）允许课堂节外生枝方能体现学生的主导作用

教学实践中，不少教师就是缺乏生成意识和及时捕捉、随机处理课堂新信息的能力，惟恐打乱自己的教学设计而置之不理，硬生生地把学生拉回到预定轨道进行教学，让稍纵即逝的“灵光一现”白白溜走。殊不知，有些课堂中的生成资

源，只要合理机智地有选择性地加以开发和利用，往往能为课堂教学带来无法复制的精彩。如我这节课虽然没有完成事先预定的教学任务，却激发出了学生考虑问题的巨大潜能。所谓“塞翁失马焉知非福”，正是这个道理。这些“意外”潜能主要可以概括为三个方面：

（1）这是共振的“思维场”，衍生新的教学资源。

（2）这是开放的“探索路”，感受学习成功的快乐。一个“意外”会引发出另一个可探究的问题，在这里，不同的思路得到肯定。当学生感受到自己被尊重、被接受时，会更为主动地学习。原本被老师的“预设”操控的课堂，也会因为学生“意外”的注入而大放光彩。

（3）这是学习的“共同体”，动摇老师“霸主”的地位。由于“意外”的产生是学生自主探究的过程，所以具有思维的不全面性。课堂的“意外”既然有如此巨大的潜能，在教学过程中，我们老师应该采取有效的方法，“审时度势，合理利用”，运用一定的教学技巧使课堂的“意外”中所包含的价值在课堂教学中得到利用。

从现代教学论来看，课堂教学过程是师生交往、积极互动、共同生成和发展的过程。应该说，没有课堂教学的生成，就不存在或未发生教学，那些只有教学的形式表现而无实质性交流发生的“教学”是失效的教学，课堂教学需要生成。

（二）课堂节外生枝促进教师成长，学会冷静应对意外课堂

“节外生枝”是对教学目标的超价值体现。学生总是在带着自己的已有知识、经验、兴趣、思考、灵感参与课堂，这就使课堂教学呈现出丰富、多变、复杂等特点。学生的“节外生枝”其实是课堂真实性的表现。“节外生枝”时，也正是教师展示、提升教学智慧的时机。对于这个案例课后我作了深刻的反思：本节课存在的不足是由于事先的备课，我课前备课不充分，也没想到学生会有这样的想法。一旦出现意外了，我能够快速冷静地处理这些“意外”，灵活机智地驾驭教学课堂，同时巧妙地引导学生对这个问题进行深一层次的思考，这样的课堂氛围会不好吗？那么教师应如何应对课堂中的“意外”情况。

1.教师应提高对课堂教学中出现“意外”的认识。正如教育家叶澜曾说：“课堂应是向未知方向挺进的旅程，随时都有可能发现意外的通道和美丽的图景，而不是一切都必须遵循固定线路而没有激情的行程。”然而在教学中，有些老师担心正常的教学秩序会被打乱，课前准备好的教学任务不能完成，课堂气氛无法控制，而硬把学生拉回到事先的轨道上进行教学，从而抹杀了学生自主探究的能力。我

们应该积极利用这些“意外”，把这个看作一种教学资源，应该适当地调整事先的教学计划，挖掘学生的巨大潜能，引导学生深入地思考，从而可以拓展现有的教学目标，使教学课堂因为“意外”而大放异彩。

2.教师应认真钻研教材，深入挖掘教材以及习题，备好课。“木桶效应”告诉我们：教师的专业化程度往往决定了学生的高度。老师的教学设计绝对不是一成不变的，而是根据教学目标、课堂当时的情况而改变。因此老师在备课时要注意多方位的考虑，留出一定的时间和空间，来应对课堂上的“意外”。特别是初三的复习课，知识点比较集中，一道习题可能存在多解的情况，在备课中尽量把方法都理一理，让学生也能够收获更多。

3.教师应提高处理“意外”的能力。俗话说“智者千虑，必有一失”，课前准备得再充分，还是会有“意外”发生。由于教学课堂上的“意外”是事先估计不到的，所以应因势利导，顺势而为，巧妙地融入到当前的教学中。借助“意外”将所学内容合理地融入，借题发挥，充分调动学生的积极性、主动性。但并不是所有的意外都是有利的。这就需要我们教师要有选择性对待意外，根据学生的实际情况调整教学方案。对整体“意外”的发生有可能意味着教师预见的错误，这时就需要重新审视原定的教学目标和教学方法，做出调整，也有可能意味着学生整体的思维水平上升到了一定的层次，这时就需要教师灵活机智地加以处理，并善于捕捉一些可利用的教学资源，从而把课堂教学推向高潮。对个体“意外”的发生，教师就需要权衡轻重，做出选择和调整，因为在课堂上对个体“意外”的处理往往会影响预定的教学进程，甚至不能完成预定的教学目标。最后教师在处理“意外”时，应以促进学生的发展为原则。根据课堂反馈的信息，不利于促进学生发展的学习内容、学习目标和学习方法要积极做出调整，一切要按照有利于促进学生的发展来处理。

当前形势下各个学校都在大力推进课堂转型，使得我们的课堂教学有了很大的改变，作为一线老师更加应该去推进这项工作，真正体会其中的教学理念，让我们的课堂成为学生主动参与，主动探究，充满活力的课堂。作为一名一线老师，应善待课堂教学中出现的“意外”，将它转为一种有用的教学资源，让课堂教学大放异彩！

心灵驿站

教师共情对“被边缘化学生”的积极影响

■丁 林

在教育教学过程中，笔者经常听到同事们发出诸如此类的感慨：“现在的学生怎么了？”“现在的学生越来越难教了！”真的是学生变得越来越难教、学生变得越来越坏了吗？抑或是教师自己的教育方式存在问题？笔者将通过自己所亲身经历的教育案例来讨论这个问题。

一、遭遇“无耻”学生，何去何从

一堂课上，我正在检查学生的作业。

我说：“现在检查作业，你们都完成了吗？”

学生齐声回答：“都完成了……”

当所有声音静下，突然有人响亮地喊了一句：“才怪！”典型的少年期的男声，清脆而尖锐。

随着全班哗然，哈哈大笑。

我赶紧询问：“谁，是谁说的？！”

“我说的！”我的话音刚落，一位白白净净、个头一般的男生嗖地站了起来。

他居然还面带笑容，仰着高傲的脑袋，眼里放着骄傲的光彩！

看着这样的表现，我一下子火上心头：“小助手，把他的名字记下来！”然后询问他：“你还知道羞耻吗？”

男生仍然高昂着头，骄傲地说：“我不怕羞耻的，我就是这么无耻的。”一些学生在一边起哄：“对，他就是这么无耻的。”

霎时，我极其愤怒，心想这学生怎么会这么不知羞耻、这么无赖，真想好好臭骂他一顿——居然说自己无耻，让你这么无赖，让你敢这么顶撞我，让你这么哗众取宠！

……

教师与学生似乎已经剑拔弩张。事情发展到这里，根据一般的经验，教师们会怎么对待这位学生呢？臭骂羞辱他一番，罚他站到教室角落，亦或是对他视而不见，将他打入“冷宫”？

二、巧用共情，化干戈为玉帛

就目前的教育现状来说，教师是教育教学过程中的主导者，因此，对于学生在学校生活中所犯下的种种错误，教师负有不可推卸的教育责任。借用著名教育家陈鹤琴老先生的名言：“没有教不好的学生，只有不会教的老师。”面对学生的种种问题，教师应该竭尽全力去教育引导学生。要教育好学生，教师得先了解学生、理解学生，站在学生的立场上看待问题，而这个过程恰恰就是“共情”的过程。

共情是教师所应具备的核心品质，教师共情能力也受到了越来越多的关注。国内有研究者认为，教师共情是指教师站在学生的角度，通过设身处地的方式，进入学生的内心世界，去识别、理解、感受学生的思想和情感，并通过言语或者非言语的形式将这些识别、理解和感受表现出来，和学生进行沟通交流。

教师共情在教育实践中的运用是很有效的。在前面所提及的案例中，在这名学生高昂着头，骄傲地声称自己“无耻”，挑战着教师的底线之时，笔者努力克制住自己的情绪，巧用共情，化干戈为玉帛：

学生们注意到了我脸色的变化，全班顿时安静了下来，似乎在等着我来惩罚那位男生。而唯独他，依然笑着、依然骄傲着、依然高昂着。

看着他那高高仰着的脑袋，我转而想到：骂他、惩罚他，会有效果吗？会对他有教育意义吗？他可能正盼着老师骂他、惩罚他呢！因为这样他就可以把全班的注意力吸引到自己身上来了，那我不是正好成全了他，中了他的圈套？他这么一副死猪不怕开水烫的样子，也许已经习惯了老师的责骂，已经对责骂产生抗体了，我骂他可能只会让自己更生气，而一点教育的效果也不会有。不应该跟他针锋相对，应该抓他的痛处来教育他，我可以试着用“共情”来跟他沟通交流。

于是，我深呼吸调整了一下自己的心态，故意重重叹了一口气，带着可惜的口气说：“我很着急，同学们，老师真的很着急，因为我在想‘拿什么拯救你，这位说自己无耻，而且说自己无耻时还高昂着头颅、一脸骄傲的同学’。”学生们哈哈大笑。

我继续："我不会骂你，更不会惩罚你，我只是担心，担心你病入膏肓。"我故意把这句话说得狠一些，学生们有些笑着，有些皱眉，这位男生也低下了头。

"你真的认为自己是这么……？"我故意停顿了一下。

他摇摇头。

"你想过没有，当你这么骄傲地说自己无耻，如果你爸爸妈妈知道了，他们会怎么样？他们能承受自己的儿子是一个无耻的孩子吗？"我深情地说，他低着头，默不作声，眼光低垂。

"你自己好好想想，自己真的是一个无耻的孩子吗？"

三、反思案例，解析教师共情的作用

很显然，案例中的男生是在用"无耻"来炫耀、吸引眼球，来获得成就感。而是谁教会了他说自己是无耻的人，是谁让他在众目睽睽之下拿"无耻"来炫耀、吸引眼球，是谁使他不惜冒着被教师惩罚的风险来哗众取宠、吸引注意力，从而获得成就感？

为什么他不采取其他方式来吸引同学、教师的注意力呢？因为他不能像成绩好的同学那样频频通过考试获得肯定，不能像有运动特长的同学那样在运动场上一展身手，他不知道可以通过发挥一些特长来获得成功，因为在学生的潜意识里，只有文化课成绩和运动成绩是摆得上台面来"炫耀"的，其他的很多特长都只是"雕虫小技"而已。于是，不能上"流芳百世"的阳光道，只能走"遗臭万年"的独木桥了，他们发现，干坏事同样能让很多人记住自己！很多学生便钻进了"坏学生"的牛角尖。

这些学生不是生来就是坏学生，况且好坏的标准是什么？笔者认为他们只能算是"被边缘化的学生"。这些学生，他不怕惩罚，有时甚至是渴望惩罚，他们最不愿的是被抛弃。笔者曾用共情的方式跟几位"被边缘化的学生"聊过，以下是笔者写的一个案例随笔。

拉回"被边缘化"的他们

一天上课，看到一学生坐在靠近后门贴着后墙的地方，他一会儿趴着，一会儿用手支撑着头，一会儿东张西望，一会儿用双手抱住脑袋……各种姿势、各种无聊。我看了好几次才看清楚，原来他是被我叫作小眼睛的那名男生。他的眼睛很小，比电视剧《黎明之前》里那个特务局长的眼睛还小，几乎眯成一条线，我曾在上课时借用电视剧里的那句话“眼睛小能聚光”来表扬过他，他很受用。确实，他很聪明，从他那眯成一条缝的眼睛里仍能看到咕噜咕噜转个不停的闪闪发光的黑眼珠。以前在我的课堂上表现都很积极，甚至是过于积极，经常忍不住地会跟我“产生互动”——坐在正常位置时会经常抢我的话，不举手就评论我或者同学说的话；坐在讲台边的位置时，会经常忍不住站起来看我的备课本，看讲台上的电脑，尽管电子白板上正与电脑进行着同步直播。有时候我觉得小眼睛挺烦，有时候又觉得他挺可爱，尤其是那双眼睛，看着就想笑。

可是，昨天的课堂上他完全失去了往日的神采，整个人蔫了一般。讲完内容，还有几分钟时间，我安排学生们自由学习，然后走到小眼睛身边。

“你怎么坐到这里来了？”

……

“你想坐回原来的位置吗？”

“想。”

“靠什么坐回原来的位置？”

……

“靠你自己良好的表现才能坐回原来的位置。”

“可是我已经表现很好了，上课都不说话了。”

“恩，上课不说话了，相比于之前是进步了，这个值得肯定，只是你觉得自己这样的表现够好了吗？”

……

“那我说说你这堂课的表现，一会儿趴着，一会儿东张西望，一会儿睡觉，一会儿发呆，你觉得这样的表现好吗？想坐回去，就要用实际行动来向老师证明，不是光靠口头说说，你今天的课堂表现让我看不到你有坐回原位置的渴望。我始终觉得你是很聪明的男孩，从你在我的课堂上的表现，我就能看得出来，反应那么灵敏，如果你就这么自暴自弃，那社会就会失去一个人才，多可惜啊，你说是不是？”

……

“你能用实际行动来打动老师，让你坐回原位置去吗？”

“能！”

“好的，我希望你说话算话，在下周我来上课时，或者下下周时，你已坐回原位置，能不能做到？”（应该找班主任沟通一下）

“能！”

“加油！”

我拍了拍他的肩膀。

才七年级的孩子，我想每个人内心深处都是有一颗上进心的，都渴望能获得成功，渴望得到别人的认可，谁都不想被边缘化。学生之所以自暴自弃，是因为自己看不到了被认可的希望，所以也只能去寻找那些同样被边缘化的小伙伴，并组建成一个团体，我把这个团体称为“被边缘化的学生”。

这些“被边缘化的学生”常常被老师和同学所孤立，因为他们常常打扰老师上课、骚扰同学学习，甚至为老师带来许多麻烦和烦恼，而且他们似乎练就了金钟罩铁布衫的功夫，对于老师的教育似乎“刀枪不入”，一些老师常常因此而生气，甚至会表现得束手无策。但正如本文中笔者所展示的两个案例一样，教师共情能对这些“被边缘化的学生”进行有效的教育。概括起来说，教师共情有以下几方面的作用。

1.教师共情可以建立良好的师生关系。良好、和谐的师生关系是教师善教、学生乐学的坚实基础。已有研究表明，教师对学生的共情程度会对课堂气氛产生显著影响，能更好地创造一个积极的教学环境。通过共情，教师可以与学生建立一种积极的关系，从而影响学生的学习，甚至影响学生的一生。初中阶段的学生具有较强的叛逆性，他们会在有意无意中评判老师，会选出自己最喜欢和最讨厌的老师，对于自己最喜欢的老师就会爱屋及乌，热衷于学习这门科目，对于自己讨厌的老师则会表现出很强的抗拒心理。因此，如果教师缺乏共情，容易导致师生关系陷入困境，影响师生的情感沟通，影响学生的自我探索，甚至使课堂陷入困境。

2.教师共情能改善学生的学业成绩。教师对学生产生共情，会让学生感到自己被老师所理解，这能极大激发学生的学习积极性和主动性，有效地鼓励和温暖学生，对学生产生激励作用，促使学生主动参与到学习中，积极参与课堂教学，激发学生的表现欲，促进课堂教学效率，从而促进学生学习，帮助他们提高自己的学业成绩。

3.教师共情有利于学生的生涯发展。从心理学的角度来说，教师是学生的重要他人之一，教师对学生的成长和发展具有重要的影响。教师共情要求教师设身处地为学生着想、从学生的角度出发看问题，这不仅能让教师更准确地掌握学生的信息，从而帮助教育教学做到有的放矢，而且能让学生感到自己被悦纳、被理解，从而感到快乐和满足，并最终促进学生的自我探索、自我了解和自我表达。处于青春期的初中生，迫切需要获得他人尤其是老师的理解和尊重，教师共情能让学生的这些心理需求得到满足，从而促进学生心理的健康成长。

教师共情这几方面的作用，都能对“被边缘化的学生”产生积极的影响。首先教师共情能改善师生关系，减少老师与这些学生之间的矛盾，让他们彼此相互接纳，并且教师共情能影响学生朋辈间的共情，从而促进班集体的建设与发展，并促进这些学生重新融入班集体。其次，教师共情能改善学生的学业成绩，这些学生的成绩一旦提高，自然就提高了自己在班集体中的地位，也就能使他们被拉回到班集体中。第三，教师共情能使这些学生的心理需求得到满足，使他们获得成就感，并让他们重获信心，这对于这些学生的成长是至关重要的。

最后，借用陈鹤琴老先生的肺腑之言“我爱儿童，儿童也爱我”。每一位学生，只要他感受到了老师真正的关爱，他也必定会真正爱自己的老师。教师共情能让学生感受到自己老师的关爱，从而能对“被边缘化的学生”产生有效的教育，并帮助他们成长和发展。

给青春期的孩子插上飞翔的翅膀

■潘曲平

学校的班主任在学生日常管理工作以及心理健康教育过程中，经常会接到针对学生家长的咨询。我们做了一些初步的统计工作，引起学生的家长走进学校与班主任们做沟通，或上心理咨询室的直接原因，似乎全是由于学习生活中的问题。家长们谈话中说起他们的困苦时，抱怨得最多的是：老师你看看，在生活中我们做父母的对孩子的关心是无微不至的。而我们的孩子却认为父母根本不理解他们；轻则就从言语上行动上，对父母的说教采取顶嘴、不理等态度，重则离家出走！

一、青春期的困惑你从何来？

有一首老歌《小小少年》道出每一个少年的成长过程注定是不平淡的。这种种麻烦、不适、困惑及控制不了的情绪发作，这些都与他们的成长有关，他们真的是长大了：这里包含着生理、心理成长。

（一）生理因素

不知不觉中，孩子变得陌生，童年轮廓已残存不多，仿佛眼前的他已不属于您。是的，生命是永远处在运动状态中的，好像是几天工夫，顽童就变成了大姑娘、小伙子——家长面临着重新接纳一个"家庭新成员"、孩子面临接纳一个"新我"的问题。

初中的孩子，处在青春发育期，生长发育并不均衡，既有连续性，又有阶段性。女孩约在11～12岁，男孩约在13～14岁开始进入青春期。在这往后的4～5年里，他们身体发生急剧的变化。

变化之一：身体形态的剧变。身高每年平均约增长6～8厘米，生长快的则达

10～12厘米。体重每年平均增加5～6公斤，个别可增加8～10公斤。这反映出孩子内脏、骨骼和肌肉的迅速发育。有些孩子个子长很快，但中枢神经系统不能立即适应身体的迅速生长，因此会有一部分孩子的动作常常显得不够协调，有的家长们觉得孩子有时笨手笨脚或毛手毛脚。

变化之二：身体机能增强。初中生骨骼和肌肉迅速生长，身体迅猛发育，促进了孩子们的循环系统、呼吸系统等内脏各部器官也相应变化。他们的握力、血压、肺活量、血红蛋白等项生理指标接近成人，并且各方面的发育变化，均显示出男女两性差异。初中生有时爱犯头晕的毛病，也比较容易疲劳，其原因就是长得太快，血液循环路线延长了，而心脏增长并不能很快，所以容易出现暂时性的供血不足。家长们会认为孩子总是想偷懒，不想用功学习。初中生的大脑和神经系统变化也很明显，他们脑容积和脑重量接近成人，神经系统的发育趋于完善，大脑机能更加成熟。这个时候的孩子，的确是耳聪目明，才智焕发，他们的脑的贮存量的多少已不成问题，关键是给予他们什么样的知识和怎样使知识成为系统。

变化之三：性的萌发与成熟。性腺的发育，性激素的分泌，使初中男女学生的生殖器官迅速发育并逐渐趋向成熟。女孩的月经初潮和男孩的初次遗精，是他们性发育的重要标志。面对这些变化，是不是有很多的家长没有足够的心理准备，那么他们又如何去引导孩子去积极应对呢？

（二）心理因素

初中阶段是学生心理急剧变化的关键时期，青少年们由依附服从变成独立反叛、由温顺平和变成倔强好胜、由喜欢父母变成喜欢同伴、由喜欢幼稚变成渴望成长、由忽视性别变成重视性别、由排斥异性变成亲近异性、由追随美德变成耻笑美德、由坦率老实变成狡诈自私、由心无杂念变成心事重重、由无所追求变成追逐明星、由尊敬老师变成鄙视老师、由生活在真实生活中变成生活在虚拟世界中、由习惯平淡无奇变成喜爱绚丽多彩。

少男少女们从踏上初中之时就开始就在寻找、扮演各自心仪的性别角色和社会角色，并从丰富杂乱的影视、书刊、传闻中贪婪地吸收令人感到兴奋快意的敏感信息，在图片、歌词、剧情、韵律、文字、语言中舒畅地体验他（她）们倍受压抑而又追求已久的心灵共鸣，在追逐青春偶像中感受青春的骚动、幻想未来的生活、延伸自己的欲望，在与同伴的交流中发现原来个个如此、发现竟有知音朋友、发现存在广阔市场，从而卸掉背负已久的罪责，从而形成“众志成城”的群体，从而对抗

“神经可恶”的老师，从而排斥唠叨烦恼的父母。孩子们的认识中也体现出了：自我意识开始出现，自主意识日益增强；青春欲望渐渐萌发；童心玩念依旧旺盛；厌学情绪渐渐滋生；自我管理逐渐变难；自私叛逆日益强烈；理想志向更为远大等等。

（三）社会因素

现阶段的孩子们生存的环境，是一个多元、快速、变革的网络时代。当成人都有还没有看清楚的东西，有没理解东西的时候，他们那些青春期的孩子们在思想上已经接受，行动上已经模仿了。网络系统中他们可以随时随地找到自己的同类、同伴、玩伴，不用考虑时空的距离，他们可以自由畅快地表达自己的一切。可是网络世界虚拟性与现实生活的真实性往往是矛盾的，会让半成人感的孩子们沉迷其中。当孩子在现实生活遇到难题时，他们常常会控制不了自己的情绪，然后把他们的窘迫迁怒于天天接触的父母。这样的后果就是父母被激怒，然后父母就责怪孩子，这样孩子更加不想与父母做更多的交流，他们会倾向更依赖于社会环境中的对自己有利的一切。

二、父母们你们有自己的成长吗？

父母们可以从几个不同的角度来看成长的过程：

孩子：从上幼儿园开始，每一个日子都在成长，无论是学识还是经历。在家的时间与在学校的时间，有着越来越大的差距。与父母相处的时间随着年龄的增长而减少。到初中快毕业时，只有睡觉的时间在家里。

家长：你们有没有随着孩子们的成长，也一直成长？此时此刻你最希望听到孩子对你说的是什么？你还像孩子小时候一样跟他说话吗？明白什么是孩子的喜怒哀乐吗？有没有让自己的孩子“检修”过你们的爱的表达方式？你了解他在学校的情况吗？ 当孩子有了他们自己的朋友，我们已经不再是他们最重要的他人了，他们有了自己的伙伴等，他们倾吐心声的人——已经不包括父母了。当父母觉得他们失去了对孩子的控制权的时候，你害怕了吗？那么，你会极力干涉孩子的种种行为吗？你们是否一味地强调指出：你这孩子，为什么一直加重反抗？我们这样辛苦操劳全是为了你好！你与孩子之间的交流方式合适吗？是什么让你与孩子的心理距离会越来越大？

夫妻：平时在对家长们进行心理咨询服务，总结与反思个案的情况时，我们发现：家庭心理咨询的个案中有这么一种现象，双亲中强势母亲对家庭教育成效是毁灭性的。这里所说的强势是指那些有着强烈的主见，以自我为中心，以自己的意愿来强制别人的行动。强势女人不等于女强人。更多指的是性格上而不是事业上。很多女强人工作中是“铁娘子”，回家就变“小娘子”，反倒婚姻很幸福。相反，有些女人事业未必做得很大，但脾气很大，气势很大，特别喜欢在家里说一不二、敢说敢做、不会照顾他人的感受。我们把这种在家里喜欢做“女王”的妻子称之为强势女人。她们对于家庭中经济，生活，事务等等的指使欲，控制欲，往往会让家庭中的丈夫、孩子处于难以言语的氛围中，特别是在教育子女观点不同时，他们的家庭环境往往让孩子无所适从，继而形成孩子更不认同父母教养的局面。并且时常会变成以教育孩子开始，夫妻俩争吵打架结束。

我也曾经在心理咨询室中与一位为了孩子着急上火的母亲探讨，这位母亲因为孩子几次成绩上有波动，就总是怀疑担心孩子早恋而心急如焚。

“家长们，我们能真正地陪伴孩子多少年？”

具体要求他们回想当孩子：

1.他3岁上幼儿园时；他们的言行是……？

2.6岁孩子终于上小学时，他的人生从此翻开了新的篇章。他们的言行是……？

3.12岁孩子上初中了，他开始上寄宿学校，一个月或几个月回一次家，他们是怎样的？（那个家长不加思索就说出：他开始不再依赖你，甚至喜欢事事都和我对着干。当你想帮他们做点事情，他说：“妈妈，你别来烦，我自己来！你从我的房间走开！”突然觉得这句话让我觉得好失落，孩子是不是不再需要我们了？）

4.我用简单的方式问他们：接下来的这些年，他们还会如何？

5.你不妨用你自己的高中到大学及工作后的这些经验想一下会是怎样的。

他们如实地回答了我的问题：

是啊，其实当孩子在身边的日子，我们是多么幸福。可是有时我们却会抱怨：抱怨做了太多的牺牲，抱怨孩子不懂事，抱怨他生病，让你操碎了心，抱怨为了培养他，花费了太多的精力与金钱…… 可是10多年后，就算你想要，也没有机会了。时间无法倒流，过去了就只能永远过去。孩子能待在身边的日子是多么难得与宝贵。正因为如此，就应珍惜与孩子相处的每一刻，也更应心存感恩，谢谢上天给我一个孩子，让我分享与见证他成长的每一刻。无论孩子带给我们多少困难、烦恼，甚至挫败，无论让我们失去多少时间、金钱、精力，我们依然豁达，因为孩子是上天的恩赐。当孩子在身边的每一天，我们都要努力让自己有一个美好的心情，体会在一起的幸福。

三、我们如何与青春作伴

我们做教师与家长的，应该送上一个礼物：让孩子飞翔的翅膀。

当我们把着急的心给放宽后，我们就可以应对孩子们在青春这个“暴风骤雨”期会出现的种种情况。其实，从孩子生下的那天起，他/她就在逆反。就是要独立，这是他/她的本能。逆反是每个孩子普遍都有的，只是程度不同。主要是家长们没意识到，所以就导致了家长们的紧张，从而刺激逆反，形成问题的进一步恶化，如果家长们认识到了，就不会紧张了，不会去刺激，更不会恶化，反思一下平时自己的教养方式：是不是鼓励太少，批评太多，让孩子自卑懦弱？是不是缺少界限，没有原则，让孩子无视规则？是不是抱怨社会，指责他人，使孩子缺乏安全感？是不是斤斤计较，睚眦必报，使孩子缺少包容？是不是过度溺爱，凡事包办，使孩子缺乏独立性？

因此在平时的家庭生活当中，我们不妨通过以下的方式与孩子们有一个良好的互动，改善亲子关系：1.接纳孩子的情绪，帮孩子说出他的心情。“你是不是很不开心？”2.教会孩子如何表达自己的情绪和意见。不高兴要告诉朋友：“不要这样，你这样做我很不高兴。”3.当孩子再遇到类似情况有勇气表达时，无论结果如何，父母要给予鼓励和表扬。4.通过实践的正反馈逐渐帮孩子树立信心。5.一个人的生命里蕴藏着成为一个独特的个人的各种素质——卓越的才能、禀赋、倾向性、天才——但是父母会与你一同对这一“原始材料”进行加工，使你变成更美好的人。6.不能把孩子的精神世界变成单纯学习知识。如果我们力求他们的全部精力都专注到功课上去，他的生活就会变得不堪忍受，他不仅是一个学生，而且首先应该是一个有多方面兴趣、要求和愿望的人。7. 我们在教育孩子时，在他们这一代身上留下自己的美、理想和追求崇高而美好的事物的信念。8.孩子提出的问题越多，那么他认识周围的东西也就愈多，在学校中越聪明，眼睛愈明，记忆力愈敏锐。要培养自己孩子的智力，那你就得教会他如何思考。9.人的内心里有一种根深蒂固的需要——总想自己是发现者、研究者、探寻者。在他们的精神世界中，这种需求特别强烈。但如果不向这种需求提供养料，即不积极接触事实和现象，缺乏认识的乐趣，这种需求就会逐渐消失，求知兴趣也与之一道熄灭。10.呵护好奇心——这是人永恒的特性。当然也可以与青春少年一起分担或参与劳动。劳动是种有神奇力量的教育学，给我们开辟了教育智慧的新源泉。只有通过有汗水、有老茧和让人疲乏的劳动，人的心灵才会变得敏感、温柔。通过劳动，人才具有用心灵去认识周围世界的能力。愿我们家有青春少年的家长从以下几个方面来给予孩子心理上的支持：

我们永远爱你！

1.“不管发生什么，爸妈都会和你在一起。”给孩子足够的安全感。

2.“你是独一无二的，走你的路，做你自己！”帮孩子建立价值感。

3.“也许你是对的，我们只是建议，决定权在你。”呵护孩子的尊严感。

4.“相信你能处理好自己的事情。”培养自信心，给孩子自信感。

5.尽量不给孩子太多的压力、束缚、牵绊和阻挠。给孩子足够的成长空间。

我们做父母亲的应与孩子们建立良好的关系，努力实践管教的分寸与尺度，尽力而为，量力而行，教会他们生活的本领，帮助他们练就强健的翅膀，以便青少年的健康成长，来日可以自由快乐地飞翔。

我们用行动和语言让我们的孩子体会到：

就算所有的路都行不通，还有一条路可以畅行，那就是回家的路。

无论你在做什么，记得是为自己而做。这样就毫无怨言。

当你面对困境，也不要悲观厌世。

在一个人的身心天平上，你得到的越多，也定比别人承受得更多。人生没有绝对的公平，但却是相对公平的。

在人生的任何时候都不怕从头再来，每一个新的起点，都是通往更高山峰的必经之路。

我们要意识到：我们家长会因为孩子学习没有动力、玩游戏玩手机上网、不和家长交流而烦恼……我们现在更明白了，只要家长们懂教育孩子的方法，孩子的问题是孩子成长的机会，也是家长了解孩子和孩子建立关系的机会。孩子们每天都在学习和成长，作为孩子第一任老师的家长更需要学习！你们面对的这一群孩子正处于人生最美丽的季节，在这个季节里，我们作为教师和家长，用足够的耐心看着孩子们从沙砾转变成珍珠，从一块石头转化成黄金。青春的魅力可以让枯枝长出鲜果，让沙漠布满森林。让青春的美、青春的欢乐在他们身上闪烁，把青春的烦恼建构成我们一起向前发展的动力。十年树木，百年树人，我们与孩子们一起相伴成长！重走青春之路，成就青春！